B. 8.

1680
3462

LE
DROIT DES GENS.

TOME I.

«Nihil est enim illi principi Deo, qui omnem hunc mundum regit, quod quidem in terris fiat, acceptius, quam consilia cœtusque hominum jure sociati, quæ civitates appellantur.»
(CICER., *Somn. Scip.*)

LE
DROIT DES GENS

OU

PRINCIPES
DE LA LOI NATURELLE

APPLIQUÉS A LA CONDUITE ET AUX AFFAIRES DES NATIONS
ET DES SOUVERAINS,

PAR VATTEL.

Nouvelle Édition
REVUE ET CORRIGÉE D'APRÈS LES TEXTES ORIGINAUX,
AUGMENTÉE DE QUELQUES REMARQUES NOUVELLES
ET D'UNE
BIBLIOGRAPHIE CHOISIE ET SYSTÉMATIQUE
DU DROIT DE LA NATURE ET DES GENS,
PAR M. DE HOFFMANNS;

PRÉCÉDÉE D'UN
DISCOURS SUR L'ÉTUDE DU DROIT DE LA NATURE ET DES GENS,
PAR SIR JAMES MACKINTOSH,
ANCIEN MEMBRE DU PARLEMENT BRITANNIQUE;

Traduit en français
PAR M. P. ROYER-COLLARD,
Professeur de Droit des Gens à la Faculté de Droit de Paris.

TOME PREMIER.

PARIS,
A LA LIBRAIRIE DIPLOMATIQUE, FRANÇAISE ET ÉTRANGÈRE,
DE J. P. AILLAUD,
QUAI VOLTAIRE, 11.

1835

AVERTISSEMENT.

L'édition du *Droit des Gens* de Vattel, donnée par M. Aillaud, en 1830, étant épuisée, cet Éditeur, toujours désireux de perfectionner le plus possible les ouvrages qu'il publie pour l'utilité et l'avancement des sciences politiques, a bien voulu nous charger de la révision de cette nouvelle édition.

Pour répondre comme nous le souhaitions à cette marque de confiance, nous nous sommes entouré de tout ce qui pouvait, selon nous, contribuer à améliorer cet important ouvrage, sans le rendre fastidieux par un fatras de notes et d'additions superflues.

Nous avions reconnu par nos études antérieures sur Vattel, dans les éditions les plus répandues de son ouvrage, des incorrections et des transpositions dans le texte qui nuisaient sensiblement à sa clarté; il nous a été facile de les faire disparaître dans la nôtre, en conférant soigneusement les meilleures éditions avec les textes originaux que nous possédons.

Nous avons conservé dans cette nouvelle édition, à quelques légères modifications près, la *lettre*, les *notes* et les *remarques* du publiciste qui présida à l'édition publiée à Amsterdam, en 1775, en 2 vol. in-4°, huit ans après la mort prématurée de l'auteur, bien que ses observations critiques ne nous aient pas toujours semblé des mieux fondées en ce qui concerne Vattel.

Toutes celles des notes de l'ouvrage qui manquaient de précision ou d'exactitude dans les citations ont été corrigées ou changées. Quant aux notes nouvelles que nous avons ajoutées, nous nous sommes particulièrement attaché à les rendre claires et concises, afin de ne jamais détourner l'attention du lecteur du texte principal.

Les renseignemens particuliers que nous nous sommes procurés sur Vattel, et ceux que sa famille s'est empressée de nous fournir, nous ont mis à même de refaire comme elle devait l'être la Notice historique qui lui est consacrée, et d'éviter ainsi les erreurs dans lesquelles tous les biographes de Vattel qui nous ont précédé sont tombés [*].

Vattel, ou du moins l'ouvrage qui nous occupe, a été, de la part de quelques écrivains qui doivent l'avoir mal lu, pour en parler comme

---

[*] Voyez cette notice page 65 et suivantes de ce volume.

ils l'ont fait, l'objet de quelques critiques aussi peu justes qu'imméritées. Sans doute Vattel a pu se tromper, mais ses erreurs mêmes, comme tout le prouve, sont celles d'un homme de bonne foi qui n'écrivait que sous l'influence de sa conscience.

Le *Discours* de sir James Mackintosh, *sur l'étude du Droit de la Nature et des Gens*, traduit par M. P. Royer-Collard, et mis par M. Aillaud en tête de son édition de 1830, a subi aussi quelques corrections; il a en outre été augmenté de quelques notes propres à en faciliter davantage encore l'intelligence.

Enfin, nous avons joint à cette nouvelle édition une *Bibliographie* choisie et systématique du *Droit de la Nature et des Gens*, dans laquelle nous avons tâché de réunir l'élite des meilleurs ouvrages à consulter, au besoin, sur ces parties intéressantes du Droit universel.

H.

DISCOURS

SUR

L'ÉTUDE DU DROIT DE LA NATURE ET DES GENS,

PAR SIR JAMES MACKINTOSH,

MEMBRE DU PARLEMENT D'ANGLETERRE.

Avant de commencer une série de leçons sur une science aussi vaste et aussi importante, je crois devoir faire connaître au public les raisons qui m'ont déterminé à entreprendre un semblable travail, et présenter un exposé rapide de la nature et des objets du cours que je me propose de faire. Les premières années de la profession que j'ai embrassée* laissent ordinaire-

---

* Sir James Mackintosh, depuis long-temps célèbre en Angleterre, comme homme d'Etat et comme jurisconsulte, est du petit nombre de ceux qui ont su comprendre que les recherches philosophiques n'ont pas pour objet d'alimenter les disputes de l'école, et que, loin d'être stériles en applications pratiques, elles réfléchissent les plus vives lumières sur l'ensemble des connaissances humaines, et en particulier sur les hauts problèmes de la politique. Né dans le comté d'Iverness, vers 1768, il se livra de bonne heure à l'étude des sciences. Primitivement destiné à suivre la carrière de la médecine, il se rendit à Leide en 1787, peu après avoir reçu le grade de docteur. Mais, à la mort de son père, il abandonna une profession qui n'était pas de son choix, pour se livrer au barreau; et c'est aux succès qu'il obtint comme avocat, qu'il dut en grande partie son élévation postérieure. Lié dans sa jeunesse avec plusieurs partisans de la réforme parlementaire, et notamment avec Godwin, il publia contre le célèbre Burke sa Défense de la révolution française (*Vindiciæ Gallicæ*), ou-

ment un loisir que des hommes laborieux, même avec des talents médiocres, pourraient souvent employer d'une manière qui ne fût ni dénuée d'intérêt pour eux, ni complètement inutile pour les autres; j'ai toujours été décidé à ne pas consumer lâchement ce loisir dans une infructueuse inaction. Dans ce but, j'ai cherché soigneusement à remplir un temps aussi précieux d'une manière utile à la société, autant que ma faible capacité pourrait me le permettre. J'étais convaincu depuis long-temps, que le meilleur moyen d'enseigner les éléments d'une science quelconque, consistait dans l'usage des leçons publiques, usage adopté dans presque tous les lieux et tous les temps; qu'un semblable exercice, plus que tout autre, a pour effet de réveiller l'attention du disciple, d'abréger ses travaux, de le guider dans ses recherches, de lui sauver l'ennui des études solitaires, et de graver dans sa mémoire les principes de la science. Je ne voyais aucune raison de ne pas appliquer ce mode d'instruction au Droit anglais; je ne comprenais pas comment cette science, aussi bien que toute autre, ne pourrait pas profiter de ce genre d'enseignement. Mais déjà un de mes savants compatriotes avait entrepris cette tâche*, et il persévèrera, je n'en doute pas, dans ses utiles travaux. Loin de moi la pensée

---

vrage qui lui attira une juste réputation, et lui valut de la part de l'Assemblée Nationale, le titre de citoyen français. Quelque temps après, sir James Mackintosh fut nommé *Recorder* à Bombay, et profita de son séjour dans l'Inde pour étudier les systèmes religieux et philosophiques de l'Orient. De retour en Angleterre, il ne tarda pas à être appelé dans la Chambre des Communes, où il siégea avec tant de distinction, et où constamment il soutint les droits d'une sage liberté. Il est sans doute à regretter qu'un homme aussi éclairé ait eu constamment des charges publiques à remplir : plus libre de lui-même, il est certain qu'il aurait laissé dans la science des traces plus profondes, mais non plus honorables, de ses talents supérieurs.

* Voyez le Programme d'un cours sur le Droit anglais, ouvert à Lincoln's Inn, par M. Nolan. *Londres*, 1796.

d'anticiper sur son domaine. J'ai jeté les yeux sur une autre science étroitement liée avec toutes les études judiciaires, et qui a été pour moi le sujet de beaucoup de lectures et de méditations ; j'ai pensé qu'une série de leçons sur cette matière serait d'abord une excellente préparation à l'étude du Droit anglais, qu'on pourrait en outre les faire entrer dans le cadre de l'instruction commune, à raison de l'intérêt qu'elles offriraient même à ceux qui ne se destinent pas à la carrière des lois. J'ai été confirmé dans mon opinion par l'approbation de plusieurs personnes qu'il est inutile de nommer ici, mais dont l'assentiment ajouterait quelque poids à la vérité, et pourrait même jusqu'à un certain point justifier l'erreur. Soutenu par leurs encouragements, je me suis déterminé à commencer sans délai l'entreprise que je vais exposer. Je pourrais prévenir ou réfuter les observations de ceux qui me reprocheront peut-être de m'écarter de la ligne commune de ma profession ; mais je me bornerai à faire remarquer que ces mêmes hommes ne m'auraient demandé aucun compte de mon loisir, si je l'avais employé à des bagatelles, ou même si je l'avais perdu dans la dissipation ; par conséquent je ne m'excuserai pas de l'avoir consacré à des travaux raisonnables et utiles.

La science qui fait connaître les droits et les devoirs des hommes et des États, a été appelée dans les temps modernes *le Droit de la nature et des gens.* Sous ce titre sont compris tous les principes de la morale, en tant qu'ils règlent la conduite des individus entre eux dans les différentes relations de la vie ; en tant qu'ils déterminent la soumission des citoyens aux lois, et l'autorité des magistrats, soit dans la législation, soit dans le gouvernement ; en tant qu'ils fixent les rapports des Nations indépendantes dans la paix, et qu'ils mettent des bornes à leurs hostilités dans la guerre. Cette science importante n'embrasse que la partie de la *morale privée* qui est susceptible d'être réduite à des règles générales et invariables. Elle ne renferme que ces principes généraux de *jurisprudence* et de *politique* que la sagesse du législateur adapte à la position spéciale de son pays, et que l'habileté de l'homme d'État applique aux circonstances infiniment incertaines et variables qui intéressent immédiatement le bien-être et le salut de la société. « Il y a dans la nature des sources de justice « d'où toutes les lois civiles découlent comme des « ruisseaux; et, de même que les eaux prennent la teinte « et le goût des différents terreins qu'elles traversent, « de même les lois civiles varient avec les régions et les « gouvernements des diverses contrées, quoique pro- « venant des mêmes sources*. » Bacon, *Dign. and adv. of learn.*

Quant aux questions de morale, de politique, et de droit civil, cette science se borne à exposer les vérités fondamentales dont l'application particulière est aussi variée que les détails de la vie publique et de la vie privée des hommes, à indiquer les *sources de la justice*, sans suivre les *ruisseaux* dans la diversité infinie de leurs détours. Mais une autre partie de mon sujet demande à être beaucoup plus approfondie et développée; je veux dire cette branche importante qui règle les relations des États entre eux, et surtout, à raison de leur plus grande perfection et de leur plus grande utilité pratique, les règles de ces relations comme elles ont été modifiées par l'usage des Nations civilisées de la chrétienté. Ici la science ne s'arrête plus aux principes généraux. Ce que nous appelons aujourd'hui le Droit des gens est devenu en beaucoup de points, aux yeux des Nations de l'Europe, aussi précis et aussi certain que le Droit positif; ses principes se trouvent spécialement établis dans les écrits de ceux qui ont traité

---

* Cette pensée est si noble, que l'inexactitude de la métaphore ne m'a pas empêché de la citer. M. Hume l'avait sans doute présente à l'esprit, lorsqu'il écrivait un morceau remarquable de ses ouvrages. — Voyez Hume's *Essays*, tome 2, pag. 352. Édition de Londres, 1788.

de la science dont je vais m'occuper. Et, comme ils ont rapproché, d'une manière tout-à-fait propre aux temps modernes, les devoirs des individus et les devoirs des Nations; comme ils ont fait reposer les obligations des uns et des autres sur les mêmes bases, cette science dans son ensemble a été appelée *le Droit de la nature et des gens.*

Il serait plus curieux qu'utile de rechercher si cette dénomination est la plus convenable, et par quel enchaînement elle est parvenue à être adoptée par les moralistes et les jurisconsultes modernes*; cette question, si elle mérite d'être discutée d'une manière approfondie, sera mieux placée dans les développements du cours, que dans les bornes nécessairement restreintes d'une introduction. Toutefois, si les noms sont en général très arbitraires, la division de l'enseignement, quoique pouvant souvent varier sans inconvénient, dépend toujours de quelques principes immuables. La

---

* Le lecteur sait que les mots *Jus naturæ* et *Jus gentium*, avaient chez les jurisconsultes romains un sens bien différent de ce que nous entendons dans les langages modernes par le *Droit de la nature* et le *Droit des gens.* « Jus naturale, dit Ulpien, est quod natura omnia animalia docuit. » *Fr.* 1, § 3. *D. de justitiâ et jure.* « Quod naturalis ratio inter omnes homines constituit, idque apud omnes peræquè custoditur, vocatur jus gentium. » *Caïus, fr.* 9, *ibid.* Quelquefois ils confondent le Droit naturel et le Droit des gens. *Inst.* § 2, *De rerum divisione.* Ce que nous appelons Droit des gens, les Romains le nommaient *Jus feciale.* « Belli quidem æquitas sanctissimè populi Romani feciali jure perscripta est. » *Cicero, de officiis, l. I,* n. 11. Aussi le célèbre Zouch a-t-il intitulé son ouvrage, *De jure feciali, sive de jure inter gentes.* Le chancelier d'Aguesseau, sans connaître probablement l'ouvrage de Zouch, dit que ce Droit devrait être appelé *Droit entre les gens.* (*OEuvres*, tome 2, pag. 337.) M. Bentham partage cet avis (*Principles of morals and politicks*, pag. 324.) Ces savants écrivains emploient peut-être un mot plus exact que celui qui est généralement adopté, mais il est bien rare que les changements dans les termes de science, compensent par la supériorité de leur précision l'incertitude et la confusion qui naissent de l'innovation.

méthode moderne de considérer la morale des individus et la morale des Nations comme assujetties aux mêmes principes, me semble aussi convenable que raisonnable. Les mêmes règles de morale qui lient les hommes entre eux dans les familles, et qui réunissent les familles en Nations, obligent également les Nations entre elles, comme membres de la grande société humaine. Les Nations, comme les individus, peuvent recevoir les unes des autres du mal comme du bien ; il est donc de leur intérêt et de leur devoir de respecter, de pratiquer, et de corroborer ces règles de justice qui contrarient et préviennent le mal, qui facilitent et augmentent le bien ; qui, bien qu'observées aujourd'hui très imparfaitement, tiennent les États civilisés suffisamment à l'abri de l'injure ; qui, si elles pouvaient être généralement mises en pratique, établiraient et assureraient à perpétuité le bien-être universel de la société humaine. C'est donc avec justice qu'une partie de cette science a été appelée le *Droit naturel des individus,* comme l'autre est nommée le *Droit naturel des États.* Une chose, au surplus, qui se comprend assez d'elle-même pour qu'il soit inutile de s'y arrêter, c'est que ces deux Droits sont également sujets à toutes sortes de modifications et de variétés suivant les mœurs, les conventions, le caractère, et les circonstances. Eu égard à ces principes, les écrivains qui ont traité de la jurisprudence générale ont considéré les États comme des *personnes morales.* Ce mot, qu'on a appelé une fiction de la loi, mais qui peut être plutôt regardé comme une métaphore hardie, n'est autre chose que l'expression de cette vérité importante, que les Nations, quoique ne reconnaissant aucun supérieur commun, quoique ne pouvant et ne devant être soumises à aucun châtiment humain, sont néanmoins assujetties à pratiquer entre elles les devoirs de la probité et de l'humanité, absolument comme les individus y seraient astreints, lors même qu'on les supposerait vivant affranchis des entraves protectrices des gouvernements, lors même qu'ils ne seraient pas forcés à l'accomplissement de leurs obligations par la juste autorité des magistrats, et par la salutaire terreur des lois. C'est encore par suite des mêmes considérations que cette loi universelle a été appelée *loi de la nature*, et cela avec beaucoup de justesse, quoique plusieurs écrivains trouvent cette dénomination trop vague. On peut avec une exactitude suffisante, ou tout au moins à l'aide d'une métaphore bien simple, l'appeler une *loi*, puisqu'elle est pour tous les hommes une règle de conduite suprême, invariable et inattaquable, et puisque sa violation est punie par des châtiments naturels, qui dérivent nécessairement de la constitution des choses, et qui sont aussi certains et aussi inévitables que l'ordre même de la nature. C'est la *loi de la nature*, car ses préceptes généraux ont essentiellement pour but d'assurer le bonheur de l'homme, tant que sa nature actuelle restera ce qu'elle est aujourd'hui, ou, en d'autres termes, tant qu'il continuera d'être homme, quels que soient d'ailleurs les temps, les lieux, les circonstances dans lesquels il a pu ou pourra être placé; car elle est susceptible d'être comprise par la raison naturelle, et en harmonie avec notre constitution naturelle; car sa convenance et sa sagesse sont fondées sur la nature générale des hommes, et non sur aucune des situations passagères ou accidentelles dans lesquelles ils peuvent se trouver. C'est encore avec plus de justesse, c'est même avec la plus parfaite exactitude qu'on la considère comme une loi, si, conformément aux notions sublimes que nous donnent la philosophie et la religion sur le gouvernement du monde, nous la recevons et nous la respectons comme le code sacré que le grand législateur de l'univers a promulgué pour guider ses créatures dans le chemin du bonheur; code garanti et fortifié, ainsi que l'expérience nous le démontre, par la sanction pénale de la honte, des remords, de l'infamie, et de la misère; fortifié plus encore par la crainte légitime de peines bien plus terribles dans une vie à venir qui ne finira pas. C'est la contemplation de la loi de la nature, avec cette considération parfaite et réfléchie de sa haute origine et de sa dignité transcendante, qui excitait l'enthousiasme des plus grands hommes et des plus grands écrivains des temps anciens et modernes, lorsque après avoir épuisé en descriptions sublimes toutes les puissances du langage, ils surpassaient tous les chefs-d'œuvre de style, et s'élevaient au-dessus de leur propre éloquence, en développant la beauté et la majesté de cette loi souveraine et immuable. C'est de cette loi que Cicéron parle si souvent dans ses écrits, non-seulement avec tout l'éclat et toute l'abondance de l'art oratoire, mais avec la sensibilité de l'homme de bien, jointe à la gravité et à la concision du philosophe[*]. C'est

---

[*] «Est quidem vera lex, recta ratio, *naturæ congruens*, diffusa in ommes, constans, sempiterna, quæ vocet ad officium jubendo, vetando à fraude deterreat, quæ tamen neque probos frustrà jubet aut vetat, nec improbos jubendo aut vetando movet. Huic legi nec obrogari fas est, neque derogari ex hâc aliquid licet, neque tota abrogari potest. Nec vero aut per senatum aut per populum solvi hâc lege possumus. Neque est quærendus explanator aut interpres ejus alius. Nec erit alia lex Romæ, alia Athenis, alia nunc, alia posthàc, sed et omnes gentes et omni tempore una lex et sempiterna et immuabilis continebit; unusque erit communis quasi magister et imperator omnium Deus, ille legis hujus inventor, disceptator, lator, cui qui non parebit, ipse se fugiet ac naturam hominis aspernatus, hoc ipso luet maximas pœnas, etiamsi cætera supplicia quæ putantur, effugerit.» CICERO, *de republicâ*, lib. III, n. XVII.

TRADUCTION. — Il est une loi véritable, la droite raison, conforme à la nature, universelle, immuable, éternelle, dont les ordres invitent au devoir, dont les prohibitions éloignent du mal. Soit qu'elle commande, soit qu'elle défende, ses paroles ne sont ni vaines auprès des bons, ni puissantes sur les méchants. Cette loi ne saurait être contredite par une autre, ni rapportée en quelque partie, ni abrogée tout entière. Ni le sénat ni le peuple ne peuvent nous délier de l'obéissance à cette loi. Elle n'a pas besoin d'un nouvel interprète ou d'un organe nouveau. Elle ne sera pas autre dans Rome, autre dans Athènes; elle ne sera pas demain autre qu'aujourd'hui. Mais, dans toutes les

de cette loi que parle Hooker dans ce morceau sublime : « Que peut-on dire de la loi, sinon que son « siége est le sein de Dieu ; que sa voix est l'harmonie « du monde ; que tout dans le ciel comme sur la terre « lui rend hommage ; que l'être le plus faible ressent « sa protection, comme le plus fort éprouve sa puis- « sance ; que les hommes et les anges, que toutes les « créatures, quelles qu'elles soient, quoique chacune « d'une manière différente, se réunissent par un con- « cert unanime pour l'admirer comme la source de « leur paix et de leur bonheur ! » *Eules. pol.*, *livre 1er, à la conclusion.*

Que ceux qui, pour me servir des expressions du même Hooker, « parlent de la vérité sans avoir jamais « sondé la profondeur de la source d'où elle sort, » n'aillent pas décider d'un ton témérairement tranchant, que ces grands maîtres de l'éloquence et de la raison se sont laissé éblouir par les illusions d'un mysticisme qui les a empêchés de voir les vrais fondements de la morale dans la nature, les besoins et l'intérêt de l'homme. Ils étudiaient et ils enseignaient les principes de la morale ; mais ils trouvaient plus nécessaire et plus sage d'inspirer aux hommes de l'amour et du respect pour la vertu ; cette tâche leur paraissait plus noble et plus digne de vrais philosophes[*]. Ils ne se contentaient pas de spéculations élémentaires.

---

nations et dans tous les temps, cette loi régnera toujours, une, éternelle, impérissable ; et le guide commun, le roi de toutes les créatures, Dieu même donne la naissance, la sanction, et la publicité à cette loi, que l'homme ne peut méconnaître sans se fuir lui-même, sans renier sa nature, et, par cela seul, sans subir les plus dures expiations, eût-il évité d'ailleurs tout ce qu'on appelle supplice.

[*] « Age verò urbibus constitutis ut fidem colere et justitiam retinere discerent et aliis parere suâ voluntate consuescerent, ac non modò labores excipiendos communis commodi causâ, sed etiam vitam amittendam existimarent ; qui tandem fieri potuit, nisi homines ea quæ ratione invenissent eloquentiâ, persuadere potuissent ? » — Cicero, *de inventione, lib. I* (au commencement).

Ils observaient les bases de nos devoirs; mais ils éprouvaient avec délices l'enthousiasme le plus naturel, le plus heureux, le plus raisonnable, lorsqu'ils contemplaient le majestueux édifice qui s'élève sur ces fondements inébranlables. Ils consacraient les plus sublimes effusions de leur génie à répandre parmi les hommes ce bienfaisant enthousiasme. Ils faisaient hommage à la vertu des plus belles productions de leur esprit. Si ces grandes pensées du bon et du beau les empêchaient quelquefois d'exposer les principes de la morale avec toute la sécheresse d'une science dépourvue d'ornement, au moins devons-nous avouer qu'ils ont choisi la meilleure part; qu'ils ont préféré des sentiments vertueux à une morale purement théorique, et la pratique du bien à l'exactitude de la spéculation. Peut-être ces hommes sages ont-ils craint qu'une dissection minutieuse et anatomique de la vertu, ne diminuât le charme de sa beauté pour des yeux mal exercés.

Il ne m'appartient pas d'entreprendre une matière que ces grands écrivains ont peut-être épuisée. Je suis bien moins appelé à démontrer la sublimité et l'importance de la loi des Nations, qu'à repousser le reproche de présomption que je pourrais encourir en essayant un sujet déjà traité par tant de grands maîtres. Dans ce but, il sera nécessaire de tracer en peu de mots, comme il y a lieu de le faire ici, une esquisse rapide de l'état actuel de la science, et de cette succession d'écrivains distingués qui l'ont graduellement perfectionnée.

Il ne nous est parvenu aucun traité écrit par les Grecs ou les Romains sur le Droit des gens. Le titre de l'un des ouvrages d'Aristote qui sont perdus, nous apprend qu'il avait composé un traité sur le Droit de la guerre*; ce précieux ouvrage, si nous avions le bonheur de le posséder, satisferait à coup sûr am-

---

* Δικαιώματα τῶν πολέμων.

plement notre curiosité; il nous ferait connaître à la fois les usages des anciens peuples et les opinions de leurs moralistes, avec cette profondeur et cette précision qui distinguent les autres productions de son illustre auteur. Nous n'avons maintenant qu'une notion très imparfaite de ces usages et de ces opinions, saisie çà et là dans une foule de passages des philosophes, des historiens, des poètes, et des orateurs. Lorsque je serai dans le cas d'examiner plus à fond le gouvernement et les mœurs des anciens peuples, je tâcherai d'expliquer d'une manière satisfaisante pourquoi ces Nations éclairées ne séparaient point de la morale générale la science qui règle les rapports des Etats entre eux, et pourquoi ils n'en faisaient pas l'objet d'une étude indépendante. Il faudrait entrer dans de trop longs détails, pour développer les causes qui ont resserré les liens sociaux entre les Nations modernes de l'Europe, qui les ont facilement unies par une dépendance mutuelle, et qui ainsi, par la suite des temps, ont perfectionné et rendu plus obligatoire la loi qui régit leurs rapports. Parmi ces causes, il suffit d'indiquer une origine commune, une même religion, des mœurs, des institutions, des langues semblables; dans les siècles reculés, l'autorité du saint-siége, et les extravagantes prétentions de la couronne impériale; à une époque plus rapprochée, les relations de commerce, la jalousie de puissance, le progrès de la civilisation, la culture des sciences, et par-dessus tout, cette douceur générale de mœurs et de caractère qu'il faut attribuer à l'influence progressive et combinée de la chevalerie, du commerce, de l'industrie, et de la religion. Nous ne devons pas oublier non plus cette similitude remarquable dans les institutions politiques de tous les pays conquis par les Nations gothiques, institutions qui portent encore aujourd'hui des traces reconnaissables, quoique altérées par la succession des âges, de ces traits de liberté, nobles et hardis dans leur rudesse, que ces généreux barbares y avaient imprimés. Toutes ces causes, et beaucoup d'autres, ont concouru à resserrer les Nations de l'Europe par les liens d'une connexion plus intime et d'un commerce plus constant, et par suite ont rendu le règlement de leurs rapports plus nécessaire, et la loi qui devait les gouverner plus importante. A mesure qu'elles se rapprochaient de la condition des diverses provinces d'un même empire, il devenait presque essentiel qu'il y eût en Europe un Code précis et commun de Droit des gens, de même que chaque pays devait avoir son système particulier de Droit civil. Vers le seizième siècle, les travaux des savants se dirigèrent vers ce but, aussitôt après la renaissance des sciences, et après cette distribution régulière entre les puissances et les territoires, qui a subsisté presque sans modification jusqu'à nos jours. L'examen critique de ces premiers écrivains serait de peu d'intérêt dans un ouvrage étendu, il serait intolérable dans un discours abrégé. Il suffit de dire qu'ils ont tous été plus ou moins gênés par la philosophie barbare des écoles, et qu'ils ont été retardés dans leur marche par une déférence scrupuleuse pour les parties inférieures et techniques du Droit romain, au lieu de s'élever jusqu'aux principes généraux qui doivent à jamais entretenir chez les hommes le respect dû à ce grand monument de la sagesse humaine. Ce fut seulement dans le seizième siècle que le Droit romain fut étudié et compris comme une science essentiellement liée à l'histoire et à la littérature romaine, et qu'il fut mis en lumière par des hommes qu'Ulpien et Papinien n'auraient pas rougi de reconnaître pour leurs successeurs *. Chez les écrivains de cet âge, nous

---

* Cujas, Brisson, Hotman, etc. *Voyez Gravina*, Orig. juris civil., *pag.* 132 *et suiv. Édit. Leips.*, 1737.
Leibnitz, aussi grand mathématicien que philosophe, déclare qu'il ne connaît rien qui approche plus que le Droit romain de l'exactitude et de la précision de la géométrie. — *OEuvres*, tome 4, *pag.* 254.

pouvons remarquer les essais infructueux, les progrès partiels, les traits accidentels de lumière, qui précèdent toujours les grandes découvertes, et les ouvrages destinés à instruire la postérité.

Il était réservé à Grotius de systématiser le Droit des gens. Ce fut par les conseils de Bacon et de Peiresc qu'il entreprit cette tâche difficile. Son ouvrage, que nous regardons aujourd'hui avec raison comme imparfait, est néanmoins peut-être le plus complet qui ait jamais été produit dans l'enfance d'aucune science. Telle est l'incertitude de la réputation après la mort : le nom des plus grands hommes est tellement sujet à perdre de son éclat par suite des changements successifs qui s'opèrent dans la manière de penser et d'écrire, que Grotius, qui tenait une si grande place dans son siècle, n'est peut-être connu que de nom d'une partie de nos lecteurs. Si néanmoins nous considérons justement son mérite et ses vertus, nous reconnaîtrons en lui un des hommes les plus remarquables des temps modernes. Il combinait l'accomplissement des devoirs les plus importants de la vie active et publique, avec cette perfection de science immense et variée qui n'est ordinairement le partage que des hommes qui se séparent du monde. C'était un avocat et un magistrat distingué; il a fait les meilleurs ouvrages sur le Droit de son pays; il était presque également célèbre comme historien, comme savant, comme poète, et comme canoniste; homme d'état désintéressé, jurisconsulte philosophe, patriote à la fois ferme et modéré, théologien aussi candide qu'éclairé. Un injuste exil ne diminua pas son patriotisme; l'amertume de la controverse n'altéra point sa charité. L'inquisition de ses fiers et nombreux adversaires ne put faire voir la moindre tache à son caractère; et, au milieu des discussions pénibles et des cruels tourments d'une vie politique extrêmement agitée, il n'abandonna jamais ses amis dans leur malheur, il n'insulta jamais ses ennemis dans leur faiblesse. Dans le temps des plus grands troubles civils et religieux, il conserva son nom sans tache, et sut toujours allier la fidélité à son parti avec la modération à l'égard de ses adversaires. Tel était l'homme qui était destiné à donner une nouvelle forme au Droit des gens, ou plutôt à créer une science dont les éléments grossiers et les matériaux indigestes étaient seulement épars dans les écrits de ses devanciers. En élevant l'édifice des lois de son pays sur ces éternels fondements, il fut conduit à la contemplation de la loi naturelle, qu'il considérait avec raison comme la mère de toute loi civile *. Peu d'ouvrages ont été aussi célébrés que celui de Grotius, non-seulement de son temps, mais encore pendant le siècle suivant. Cependant, dans la seconde partie du siècle dernier, ce fut, pour ainsi dire, une mode de déprécier cet ouvrage, et de le présenter comme une compilation informe, dans laquelle la raison se trouvait ensevelie sous une masse d'autorités et de citations. Cette mode dut son origine à quelques beaux esprits et à quelques déclamateurs français, et elle fut adoptée, je ne sais pourquoi, bien qu'avec plus de réserve et de convenance, par plusieurs écrivains respectables de l'Angleterre. Quant à ceux qui les premiers ont tenu un pareil langage, ce que nous pouvons penser de mieux à leur égard, c'est qu'ils n'avaient jamais lu le livre de Grotius : car s'ils n'avaient pas été effrayés par ce formidable appareil de caractères grecs, ils auraient bientôt reconnu que l'auteur ne fait jamais de citations sans avoir posé des principes, et souvent, selon moi, quoique ce ne soit pas sans exception, les principes les plus sains et les plus raisonnables.

Mais on doit une autre sorte de réponse à quelques-uns de ceux qui ont critiqué Grotius**, et cette

---

* Proavia juris civilis. — *De jure belli ac pacis*, proleg., § 16.
** Paley, Principes de philosophie morale et politique, préface, p. 14 et 15.

réponse est faite d'avance par Grotius lui-même*. Il n'avait pas un esprit servile et stupide au point de citer les opinions des poètes et des orateurs, des historiens et des philosophes, comme des arrêts de juges sans appel. Il les cite, ainsi qu'il le dit lui-même, comme des témoins dont le concert unanime, fortifié d'ailleurs par leur dissentiment sur presque tous les autres points, est une preuve concluante de l'accord universel du genre humain sur les grandes règles des devoirs et sur les principes fondamentaux de la morale. En pareille matière, les poètes et les orateurs sont les moins reprochables de tous les témoins; car ils s'adressent aux sentiments et aux sympathies de tous les hommes; ils ne sont ni faussés par les systèmes, ni pervertis par les sophismes; ils ne peuvent atteindre aucune de leurs fins, ils ne peuvent ni plaire ni persuader, si les sentiments moraux qu'ils expriment ne sont pas en harmonie avec ceux de leurs lecteurs. On ne peut concevoir un système de philosophie morale qui ne serait pas en harmonie avec la conscience générale des hommes, et le jugement uniforme de tous les temps et de tous les lieux. Mais où trouvons-nous l'expression de cette conscience et de ce jugement? Précisément dans ces écrits, qu'on blâme Grotius d'avoir cités. Les usages et les lois des Nations, les événements de l'histoire, les opinions des philosophes, les sentiments des orateurs et des poètes, de même que l'observation de la vie commune, sont réellement les matériaux dont se compose la science de la morale; et ceux qui les négligent encourent le juste reproche de viser follement à faire de la philosophie sans avoir aucun égard aux faits et à l'expérience, seuls fondements de la vraie philosophie.

S'il s'agissait d'examiner l'ouvrage de Grotius, seulement sous le rapport du goût, j'avouerais facilement qu'il étale son érudition avec une profusion qui en-

---

* *De jure belli ac pacis*, proleg., § 40.

combre beaucoup plus qu'elle ne sert d'ornements, et qui n'est pas toujours nécessaire au développement de son sujet. Cependant, même en faisant cette concession, je céderais plutôt à l'opinion des autres, qu'à l'inspiration de mes propres sentiments. Je ne puis m'empêcher de trouver un bien grand charme dans cette richesse brillante de littérature. J'y puise une variété infinie de souvenirs et de rapprochements délicieux. En marchant péniblement dans la carrière de cette vaste science, l'esprit aime à se reposer au milieu des grands hommes et des grands événements. Ainsi les vérités de la morale sont revêtues, non de l'inutile éloquence d'un seul homme, mais de celle que peut produire le génie réuni du monde entier. La vertu et la sagesse elles-mêmes acquièrent une nouvelle majesté à mes yeux, lorsque je vois tous les grands maîtres dans l'art de penser et dans l'art d'écrire, réunis, pour ainsi dire, de tous les âges et de toutes les contrées, pour leur rendre hommage et marcher à leur suite.

Mais ce n'est pas ici le lieu de discuter en matière de goût, et je suis tout prêt à convenir que le mien peut n'être pas le plus sain. On peut faire à Grotius une objection beaucoup plus sérieuse, quoique je ne me souvienne pas de la lui avoir jamais vu faire. Sa méthode n'est ni convenable, ni scientifique. Cet ordre naturel indique évidemment que nous devons rechercher d'abord les premiers principes de la science dans la nature humaine; les appliquer ensuite au règlement de la conduite des individus, et enfin y recourir pour la décision des questions difficiles et compliquées qui s'élèvent dans les rapports entre nations. Grotius a pris l'envers de cette méthode. Il s'arrête tout d'abord à l'état de guerre et à l'état de paix, et ce n'est qu'accidentellement qu'il examine les principes premiers, à mesure qu'ils ressortent des questions qu'il est appelé à résoudre. Par une conséquence inévitable de cette méthode désordonnée, qui ne présente les éléments de la science que sous la forme de digressions éparses, il se trouve conduit à donner rarement assez de développement à ces vérités fondamentales, et il ne les place jamais au lieu où leur discussion serait le plus instructive pour le lecteur.

Ce défaut de plan dans Grotius fut reconnu et corrigé par Puffendorff, qui rendit au droit naturel la supériorité qui lui appartient, et qui eut le bon esprit de ne présenter le Droit des gens que comme une des branches principales du tronc commun. Sans avoir le génie et l'érudition de son maître, il traita sa matière avec un sens parfait, avec une méthode claire, avec une science aussi exacte qu'étendue, et avec une abondance de détails souvent fatigante, mais toujours instructive et satisfaisante. Son ouvrage sera médité par tous ceux qui ne craignent pas de consacrer leurs veilles à un travail approfondi; mais il est probable que la masse commune des étudiants l'auront plus souvent dans leurs bibliothèques que sur leurs bureaux. Du temps de Locke, on le considérait comme le manuel de ceux qui se destinent à une vie active; mais aujourd'hui les hommes voués aux affaires sont trop occupés; les hommes de lettres, trop dédaigneux, et les hommes du monde, trop paresseux, pour qu'un semblable ouvrage soit médité ou même parcouru par eux. Loin de moi de déprécier le grand et incontestable mérite de l'utile ouvrage de Puffendorff: son livre est une mine que tous ses successeurs doivent exploiter. Je me permets seulement de penser qu'un ouvrage aussi prolixe, aussi dénué de tous les attraits du style, rebutera vraisemblablement un grand nombre de ceux qui ont besoin, et qui auraient peut-être le désir de connaître les principes du droit public.

Je pourrais encore indiquer beaucoup d'autres circonstances qui démontrent également la nécessité d'entreprendre et de soumettre au public un nouveau système du droit des gens. La langue de la science a tellement changé depuis que ces deux grands ouvrages ont été composés, que personne ne pourrait employer les expressions qui s'y rencontrent, sans s'exposer à se rendre souvent presque inintelligible, même en s'adressant à des personnes qui d'ailleurs seraient tout-à-fait habiles à étudier utilement ces matières. Les savants n'ignorent pas que les débats scientifiques ne peuvent offrir que bien peu de variété et de nouveauté : les mêmes vérités et les mêmes erreurs se sont répétées d'âge en âge, avec quelques changements seulement dans le langage ; mais les ignorants prennent souvent l'introduction d'expressions nouvelles pour des découvertes essentielles. On ne saurait imaginer combien il y a eu, dans tous les temps, de génie et de jugement dans le choix des formes sous lesquelles la science a été cultivée. Les écrivains qu'on lit le plus doivent souvent leur succès à leur goût, à leur prudence, au bonheur dans le choix du sujet, à des circonstances favorables, à un style agréable, à une langue plus parfaite, ou à d'autres avantages purement accidentels, ou résultant plutôt des facultés secondaires que des facultés élevées de l'esprit. Ces considérations, en diminuant quelque chose de l'orgueil de ceux qui croiraient avoir fait des découvertes importantes, ou qui s'imagineraient être doués d'un talent supérieur, démontrent aussi qu'il est utile et même nécessaire de composer de temps en temps de nouveaux systèmes de sciences appropriés aux opinions et aux langages des époques qui se succèdent. Chaque âge veut recevoir l'instruction dans sa langue. Si quelqu'un commençait un discours sur la morale par l'exposition des *entités morales* de Puffendorff*, il parlerait une langue inconnue.

---

* Je ne prétends aucunement attaquer la justesse des raisonnements de Puffendorff sur les entités morales. On peut expliquer ce système d'une manière conforme à la plus exacte

Au surplus, toute l'utilité d'un nouveau système de droit public ne consisterait pas simplement à reproduire les anciens écrivains sous les formes de la langue moderne : le siècle dans lequel nous vivons présente un grand nombre d'avantages spécialement propres à favoriser une semblable entreprise. Depuis la publication des grands ouvrages de Grotius et de Puffendorff, une philosophie plus modeste, plus simple, et plus intelligible, a trouvé accès dans nos écoles; autrefois grossièrement dénaturée par les sophistes, elle a été, depuis Locke, cultivée et perfectionnée par une succession de disciples dignes de leur illustre maître. Ainsi nous sommes devenus capables de discuter avec précision, et d'exposer avec clarté les principes de la science de la nature humaine; principes qui par eux-mêmes sont tout-à-fait de niveau avec l'intelligence de tout homme de bon sens, et qui n'avaient été rendus si obscurs que par les inutiles subtilités dont on les avait surchargés, et le barbare jargon dont on se servait pour les exprimer. Depuis ce temps, les questions de morale les plus profondes ont été traitées dans un style clair et populaire, et les moralistes modernes se sont rapprochés de la beauté et de l'éloquence des anciens. La philosophie, qui sert de base aux principes de nos devoirs, n'a rien acquis en certitude, car la morale ne peut être susceptible d'aucune découverte; mais du moins elle est devenue moins âpre et moins sévère, moins obscure et moins orgueilleuse dans son langage, moins repoussante et moins rebutante dans ses formes, que du temps de nos ancêtres. Cette popularisation de la science a produit inévitablement, il faut l'avouer, une foule de demi-savants superficiels et trompeurs; mais le remède se

---

philosophie. Puffendorff a parlé le langage de son temps comme tout écrivain doit naturellement le faire. Tout ce que je veux dire, c'est que pour toute personne à qui les anciens systèmes ne sont pas familiers, son vocabulaire philosophique est suranné et inintelligible.

trouve à côté du mal. La raison populaire peut seule corriger les sophismes populaires.

Ce ne serait pas encore le seul avantage qu'aurait aujourd'hui un écrivain sur les célèbres jurisconsultes du siècle dernier. Depuis ce temps notre connaissance de la nature humaine s'est singulièrement accrue. Des périodes obscures de l'histoire ont été explorées. Beaucoup de régions du globe, inconnues jusqu'alors, ont été visitées et décrites par des voyageurs et des navigateurs non moins éclairés qu'intrépides. Jamais autant de fleuves de sciences, partis de sources plus diverses, ne se sont réunis à un confluent commun, que dans le point où nous nous trouvons actuellement placés. Nous ne sommes pas bornés, comme l'étaient généralement les savants du dernier siècle, à l'histoire des peuples célèbres qui ont été nos maîtres en littérature. Nous pouvons nous représenter l'homme dans une condition plus basse et plus abjecte qu'on ne l'avait jamais vu. Nous avons commencé à ouvrir les annales de ces puissants empires de l'Asie *, où les commencements de la civilisation sont perdus dans les ténèbres d'une impénétrable antiquité. Nous pouvons faire passer la société humaine en revue devant nous, depuis la barbarie brutale et sans ressources de la Terre de Feu, et la sauvagerie douce et voluptueuse d'Otaïti, jusqu'à la civilisation paisible, mais ancienne et immobile, de

---

* Je ne puis dire un mot sur ce sujet sans payer mon humble tribut à la mémoire de sir W. Jones, qui a fait de si heureux travaux sur la littérature orientale ; dont le beau génie, le goût exquis, l'industrie sans relâche, l'érudition incomparable et presque prodigieuse, sans parler de son aimable caractère et de son intégrité sans tache, pénètreront de respect tous les amateurs des lettres, en même temps qu'ils leur inspireront le vif regret que doit faire naître la pensée de sa mort récente. On me pardonnera aussi quelques éloges pour le talent et l'instruction de M. Maurice, qui marche sur les traces de son illustre ami, et qui a déploré sa perte dans des vers que leur pureté et leur beauté rendent digne des âges les plus heureux de la littérature anglaise.

la Chine, qui fait part des arts qu'elle cultive à chacune des races successives de ses conquérants ; jusqu'à la timide servilité des Indiens, qui conservent leur génie, leur habileté, leur instruction, pendant une longue série de siècles, sous le joug de tyrans étrangers ; jusqu'à la grossière et incorrigible stupidité des Ottomans, incapables de toute amélioration, et occupés uniquement de détruire les restes de la civilisation chez leurs malheureux sujets, autrefois les peuples les plus éclairés de la terre. Nous pouvons étudier presque toutes les variétés imaginables dans le caractère, dans les mœurs, dans les opinions, dans les sentiments, dans les préjugés, et dans les institutions des hommes; variétés résultant, ou de la grossièreté de la barbarie, ou de la capricieuse corruption de la civilisation, ou de ces innombrables combinaisons de circonstances, qui, dans ces deux extrémités comme dans tous les points intermédiaires, influencent ou dirigent la marche des affaires humaines. L'histoire, s'il est permis de parler ainsi, est aujourd'hui un vaste musée, dans lequel on peut étudier toutes les variétés de la nature humaine. Les législateurs et les hommes d'Etat, mais surtout les moralistes et les philosophes politiques, peuvent trouver les plus beaux sujets d'instruction dans ce grand accroissement de la science. Ils peuvent découvrir, dans cette magnifique et utile variété de gouvernements et d'institutions, et dans cette prodigieuse multitude d'usages et de coutumes répandus parmi les hommes, les mêmes vérités générales et fondamentales, les mêmes principes sacrés qui servent de sauvegarde à la société ; ils les trouveront, sauf quelques légères exceptions, reconnus et respectés par toutes les Nations de la terre, et enseignés, sauf quelques exceptions encore moins nombreuses, par une série de philosophes qui se sont succédé depuis les premiers instants de la science contemplative. Les exceptions elles-mêmes paraîtront à la réflexion plus apparentes que réelles. Si nous nous élevions à la hauteur de laquelle il convient d'envisager un vaste sujet, elles disparaîtraient tout-d'un-coup; la brutalité d'une horde de sauvages ne serait pas aperçue au milieu du spectacle immense de la nature humaine, et les murmures de quelques sophistes ne seraient pas assez forts pour troubler l'harmonie générale. Cet accord de tous les hommes sur les premiers principes, et cette variété infinie dans leur application, constituent la vérité la plus utile et la plus importante que nous puissions déduire de la connaissance étendue que nous avons aujourd'hui de l'histoire de l'homme. L'unité des principes donne à la vertu une grande partie de sa majesté et de son autorité; la variété dans leur application est le fondement de presque toute la sagesse pratique.

Quelle époque de l'histoire ancienne aurait pu fournir une masse de faits comme celle sur laquelle repose l'ouvrage de Montesquieu? On lui a reproché, avec justice peut-être, d'abuser de cet avantage, en adoptant sans distinction les récits de tous les voyageurs, quel que soit le degré de confiance qu'ils méritent. Mais si nous sommes obligés d'avouer que cette accusation est fondée; si nous sommes forcés de convenir que Montesquieu exagère l'influence du climat, que dans le développement des constitutions politiques il accorde beaucoup trop à la prévoyance et à la sagacité des législateurs, et beaucoup trop peu aux temps et aux circonstances; que les caractères substantiels des gouvernements et leurs différences essentielles, sont à chaque instant perdus et confondus dans son plan et dans sa langue technique; qu'il veut trop souvent plier les traits libres et irréguliers de la nature à la régularité géométrique d'un système, régularité imposante, mais trompeuse; qu'il a choisi un style affecté dans sa brusquerie, dans ses formes sentencieuses, et dans sa vivacité, enfin, peu conforme à la gravité du sujet; après toutes ces concessions dont son illustre nom souffrira peu, *l'Esprit des lois* restera encore non-seulement comme un des monuments les plus solides et les plus durables de l'esprit humain, mais encore comme une preuve frappante des avantages inappréciables que la philosophie politique peut trouver dans une observation large des différentes conditions de la société humaine.

Depuis un siècle, il s'est opéré dans la pratique de la guerre un adoucissement substantiel, quoique lent et d'un progrès insensible; cet adoucissement ayant reçu la sanction du temps, a cessé d'être un simple usage, et est devenu une partie du droit des gens. En comparant notre manière de faire la guerre avec ce que nous dit Grotius [*], on distingue clairement les prodigieuses améliorations qui se sont faites depuis la publication de son ouvrage, durant la période la plus heureuse peut-être en tous points qu'on puisse trouver dans l'histoire du monde. Dans cette même période, on a vu discuter, tant par le raisonnement que par les armes, une foule de questions importantes de droit public, dont nous ne trouvons pas même la plus légère trace dans l'histoire des temps précédents.

Il est encore d'autres circonstances dont je ne parle qu'avec hésitation et avec peine, quoiqu'il soit nécessaire d'avouer qu'elles donnent à un écrivain du siècle présent un triste et malheureux avantage sur ses devanciers. Les événements récents ont accumulé sur tous les points qui intéressent la politique, une instruction pratique plus redoutable que l'expérience n'aurait pu la faire naître en d'autres temps. L'esprit des hommes, stimulé par leurs passions, a pénétré jusqu'au fond de presque toutes les questions politiques. Il n'y a pas jusqu'aux règles fondamentales de la morale, qui, pour la première fois, et malheureusement pour l'humanité, ont été révoquées en doute et soumises à la discussion. Je regarderai

---

[*] Surtout dans les chapitres du troisième livre, intitulés *Temperamentum circa captivos*, etc., etc.

comme un devoir de passer sous silence ces faits déplorables, et ces fatales controverses. Mais il faudrait avoir l'esprit bien insouciant et bien indocile pour mépriser toutes ces circonstances, ou pour les examiner sans fruit.

De ces réflexions il résulte évidemment que depuis la publication des deux ouvrages, que nous continuons à considérer comme classiques, sur le droit de la nature et des gens, nous avons acquis de meilleurs instruments pour le raisonnement, et des matériaux plus abondants pour la science; que le Code de la guerre a été étendu et perfectionné; enfin, que de nouvelles questions se sont élevées sur les rapports des Etats indépendants, comme sur les premiers principes de la morale et du gouvernement civil.

Quelques lecteurs penseront peut-être que, dans mes observations, pour excuser la témérité de mon entreprise, j'ai négligé de citer quelques auteurs plus modernes, auxquels une partie de ces remarques ne saurait justement s'appliquer. Un examen plus approfondi me justifiera, je l'espère. Mes observations ne tombent pas sur les écrivains qui n'ont traité que des questions détachées du droit public. Quelque utiles que soient les matériaux qu'ils ont fournis, je ne parle que des systèmes complets. Ce que j'ai dit de Puffendorff comme d'un auteur à l'usage de tout le monde, s'applique, avec dix fois plus de force encore, à l'immense ouvrage de Wolff. Son abréviateur Vattel est à coup sûr un auteur digne des plus grands éloges; il est extrêmement ingénieux, clair, élégant, et utile; mais il ne considère qu'une partie de ce vaste sujet, savoir, le droit des gens proprement dit; et je ne puis m'empêcher de penser que, même dans cette branche de la science, il a quelquefois adopté des principes douteux et dangereux, sans compter qu'il néglige constamment les exemples et les éclaircissements historiques, au détriment de la raison, qui en serait si merveilleusement embellie et fortifiée. Il est à peine nécessaire de jeter les yeux sur le livre d'Heineccius, le meilleur écrivain élémentaire sur quelque sujet que ce soit. Burlamaqui est un auteur d'un mérite supérieur; mais il se borne trop aux principes généraux de morale et de politique, pour que je m'occupe beaucoup ici de lui. La même considération excusera mon silence à l'égard des ouvrages d'un grand nombre de philosophes et de moralistes, auxquels néanmoins je reconnais devoir beaucoup dans la composition des leçons que je me propose de faire. Ce serait peut-être une raison pour m'affranchir de l'obligation de parler de l'ouvrage de Paley, si je ne désirais saisir cette occasion de faire connaître publiquement ma reconnaissance pour le plaisir et l'instruction dont je suis redevable à cet excellent écrivain, doué à un si haut degré des qualités les plus inappréciables du moraliste; bon sens, mesure, réserve, respect constant pour l'usage et les convenances. On le croit moins original qu'il ne l'est réellement, mais c'est uniquement parce que son goût et sa modestie l'ont porté à dédaigner l'affectation de la nouveauté, et parce qu'il met tout son art à mêler et confondre sans cesse ses propres raisonnements avec les opinions reçues, dans le but d'une popularité passagère, plus que les autres n'apportent de soin à déguiser les plus misérables lieux communs sous la forme de paradoxes.

Depuis Grotius, Puffendorff, et Wolff, aucun écrivain n'a combiné la recherche des principes du droit naturel et public avec l'application de ces principes aux cas particuliers; et dans ces circonstances, j'ose espérer, sans une extravagante présomption, que je pourrai présenter cette science sous un point de vue plus propre, que les écrits de ces hommes célèbres, à la rendre intelligible et attrayante pour les étudiants.

Je vais maintenant exposer le plan et les matières du cours dans lequel j'essaie cette entreprise.

I. L'être dont le droit naturel a pour objet de régler les actions, c'est l'homme. C'est sur la connaissance de sa nature que doit reposer la science de ses devoirs*. Il est impossible d'aborder la philosophie morale, sans étudier préalablement les facultés et la constitution de l'esprit humain. Que le mot effrayant de *métaphysique* ne détourne pas le lecteur de cet examen : il ne s'agit, après tout, que d'employer les lumières de notre bon sens à observer nos propres pensées, nos propres sentiments, nos propres actions; et quand les faits, ainsi observés, sont exprimés, comme ils doivent l'être, d'une manière claire, c'est peut-être de toutes les sciences celle qui est le plus de niveau avec le degré commun d'intelligence et d'instruction des hommes qui pensent. Cette science, ainsi présentée, n'exige, dans celui qui veut la comprendre, aucune faculté antérieure, si ce n'est un jugement sain; quant à ceux qui l'obscurcissent par un jargon technique et mystérieux, nous avons toujours juste raison de soupçonner que ce sont, non des philosophes, mais des imposteurs. Quiconque comprend bien une telle science, est nécessairement capable de l'enseigner à tous les hommes qui ont le sens commun. Je commencerai donc mon cours par un exposé très bref, et, je l'espère, aussi simple qu'intelligible, des facultés et des opérations de l'esprit humain. Ces faits, ainsi nettement établis, nous faciliteront la décision d'une foule de questions fameuses, quoique frivoles et résidant toutes dans les mots; controverses qui ont trop long-temps occupé le loisir des écoles, et qui ne doivent leur célébrité, et même leur existence, qu'à l'obscure ambiguïté du langage scolastique. Il suffira, par exemple, d'en appeler à l'expérience de chacun, pour prouver, en fait, qu'il nous arrive très souvent d'agir uniquement en vue du bonheur d'autrui; nous en conclurons que nous sommes des êtres sociables, et nous n'aurons aucun besoin d'être habitués

---

* Natura enim Juris explicanda est nobis, *eaque ab hominis repetenda naturâ.* — Cic., *de legibus*, lib. I, n. 5.

à juger les artifices du langage pour mé priser un misérable sophiste qui nous soutiendrait que, puisque nous éprouvons du plaisir à faire du bien, nous sommes tous également et exclusivement égoïstes. Un examen exact des faits nous fera découvrir quelle qualité est commune à toutes les actions vertueuses, et les distingue des actions vicieuses et criminelles. Mais nous verrons aussi qu'il est nécessaire à l'homme de se gouverner, non pas d'après une opinion brusque et improvisée qu'il pourrait avoir dans chaque circonstance particulière, mais d'après ces règles fixes et inaltérables qui ont été produites par la réunion du jugement impartial, des sentiments naturels, et de l'expérience incarnée du genre humain. L'autorité de ces règles est fondée uniquement sur leur tendance à l'augmentation du bien-être individuel et général; mais la moralité des actions ne consiste que dans leur correspondance avec la règle. Au moyen de cette distinction bien simple, une théorie juste, qui loin d'être moderne, est aussi ancienne que la philosophie, sera vengée non-seulement de quelques objections assez spécieuses, mais surtout du reproche odieux qu'on lui fait de servir de base aux systèmes absurdes et monstrueux qu'on a prétendu élever sur elle. La tendance à faire le bien est le fondement des règles, elle doit aussi servir à juger les habitudes et les sentiments. Mais ce n'est pas toujours le drapeau que nous devons suivre immédiatement, ni le principal motif de chacune de nos actions. Une action, pour être complètement vertueuse, doit être en harmonie avec les règles de la morale, et être le résultat de nos affections et de nos sentiments naturels, modifiés, mûris, et améliorés par l'habitude constante d'une conduite droite*. Sans m'arrêter plus long-temps sur des sujets qui ne peuvent être clairement exposés qu'après avoir

---

* Est autem virtus nihil aliud quàm in se perfecta atque ad summum perducta natura. — Cic., *de legibus*, lib. I, n. 8.

été entièrement développés, je me contente de dire que je me propose, dans la partie préliminaire de mon cours, qui est aussi la plus importante, de fixer les fondements de la morale dans la nature humaine, assez profondément pour satisfaire l'observateur le plus froid; et en même temps, de dégager l'autorité suprême des règles de nos devoirs, en tout temps et en tout lieu, de toutes les opinions d'intérêt personnel et de spéculations dans la pratique du bien, d'une manière assez étendue, assez universelle, assez franche, pour justifier les effusions les plus grandes et en apparence les plus extravagantes de l'enthousiasme moral. Si, malgré tous mes efforts pour exposer ces doctrines avec la plus grande simplicité, quelqu'un de mes auditeurs me reprochait encore l'enseignement de matières aussi abstraites, je me retrancherais derrière l'autorité du plus sage des hommes. « Si, « avant d'arriver aux notions communes et populaires « de la vertu et du vice, ils (les anciens moralistes) se « fussent livrés à des recherches un peu plus appro- « fondies sur les *racines du bien et du mal*, ils auraient, « selon moi, donné de grandes lumières à leurs suc- « cesseurs; et surtout s'ils eussent consulté la nature, « leurs doctrines auraient été moins prolixes et moins « obscures. » — *Bacon, Dign. and adv. of learn., livre* 2. Ce que Bacon désirait dans un simple intérêt de curiosité scientifique, le bien-être de l'humanité le réclame impérieusement aujourd'hui. De misérables systèmes de métaphysique ont engendré une foule de paradoxes détestables et dangereux, qui ne peuvent être détruits que par une philosophie plus profonde. Quoique nous dussions peut-être gémir de la nécessité où nous sommes d'entrer dans des discussions de nature à ébranler chez certains hommes leur respect habituel pour des règles dont l'observation intéresse tout le monde, il ne nous est pas possible de les éviter. Il faut ou disputer ou abandonner le terrein. Des invectives aveugles et injustes contre la philosophie, n'auraient d'autre effet que d'endurcir les sophistes et leurs disciples dans cette orgueilleuse prétention; qu'ils sont en possession d'une supériorité de raison non contestée, et que leurs antagonistes n'ont d'autres armes contre eux que celles d'une déclamation populaire. Qu'on ne nous suppose pas même un instant capable de penser que la vérité philosophique et le bonheur de l'homme soient aussi inconciliables. Je ne saurais mieux exprimer mon opinion sur ce point, qu'en empruntant les paroles d'un écrivain infiniment estimable, quoique généralement peu connu : « La connaissance des sciences abstraites, lorsqu'on « l'a complètement acquise, est comme la lance d'A-« chille, qui guérissait les blessures qu'elle avait faites; « de même cette connaissance sert à réparer le tort « qu'elle a causé, et c'est peut-être la seule chose à « quoi elle soit bonne. Elle ne jette aucune lumière « nouvelle sur les sentiers de la vie, mais elle dissipe les « nuages dont elle les avait elle-même obscurcis; elle ne « fait pas avancer le voyageur d'un pas, mais elle le « ramène au point d'où il ne s'était écarté que pour s'éga-« rer. Ainsi le domaine de la philosophie se compose « en partie de plaines praticables à l'intelligence com-« mune, et en partie de bois où les observateurs peu-« vent seuls pénétrer, et où ils aiment trop souvent à « s'arrêter. Comme nous ne pouvons éviter de faire « des excursions dans cette dernière région, et que « nous la trouverons probablement obscure, dange-« reuse et difficile, nous devons faire tous nos efforts « pour éclairer et aplanir les voies devant nous*. » Au surplus, nous ne resterons dans la forêt que pendant le temps précisément nécessaire pour visiter les sources des ruisseaux qui y prennent naissance, et qui vont arroser et fertiliser la contrée cultivée de la morale, pour nous familiariser avec les habitudes guerrières

---

* Search's light of nature, par Abraham Tucker; tome 1er, Préface, page xxxiij.

de ses sauvages habitants, et pour étudier les moyens de garantir notre région riche et féconde de leurs incursions dévastatrices. Je m'arracherai à la spéculation à laquelle je suis naturellement trop enclin, et je me hâterai d'arriver à l'observation plus utile de nos devoirs pratiques.

II. La première partie de la morale, et la plus simple, est celle qui a pour objet les devoirs des individus entre eux, abstraction faite de la sanction des lois positives. Je dis *abstraction faite* de cette sanction, et non *antérieurement* à cette sanction; car, bien que nous *séparions* les devoirs privés des devoirs politiques, afin de mettre plus d'ordre et de clarté dans le raisonnement, toutefois cet arrangement de pure convenance ne nous abuse point jusqu'à nous faire supposer que la société humaine ait jamais pu subsister sans le frein des lois et la protection des gouvernements. Tous ces devoirs de la vie privée ont été si abondamment et si admirablement traités par les moralistes de l'antiquité, que personne aujourd'hui ne pourrait guère se flatter d'être écouté, s'il n'était animé de l'orgueilleuse ambition d'égaler Aristote en précision, ou de rivaliser d'éloquence avec Cicéron. Ces devoirs ont encore trouvé d'excellents interprètes parmi les moralistes modernes, au nombre desquels il serait souverainement injuste de ne pas compter beaucoup d'apôtres de la religion chrétienne, dont le caractère particulier est l'esprit de charité universelle, principe vivifiant de tous les devoirs sociaux. Car il y a déjà long-temps que Bacon a dit avec grande vérité : « Que jamais aucune philosophie, aucune re- « ligion, ni aucune autre doctrine, ne s'est attachée « aussi nettement et aussi hautement que la foi chré- « tienne à exalter le bien qui se communique, et à « rabaisser le bien exclusivement individuel [*]. » Le mérite particulier de cette religion n'est pas tant d'avoir

---

[*] Bacon, Dign. and adv. of learn., liv. II.

enseigné de nouveaux devoirs, que d'avoir répandu sur toute la morale un souffle plus doux et plus bienfaisant.

Je me serais naturellement contenté d'observations très légères et très générales sur un sujet aussi épuisé, si l'on n'avait depuis peu remis en question quelques principes fondamentaux, qui, dans tous les anciens temps, auraient paru trop évidents pour être défendus par des arguments, et pour ainsi dire trop sacrés pour qu'il fût permis de les discuter. Je tâcherai donc de fortifier quelques-uns des remparts de la morale, qui jusqu'ici avaient été négligés, parce que personne n'avait osé les attaquer. Nous verrons que presque tous les devoirs relatifs de la vie humaine dérivent plus ou moins immédiatement de deux grandes institutions, la propriété et le mariage. Ce sont elles qui constituent, conservent, et perfectionnent la société. De leur amélioration graduelle dépend la civilisation progressive du genre humain; sur elles repose l'ordre tout entier de la vie civile. Horace nous dit que les premiers efforts des législateurs afin de civiliser les hommes, ont consisté à régler et à fortifier ces institutions, et à les sanctionner par des lois pénales rigoureuses.

> Oppida cœperunt munire et ponere leges,
> Neu quis fur esset, neu quis latro, neu quis adulter.
> *Sat.* 3, lib. 1, v. 105.

Un célèbre orateur ancien, des poèmes duquel il ne nous reste qu'un petit nombre de fragments, a très bien décrit la marche progressive qui a conduit par degrés la société humaine au plus haut point de son perfectionnement, sous la protection des lois qui assurent la propriété et règlent le mariage.

> Et leges docuit sanctas, et cara jugavit
> Corpora conjugiis, et magnas condidit urbes.
> *Frag. C. Licinii Calvi.*

Ces deux grandes institutions font des sentiments égoïstes comme des sentiments sociaux de notre nature, les liens les plus forts d'un commerce paisible et régulier; elles changent les principes de dissension en sources de concorde; elles disciplinent les penchants les plus indomptables, elles purifient les penchants les plus grossiers, elles élèvent les penchants les plus sordides; ainsi elles deviennent les sources de tout ce qui fortifie, conserve, et orne la société; elles soutiennent les individus et perpétuent l'espèce. Autour de ces institutions nous verrons nos autres devoirs sociaux se grouper et se ranger de distance en distance, les uns plus près, évidemment essentiels au bon ordre de la vie humaine; les autres moins rapprochés, et dont la nécessité n'est pas aussi manifeste au premier coup d'œil; d'autres enfin tellement éloignés, que leur importance a quelquefois été mise en doute, quoiqu'une observation plus réfléchie nous les fasse reconnaître comme les sentinelles et les gardes avancées de ces principes fondamentaux, savoir, que l'homme doit jouir en paix des fruits de son travail, et que l'union des sexes doit être assez sagement ordonnée pour devenir l'école des affections bienveillantes, et le vrai berceau de la société.

La propriété est un sujet des plus vastes. Il sera nécessaire de rechercher les fondements des droits d'acquisition, d'aliénation, et de transmission, non dans des contrats imaginaires ou dans un prétendu état de nature, mais dans leur utilité pour la conservation et le bien-être du genre humain. Il sera aussi utile que curieux de tracer l'histoire de la propriété, au milieu de ses modifications successives, depuis la première occupation irréfléchie et transitoire des sauvages, jusqu'à ces lois prévoyantes, subtiles, et minutieuses, qui sont dues à la civilisation la plus épurée.

Je suivrai le même ordre en examinant l'union des sexes, telle qu'elle est réglée par l'institution du mariage [*]. Je tâcherai de développer les principes d'intérêt

---

[*] Voyez sur ce sujet un morceau admirable des *Économiques* de *Cicéron*, qui est trop long pour être cité ici, mais qui, exa-

général sur lesquels repose cette institution; et, si j'ose espérer que je pourrai ajouter quelque chose à ce que nos maîtres en morale nous ont enseigné, j'ai la confiance que le lecteur excusera ma présomption, en considérant que ces anciens philosophes ne devaient naturellement pas employer de grands arguments pour soutenir des points sur lesquels ils ne prévoyaient pas la possibilité d'un doute. J'examinerai aussi l'histoire du mariage*, et je la suivrai au milieu de toutes ses modifications, jusqu'à cette décente et heureuse permanence dans l'union, qui par-dessus tout a contribué au repos de la société et à l'épurement des mœurs dans les temps modernes. Entre autres recherches auxquelles ce sujet donnera lieu, je serai plus particulièrement amené à étudier la position naturelle et les devoirs des femmes, leur condition chez les différents peuples, leur supériorité en Europe, et les bornes que la nature elle-même a mises à leur perfectionnement; bornes au-delà desquelles tout prétendu progrès serait une vraie dégradation.

III. Après avoir établi les principes des devoirs privés, je considérerai l'homme sous les rapports importants qui lient le sujet et le souverain, ou, en d'autres termes, le citoyen et le magistrat. Je tâcherai de

---

miné de près, détromperait sans doute ceux qui donnent si étrangement pour certain que Cicéron était incapable d'un raisonnement exact.

* L'histoire progressive du mariage est parfaitement tracée dans ces beaux vers de Lucrèce :

> .... Mulier conjuncta viro concessit in unum,
> Castaque privatæ veneris connubia læta
> Cognita sunt, prolemque ex se videre creatam :
> TUM GENUS HUMANUM PRIMUM MOLLESCERE COEPIT.
> . . . . Puerique parentùm
> Blanditiis facilè ingenium fregère superbum.
> Tunc et amicitiam cœperunt jungere habentes
> Finitima inter se, nec lædere, nec violare.
> Et pueros commendârunt muliebreque seclum
> Vocibus et gestu cùm balbè significarent
> IMBECILLORUM ESSE ÆQUUM MISERERIER OMNIUM.
> *Lucret.*, lib. 5, v. 1010.

placer les fondements de ces relations dans la convenance générale, et non dans des conventions supposées, tout-à-fait imaginaires, dont on est obligé de reconnaître la fausseté en fait, et qui, considérées comme des fictions, ne pourraient jamais servir de base à un raisonnement exact, car elles conduisent également dans Hobbes à un système de despotime universel, et dans Rousseau à un système d'anarchie générale. Les hommes ne peuvent subsister sans société et sans assistance mutuelle; ils ne peuvent ni entretenir le commerce social, ni recevoir l'assistance les uns des autres sans la protection d'un gouvernement; et ils ne peuvent jouir de cette protection sans se soumettre aux restrictions qu'impose un gouvernement juste. Ce raisonnement bien simple démontre que le devoir d'obéissance de la part des citoyens, et le devoir de protection de la part des magistrats, sont fondés sur la même base que tous les autres devoirs moraux; il prouve d'une manière suffisamment évidente que ces devoirs sont réciproques, et il remplit ainsi le but unique pour lequel la fiction ait été inventée. Je n'embarrasserai pas mon raisonnement d'inutiles théories sur l'origine du gouvernement; question sur laquelle on a perdu tant de paroles dans les temps modernes, et que les anciens *, beaucoup plus sages, avaient laissée intacte. Si nos principes sont justes, le gouvernement est aussi ancien que l'homme lui-même; et comme on n'a jamais connu aucune tribu assez brute pour vivre sans gouvernement, ni assez éclairée pour

---

* Je ne connais rien de mieux que l'introduction au premier livre de la Politique d'Aristote, pour démontrer la nécessité de la société politique au bien-être, et même à l'existence de l'homme. Après avoir exposé les circonstances qui rendent indispensablement l'homme un être sociable, il conclut avec beaucoup de raison, καὶ ὅτι ἄνθρωπος φύσει πολιτικὸν ζῶον. *Politique d'Aristote*, liv. 1.

Le même thème de philosophie est admirablement soutenu dans un morceau abrégé, mais inappréciable, du sixième livre de Polybe, où il trace l'histoire et les révolutions du gouvernement.

en établir un par le consentement de tous, il est manifestement inutile de recourir à des arguments sérieux pour réfuter une doctrine incompatible avec la raison, et démentie par l'expérience. Toutefois, quoique toutes les recherches sur l'origine des gouvernements soient vaines, l'histoire de leurs développements n'en est pas moins utile et intéressante. Les différentes modifications qu'ils ont subies, depuis l'indépendance sauvage, qui suppose à chacun le pouvoir de faire injure à son voisin, jusqu'à la liberté légale, qui garantit chacun contre l'injure; la formation d'une famille en tribu, et la fusion des tribus en nations; par suite, la substitution de la justice publique à la vengeance privée, et de l'obéissance habituelle à la soumission temporaire; tout cela fournit à d'importantes recherches une ample matière, qui comprend tous les progrès de la société dans la police, la jurisprudence, et la législation.

J'ai déjà fait entendre au lecteur que la définition de la liberté qui semble la plus exacte, consiste à dire qu'elle est la *garantie contre l'injure*. La liberté est donc l'objet de tout gouvernement. Les hommes sont plus libres sous un gouvernement quelconque, même le plus imparfait, qu'ils ne le seraient s'il leur était possible de vivre sans gouvernement: ils sont plus à l'abri de l'injure, *moins troublés dans l'exercice de leurs facultés naturelles, et par conséquent plus libres, dans le sens même le plus simple et le plus ordinaire de ce mot*, que s'ils n'étaient aucunement protégés les uns contre les autres. Mais comme la garantie générale ne se trouve pas au même degré sous tous les gouvernements, ceux qui l'assurent d'une manière plus parfaite s'appellent *libres* par excellence. De tels gouvernements sont ceux qui atteignent le mieux le but de tout gouvernement. Une constitution libre et une bonne constitution de gouvernement, sont donc deux expressions qui rendent la même pensée.

Toutefois on aperçoit bientôt une autre distinction matérielle. Dans les États les plus civilisés, le sujet est suffisamment protégé contre les injustices manifestes de ses concitoyens, par des lois que le souverain est évidemment intéressé à maintenir. Mais plusieurs Nations sont assez heureuses pour jouir d'une constitution fondée sur les principes d'une sagesse plus éclairée et plus prévoyante. Dans ces Nations, les sujets sont garantis non-seulement contre les injustices des autres sujets, mais encore, autant que la prudence humaine peut y pourvoir, contre le despotisme des magistrats. De semblables États, comme tous les exemples extraordinaires de supériorité et de bonheur publics ou privés, se rencontrent çà et là, en petit nombre, dans les différents lieux et les différents âges du monde. Chez eux, le pouvoir du souverain est limité dans des bornes si exactes, que son autorité protectrice n'en est nullement affaiblie. Une telle combinaison de sagesse et de bonheur ne peut être facilement espérée, et elle ne peut jamais avoir lieu sans être le résultat d'une pratique constante, quoique graduelle, de la sagesse et de la vertu, qui a rendu profitable une longue succession des circonstances les plus favorables.

Sans doute, il existe à peine une Nation assez malheureuse pour être destituée de toute espèce de garantie, quelque faible qu'elle soit, contre l'injustice de ses chefs. Les institutions religieuses, les préjugés généraux, les mœurs nationales, ont partout, quoique inégalement, limité ou adouci l'exercice du pouvoir suprême. Les priviléges dont jouissaient ou une noblesse puissante, ou de riches compagnies commerciales, ou de grandes corporations judiciaires, ont dans beaucoup de monarchies servi de contrôle plus immédiat aux actes des souverains. Des moyens ont été ménagés avec plus ou moins de sagesse pour tempérer le despotisme dans les aristocraties; dans les démocraties pour protéger la minorité contre la majorité, et le peuple entier contre la tyrannie des démagogues. Mais dans tous ces gouvernements sans mélange, comme le droit de faire des lois réside dans un seul individu ou dans une seule classe, il est évident que le pouvoir législatif peut briser toutes les barrières dans lesquelles les lois l'avaient renfermé. De là, il suit que de semblables gouvernements tendent toujours au despotisme, et que les abus n'y sont prévus que par des garanties extrêmement faibles et précaires. La meilleure garantie que la sagesse humaine puisse inventer, paraît consister dans la distribution du pouvoir politique entre différents individus et différents corps, divisés d'intérêts et de caractères; correspondant aux diverses classes dont la société est composée; intéressés chacun à se défendre de l'oppression des autres; intéressés chacun également à empêcher les autres d'usurper un pouvoir exclusif, et par conséquent despotique; enfin, intéressés tous à travailler de concert aux opérations ordinaires et nécessaires du gouvernement. Si ces corps ou ces individus n'avaient aucun intérêt à se résister les uns aux autres dans les cas extraordinaires, il n'y aurait pas de liberté. S'ils n'avaient aucun intérêt à marcher d'accord dans le cours ordinaire des affaires, il ne pourrait y avoir de gouvernement. Ces institutions sages, qui font de l'intérêt même des gouvernants une garantie contre leur injustice, ont pour objet de protéger les hommes à la fois contre leurs magistrats et contre leurs égaux. C'est avec justice que de tels gouvernements sont appelés *libres*, spécialement et par excellence; et lorsque j'attribue cette liberté à la sage combinaison d'une dépendance et d'une observation réciproques, je me trouve singulièrement confirmé dans cette opinion, en me rappelant que je suis d'accord sur ce point avec tous les grands hommes qui ont étudié à fond les principes de la politique, avec Aristote et Polybe, avec Cicéron et Tacite, avec Bacon et Machiavel, avec Montesquieu et Hume [*].

---

[*] Qu'il me soit permis de joindre à l'autorité de ces grands noms l'opinion de deux hommes illustres de notre âge; nous trouvons cette double opinion dans un passage d'un discours

Dans un exposé aussi rapide que celui-ci, il est impossible d'indiquer, même de la manière la plus sommaire, les principes philosophiques, les raisonnements politiques, et les faits historiques qui seraient propres à éclairer cette importante matière. Dans une discussion étendue, je serai obligé d'examiner l'organisation générale des gouvernements les plus célèbres des temps anciens et modernes, et spécialement de ceux qui ont été le plus renommés pour leur liberté. Le résultat de cet examen sera qu'il n'a peut-être jamais existé d'institution aussi détestable que celle d'un gouvernement qui n'aurait absolument aucun contrepoids; que les gouvernements simples sont des chimères inventées par des théoriciens, qui ont transformé en constitutions véritables des mots uniquement destinés à l'expression des différents systèmes; enfin, que plus les gouvernements se rapprochent d'une simplicité sans mélange et sans contrôle, plus ils deviennent despotiques, tandis que plus ils s'en éloignent plus ils deviennent libres.

Par la constitution d'un État, j'entends *l'ensemble des lois fondamentales, écrites et non écrites, qui règlent les droits les plus importants des magistrats supérieurs, et les*

---

de M. Fox : «Il avait toujours trouvé mauvais tous les gouver-
«nements simples et sans contre-poids, monarchies simples,
«aristocraties simples, démocraties simples; il les tenait tous
«pour imparfaits ou vicieux, tous pour essentiellement mau-
«vais; une combinaison lui semblait seule bonne. Tels avaient
«toujours été ses principes, qui étaient aussi ceux de son
«honorable ami M. Burke.» — *Sur le budget de la guerre, le 9 février* 1790.

Lorsque je rappelle ces deux hommes illustres, dont les noms sont ainsi rapprochés, comme la postérité les unira dans ses souvenirs, oubliant d'ailleurs leurs démêlés passagers en considération de leur génie et de leur amitié, je n'ai pas la folle prétention d'ajouter par mes paroles quelque chose à leur gloire. Mais j'éprouve une vraie jouissance dans l'expression de mes sentiments, de la profonde vénération dont je suis pénétré pour la mémoire de l'un, et de la vive affection dont je suis rempli pour l'autre, que personne n'a jamais entendu en public sans l'admirer, que personne n'a connu dans la vie privée sans l'aimer.

priviléges* les plus essentiels des sujets. Cet ensemble des lois politiques, dans toutes les contrées, doit dériver des caractères et de la position du peuple; elles doivent se développer avec lui, s'adapter à son état particulier, subir les changements qu'il éprouve, et s'incorporer avec ses habitudes. La sagesse humaine ne peut faire une semblable constitution par un seul acte, car la sagesse humaine ne peut créer les matériaux dont elle est composée. C'est toujours en vain que l'on a tenté de changer par la violence les anciennes habitudes des hommes et l'ordre établi dans la société, de manière à les accommoder à un système de gouvernement tout-à-fait nouveau. Un semblable projet ne peut être conçu que par la plus présomptueuse ignorance; il a besoin d'être soutenu par la tyrannie la plus atroce; il conduit ses auteurs à des conséquences qu'il leur est impossible de prévoir, et le plus souvent à des institutions diamétralement opposées à celles qu'ils prétendent fonder** Mais la sagesse, qui travaille sans relâche à corriger les abus, qui saisit constamment les occasions favorables de perfectionner cet ordre social, résultat de causes sur lesquelles nous ne pouvons avoir que peu d'influence, s'est quelquefois, bien que très rarement***, à la suite des réformes et des

---

* Un *privilége*, en droit romain, est une *exception* faite en faveur d'un individu à l'autorité de la loi. Les priviléges politiques, dans le sens que je leur attribue, sont des *exceptions* faites en faveur des sujets dans un État libre, en vue du bien-être social, au pouvoir ordinairement discrétionnaire du magistrat, et garanties par les mêmes lois fondamentales qui assurent son autorité.

** Voyez sur ce sujet un passage admirable de Smith, dans sa *Théorie des sentiments moraux*, tome II, pages 101-112, où la vraie doctrine de la réforme est développée avec le rare talent de cet écrivain aussi éloquent que philosophe. — Voyez aussi un discours de M. Burke sur la réforme économique; et sir M. Hale sur l'amendement des lois, dans la collection de M. Hargrave, page 248.

*** «Pour former un gouvernement modéré, il faut combiner «des puissances, les régler, les tempérer, les faire agir, don-«ner, pour ainsi dire, un lest à l'une pour la mettre en état de

amendements de plusieurs siècles, montrée capable d'élever une constitution libre, « produit du temps et de la nature, plutôt que de l'invention humaine. » On ne peut établir une pareille constitution qu'en imitant sagement le TEMPS, « *ce grand novateur,* qui innove « beaucoup, mais lentement, et par des degrés pres- « que imperceptibles *. » Sans me laisser aller à un éloge puérilement orgueilleux de la constitution que l'univers entier reconnaît comme la meilleure, j'observerai seulement avec franchise et avec réserve qu'un gouvernement libre, non content de donner des garanties universelles contre l'injure, entretient aussi les plus nobles facultés de l'esprit humain; qu'il tend à bannir également les vices de la bassesse et ceux de la férocité; qu'il perfectionne le caractère national avec lequel il est en harmonie, et duquel il est né; que toute son administration est une école pratique de probité et d'humanité; et que chez lui les affections sociales, devenant esprit public, acquièrent une sphère plus étendue et un ressort plus actif.

Je terminerai ce que j'ai à dire sur le gouvernement par un exposé de la constitution d'Angleterre. Je tâcherai d'éclairer ses progrès par le flambeau de l'histoire, des lois, et des archives, depuis les temps les plus reculés jusqu'à nos jours, et de montrer comment les principes généraux de liberté, originairement communs à toutes les monarchies gothiques de l'Europe, mais perdus ou obscurcis dans les autres contrées, se sont conservés dans cette île plus fortunée, comment ils s'y sont développés, comment ils y ont marché de concert avec la civilisation. Je m'ef-

---

« résister à une autre; c'est un chef-d'œuvre de législation « que le hasard fait rarement, et que rarement on laisse faire « à la prudence. Un gouvernement despotique, au contraire, « saute pour ainsi dire aux yeux; il est uniforme partout; « comme il ne faut que des passions pour l'établir, tout le « monde est bon pour cela. » — MONTESQUIEU, *Esprit des lois,* liv. V, chap. 14.

* BACON, *Essai* 24. Des innovations.

forcerai de présenter cette machine compliquée, comme notre histoire et nos lois nous la font voir en action; je n'imiterai pas quelques écrivains célèbres qui, dans leurs expositions imparfaites, se sont contentés de détacher quelques-uns de ses ressorts les plus simples, et d'en former un faisceau qu'ils appellent très mal à propos la constitution britannique. Tel a été jusqu'à présent le nombre et le succès de ces tableaux inexacts, que j'ose affirmer que peu de sujets ont été aussi mal traités que le gouvernement d'Angleterre. Des philosophes dont la réputation est aussi grande que méritée*, nous ont dit qu'il est composé de monarchie, d'aristocratie, et de démocratie; dénominations très peu applicables à la chose, et qui, le fussent-elles d'ailleurs, ne feraient pas mieux connaître ce gouvernement, qu'on ne ferait connaître un homme vivant en indiquant le poids des os, des chairs, et du sang, qui se trouvent dans son corps. Ce n'est qu'un examen patient et détaillé de la pratique du gouvernement dans toutes ses parties, et une étude réfléchie de toute son histoire, qui peuvent nous donner quelques notions sur ce sujet important. Si un jurisconsulte, sans esprit philosophique, est incapable d'apprécier ce grand ouvrage de sagesse et de liberté, un philosophe en sera encore plus incapable sans connaissances pratiques, légales, et historiques : car si l'industrie manque au premier, les matériaux manquent au second. Les observations de Bacon sur les écrivains politiques en général, s'appliquent particulièrement à ceux qui nous ont exposé systématiquement la constitution d'Angleterre : « Tous ceux qui ont écrit sur le gouvernement, « dit-il, ont écrit ou comme des philosophes ou « comme des jurisconsultes, pas un comme un homme

---

* On comprend que je fais ici allusion à Montesquieu, dont je ne puis prononcer le nom sans respect, quoique j'ose me permettre de critiquer son exposé d'un gouvernement qu'il n'a vu que de loin.

« d'État. Quant aux philosophes, ils font des lois
« imaginaires pour des Nations imaginaires; leurs dis-
« cours sont comme les étoiles, qui ne nous éclairent
« pas parce qu'elles sont trop élevées. » *Hæc cognitio
ad viros civiles propriè pertinet*, nous dit-il dans une
autre partie de ses ouvrages. Malheureusement il ne
s'est pas encore trouvé en Angleterre un homme d'État
philosophe, qui ait consacré son loisir à l'exposition
d'une constitution qui ne peut être connue pratique-
ment et parfaitement que par un homme semblable.

Dans la discussion de ce sujet important, et dans
tous nos raisonnements sur les principes de la politique, je travaillerai par-dessus tout à éviter ce qui me
paraît avoir été constamment la source des erreurs politiques, je veux dire la prétention de donner les apparences du système, de la simplicité et de la démonstration rigoureuse, à des choses qui ne les admettent
pas. On s'est reporté à un petit nombre de causes
simples, qui, dans la réalité, naissaient d'une foule
de combinaisons embrouillées et de causes successives.
Les conséquences étaient faciles. Le système des
hommes de théorie, dégagé de tout ce qui devait
rappeler la vérité, acquérait aisément quelque chose
de spécieux. Il ne fallait pas une grande habileté pour
faire des arguments qui parussent concluants; mais
tout le monde était d'accord sur ce point, que ces
raisonnements étaient inapplicables aux affaires de ce
monde. Les théoriciens se récriaient contre les folies
des hommes, au lieu de reconnaître la leur, et les
hommes de pratique blâmaient injustement la philosophie, au lieu de condamner les sophistes. Les causes
qui doivent attirer l'attention de l'homme politique
sont plus que toutes les autres multipliées, variables,
délicates, subtiles, insaisissables; elles changent sans
cesse de forme, et subissent de nouvelles combinaisons; elles perdent leur nature, et cependant conservent leur nom; elles présentent les conséquences les
plus diverses dans la variété infinie d'hommes et de
peuples sur lesquels elles agissent; dans un certain

degré de force elles produisent le plus grand bien, et un léger changement dans les circonstances fait naître d'elles les plus affreux malheurs. Elles sont susceptibles sans doute d'être réduites en théorie, mais il faut supposer une théorie fondée sur les vues les plus larges, dont les principes aient une compréhension et une flexibilité assez grandes pour embrasser toutes les variétés, et s'accommoder à toutes les métamorphoses ; une théorie qui ait pour maxime fondamentale la défiance en soi-même et le respect pour la sagesse de l'expérience. Deux écrivains seulement, dans les siècles passés, du moins je n'en connais pas d'autres, ont signalé les aberrations des raisonneurs politiques ; mais ce sont les deux plus grands philosophes qui aient paru sur la scène du monde. Le premier est Aristote, qui, dans un passage de sa Politique, que je ne puis retrouver en ce moment, condamne pleinement la prétention d'une exactitude géométrique dans les raisonnements moraux, et indique cette prétention comme la source des erreurs les plus grossières. Le second est Bacon, qui nous dit, avec cette autorité qui lui est propre et qu'il tire de la conscience de sa sagesse, et avec cette richesse de génie dont il sait mieux que *presque* tout autre homme orner la vérité : « La science politique « s'applique à un sujet qui, plus qu'aucun autre, est « plongé dans la matière, et difficile à réduire en axio- « mes *. »

IV. Je tâcherai ensuite de développer les principes généraux des lois civiles et criminelles. Sur ce sujet, je puis avec quelque confiance espérer que je trouverai

---

* Un écrivain bien différent de ces deux grands philosophes, un écrivain *qu'on n'appellera plus philosophe, mais qu'on appellera le plus éloquent des sophistes,* pose ce principe avec beaucoup de force, et selon son usage avec quelque exagération : « Il n'y a point de principes abstraits dans la politique. « C'est une science de combinaisons, d'applications, et d'ex-« ceptions, selon les lieux, les temps, et les circonstances. »— J.-J. Rousseau, *lettre au marquis de Mirabeau.* — La seconde proposition est vraie ; mais la première n'en est pas une conséquence exacte.

de meilleurs matériaux à l'aide de la connaissance que j'ai des lois de mon pays, dont la pratique est l'occupation de ma vie, et dont l'étude est devenue mon habitude favorite.

Les premiers principes de la jurisprudence sont les simples maximes de la raison; l'expérience nous découvre bientôt que leur observation est essentielle à la conservation des droits des hommes, et par conséquent elles pénètrent dans les lois de tous les peuples. Un exposé de l'application graduelle de ces principes originaires à des cas d'abord plus simples, ensuite plus compliqués, forme à la fois l'histoire et la théorie de la loi. Cet exposé historique des progrès de l'homme, en réduisant la justice à un système d'application et de pratique, nous mettra à même d'indiquer cette chaîne dans laquelle les observateurs superficiels croient voir beaucoup d'interruptions et de discontinuités, mais dont les anneaux se tiennent tous, quoiqu'ils soient souvent cachés et difficiles à saisir, et qui lie les garanties de la vie et de la propriété avec les formalités les plus minutieuses et en apparence les plus frivoles de la procédure légale. Nous reconnaîtrons qu'il n'est pas une prévision humaine qui puisse établir tout-d'un-coup un pareil système, et que si l'on entreprenait de l'établir ainsi, il serait bientôt bouleversé par la survenance de cas imprévus; que le seul moyen de faire un code civil d'accord avec le bon sens, et susceptible d'être appliqué dans un pays quelconque, c'est d'élever graduellement l'édifice de la loi à mesure du développement des faits qu'elle doit régler. Nous apprendrons à juger le mérite des objections vulgaires contre la subtilité et la complication des lois. Nous apprécierons le bon sens et la reconnaissance de ceux qui reprochent aux jurisconsultes d'employer toute la puissance de leur esprit à trouver des distinctions subtiles pour prévenir l'injustice*, et nous reconnaî-

---

* « Les subtilités des jurisconsultes ne sont peut-être pas

trons que les lois ne doivent être ni plus *simples* ni plus *complexes* que la société qu'elles ont à gouverner; qu'elles doivent, au contraire, être dans une correspondance parfaitement exacte avec son organisation. De ces deux défauts néanmoins, il faut dire que le plus grand serait l'excès de simplicité : car des lois trop compliquées ne peuvent produire que de l'embarras, tandis que des lois plus simples que les affaires auxquelles elles s'appliquent constitueraient un déni de justice. On a peut-être employé dans cette fixation des règles de la vie plus d'intelligence * que dans aucune autre science, et jamais, à coup sûr, l'intelligence n'a été plus honorablement occupée qu'en travaillant à la sûreté et au bien-être de tous. Il n'y a pas, selon moi, dans l'ensemble général des affaires humaines, un spectacle aussi beau que celui des progrès de la jurisprudence; il n'y a rien de plus noble que les efforts prudents et infatigables d'une succession d'hommes sages pendant une longue série de siècles, enlevant tous les cas, à mesure qu'ils se présentent, au dangereux pouvoir de l'arbitraire, pour les assujettir à des règles inflexibles; étendant le domaine de la justice et de la raison, et resserrant graduellement dans les bornes les plus étroites celui de la force brutale et de la volonté capricieuse. Ce sujet a été si dignement traité par un écrivain dont l'univers admire l'éloquence, mais dont la philosophie est plus admirée encore, s'il est possible, par tous ceux qui peuvent l'apprécier, par un écrivain que l'on peut justement appeler *gravissimus et dicendi et intelligendi*

« moindres que les subtilités des casuistes; mais les premières « sont innocentes, et même nécessaires. » — HUME, *Essais*, tome II, *page* 558.

* « Le droit, dit Johnson, est la science dans laquelle les « plus grandes facultés de l'entendement sont appliquées au « plus grand nombre de faits. » Personne de ceux qui connaissent la variété et la multiplicité des sujets qu'embrasse la science du droit, et la force prodigieuse de discernement qu'ils exigent, n'élèvera un doute sur la vérité de cette observation.

auctor et magister, que je ne puis me défendre de citer ses paroles : « La science de la jurisprudence, la gloire « de l'intelligence humaine, avec tous ses défauts, « toutes ses redondances, toutes ses erreurs, est la « raison réunie de tous les siècles, combinant les prin- « cipes de la justice primitive avec la variété infinie des « affaires humaines[*]. »

Des exemples me serviront à faire voir les progrès du droit; je ferai ressortir les principes de la justice universelle, sur lesquels il s'appuie, en examinant comparativement les deux plus belles législations civiles qu'on ait connues jusqu'à ce jour, celle de Rome et celle de l'Angleterre[**]; je ferai remarquer leurs ressemblances et leurs différences, tant dans leurs règles générales que dans les plus importantes particularités de leurs détails. Je me propose de donner à cette partie de mon cours assez d'étendue pour que la masse commune des étudiants y prenne un aperçu suffisant des deux législations; j'espère les convaincre qu'ils ne peuvent trouver un sujet d'étude plus digne de les occuper que les lois des Nations civilisées, et particulièrement celles de leur pays; que dans cette science autant que dans toute autre, le principe et le système descendent jusqu'aux détails les plus minutieux, aussi réellement quoique moins visiblement, et se dirigent vers des fins bien plus importantes que dans aucune autre science. Je ne crois pas avoir trop de présomption, si j'espère que ces recherches constitueront un travail préparatoire qui ne sera pas sans fruit, lorsqu'on

---

[*] *OEuvres de* Burke, tome III, page 134.
[**] Sur la relation intime de ces deux législations, écoutons ce que dit lord Holt, dont le nom ne sera jamais prononcé qu'avec un profond respect, tant que la sagesse et la vertu seront révérées parmi les hommes. «Comme *les lois de toutes* «*les Nations ont été incontestablement tirées des ruines du droit* «*civil*, comme tous les gouvernements sont sortis des ruines «de l'empire romain, il faut avouer que *les principes de notre* «*droit sont empruntés du droit civil*, et par conséquent fondés «souvent sur les mêmes motifs.» 12. *Mod.* 482.

voudra se livrer à une étude plus approfondie et plus détaillée du droit anglais, ainsi que doivent le faire ceux qui se destinent à la pratique et à la profession des lois.

Quand je m'occuperai de la matière importante du droit criminel, je devrai indiquer la sûreté générale comme le fondement du droit qui appartient au magistrat d'infliger des punitions, même les plus sévères, si des peines moins graves ne suffisent pas pour protéger réellement cette sûreté. Je remplirai un devoir plus agréable lorsque je ferai connaître les modifications par lesquelles la sagesse et l'humanité ont tempéré l'exercice de ce droit rigoureux, malheureusement si essentiel à la conservation de la société. Je comparerai les lois pénales des différentes Nations, et j'établirai avec le plus d'exactitude possible le résultat de l'expérience quant à l'effet des peines sévères et des peines mitigées, et je tâcherai de fixer les principes sur lesquels on doit fonder la proportion et l'application des peines aux délits.

Quant à la procédure criminelle, mon travail sera facile; car, pour tracer un modèle de perfection sur ce point, un Anglais ne peut mieux faire que d'exposer, à quelques exceptions près, la législation de son pays.

Tout ce que j'ai indiqué jusqu'à présent comme devant être l'objet de mon cours, peut être résumé dans ces paroles de Cicéron : « Natura juris explicanda « est nobis, eaque ab hominis repetenda naturâ : consi- « derandæ leges quibus civitates regi debeant : tùm « hæc tractanda quæ composita sunt et descripta, jura « et jussa populorum; in quibus NE NOSTRI QUIDEM « POPULI LATEBUNT QUÆ VOCANTUR JURA CIVILIA. » Cic., *De Leg.*, lib. I, n. 5.

V. La grande division de mon cours qui m'occupera ensuite est le *droit des gens*, dans le sens le plus propre et le plus restreint de ce mot. J'ai déjà laissé entrevoir les principes généraux qui servent de fondement à ce droit. Comme les principes du droit naturel, ils ont été plus heureusement et plus généralement observés dans certains temps et dans certains pays que dans d'autres ; comme eux aussi, ils sont susceptibles d'une application extrêmement variée suivant le caractère et les habitudes des Nations. J'examinerai ces principes en suivant une gradation qui me paraît naturelle : d'abord ceux qui sont indispensables pour toute relation tolérable entre Nations; ensuite ceux qui sont essentiels à toute relation bien réglée et réciproquement avantageuse; enfin, ceux qui sont de la plus haute utilité pour la conservation des relations douces et amicales entre les Nations civilisées. Il n'est pas une intelligence qui ne reconnaisse la nécessité des premiers, et nous découvrons, même chez les tribus les plus barbares, quelques légères traces de respect pour eux. L'utilité des seconds est sensible pour tout homme instruit, et ils sont observés par toutes les Nations policées. Quant aux troisièmes, leurs bienfaits se trouvent partout dans l'histoire de l'Europe moderne, seule partie du monde où ils aient été amenés à leur plus haut point de perfection. En développant les principes de la première et de la seconde classe, je serai naturellement conduit à exposer ce droit des gens qui, avec plus ou moins de perfection, a réglé les rapports internationaux des sauvages, des empires de l'Asie, et des anciennes républiques. L'explication des principes de la troisième classe, me conduit à examiner le droit des gens tel qu'il est aujourd'hui reconnu dans la chrétienté. Ce sujet est si vaste, et, comme je l'ai déjà dit, je suis obligé d'entrer dans un si grand nombre de détails, qu'il m'est impossible, dans un exposé rapide, d'esquisser même le plan de cette partie de mon cours. Il comprend, comme on le voit facilement, les principes de l'indépendance des Nations, leurs rapports en temps de paix, les priviléges des ambassadeurs et des ministres d'un rang inférieur, les relations entre les simples sujets, les justes causes de la guerre, les devoirs mutuels des puissances belligérantes et des puissances neutres, les bornes des hostilités légitimes, les droits de la conquête, la foi à observer entre ennemis, le droit résultant des armistices, des saufs-conduits, et des passe-ports, la nature des alliances et les obligations qui en naissent, les voies de négociations, l'autorité, et l'interprétation des traités de paix. J'examinerai à fond dans cette partie de mon cours toutes ces matières et beaucoup d'autres infiniment importantes et compliquées ; j'y apporterai toutes les lumières que pourront me fournir la variété infinie des raisonnements moraux et la multiplicité des exemples historiques, et je m'efforcerai de présenter un ensemble assez complet du droit pratique des Nations, tel qu'il est reconnu en Europe depuis deux siècles.

« Le droit des gens est naturellement fondé sur ce
« principe, que les diverses Nations doivent se faire
« dans la paix le plus de bien, et dans la guerre le moins
« de mal qu'il est possible, sans nuire à leurs vérita-
« bles intérêts.

« L'objet de la guerre, c'est la victoire ; celui de
« la victoire, la conquête ; celui de la conquête, la con-
« servation. De ce principe et du précédent doivent
« dériver toutes les lois qui forment le droit des gens.

« Toutes les Nations ont un droit des gens ; les Iro-
« quois mêmes, qui mangent leurs prisonniers, en ont
« un. Ils envoient et reçoivent des ambassades ; ils con-
« naissent des droits de la guerre et de la paix : le
« mal est que ce droit des gens n'est pas fondé sur
« les vrais principes. » — MONTESQUIEU, *Esprit des lois*, livre Ier, chap. 3.

VI. Je finirai par une partie que je regarde comme le complément du système pratique de notre droit des gens moderne, ou plutôt comme une portion essentielle de ce droit : je veux parler du *droit diplomatique et conventionnel de l'Europe* ; des traités qui ont réglé la distribution matérielle du pouvoir et du territoire entre les États européens, des circonstances qui les ont occasionées, des changements qu'ils ont opérés, et des principes qu'ils ont introduits dans le code public de la société chrétienne. Dans les temps anciens, le plus grand éloge que l'on fît d'un homme éminent dans les sciences de la guerre et de la paix, c'était de reconnaître en lui cette connaissance du droit des gens conventionnel : « Equidem existimo, judices, cùm in « omni genere ac varietate artium, etiam illarum quæ « sine summo otio non facilè discantur, Cn. Pompeius « excellat, singularem quamdam laudem ejus et præs-« tabilem esse scientiam, in fœderibus, pactionibus, « conditionibus, populorum, regum, exterarum natio-« num : in universo denique belli jure ac pacis. » Cic., *orat. pro L. Corn. Balbo*, n. 6.

Les documents sur cette matière sont épars dans une foule de compilations volumineuses, qui ne sont pas accessibles à tout le monde, et que bien peu de personnes peuvent prendre plaisir à parcourir. Il y a cependant un si grand nombre de ces traités qui sont entrés dans le droit commun de l'Europe, qu'on ne peut être versé dans la science des lois sans les connaître. Cette connaissance est indispensable aux négociateurs et aux hommes d'État ; elle devient souvent importante pour les particuliers dans les différentes positions où ils peuvent se trouver placés ; elle est utile à quiconque veut savoir l'histoire moderne, ou se former un jugement sain sur les mesures politiques. Je tâcherai de présenter un extrait de cette science, qui puisse suffire à quelques personnes, et servir de guide aux autres dans la suite de leurs études. Les traités dont je m'occuperai plus particulièrement seront ceux de Westphalie, d'Oliva, des Pyrénées, de Breda, de Nimègue, de Ryswyck, d'Utrecht, d'Aix-la-Chapelle, de Paris (1763), et de Versailles (1783). J'exposerai sommairement ceux des autres traités dont les dispositions sont rappelées, confirmées, ou abrogées par ceux que j'examinerai en détail. J'ajouterai un précis des relations diplomatiques des puissances européennes avec la Porte-Ottomane, et avec les autres États qui sont en dehors de notre droit des gens commun. Je donnerai aussi un aperçu des principaux traités de commerce, de leurs principes et de leurs conséquences.

Je crois compléter d'une manière utile un traité sur le droit pratique des Nations, en indiquant les tribunaux qui, dans les différentes contrées de l'Europe, prononcent sur les controverses auxquelles ce droit donne lieu; leur organisation, l'étendue de leur autorité, leur procédure; je ferai connaître plus spécialement ceux de ces tribunaux qui sont établis par les lois de la Grande-Bretagne.

Quoique le cours dont je viens d'esquisser le plan semble comprendre une grande quantité de sujets divers, toutefois dans la réalité tous ces sujets sont liés entre eux d'une manière étroite et indissoluble. Les devoirs des hommes, des sujets, des princes, des législateurs, des magistrats, des États, font tous partie d'un seul et unique système de morale universelle. Entre les maximes les plus élémentaires et les plus abstraites de la philosophie morale d'une part, et d'un autre côté les questions les plus embrouillées du droit civil ou du droit public, il existe une liaison que mon principal objet est de bien signaler. Le principe de la justice, prenant profondément racine dans la nature et l'intérêt de l'homme, pénètre le système entier, et se retrouve jusque dans les plus minces détails d'une formalité de droit, ou d'un article de traité.

Je ne sais si un philosophe doit avouer que dans ses recherches de la vérité il a pu être égaré par quelque considération, fût-ce l'amour de la vertu. Quant à moi, persuadé qu'un vrai philosophe doit considérer la vérité elle-même sous le rapport de son utilité pour le bonheur du genre humain, je ne rougis pas d'avouer que je trouverai une grande consolation en terminant mes leçons, si, par un examen à la fois large et exact des conditions et des relations de la nature humaine, je parviens à établir fortement cette pensée dans l'esprit d'un seul homme, que la justice est l'intérêt permanent de tous les hommes et de toutes les sociétés. Si je découvre un nouvel anneau de cette chaîne éternelle, par laquelle l'auteur de toutes choses allie le bonheur de ses créatures avec leur devoir, par laquelle il a rattaché indissolublement leurs intérêts les uns aux autres, mon cœur éprouvera un plaisir bien plus vif que jamais celui d'un sophiste éloquent n'en a ressenti de l'énonciation d'un paradoxe ingénieux.

Je terminerai ce discours en empruntant les paroles de deux hommes également orateurs et philosophes, qui ont fixé en peu de mots la substance, l'objet, et le résultat de toute la morale, de toute la politique, et de tout le droit.

« Nihil est quod adhuc de republicâ putem dictum,
« et quò possim longiùs progredi, nisi sit confirma-
« tum, non modò falsum esse illud, sine injuriâ non
« posse, sed hoc verissimum, sine summâ justitiâ
« rempublicam regi non posse. » — Cic., *de republicâ*, lib. II.

« La justice est la grande politique perpétuelle de
« la société civile, et chaque dérogation notable à ses
« principes, dans quelque circonstance que ce soit,
« est fondée sur ce préjugé, qu'il n'existerait aucune
« politique au monde. » — *OEuvres de* Burke, t. III, page 207.

LETTRE DE L'ÉDITEUR,

A MONSIEUR ***.

Monsieur,

Je ne saurais mieux rendre compte au public de la part que j'ai à la nouvelle édition du *Droit des Gens*, par M. *de Vattel*, qu'en réunissant dans cette lettre tout ce que j'ai eu l'honneur de vous exposer dans les divers entretiens que nous avons eus là-dessus, tant de bouche que par écrit.

Sollicité par le libraire qui réimprime ce livre à Amsterdam, de le revoir et d'y ajouter des remarques, je me suis prêté à ses désirs, parce qu'il m'a paru que mon travail pourra être utile au grand nombre de ceux pour qui cet ouvrage est fait, je veux dire aux jeunes gens, et à tant d'autres lecteurs qui, par état, ne sont point à même de consulter et juger ceux d'où M. de Vattel a tiré le sien. Sans y avoir dit du nouveau, on ne saurait lui contester le mérite d'avoir mis à la portée d'un beaucoup plus grand nombre de lecteurs les travaux des grands hommes qui ont ouvert cette importante carrière. Je n'en dirai rien de plus, par la raison que, depuis qu'il a paru, les journaux et le public lui ont suffisamment rendu justice.

Je ne connais que deux éditions de ce livre, l'une imprimée à Leyde, en 1758, l'autre publiée à Neufchâtel, en 1773, en 2 volumes in-4°. L'édition de Neufchâtel a été faite après la mort de l'auteur, sur un exemplaire où il avait mis quelques additions en marge. Mais de toutes ces augmentations, il paraît qu'aucune n'a rien changé au texte, lequel j'ai trouvé tout-à-fait conforme à celui de Leyde; avec cette seule différence, que l'impression de Leyde est correcte, et que celle de Neufchâtel est cruellement maltraitée par la négligence de l'imprimeur. On est tenté, en lisant, de croire que celui-ci a voulu épargner les frais de la correction, et qu'il a mis ses formes sous presse à mesure que ses ouvriers se hâtaient de les composer. Jetez les yeux au bas de cette page, et vous en verrez des exemples, qui vous feront juger, comme moi, qu'une telle édition devrait être abandonnée à l'épicier comme vraie maculature *.

A cela près, tout ce qu'il y a de plus dans l'édition de Neufchâtel que dans celle de Leyde, se réduit à un petit nombre de notes que M. de Vattel avait écrites à la marge de son exemplaire. J'ai donc commencé par relire cette édition de Neufchâtel la plume à la main, et par rétablir l'intégrité du texte

---

* Dans l'édition de Neufchâtel, *page* 11 de la Vie, on a mis *madame* pour *monsieur de Vattel*.

Dans la préface, *page* xviii, vous y verrez *comme M. Wolff a raison*, au lieu de *comme M. Wolff a raisonné*.

T. I, p. 230. On a mis *prendre* pour *perdre*.

P. 237. *L'empire et le domaine ne sont pas inséparables de la nature*. Il fallait *de leur nature*.

P. 266. *Bondin*. C'est *Bodin*.

P. 282. *Le droit de ne pas souffrir l'injustice est parfait, c'est-à-dire, accompagné de celui de force pour le vouloir*. Il fallait *pour le faire valoir*.

P. 371. *Il ne peut*, pour *il peut*.

P. 415. *Compris*, pour *compromis*.

T. II, p. 50. Après ces mots, *Alexandre — fit présent aux Thessaliens de cent talents*, on a omis ceux qui suivent, essentiels à l'exemple, *que ceux-ci devaient aux Thébains*.

P. 160. *Si son vainqueur n'a point quitté l'épée de conquérant pour prendre le sceptre d'un souverain équitablement soumis*. Pour rendre cela intelligible, on a remis, d'après l'édition de Leyde, *d'un souverain équitable et pacifique; ce peuple n'est pas véritablement soumis*.

P. 283. *Les Carthaginois avaient violé le droit des gens envers les ambassadeurs* [*de Rome : on amena à Scipion quelques ambassadeurs*] *de ce peuple perfide*. Ce qui est enfermé entre des crochets, manque dans l'édition de Neufchâtel.

Enfin, toute la feuille signée de la lettre X, au *Tome I, p.* 161 à 168, est imposée à rebours, au moins dans l'exemplaire que j'ai sous les yeux, et je ne serais point surpris qu'il en fût de même de tous les exemplaires de cette édition neufchâteloise.

avec le secours de l'édition de Leyde. Après cela j'ai eu soin de distinguer les notes de l'auteur qui se trouvent déjà dans l'ancienne édition, par les lettres de l'alphabet, *a*, *b*, *c*, etc.; celles que l'auteur a ajoutées dans l'exemplaire qui a servi de copie à l'édition de Neufchâtel, par des étoiles, *, **, etc.; et mes remarques par les chiffres arabes, 1, 2, 3, etc. Outre cela, j'ai mis toujours la lettre initiale de mon nom à la fin de chacune, afin de mieux les distinguer de celles de l'auteur.

Elles ont passé sous vos yeux, monsieur, ces remarques; vous les avez presque toutes approuvées, et vous avez si bien caractérisé l'esprit dans lequel je les ai composées, que je ne saurais me refuser à la satisfaction de transcrire ici vos propres paroles: «*J'ai lu*, dites-vous, *vos réflexions, avec toute l'attention possible, et je trouve qu'elles servent presque toutes à bien éclaircir le texte, ou (ce qui est à mon avis plus intéressant) à donner au lecteur d'autres vues encore que celles de l'auteur, afin qu'il les compare, qu'il pense, et qu'il pèse.*» J'acquiesce si parfaitement à ce jugement, que je pourrais mettre fin ici à ma lettre, et peut-être le devrais-je. Mais un auteur craint volontiers de n'en avoir pas assez dit pour faire entrer le lecteur dans son sens. Vous m'avez d'ailleurs fait deux ou trois questions que je ne dois ni dissimuler, ni laisser sans réponse.

Sur ce que j'ai dit de la Suède et de la Pologne, il ne faut pas en conclure que je veuille justifier l'oppression des nations libres. Selon moi, ces deux nations n'étaient pas vraiment libres. J'avais depuis long-temps pensé que l'aristocratie suédoise ne se soutiendrait pas : elle avait des vices qui la minaient. Le gouvernement aristocratique ne me paraît pas fait pour un grand État, puisque, dans les plus petits mêmes, il n'est supportable qu'autant que les ἄριστοι sont moralement les meilleurs. Quant à la liberté polonaise, c'était celle qu'avaient les seigneurs de faire ce que bon leur semblait de leurs serfs, et de vendre leur trône vacant à l'étranger le plus offrant. Une telle liberté n'a rien qui intéresse le cœur d'un spectateur humain en faveur de ceux qui en jouissent. Voulez-vous sentir la différence? Jetez les yeux sur le continent septentrional de l'Amérique. Dans les résolutions vigoureuses de ces braves colons, vous reconnaîtrez la voix de la vraie liberté* aux prises avec l'oppression. Vous frémirez, vous vous révolterez contre la morgue et la dureté inconcevable de ceux qui, jaloux à l'extrême de leur propre liberté, pensent pouvoir devenir plus puissants, pouvoir rester libres eux-mêmes en asservissant leurs frères. Vous ne pourrez vous empêcher de faire votre cause de celle de ces peuples, de leur savoir gré de leur fermeté, de trembler qu'ils ne succombent sous la massue levée du pouvoir, qui veut ou les gouverner arbitrairement, ou les écraser; enfin, de leur souhaiter, avec le généreux D. de R., tout le succès possible dans leur juste résistance.

---

* Écoutons le ton du désespoir, mais d'un désespoir noble, sublime, semblable à celui des Spartiates aux Thermopyles, dans le morceau suivant, que je crois pouvoir, sans blesser personne, transcrire ici mot à mot.

« Il paraît dans les colonies une brochure adressée au R., et écrite
« par un négociant respectable, dans laquelle il dit : *Les contentions*
« *présentes avec l'Amérique, si elles ne sont promptement terminées,*
« *finiront par des scènes de troubles, d'effusion de sang, et de dévasta-*
« *tions, qui en contemplation font frémir d'horreur. Il reste peu de temps*
« *pour le choix ou la délibération : un coup sera suivi d'une scène décisive,*
« *et l'épée achèvera ce que la tyrannie a commencé. Cette époque du règne*
« *de V. M. sera marquée des caractères les plus importants. Il est impos-*
« *sible à des sujets de rester spectateurs tranquilles et indifférents, tan-*
« *dis que leur souverain et eux-mêmes sont environnés de difficultés qui*
« *annoncent la perte des uns et des autres. Vous perdrez, S., votre sou-*
« *veraineté et votre honneur; et nous, nous perdrons nos libertés, nos vies,*
« *et nos biens. Que vos ministres fassent leurs propositions, mais qu'elles*
« *soient justes; qu'ils acceptent chaque préférence commerciale qu'il est*
« *en notre pouvoir de donner pour les articles que nous pouvons procurer à*
« *leur usage; qu'ils ne s'avisent pas de nous exclure de la prérogative de*
« *débiter chez l'étranger les articles qu'ils ne peuvent admettre, ou de four-*
« *nir aux besoins qu'ils ne peuvent gratifier. Encore moins proposeront-ils*
« *que nos biens, dans nos propres territoires, soient taxés ou assujettis à*
« *aucun pouvoir quelconque, hormis le nôtre. Le Dieu qui nous a donné*
« *la vie, nous a en même temps donné la liberté. La main de la force peut*
« *les détruire, mais ne saurait les désunir. C'est ici, S., notre dernière et*
« *immuable résolution.* »

== Les colonies anglaises avaient des chartes particulières, et elles jouissaient d'une grande liberté civile et politique. Le gouvernement

Revenons à la Pologne. « *Vous croyez, monsieur, que j'ai raison pour ce qui regarde les individus polonais, et que leur esclavage devient beaucoup plus supportable; mais vous doutez que le but des puissances copartageantes ait été précisément de rendre des hommes heureux ; or, c'est leur but, dites-vous, que l'Europe regarde avec frayeur, et auquel elle devait s'opposer avec courage.* » Permettez que j'effleure seulement quelques-unes des réflexions que l'Europe avait à faire avant de se laisser engager dans cette querelle. Vous m'avouerez qu'il serait difficile de trouver une seule de ses puissances qui eût voulu entreprendre une guerre dans le but précisément de rendre la

---

anglais fit des infractions successives à leurs priviléges et à leur indépendance du parlement britannique. Les Américains firent des tentatives infructueuses pour le maintien de leurs chartes ; lassés enfin de ne recevoir que des refus, et voyant le ministère anglais faire des dispositions pour les soumettre, ils se réunirent, formèrent un conseil et prirent la résolution de persister dans leurs réclamations. La cour de Londres envoya des troupes pour agir de vive force ; mais les Américains ne se laissant point intimider, les hostilités commencèrent par des voies de fait de la part des troupes royales ; ce fut le signal de la guerre civile. Les Américains luttèrent pendant deux années entières, jusqu'à ce qu'enfin, n'ayant plus d'espoir de conciliation, ils se déclarèrent indépendants, le 4 juillet 1776.

Jamais révolution n'a été conduite par des hommes aussi sages, aussi modérés, aussi désintéressés ; jamais révolution n'a été préparée avec tant de mesures, de circonspection et de longanimité. Ce n'est point le peuple en tumulte qui l'a faite ; ce n'est point l'effervescence des passions qui l'a préparée; elle n'a point été le produit d'une philosophie niveleuse et sanguinaire; elle a été le fruit naturel et forcé de la nécessité : son but unique a été d'abolir une autorité violatrice des lois et du pacte social; les Américains n'ont point été au-delà; on peut s'en convaincre en lisant leur histoire durant et depuis la révolution. Aussi a-t-on dit d'eux avec vérité, qu'ils ont commencé par où finissent les autres nations, c'est-à-dire qu'ils ont débuté par être justes, modérés et sages : de quelle révolution peut-on dire la même chose?

Les États de l'Union sont liés entre eux par une association fédérative. Le pouvoir exécutif est, relativement à la confédération, confié à un seul chef électif et temporaire. Les divers États sont indépendants les uns des autres pour tout ce qui concerne leur régime intérieur.

Pologne plus heureuse; elles eussent voulu y trouver leur compte de manière ou d'autre; ainsi, profitant du désordre, elles auraient fait, pour leur agrandissement ou leur intérêt particulier, avec beaucoup d'effusion de sang et au moyen d'un incendie excité par toute l'Europe, ce que les copartageants ont exécuté pour eux-mêmes aux dépens de la seule Pologne, et à peu près sans coup férir. Parmi le corps des juges de cette cause, il ne devait donc y en avoir aucun à qui l'on pût reprocher d'avoir étendu sa domination pour un autre but que pour celui de rendre des hommes heureux; autrement il était récusable, comme manifestement partial et inique. Après cela, pour donner le poids requis au jugement que l'on aurait prononcé contre les copartageants, l'Europe avait-elle un choix à faire? N'eût-il pas fallu admettre, pour agir avec quelque apparence de succès, à la tête de l'opposition, la puissance la plus formidable, c'est-à-dire celle de toutes qui se serait trouvée déjà trop agrandie aux dépens des autres? C'est ainsi que la double marotte de la guerre sacrée et de celle contre le grand roi, que l'on croyait en vouloir seul à la liberté commune, mit toute la Grèce sous le joug. Enfin, après tout cela encore, le succès était incertain; il pouvait tourner au désavantage de ces défenseurs de la bonne cause, aussi facilement qu'à leur avantage : on avait affaire à forte partie; la moitié de l'Europe devait se lever contre l'autre moitié. Ah! monsieur, il me semble qu'il vaut encore mieux qu'elle soit en paix, s'il n'en coûte que la Corse vendue et la Pologne démembrée. Quant au prétendu équilibre de l'Europe, s'il n'est pas une chimère, c'est du moins un Protée, qui a souvent changé de forme depuis qu'il en est question, et toujours au gré du plus fort, quand il y en a eu un contre plusieurs mal unis. Que savons-nous si cet équilibre n'est pas mieux établi aujourd'hui que jamais? Qui nous assurera que le pacte de famille à l'ouest, d'un côté, l'union des puissances à l'est, de l'autre, et leur balance entre les mains de la Grande-Bretagne, est une combinaison moins bonne que toutes celles qui ont précédé? En voilà assez sur cet article. Passons à ce qui me reste à dire.

J'avoue, monsieur, que je ne saisis pas bien votre idée,

quand vous me dites, au sujet du culte public, «*qu'on a malheureusement modifié la société de telle façon, que le culte public tient à l'État, et que par conséquent l'un doit se former sur l'autre.*» Appliquons cette maxime à l'idolâtrie, aux sacrifices humains, aux *auto-da-fé*, au commerce des indulgences, à l'hiérarchie, etc., et nous verrons qu'elle a besoin d'être limitée à toute voie de fait licencieuse, indécente, et séditieuse, qui troublerait ou détruirait un culte établi : car si on l'étendait jusque sur la liberté de raisonner, il n'y a point d'erreur si monstrueuse, de pratique si révoltante, qui n'eût droit de subsister encore parmi nous. L'iconoclaste était assurément punissable pour les violences qu'il exerçait; il ne l'eût point été s'il avait paisiblement argumenté, soit dans le discours, soit par écrit, contre le culte des images. Il me semble que ce que je dis là est et doit être reconnu pour vérité fondamentale chez toutes les nations éclairées qui ont secoué le joug du despotisme sacerdotal, et qui n'ont pu le secouer qu'en soumettant toute spéculation religieuse à l'empire perpétuel et imprescriptible de la raison *. Cependant, chez ces mêmes nations, le gouvernement ne laisse pas d'avoir continuellement besoin d'être en garde contre les surprises de certains esprits ardents, ambitieux, intrigants, et intolérants, qui voudraient qu'on employât, en faveur de

---

* « *Tous les États,* » dit un grand écrivain, « *devraient avoir à peu près le même code moral de religion, et livrer le reste, non pas aux disputes des hommes, qu'il faut empêcher quand elles peuvent troubler la tranquillité publique, mais à l'impulsion de la conscience, en accordant une entière liberté de penser aux théologiens comme aux philosophes. Cette tolérance indéfinie sur tous les dogmes et les opinions qui n'attaqueraient pas le code moral des nations, serait l'unique moyen de prévenir ou de saper ce pouvoir, soit temporel, soit spirituel, du clergé, qui, avec le temps, en fait un corps formidable à l'État. — Elle arrivera, cette tolérance. La persécution ne ferait que hâter la chute des religions dominantes. L'industrie et la lumière ont pris, chez les nations, un cours, un ascendant qui doit rétablir un certain équilibre dans l'ordre moral et civil des sociétés. L'esprit humain est désabusé de l'ancienne superstition. Si l'on ne profite de cet instant pour le rendre à l'empire de la raison, il doit se livrer à des superstitions nouvelles.* » Tableau de l'Europe.

tel ou tel système, en faveur de telle ou telle manière d'interpréter les passages les plus obscurs des livres sacrés, les mêmes moyens qu'ils ne veulent pas que l'inquisition emploie en faveur de la superstition. Jetons les yeux sur l'histoire. Nous verrons, en Angleterre, les épiscopaux sévir contre les presbytériens ; en Écosse, les presbytériens, contre les épiscopaux ; chaque parti être orthodoxe, là où il était le plus fort. Souvenons-nous du philosophe Wolff : son furieux adversaire le fit bannir ; il eût voulu le faire pendre. De mille et mille exemples qu'on pourrait citer, ces deux-là suffisent.

Au surplus, comme vous approuvez ma remarque 4me, qui ne laisse aucun doute sur l'esprit des autres plus courtes sur le même sujet, ce que je dis ici n'est point pour m'expliquer et me justifier vis-à-vis de vous, qui n'avez vu mon travail que par pièces, mais pour prévenir le lecteur, que je prie de lire tout de suite, au moins une fois, toutes celles de mes remarques qui traitent d'une même matière ; car elles se tiennent et s'expliquent l'une l'autre.

J'observe cela surtout à l'égard de mes remarques sur le droit de punir, qui sont en plus grand nombre. Par exemple, lorsque vous m'écrivîtes : « *Je crois que ce n'est ici qu'une dispute de mots ; l'auteur appelle droit de punir dans l'état de nature, ce que vous appelez droit de se faire rendre justice dans l'état de nature : je crois que dans l'état de nature, ces deux expressions sont synonymes,* » vous n'aviez pas encore vu celles de mes notes où mes idées là-dessus se trouvent développées, entre autres la 14me (du T. Ier), dont vous dites « *qu'elle est très importante, et contient autant de vérités qu'elle est remplie d'humanité.* » Ce jugement d'un esprit aussi juste et d'un cœur aussi droit que le vôtre, monsieur, me rassure sur celui que portera tout lecteur équitable et non préoccupé. Je ne prétends nullement à la réputation de dire du neuf ; je ne cherche qu'à ramener et fixer mon esprit et celui de mes semblables au vrai simple. Pour y parvenir, il est absolument nécessaire de bien déterminer le sens des mots, qui sont les signes de nos idées, et de ne pas souffrir qu'on les emploie indifféremment pour exprimer tantôt plus, tantôt moins, tantôt une chose, tantôt l'autre. Or, cela n'est pas si difficile qu'on le pense : il n'y a pour y réussir la plupart du temps, qu'à vouloir consulter l'usage, *usus loquendi,* le sens commun.

Un voleur m'a pris quelque chose. Je l'oblige, ou la société l'oblige, à me rendre ce qu'il m'a pris, à me dédommager ; on n'appelle pas cela *punir,* on l'appelle rendre justice, parce qu'il est *juste* que chacun ait le sien. On fait plus, on ôte au voleur une liberté dont il s'est montré capable d'abuser aux dépens des autres ; on n'appelle pas cela *punir* non plus ; on le regarde seulement comme une précaution nécessaire, sans laquelle la société ne pourrait exister, ni, dans l'état de nature, un homme vis-à-vis d'un autre homme, une nation vis-à-vis d'une autre nation. Le principe, le fondement de cette précaution, c'est la sûreté ; et jusqu'ici le délinquant n'a pas le moindre droit de crier à l'injustice : on l'empêche simplement de l'exercer. Enfin, on voit traîner le malfaiteur bien lié et garrotté sur l'échafaud, pour lui être fait là un mal fini ou infini, et voilà ce que dans le langage ordinaire, on appelle *punir le criminel.* Il est vrai qu'on appelle aussi cela *faire justice.* Mais qui ne voit que le mot de *justice* est pris ici dans un tout autre sens que dans la première opération ? On a honoré de cette appellation la dernière opération, parce qu'on a cru que la vengeance était juste et nécessaire, et que chacun trouvait son compte dans le supplice de l'offenseur ; savoir l'offensé, sa consolation, son plaisir ; et la société, sa sûreté. De là l'expression de *justice vindicative.* De là la prétendue loi du talion, que M. de Vattel rejette avec raison. Mais le principe de la sûreté commune sur lequel il veut établir les punitions, n'est pas plus solide.

Dès qu'on a ôté la liberté à un malfaiteur, on a mis la société à couvert de ses attentats. Le mal momentané qu'on lui fait de plus est insuffisant pour le corriger, et inutile si on lui rend la liberté, après l'avoir, comme on croit, puni. Si on le fait mourir, on ne l'a pas puni, on l'a détruit, le plus souvent sans nécessité. Ce même mal quelconque est encore très insuffisant, et de plus fort injuste, si l'on ne fait pâtir le délinquant que pour effrayer les autres par son exemple. J'en appelle là-dessus et à la raison et à l'expérience.

Il est un petit district, où l'on voit à chaque quinzaine des exécutions sanglantes. On m'écrit de là, que dans l'espace de six mois l'on y a mis à mort plus de cent malfaiteurs ; qu'on en tuera pour le moins autant dans le cours du semestre suivant ; que ces malheureux vont au supplice avec une tranquillité inconcevable, et qu'à chaque exécution on saisit de leurs pareils parmi les spectateurs. Je connais une grande ville, bien plus peuplée que ce district, où l'on n'en a pas tant exécuté en cinquante ans. S'il était donc vrai que le droit de sûreté fût le fondement de celui de punir, il faudrait qu'il y eût au moins cent fois plus de sûreté dans le district que dans la ville, et c'est précisément le contraire. Il y a des années où l'on est dans le cas de n'avoir personne à faire mourir dans cette ville : alors les exemples statués dans le district sont aux exemples statués dans la ville comme 200 est à zéro ; et la sûreté du district est à la sûreté de la ville comme zéro est à 200. C'est qu'il en est de tous ces prétendus exemples comme des listes mortuaires : ceux-là, ainsi que celles-ci, ne servent qu'à indiquer le degré d'une malignité dont il faut chercher le remède ailleurs. Combien d'exemples ne statue pas la mer, en engloutissant toujours quelques-uns de ceux qui s'y hasardent ? Mais le navigateur qui s'embarque se met toujours au nombre de ceux qui en reviendront. Tout crime commis a eu pour cause une passion ou une habitude, plus forte que la raison et que la crainte. C'est la passion qu'il faut dompter ; c'est l'habitude qu'il faut détruire. La maxime de Platon, citée d'après Sénèque, *nemo prudens punit quia peccatum est, sed ne peccetur*, est très juste, mais nullement dans le sens vulgaire et précaire que lui donne M. de Vattel (*T. II, L. II*). Le sage punit le pécheur afin qu'il désapprenne de pécher, et nullement afin que les autres ne pèchent point, et il le punit tant qu'il paraît vouloir pécher. Détruire n'est donc point punir, et le méchant le mieux puni sera celui qu'on aura rendu bon. En ce sens, je puis admettre aussi la sûreté pour l'un des fondements du droit de punir ; il est certain que la société sera bien mieux gardée, plus saine et plus forte, si l'on s'applique à guérir ses membres malades, plutôt qu'à les lui amputer. Mais l'amour doit être le premier et le grand principe de celui qui punit ; et l'amour sera aussi sa récompense. La main qui sauve, peut et doit tôt ou tard parvenir à se faire aimer ; jamais celle qui immole.

Nous voilà donc sur les voies des vraies punitions. Nous avons vu le malfaiteur sujet à restitution et à caution ; après cela il ne peut plus l'être qu'à correction. Nous avons besoin, pour ces trois effets, d'être les maîtres de physique de ses actions, mais nullement de sa vie, dont il a besoin, lui, pour devenir moralement meilleur. Figurons-nous un bon père de famille vis-à-vis de ses enfants : il sera le modèle d'un bon père de la patrie vis-à-vis de ses sujets. Ni l'un ni l'autre ne détruira; ni l'un ni l'autre n'infligera du mal à un réfractaire pour l'amour des autres, mais bien pour l'amour de celui-là même qu'il doit et veut corriger.

J'aurais pu être plus court, en faisant voir que M. de Vattel (*L. I,* § 169 ; *L. II,* § 7, 51, et 52 ; *L. III,* § 28, 41, 162, 184, 195, 201) n'appelle *droit de se faire rendre justice* que ce que j'appelle ainsi moi-même ; et que ce qu'il appelle *droit de punir* est tout autre chose, selon lui-même ; mais il m'importe bien moins de concilier les idées de M. de Vattel, qui n'est pas toujours d'accord avec lui-même, que de présenter les miennes au lecteur, nettes et distinctes sur un sujet si grave. Dans cet esprit, je finirai par mettre ici en exemple la substance des paragraphes du *Liv. III,* que je viens d'indiquer. Supposons que le souverain de Tunis fasse une guerre manifestement injuste à celui d'Alger. Ce dernier repousse le perfide agresseur, lui détruit son armée et sa flotte ; c'est-à-dire, le met hors d'état de lui nuire de long-temps, et l'oblige à l'indemniser de tout ce qu'il lui a fait perdre et souffrir. Après tout cela, le laissant maître de lui-même et de Tunis, il lui fera souffrir, selon l'auteur, un certain mal de plus, auquel celui-ci doit se soumettre humblement, comme serait de lui ôter quelque village, ou de lui faire donner le fouet, couper quelque oreille, non à titre de restitution, ni pour le mettre lui-même d'autant plus hors d'état de nuire à l'avenir, mais *par forme de peine,* en vertu du droit de sûreté, qui autorise le dey d'Alger à faire peur à tous ses autres voisins, qui ne l'ont point offensé, mais à qui l'envie pourrait venir de l'offenser, s'il se contentait d'avoir malmené, vaincu, désarmé le souverain de Tunis, et forcé à payer tout dommage et intérêts.

Des notions pareilles à celle qu'on vient de voir, se décrient et se détruisent elles-mêmes. Quant à la mienne sur ce sujet, notre ami M..... trouve qu'elle pèche du côté opposé, et qu'un code criminel, tel qu'est celui que je voudrais introduire, suppose des sociétés, sinon composées d'êtres plus dociles que ne sont les hommes, du moins gouvernées par des dieux. Ce jugement est-il trop sévère, ou n'est-il que pusillanime ? Que le public décide : il est principalement intéressé dans l'affaire. Pour moi, j'aime à avoir aussi bonne opinion pour le moins de mon espèce que de mon individu, et à penser que les générations futures, de plus en plus sages, sauront gré à la nôtre de n'avoir pas déséspéré d'elles.

Je suis, monsieur,

V. t. h. et t. o. serviteur,

D.

A....., 10 décembre 1774.

ABRÉGÉ

DE

LA VIE DE VATTEL,

CONSEILLER PRIVÉ DE S. M. LE ROI DE POLOGNE, ÉLECTEUR DE SAXE,
ET SON MINISTRE AUPRÈS DE LA RÉPUBLIQUE DE BERNE.

Emmerich de Vattel, fils de M. ..... de Vattel, et de madame ..... de Montmollin, naquit dans la principauté de Neufchâtel en Suisse, au mois d'avril 1714. Dès ses plus tendres années il manifesta des talents rares, et un goût décidé pour les sciences. Voué d'abord à la théologie, il fit ses premières études en humanités et en philosophie dans l'université de Bâle. De retour dans sa patrie, il subit l'examen ordinaire pour ces deux objets, de la manière la plus distinguée, et se rendit à Genève dans le dessein de s'occuper de sciences plus directement relatives à sa destination. Mais bientôt, entraîné par son goût pour l'étude de la philosophie, il abandonna toute autre vue, et cette science devint sa principale occupation. Il lut et médita profondément les ouvrages de *Leibnitz* et de *Wolff*, et donna au public sa *Défense du système du premier*, ouvrage qui annonce une connaissance très distincte des matières les plus abstraites de la métaphysique, et dans lequel on trouve, outre le développement exact des principes du philosophe allemand, la réponse aux objections de ceux qui ne les goûtaient pas, et un Traité de la liberté humaine, aussi clair que solide.

C'est ainsi qu'en cultivant la science la plus propre à perfectionner l'entendement, M. de Vattel cherchait à se mettre en état de remplir quelque emploi distingué dans la société. Ses talents lui permettaient d'y aspirer, et la modicité de sa fortune le lui rendait nécessaire. Né sujet de S. M. le roi de Prusse, il se rendit à Berlin en 1741, pour offrir ses services au monarque philosophe qui venait de monter sur le trône. M. de Vattel désirait d'occuper un poste qui l'appelât au maniement des affaires politiques. Aucun, malheureusement pour lui, ne se trouvait alors vacant. Ses facultés ne lui permettaient pas d'attendre long-temps un vide incertain : on lui fit espérer un succès moins éloigné à la cour de Dresde. Il y passa en 1743, et l'accueil distingué qu'il obtint de M. le comte de Bruhl, premier ministre de S. M. le roi de Pologne, fixa son choix.

Des affaires particulières l'ayant rappelé dans sa patrie, il retourna à Dresde en 1746, obtint le titre de conseiller d'ambassade, avec une pension, et fut envoyé à Berne, en qualité de ministre de S. M. le roi de Pologne auprès de cette république. Arrivé au lieu de sa destination, il sut bientôt se faire estimer et considérer par les chefs de l'Etat, et s'acquitta avec succès des différentes commissions dont il fut chargé.

Mais comme son emploi n'exigeait pas une résidence continuelle, M. de Vattel passait une partie de l'année dans le sein de sa famille; et ce fut alors que, consacrant aux lettres le loisir que lui accordaient les affaires, il donna au public plusieurs pièces détachées de morale, de littérature, et d'amusement, qu'on a rassemblées sous divers titres; mais surtout il travailla sérieusement au grand ouvrage dont il avait formé le plan depuis long-temps, à son immortel traité *du Droit des Gens*, qui, imprimé d'abord à Neufchâtel, et ensuite en divers lieux, traduit en plusieurs langues, adopté par toutes les communions, reçu favorablement dans tous les Etats, lui acquit à juste titre la plus grande réputation, et lui concilia les suffrages des politiques autant que ceux des gens de lettres. On peut dire, en effet, que M. de Vattel a déployé dans cette intéressante production toute l'étendue de son génie et la solidité de ses lumières, à mesure qu'on y trouve l'empreinte des vertus qui formaient l'essence de son caractère. Tout y est clair, judicieux, systématique, et les préceptes sont appuyés par des exemples bien choisis. Tout y annonce le citoyen vertueux, l'ami des hommes, de la liberté, de la vraie gloire. Le sentiment vif et profond dont l'auteur était pénétré, donne à son style une chaleur, une énergie qui ne se trouve pas dans les ouvrages purement didactiques; en un mot, le *Droit des Gens* de M. de Vattel sera toujours regardé par les connaisseurs, comme un ouvrage du premier mérite, destiné à éclairer les Nations sur leurs intérêts les plus essentiels. Mais quelque application que l'auteur eût donnée à la composition de ce traité, l'idée de son importance l'avait engagé à le revoir encore, et à l'enrichir de quelques notes dont les matériaux ont été trouvés dans ses manuscrits, et auxquelles de nombreuses occupations et une mort prématurée ne lui ont pas permis de mettre lui-même la dernière main. On les a recueillies avec le plus grand soin dans cette édition, qui devient par là supérieure à toutes celles qui l'ont précédée.

droit naturel, et *Observations sur le Traité du droit de la nature, par M. le baron de Wolff*. Ces observations n'avaient d'abord pas été destinées au public : l'auteur, en lisant attentivement le grand ouvrage de Wolff, s'était aperçu de quelques écarts dans la méthode, et même de quelques inexactitudes dans les démonstrations, défauts inévitables dans un travail très long et très détaillé. Il crut que le respect même dont il était pénétré pour ce grand philosophe lui imposait le devoir de faire disparaître ces taches légères. Dans cette vue, Emer de Vattel réunit un certain nombre des propositions qui ne doivent pas être admises sans précaution ; il les discute en peu de mots et les démontre par les vrais principes de la science. Ce petit ouvrage doit être considéré comme un commentaire indispensable pour quiconque veut lire avec fruit l'ouvrage de Wolff, quoiqu'il ne soit pas écrit dans la même langue.

Les talents d'Emer de Vattel étaient trop bien connus de la cour de Saxe et trop supérieurs à l'objet de sa mission en Suisse, pour qu'il pût y séjourner long-temps et ne pas être mieux occupé. La guerre venait de se rallumer en Allemagne. Il fut appelé en Pologne, en 1758, où le roi Auguste le nomma son conseiller privé du cabinet. Parvenu enfin au but qu'il s'était proposé, et mis à portée de manifester son génie pour le maniement des affaires politiques, Emer de Vattel se livra tout entier à ses hautes fonctions. Mais le zèle dont il était animé pour les intérêts de son maître, et son application continuelle à un travail que les circonstances rendaient plus pénible encore, affaiblirent par degrés le tempérament robuste qu'il avait reçu de la nature, et sur les ressources duquel il comptait peut-être trop. Sa santé se dérangea au point qu'il fut obligé d'interrompre ses occupations et de se rendre dans sa patrie, en 1766, pour tâcher de la rétablir en respirant l'air natal et en goûtant quelque repos. Ces secours et l'usage de quelques remèdes paraissant lui avoir rendu ses forces, il se hâta de retourner à Dresde pendant l'automne de la même année, et il reprit ses fonctions avec une assiduité que sa convalescence encore imparfaite ne put soutenir. Une rechute violente le contraignit, l'année suivante, de faire de nouveau le voyage de Neufchâtel, résolu cette fois de prendre tout le temps nécessaire pour rétablir entièrement sa santé ; mais loin d'y réussir, la maladie résista à tous les secours de l'art, et Emer de Vattel mourut d'une hydropisie de poitrine le 28 décembre 1767, à l'âge de cinquante-trois ans et huit mois, emportant les regrets les plus vifs de sa famille, de ses amis, de ses concitoyens, des gens de lettres, comme ceux de la cour au service de laquelle il s'était consacré.

Il avait épousé à Dresde, le 27 janvier 1764, mademoiselle Marianne de Chesne, d'une famille noble de France établie en Saxe; et de ce mariage naquit un fils, le 31 janvier 1765, qui, dès ses plus jeunes ans, donna les plus flatteuses espérances.

Nous laisserons parler ici la petite-fille de Vattel elle-même, dame d'un mérite parfait, et d'une humilité exquise; voici ce qu'elle nous mandait de son père et de son illustre aïeul, dans une des lettres qu'elle a eu la bonté de nous écrire : « Je crois, d'après tout ce que j'ai entendu dire de l'un et de « l'autre, que si mon grand-père eût vécu pour diriger lui-« même l'éducation de son enfant, on eût pu dire : tel père, « tel fils. Mais la Providence en avait décidé autrement; et « comme ses voies sont toujours les meilleures, nous devons « penser que tout fut bien.

« Mon père aima la poésie et s'en occupa dès l'enfance. Il « était très heureusement doué; mais sa mère, bien jeune en-« core quand elle perdit son mari, et n'ayant pas tardé d'ail-« leurs à contracter de nouveaux devoirs en épousant le comte « de Brock, envoyé extraordinaire de Prusse à Paris, oublia « ce qu'elle devait à la mémoire de son époux, ainsi qu'à son « titre de mère, et négligea un peu mon père, qui dut les con-« naissances qu'il avait acquises presque à ses seuls efforts, « n'ayant passé en fait d'études suivies qu'une année à l'uni-« versité de Halle, d'où il partit, à l'âge de dix-sept ans, pour « entrer dans les gardes suisses en Hollande, où sa mère « l'avait fait placer.

« En 1796, quand le licenciement des gardes suisses se fit « en Hollande, mon père revint dans sa patrie, qu'il servit « jusqu'à sa mort, arrivée en 1827. » Nous ajouterons à ce simple récit que M. de Vattel fils était un des membres du gouvernement de la principauté de Neufchâtel.

Nous ne nous attacherons pas à faire l'éloge d'Emer de Vattel, quelque consolant qu'il pût être pour nous de répandre quelques fleurs sur la tombe d'un publiciste si digne de notre admiration et de notre estime. Tout le monde sait qu'il réunissait à un rare degré les qualités de l'esprit et celles du cœur; qu'il joignait à la justesse, à l'étendue du génie, les vertus les plus essentielles, la candeur, la droiture, la générosité, les sentiments nobles et élevés. Invariable dans ses principes, il fut toujours bon citoyen, ami fidèle, empressé à faire le bien. Ses ouvrages, d'ailleurs, suffisent pour le faire connaître. Il s'y est peint lui-même par des traits qui caractérisent la plus belle âme. Ce que nous y ajouterions ne pourrait qu'affaiblir un tableau qui, en nous rappelant tout ce qu'il fut, honore et sa patrie et l'humanité.

Enfin, un dernier fruit des travaux littéraires de M. de Vattel parut sous le titre de *Questions de droit naturel*, ou *Observations sur le Traité du droit de la nature, par M. Wolff*. L'auteur, en lisant attentivement l'ouvrage de ce grand philosophe, s'était aperçu de quelques écarts relativement à la méthode, et même de quelques inexactitudes dans les démonstrations, défauts inévitables dans un travail très long et très détaillé. Il crut que le respect même dont il était rempli à son égard, lui imposait le devoir de faire disparaître ces taches légères. Dans cette vue, M. de Vattel a rassemblé un grand nombre de questions intéressantes concernant le droit naturel; il les discute en peu de mots, d'une manière nette et précise; il les démontre par les vrais principes de cette science. Cet ouvrage est nécessaire pour quiconque veut lire avec fruit celui de M. Wolff.

Mais les talents de M. de Vattel étaient trop connus de la cour de Saxe, et trop supérieurs à l'objet de sa mission en Suisse, pour qu'il pût y séjourner long-temps, et ne pas être mieux occupé. La guerre venait de s'allumer dans l'Allemagne. Il fut rappelé en 1758, et destiné à travailler dans le cabinet. Parvenu enfin au but qu'il s'était proposé, et mis à porté de manifester son génie pour le maniement des affaires politiques, M. de Vattel se livra tout entier à ses importantes fonctions. Le nombre et l'importance de ses services furent bientôt récompensés par l'emploi de conseiller privé de S. A. E. de Saxe. Mais le zèle dont il était animé pour les intérêts de son maître, et son application continuelle à un travail que les circonstances rendaient plus pénible encore, affaiblirent par degrés le tempérament robuste qu'il avait reçu de la nature, et sur les ressources duquel il comptait trop peut-être. Sa santé se dérangea au point qu'il fut obligé d'interrompre ses occupations, et de se rendre dans sa patrie en 1766, pour tâcher de la rétablir en respirant l'air natal et en goûtant quelque repos. Ces secours et l'usage de quelques remèdes paraissant lui avoir rendu ses forces, il se hâta de retourner à Dresde pendant l'automne de la même année, et il reprit ses fonctions avec une assiduité que sa convalescence encore imparfaite ne put soutenir. Une attaque violente de la même maladie le contraignit, dès l'année suivante, de faire de nouveau le voyage de Neufchâtel, résolu de se donner tout le temps nécessaire pour rétablir entièrement sa santé; mais, loin d'y réussir, la maladie résista à tous les secours de l'art, et M. de Vattel succomba enfin sous ses efforts le 28 décembre 1767, emportant les regrets les plus vifs de sa famille, de ses amis, de ses concitoyens, des gens de lettres, comme ceux de la cour au service de laquelle il s'était consacré.

Il avait épousé, à Dresde, en 1764, mademoiselle Marianne de Chêne; et de ce mariage est né un fils, qui, quoique encore en bas âge, donne de flatteuses espérances. Puisse-t-il marcher sur les traces d'un père que la mort lui ravit trop tôt pour son bonheur !

Nous ne nous arrêterons pas à faire ici l'éloge de feu M. de Vattel. Quelque consolant qu'il pût être pour nous de répandre quelques fleurs sur le tombeau d'un compatriote si digne de notre *admiration* et de notre *estime*, la voix publique doit nous dispenser de ce soin. Tout le monde sait qu'il réunissait dans un degré rare les qualités de l'esprit et celles du cœur; qu'il joignait à la justesse, à l'étendue du génie, les vertus les plus essentielles, la candeur, la droiture, la générosité, les sentiments nobles et élevés. Invariable dans ses principes, il fut toujours bon citoyen, ami fidèle, empressé à faire le bien. Ses ouvrages d'ailleurs suffisent pour le faire connaître. Il s'y est peint lui-même par des traits qui caractérisent la plus belle âme. Ce que nous y ajouterions ne pourrait qu'affaiblir un tableau qui, en nous rappelant tout ce qu'il fut, honore et sa patrie et l'humanité.

PRÉFACE.

Le Droit des Gens, cette matière si noble et si importante, n'a point été traité jusque ici avec tout le soin qu'il mérite. Aussi la plupart des hommes n'en ont-ils qu'une notion vague, très incomplète, souvent même fausse. La foule des écrivains et des auteurs même célèbres ne comprennent guère sous le nom de *droit des gens*, que certaines maximes, certains ouvrages reçus entre les nations, et devenus obligatoires pour elles par l'effet de leur consentement. C'est resserrer dans des bornes bien étroites une loi si étendue, si intéressante pour le genre humain, et c'est en même temps la dégrader, en méconnaissant sa véritable origine.

Il est certainement un droit des gens naturel, puisque la loi de la nature n'oblige pas moins les États, les hommes unis en société politique, qu'elle n'oblige les particuliers. Mais pour connaître exactement ce droit, il ne suffit pas de savoir ce que la loi de nature prescrit aux individus humains. L'application d'une règle à des sujets divers ne peut se faire que d'une manière convenable à la nature de chaque sujet. D'où il résulte que le droit des gens naturel est une science particulière, laquelle consiste dans une application juste et raisonnée de la loi naturelle aux affaires et à la conduite des nations ou des souverains. Tous ces traités, dans lesquels le droit des gens se trouve mêlé et confondu avec le droit naturel ordinaire, sont donc insuffisants pour donner une idée distincte, une solide connaissance de la loi sacrée des Nations.

Les Romains ont souvent confondu le droit des gens avec le droit de la nature, appelant droit des gens (*jus gentium*) le droit naturel, en tant qu'il est reconnu et adopté généra-

recommande si souvent l'observation, ce savant reconnaissait dans le fond un droit des gens naturel (qu'il appelle quelque part droit des gens *interne*); et peut-être paraîtra-t-il ne différer de nous que dans les termes. Mais nous avons déjà fait observer que, pour former ce droit des gens naturel, il ne suffit pas d'appliquer simplement aux Nations ce que la loi naturelle décide à l'égard des particuliers. Et d'ailleurs Grotius, par sa distinction même, et en affectant le nom de *droit des gens* aux seules maximes établies par le consentement des peuples, semble donner à entendre que les souverains ne peuvent presser entre eux que l'observation de ces dernières maximes, réservant le droit *interne* pour la direction de leurs consciences. Si, partant de cette idée, que les sociétés politiques ou les Nations vivent entre elles dans une indépendance réciproque, dans l'état de nature, et qu'elles sont soumises, dans leur qualité de corps politiques, à la loi naturelle, Grotius eût de plus considéré qu'on doit appliquer la loi à ces nouveaux sujets d'une manière convenable à leur nature, ce judicieux auteur eût reconnu sans peine que le droit des gens naturel est une science particulière; que ce droit produit entre les Nations une obligation même *externe*, indépendamment de leur volonté, et que le consentement des peuples est seulement le fondement et la source d'une espèce particulière de droit des gens, que l'on appelle *droit des gens arbitraire*.

Hobbes, dans l'ouvrage de qui on reconnaît une main habile, malgré ses paradoxes et ses maximes détestables; Hobbes, dis-je, est, à ce que je crois, le premier qui ait donné une idée distincte, mais encore imparfaite, du droit des gens. Il divise la loi naturelle en *loi naturelle de l'homme*, et *loi naturelle des États*. Cette dernière, selon lui, est ce que l'on appelle d'ordinaire *droit des gens*. *Les maximes*, ajoute-t-il, *de l'une et de l'autre de ces lois, sont précisément les mêmes; mais comme les États acquièrent en quelque manière des propriétés personnelles, la même loi qui se nomme naturelle lorsqu'on parle des devoirs des particuliers, s'appelle droit des gens lorsqu'on l'applique au corps entier d'un État ou d'une Nation* (a). Cet auteur a fort bien fait

---

(a) *Rursus* lex naturalis *dividi potest in naturalem hominum*, quæ

observer que le droit des gens est le droit naturel appliqué aux États ou aux Nations. Mais nous verrons dans le cours de cet ouvrage, qu'il s'est trompé quand il a cru que le droit naturel ne souffrait aucun changement nécessaire dans cette application ; d'où il a conclu que les maximes du droit naturel et celles du droit des gens sont précisément les mêmes.

PUFFENDORFF déclare *qu'il souscrit absolument à cette opinion* de HOBBES (*a*). Aussi n'a-t-il point traité à part du droit des gens, le mêlant partout avec le droit naturel proprement dit.

BARBEYRAC, traducteur et commentateur de GROTIUS et de PUFFENDORFF, a beaucoup plus approché de la juste idée du droit des gens. Quoique l'ouvrage soit entre les mains de tout le monde, je transcrirai ici, pour la commodité du lecteur, la note de ce savant traducteur sur GROTIUS, *Droit de la guerre et de la paix*, liv. I, chap. 1, § XIV, *not.* 3. « J'avoue, « dit-il, qu'il y a des lois communes à tous les peuples, ou des « choses que tous les peuples doivent observer les uns envers « les autres : et si l'on veut appeler cela *droit des gens*, on « le peut très bien. Mais outre que le consentement des « peuples n'est pas le fondement de l'obligation où l'on est « d'observer ces lois, et ne saurait même avoir ici lieu en « aucune sorte, les principes et les lois d'un tel droit sont « au fond les mêmes que celles du *droit naturel* proprement « ainsi nommé : toute la différence qu'il y a consiste dans « l'application, qui peut se faire un peu autrement, à cause « de la différence qu'il y a quelquefois dans la manière dont « les sociétés vident les affaires qu'elles ont les unes avec les « autres. »

L'auteur que nous venons d'entendre s'est bien aperçu

---

sola obtinuit dici lex naturæ, *et naturalem* civitatum, *quæ dici potest* lex gentium, *vulgo autem* Jus gentium *appellatur. Præcepta utriusque eadem sunt : sed quia civitates semel institutæ induunt proprietates hominum personales*, lex quam loquentes de hominum singulorum officio naturalem *dicimus, applicata totis civitatibus, nationibus, sive gentibus, vocatur* Jus gentium. De Cive, cap. XIV, § 4. Je me sers de la traduction de BARBEYRAC, PUFFENDORFF, *Droit de la nature et des gens*, liv. II, chap. III, § XXIII.

(*a*) *Ibid.*

que les règles et les décisions du droit naturel ne peuvent s'appliquer purement et simplement aux États souverains, et qu'elles doivent nécessairement souffrir quelques changements, suivant la nature des nouveaux sujets auxquels on les applique. Mais il ne paraît pas qu'il ait vu toute l'étendue de cette idée, puisqu'il semble ne pas approuver que l'on traite le droit des gens séparément du droit naturel des particuliers. Il loue seulement la méthode de Buddeus, disant, « que cet auteur a eu raison de marquer (dans ses *Elementa* « *philos. pract.*) après chaque matière du droit naturel, l'ap-« plication qu'on en peut faire aux peuples les uns par « rapport aux autres; autant du moins que la chose le per-« mettait ou l'exigeait (*a*). » C'était mettre le pied dans le bon chemin. Mais il fallait de plus profondes méditations et des vues plus étendues pour concevoir l'idée d'un système de droit des gens naturel, qui fût ainsi comme la loi des souverains et des Nations, pour sentir l'utilité d'un pareil ouvrage, et surtout pour l'exécuter le premier.

La gloire en était réservée à M. le baron de Wolff. Ce grand philosophe a vu que l'application du droit naturel aux Nations en corps, ou aux États, modifiée par la nature des sujets, ne peut se faire avec précision, avec netteté, et avec solidité, qu'à l'aide des principes généraux et des notions directrices, qui doivent la régler ; que c'est par le moyen de ces principes seuls que l'on peut montrer évidemment, comme, en vertu du droit naturel même, les décisions de ce droit à l'égard des particuliers doivent être changées et modifiées, quand on les applique aux États ou sociétés politiques, et former ainsi un droit des gens naturel et nécessaire (*) : d'où il a conclu qu'il était convenable de

---

(*a*) Note 2, sur Puffendorff, *Droit de la nature et des gens,* liv. II, chap. III, § XXIII. Je n'ai pu me procurer l'ouvrage de Buddeus, dans lequel je soupçonne que Barbeyrac avait puisé cette idée du droit des gens.

(*) S'il n'était pas plus à propos, pour abréger, pour éviter les répétitions, et pour profiter des notions déjà toutes formées et établies dans l'esprit des hommes; si, dis-je, pour toutes ces raisons, il n'était pas plus convenable de supposer ici la connaissance du droit naturel ordinaire, pour en faire l'application aux États souverains, au lieu de parler de cette application, il serait plus exact de dire, que comme le droit naturel proprement dit est la loi naturelle des particuliers, fondée

faire un système particulier de ce droit des gens ; et il l'a exécuté heureusement. Mais il est juste d'entendre M. Wolff lui-même dans sa préface.

« Les Nations (*), dit-il, ne reconnaissant entre elles
« d'autre droit que celui-là même qui est établi par la nature,
« il paraîtra peut-être superflu de donner un Traité du droit
« des gens, distingué du droit naturel ; mais ceux qui pen-
« sent ainsi n'ont pas assez approfondi la matière. Les Na-
« tions, il est vrai, ne peuvent être considérées que comme
« autant de personnes particulières, vivant ensemble dans
« l'état de nature ; et, par cette raison, on doit leur appli-
« quer tous les devoirs et tous les droits que la nature pres-
« crit et attribue à tous les hommes, en tant qu'ils naissent
« libres naturellement, et qu'ils ne sont liés les uns aux
« autres que par les seuls nœuds de cette même nature. Le
« droit qui naît de cette application, et les obligations qui en
« résultent, viennent de cette loi immuable fondée sur la
« nature de l'homme ; et de cette manière, le droit des gens
« appartient certainement au droit de la nature ; c'est pour-
« quoi on l'appelle droit des gens *naturel*, eu égard à son
« origine, et *nécessaire*, par rapport à sa force obligatoire.
« Ce droit est commun à toutes les Nations, et celle qui ne
« le respecte pas dans ses actions, viole le droit commun de
« tous les peuples.

« Mais les Nations ou les États souverains, étant des per-
« sonnes morales, et les sujets des obligations et des droits
« résultant, en vertu du droit naturel, de l'acte d'associa-
« tion qui a formé le corps politique : la nature et l'essence
« de ces personnes morales diffèrent nécessairement, et à
« bien des égards, de la nature et de l'essence des individus
« physiques, savoir des hommes qui les composent. Lors
« donc que l'on veut appliquer aux Nations les devoirs que
« la loi naturelle prescrit à chaque homme en particulier, et

---

sur la nature de l'homme, le droit des gens naturel est la loi naturelle des sociétés politiques, fondée sur la nature de ces sociétés. Mais ces deux méthodes reviennent à la même chose ; j'ai préféré la plus abrégée. Le droit naturel ayant été fort bien traité, il est plus court d'en faire simplement une application raisonnée aux nations.

(*) Une Nation est ici un État souverain, une société politique indépendante.

« les droits qu'elle lui attribue afin qu'il puisse remplir ses
« devoirs, ces droits et ces devoirs ne pouvant être autres
« que la nature des sujets ne le comporte, ils doivent néces-
« sairement souffrir dans l'application un changement con-
« venable à la nature des nouveaux sujets auxquels on les
« applique. On voit ainsi que le droit des gens ne demeure
« point en toutes choses le même que le droit naturel, en
« tant que celui-ci régit les actions des particuliers. Pour-
« quoi donc ne le traiterait-on pas séparément, comme un
« droit propre aux Nations ? »

Convaincu moi-même de l'utilité d'un pareil ouvrage, j'attendais avec impatience celui de M. Wolff; et dès qu'il parut, je formai le dessein de faciliter à un plus grand nombre de lecteurs la connaissance des idées lumineuses qu'il présente. Le traité du philosophe de *Hall* sur le droit des gens est dépendant de tous ceux du même auteur sur la philosophie et le droit naturel. Pour le lire et l'entendre, il faut avoir étudié seize ou dix-sept volumes in-4° qui le précèdent. D'ailleurs, il est écrit dans la méthode et même dans la forme des ouvrages de géométrie : autant d'obstacles, qui le rendent à peu près inutile aux personnes en qui la connaissance et le goût des vrais principes du droit des gens sont plus importants et plus désirables. Je pensai d'abord que je n'aurais qu'à détacher, pour ainsi dire, ce traité du système entier, en le rendant indépendant de tout ce qui le précède chez M. Wolff, et qu'à le revêtir d'une forme plus agréable, plus propre à lui donner accès dans le monde poli. J'en fis quelques essais; mais je reconnus bientôt que si je voulais me procurer des lecteurs dans l'ordre des personnes pour lesquelles j'avais dessein d'écrire, et produire quelque fruit, je devais faire un ouvrage fort différent de celui que j'avais devant les yeux, et travailler à neuf. La méthode que M. Wolff a suivie, a répandu la sécheresse dans son livre, et l'a rendu incomplet à bien des égards. Les matières y sont dispersées d'une manière très fatigante pour l'attention; et comme l'auteur avait traité du droit public universel dans son droit de la nature, il se contente souvent d'y renvoyer, lorsque, dans le droit des gens, il parle des devoirs d'une Nation envers elle-même.

Je me suis donc borné à prendre dans l'ouvrage de M. Wolff ce que j'y ai trouvé de meilleur, surtout les définitions et les principes généraux ; mais j'ai puisé avec choix dans cette source, et j'ai accommodé à mon plan les matériaux que j'en tirais. Ceux qui auront les Traités du droit naturel et du droit des gens de M. Wolff, verron tcombien j'en ai profité. Si j'eusse voulu marquer partout ce que j'en empruntais, mes pages se trouveraient chargées de citations également inutiles et désagréables au lecteur. Il vaut mieux reconnaître ici, une fois pour toutes, les obligations que j'ai à ce grand maître. Quoique mon ouvrage, comme le verront ceux qui voudront se donner la peine d'en faire la comparaison, soit très différent du sien, j'avoue que je n'aurais jamais eu l'assurance d'entrer dans une si vaste carrière, si le célèbre philosophe de *Hall* n'eût marché devant moi et ne m'eût éclairé.

J'ai osé cependant m'écarter quelquefois de mon guide, et m'opposer à ses sentiments : j'en donnerai ici quelques exemples. M. Wolff, entraîné peut-être par la foule des écrivains, consacre plusieurs propositions (a) à traiter de la nature des royaumes *patrimoniaux*, sans rejeter ou corriger cette idée injurieuse à l'humanité. Je n'admets pas même la dénomination, que je trouve également choquante, impropre, et dangereuse dans ses effets, dans les impressions qu'elle peut donner aux souverains; et je me flatte qu'en cela j'obtiendrai le suffrage de tout homme qui aura de la raison et du sentiment, de tout vrai citoyen (1).

M. Wolff décide (*J. Gent.*, § 878) qu'il est permis naturellement de se servir à la guerre d'armes empoisonnées. Cette décision m'a révolté, et je suis mortifié de la trouver dans l'ouvrage d'un si grand homme. Heureusement pour l'humanité, il n'est pas difficile de démontrer le contraire, et par les principes mêmes de M. Wolff. On verra ce que je dis sur cette question, *liv.* III, § 156.

(a) Dans la VIIIe partie du *droit naturel* et dans le *droit des gens*.

(1) Rem. de l'éditeur. Il y a encore beaucoup d'autres notions pareilles, que l'on se passe mutuellement dans le discours et dans les livres, comme si c'étaient des notions claires et justes, et qui ne le sont nullement quand on les examine de près. L'auteur fait fort bien de rejeter celle des *royaumes patrimoniaux*. Il aurait bien dû faire main basse aussi sur la *guerre entreprise pour punir une Nation*. La raison ne la désavoue pas moins. Qu'est-ce que *punir ?* Je m'expliquerai là-dessus dans la suite de mes Remarques.   D.

Dès le commencement de mon ouvrage, on trouvera que je diffère entièrement de M. Wolff dans la manière d'établir les fondements de cette espèce de droit des gens, que nous appelons *volontaire*. M. Wolff le déduit de l'idée d'une espèce de grande république (*civitatis maximæ*) instituée par la nature elle-même, et de laquelle toutes les Nations du monde sont les membres. Suivant lui, le droit des gens *volontaire* sera comme le droit civil de cette grande république. Cette idée ne me satisfait point, et je ne trouve la fiction d'une pareille république ni bien juste, ni assez solide pour en déduire les règles d'un droit des gens universel et nécessairement admis entre les États souverains. Je ne reconnais point d'autre société naturelle entre les Nations, que celle-là même que la nature a établie entre tous les hommes. Il est de l'essence de toute société civile (*civitatis*), que chaque membre ait cédé une partie de ses droits au corps de la société, et qu'il y ait une autorité capable de commander à tous les membres, de leur donner des lois, de contraindre ceux qui refuseraient d'obéir. On ne peut rien concevoir, ni rien supposer de semblable entre les Nations. Chaque État souverain se prétend, et est effectivement indépendant de tous les autres. Ils doivent tous, suivant M. Wolff lui-même, être considérés comme autant de particuliers libres, qui vivent ensemble dans l'état de nature, et ne reconnaissent d'autres lois que celles de la nature même, ou de son auteur. Or, la nature a bien établi une société générale entre tous les hommes, lorsqu'elle les a faits tels qu'ils ont absolument besoin du secours de leurs semblables, pour vivre comme il convient à des hommes de vivre; mais elle ne leur a point imposé précisément l'obligation de s'unir en société civile proprement dite; et si tous suivaient les lois de cette bonne mère, l'assujettissement à une société civile leur serait inutile. Il est vrai que les hommes étant bien éloignés d'observer volontairement entre eux les règles de la loi naturelle, ils ont eu recours à une association politique, comme au seul remède convenable contre la dépravation du grand nombre, au seul moyen d'assurer l'état des bons et de contenir les méchants : et la loi naturelle elle-même approuve cet établissement. Mais il est aisé de sentir qu'une société civile entre les Nations n'est point aussi nécessaire, à beaucoup près, qu'elle l'a été entre les particuliers.

On ne peut donc pas dire que la nature la recommande également, bien moins qu'elle la prescrive. Les particuliers sont tels, et ils peuvent si peu de chose par eux-mêmes, qu'ils ne sauraient guère se passer du secours et des lois de la société civile. Mais dès qu'un nombre considérable se sont unis sous un même gouvernement, ils se trouvent en état de pourvoir à la plupart de leurs besoins ; et le secours des autres sociétés politiques ne leur est point aussi nécessaire que celui des particuliers l'est à un particulier. Ces sociétés ont encore, il est vrai, de grands motifs de communiquer et de commercer entre elles, elles y sont même obligées ; nul homme ne pouvant, sans de bonnes raisons, refuser son secours à un autre homme. Mais la loi naturelle peut suffire pour régler ce commerce, cette correspondance. Les États se conduisent autrement que des particuliers. Ce n'est point d'ordinaire le caprice ou l'aveugle impétuosité d'un seul, qui en forme les résolutions, qui détermine les démarches publiques : on y apporte plus de conseil, plus de lenteur et de circonspection ; et dans les occasions épineuses ou importantes, on s'arrange, on se met en règle par le moyen des traités. Ajoutez que l'indépendance est même nécessaire à chaque État, pour s'acquitter exactement de ce qu'il se doit à soi-même et de ce qu'il doit aux citoyens, et pour se gouverner de la manière qui lui est le plus convenable. Il suffit donc, encore un coup, que les Nations se conforment à ce qu'exige d'elles la société naturelle et générale, établie entre tous les hommes.

« Mais, dit M. Wolff, la rigueur du droit naturel ne peut
« être toujours suivie dans ce commerce et cette société des
« peuples ; il faut y faire des changements, lesquels vous ne
« sauriez déduire que de cette idée d'une espèce de grande
« république des Nations, dont les lois, dictées par la saine
« raison et fondées sur la nécessité, règlent ces changements
« à faire au droit naturel et nécessaire des gens, comme les
« lois civiles déterminent ceux qu'il faut faire dans un État,
« au droit naturel des particuliers. » Je ne sens pas la nécessité de cette conséquence, et j'ose me promettre de faire voir dans cet ouvrage, que toutes les modifications, toutes les restrictions, tous les changements, en un mot, qu'il faut apporter dans les affaires des Nations, à la rigueur du droit naturel, et dont se forme le droit des gens *volontaire ;* que

tous ces changements, dis-je, se déduisent de la liberté naturelle des Nations, des intérêts de leur salut commun, de la nature de leur correspondance mutuelle, de leurs devoirs réciproques, et des distinctions de droit *interne* et *externe*, *parfait* et *imparfait*, en raisonnant à peu près comme M. Wolff a raisonné à l'égard des particuliers, dans son Traité du droit de la nature.

On voit, dans ce Traité, comment les règles, qui, en vertu de la liberté naturelle, doivent être admises dans le droit *externe*, ne détruisent point l'obligation imposée à un chacun dans sa conscience, par le droit *interne*. Il est aisé de faire l'application de cette doctrine aux Nations, et de leur apprendre, en distinguant soigneusement le droit *interne* du droit *externe*, c'est-à-dire, le droit des gens *nécessaire* du droit des gens *volontaire*, à ne point se permettre tout ce qu'elles peuvent faire impunément, si les lois immuables du juste et la voix de la conscience ne l'approuvent.

Les Nations étant également obligées d'admettre entre elles ces exceptions et ces modifications apportées à la rigueur du droit *nécessaire*, soit qu'on les déduise de l'idée d'une grande république, dont on conçoit que tous les peuples sont membres, soit qu'on les tire des sources où je me propose de les chercher, rien n'empêche que l'on n'appelle le droit qui en résulte *droit des gens volontaire*, pour le distinguer du droit des gens *nécessaire*, interne et de conscience. Les noms sont assez indifférents : ce qui est véritablement important, c'est de distinguer soigneusement ces deux sortes de droit, afin de ne jamais confondre ce qui est juste et bon en soi, avec ce qui est seulement toléré par nécessité.

Le droit des gens *nécessaire* et le droit des gens *volontaire* sont donc établis l'un et l'autre par la nature, mais chacun à sa manière : le premier, comme une loi sacrée, que les Nations et les souverains doivent respecter et suivre dans toutes leurs actions; le second, comme une règle, que le bien et le salut commun les obligent d'admettre dans les affaires qu'ils ont ensemble. Le droit *nécessaire* procède immédiatement de la nature; cette mère commune des hommes recommande l'observation du droit des gens *volontaire*, en considération de l'état où les Nations se trouvent les unes avec les autres, et pour le bien de leurs affaires.

Ce double droit, fondé sur des principes certains et constants, est susceptible de démonstration. Il fera le principal sujet de mon ouvrage.

Il est une autre espèce de droit des gens, que les auteurs appellent *arbitraire*, parce qu'il vient de la volonté ou du consentement des Nations. Les États, de même que les particuliers, peuvent acquérir des droits et contracter des obligations par des engagements exprès, par des pactes et des traités; il en résulte un droit des gens *conventionnel*, particulier aux contractants. Les Nations peuvent encore se lier par un consentement tacite; c'est là-dessus qu'est fondé tout ce que les mœurs ont introduit parmi les peuples, et qui forme la *coutume* des Nations, ou le droit des gens fondé sur la coutume. Il est évident que ce droit ne peut imposer quelque obligation, qu'aux Nations seules qui en ont adopté les maximes par un long usage. C'est un droit particulier, de même que le droit *conventionnel*. L'un et l'autre tirent toute leur force du droit naturel, qui prescrit aux Nations l'observation de leurs engagements exprès ou tacites. Ce même droit naturel doit régler la conduite des États, par rapport aux traités qu'ils concluent, aux coutumes qu'ils adoptent. Je dois me borner à donner les principes généraux et les règles que la loi naturelle fournit pour la direction des souverains à cet égard : le détail des différents traités et des diverses coutumes des peuples appartient à l'histoire, et non pas à un traité systématique du droit des gens.

Un pareil traité doit consister principalement, comme nous l'avons déjà observé, dans une application judicieuse et raisonnée des principes de la loi naturelle aux affaires et à la conduite des Nations et des souverains. L'étude du droit des gens suppose donc une connaissance préalable du droit naturel ordinaire. Je suppose en effet, au moins à un certain point, cette connaissance dans mes lecteurs. Cependant, comme on n'aime point à aller chercher ailleurs les preuves de ce qu'un auteur avance, j'ai pris soin d'établir en peu de mots les plus importants de ces principes du droit naturel, dont j'avais à faire l'application aux Nations. Mais je n'ai point cru que, pour les démontrer, il fallût toujours remonter jusques à leurs premiers fondements, et je me suis quelquefois contenté de les appuyer sur des vérités communes, reconnues de tout lecteur de bonne foi, sans pousser l'analyse plus loin. Il me suffit de persuader, et, pour cet effet, de ne rien avancer comme principe, qui ne soit facilement admis par toute personne raisonnable.

Le droit des gens est la loi des souverains. C'est pour eux principalement, et pour leurs ministres, qu'on doit l'écrire. Il intéresse véritablement tous les hommes, et l'étude de ses maximes convient, dans un pays libre, à tous les citoyens; mais il importerait peu d'en instruire seulement les particuliers, qui ne sont point appelés aux conseils des Nations, et qui n'en déterminent point les démarches. Si les conducteurs des peuples, si tous ceux qui sont employés dans les affaires publiques, daignaient faire une étude sérieuse d'une science qui devrait être leur loi et leur boussole, quels fruits ne pourrait-on pas attendre d'un bon traité du droit des gens! On sent tous les jours ceux d'un bon corps de lois, dans la société civile : le droit des gens est autant au-dessus du droit civil, dans son importance, que les démarches des Nations et des souverains surpassent dans leurs conséquences celles des particuliers.

Mais une funeste expérience ne prouve que trop combien peu ceux qui sont à la tête des affaires se mettent en peine du droit, là où ils espèrent trouver leur avantage. Contents de s'appliquer à une politique souvent fausse, puisqu'elle est souvent injuste, la plupart croient en avoir assez fait quand ils l'ont bien étudiée. Cependant on peut dire des États, ce qu'on a reconnu il y a long-temps à l'égard des particuliers, qu'il n'est point de meilleure et de plus sûre politique, que celle qui est fondée sur la vertu. Cicéron, aussi grand maître dans la conduite d'un État que dans l'éloquence et la philosophie, ne se contente pas de rejeter la maxime vulgaire, que *l'on ne peut gouverner heureusement la république sans commettre des injustices;* il va jusqu'à établir le contraire, comme une vérité constante, et il soutient que *l'on ne peut administrer salutairement les affaires publiques, si l'on ne s'attache à la plus exacte justice* (a).

(a) *Nihil est quod adhuc de republicâ putem dictum, et quo possim longius progredi, nisi sit confirmatum, non modò falsum esse istud sine*

La Providence donne de temps en temps au monde des rois et des ministres pénétrés de cette grande vérité. Ne perdons point l'espérance que le nombre de ces sages conducteurs des Nations se multipliera quelque jour ; et en attendant, que chacun de nous travaille, dans sa sphère, à amener ces temps si heureux.

C'est principalement dans la vue de faire goûter cet Ouvrage à ceux de qui il importe le plus qu'il soit lu et goûté, que j'ai quelquefois joint des exemples aux maximes ; et j'ai été confirmé dans mon idée par l'approbation d'un de ces ministres, amis éclairés du genre humain, et qui seuls devraient entrer dans le conseil des rois ; mais j'ai usé avec retenue de cet ornement. Sans jamais chercher à faire un' vain étalage d'érudition, j'ai voulu seulement délasser de temps en temps mon lecteur, ou rendre la doctrine plus sensible dans un exemple ; quelquefois faire voir que la pratique des Nations est conforme aux principes ; et lorsque j'en ai trouvé l'occasion, je me suis proposé sur toutes choses d'inspirer l'amour de la vertu, en la montrant si belle, si digne de nos hommages, dans quelques hommes véritablement grands, et même si solidement utile, dans quelque trait frappant de l'histoire. J'ai pris la plupart de mes exemples dans l'histoire moderne, comme plus intéressants, et pour ne pas répéter ceux que Grotius, Puffendorff, et leurs commentateurs, ont accumulés.

Au reste, et dans ces exemples, et dans mes raisonnements, je me suis étudié à n'offenser personne, me proposant de garder religieusement le respect qui est dû aux Nations et aux puissances souveraines. Mais je me suis fait une loi plus inviolable encore, de respecter la vérité et l'intérêt du genre humain. Si de lâches flatteurs du despotisme s'élèvent contre mes principes, j'aurai pour moi les hommes vertueux, les gens de cœur, les amis des lois, les vrais citoyens.

Je prendrais le parti du silence, si je ne pouvais suivre dans mes écrits les lumières de ma conscience. Mais rien ne lie ma plume, et je ne suis point capable de la prostituer à la flatterie. Je suis né dans un pays dont la liberté est l'âme,

---

injuriâ non posse, sed hoc verissimum, sine summâ justitiâ rempublicam regi non posse. Cicer., Fragment. ex lib. de Republicâ.

le trésor, et la loi fondamentale; je puis être encore, par ma naissance, l'ami de toutes les Nations. Ces heureuses circonstances m'ont encouragé à tenter de me rendre utile aux hommes par cet ouvrage. Je sentais la faiblesse de mes lumières et de mes talents; j'ai vu que j'entreprenais une tâche pénible; mais je serai satisfait, si des lecteurs estimables reconnaissent dans mon travail l'honnête homme et le citoyen.

LE DROIT DES GENS.

PRÉLIMINAIRES.

IDÉE ET PRINCIPES GÉNÉRAUX DU DROIT DES GENS.

§ 1. — *Ce que c'est qu'une Nation ou un État.*

Les Nations ou Etats sont des corps politiques, des sociétés d'hommes unis ensemble pour procurer leur salut et leur avantage, à forces réunies.

§ 2. — *Elle est une personne morale.*

Une pareille société a ses affaires et ses intérêts; elle délibère et prend des résolutions en commun, et par là elle devient une personne morale, qui a son entendement et sa volonté propre, et qui est capable d'obligations et de droits.

§ 3. — *Définition du droit des gens.*

C'est à établir solidement les obligations et les droits des Nations, que cet ouvrage est destiné. Le *droit des gens* est *la science du droit qui a lieu entre les Nations ou Etats, et des obligations qui répondent à ce droit.*

On verra dans ce Traité de quelle manière les Etats, comme tels, doivent régler toutes leurs actions. Nous pèserons les obligations d'un peuple, tant envers lui-même qu'envers les autres, et nous découvrirons par cela même les droits qui résultent de ces obligations. Car le droit n'étant autre chose que la faculté de faire ce qui est moralement possible, c'est-à-dire, ce qui est bien, ce qui est conforme au devoir, il est évident que le droit naît du devoir, ou de l'obligation passive, de l'obligation dans laquelle on se trouve d'agir de telle ou de telle manière. Il est donc nécessaire qu'une Nation s'instruise de ses obligations, non-seulement pour éviter de pécher contre son devoir, mais encore pour se mettre en état de connaître avec certitude ses droits, ou ce qu'elle peut légitimement exiger des autres.

§ 4. — *Comment on y considère les Nations ou Etats.*

Les Nations étant composées d'hommes naturellement libres et indépendants, et qui, avant l'établissement des sociétés civiles, vivaient ensemble dans l'état de nature, ces Nations, ou les Etats souverains, doivent être considérées comme autant de personnes libres, qui vivent entre elles dans l'état de nature.

On prouve, en *droit naturel*, que tous les hommes tiennent de la nature une liberté et une indépendance qu'ils ne peuvent perdre que par leur consentement. Les citoyens n'en jouissent pas pleinement et absolument dans l'Etat, parce qu'ils l'ont soumise en partie au souverain; mais le corps de la Nation, l'Etat, demeure absolument libre et indépendant, à l'égard de tous les autres hommes, des Nations étrangères, tant qu'il ne se soumet pas volontairement à elles.

§ 5. — *A quelles lois les Nations sont soumises.*

Les hommes étant soumis aux lois de la nature, et leur union en société civile n'ayant pu les soustraire à l'obligation d'observer ces lois, puisque dans cette union ils ne cessent pas d'être hommes, la Nation entière, dont la volonté commune n'est que le résultat des volontés réunies des citoyens, demeure soumise aux lois de la nature, obligée à les respecter dans toutes ses démarches. Et puisque le droit naît de l'obligation, comme nous venons de le faire observer (§ 3), la

Nation a aussi les mêmes droits que la nature donne aux hommes, pour s'acquitter de leurs devoirs.

§ 6. — *En quoi consiste originairement le droit des gens.*

Il faut donc appliquer aux Nations les règles du droit naturel, pour découvrir quelles sont leurs obligations et quels sont leurs droits ; par conséquent le *droit des gens* n'est originairement autre chose que *le droit de la nature appliqué aux Nations*. Mais comme l'application d'une règle ne peut être juste et raisonnable, si elle ne se fait d'une manière convenable au sujet, il ne faut pas croire que le droit des gens soit précisément et partout le même que le droit naturel, aux sujets près, en sorte que l'on n'ait qu'à substituer les Nations aux particuliers. Une société civile, un État, est un sujet bien différent d'un individu humain : d'où résultent, en vertu des lois naturelles mêmes, des obligations et des droits bien différents en beaucoup de cas ; la même règle générale, appliquée à deux sujets, ne pouvant opérer des décisions semblables, quand les sujets diffèrent ; ou une règle particulière, très juste pour un sujet, n'étant point applicable à un second sujet de toute autre nature. Il est donc bien des cas, dans lesquels la loi naturelle ne décide point d'État à État, comme elle déciderait de particulier à particulier. Il faut savoir en faire une application accommodée aux sujets ; et c'est l'art de l'appliquer ainsi, avec une justesse fondée sur la droite raison, qui fait du droit des gens une science particulière (*).

(*) L'étude de cette science suppose la connaissance du droit naturel ordinaire, dont les individus humains sont les objets. Cependant, en faveur de ceux qui n'ont point fait de ce droit une étude systématique, il ne sera pas hors de propos d'en donner ici une idée générale. Le droit naturel est *la science des lois de la nature*, de ces lois que la nature impose aux hommes, ou auxquelles ils sont soumis par cela même qu'ils sont hommes ; science dont le premier principe est cette vérité

§ 7. — *Définition du droit des gens nécessaire.*

Nous appelons *droit des gens nécessaire*, celui qui consiste dans l'application du droit naturel aux Nations. Il est *nécessaire*, parce que les Nations sont

---

de sentiment, cet axiome incontestable : *La grande fin de tout être doué d'intelligence et de sentiment est le bonheur.* C'est par le seul désir de ce bonheur que l'on peut lier un être pensant, former les nœuds de l'obligation qui doit le soumettre à quelque règle. Or, en étudiant la nature des choses et celle de l'homme en particulier, on peut en déduire les règles que l'homme doit suivre pour atteindre à sa grande fin, pour obtenir le plus parfait bonheur dont il soit capable. Nous appelons ces règles les lois naturelles, ou les lois de la nature. Elles sont certaines, obligatoires, et sacrées pour tout homme raisonnable, abstraction faite de toute autre considération que celle de sa nature, et quand même on le supposerait dans l'ignorance totale d'un Dieu. Mais la sublime considération d'un Etre éternel, nécessaire, infini, auteur de toutes choses, ajoute la plus grande force à la loi de la nature, et lui donne toute sa perfection. L'Etre nécessaire réunit nécessairement en lui toute perfection. Il est donc souverainement bon, et il le témoigne en formant des créatures capables de bonheur. Il veut donc que ses créatures soient aussi heureuses que leur nature le comporte ; et par conséquent sa volonté est qu'elles suivent, dans toute leur conduite, les règles que cette même nature leur trace comme la route la plus certaine du bonheur. La volonté du Créateur coïncide ainsi parfaitement avec la simple indication de la nature, et ces deux sources produisant la même loi, se réunissent à former la même obligation. Tout revient à la première et grande fin de l'homme, qui est le bonheur. C'est pour le conduire à cette fin, que sont faites les lois naturelles. C'est le désir de la félicité qui forme l'obligation de suivre ces mêmes lois. Il n'est donc point d'homme, quelles que soient ses idées sur l'origine des choses, eût-il même le malheur d'être athée, qui ne doive se soumettre aux lois de la nature. Elles sont nécessaires au commun bonheur des hommes. Celui qui les rejetterait, qui les mépriserait hautement, se déclarerait par cela même l'ennemi du genre humain, et mériterait d'être traité comme tel. Or, une des premières vérités que nous découvre l'étude de l'homme, qui suit nécessairement de sa nature, c'est que seul et isolé, il ne saurait atteindre à son grand but, à la félicité ; c'est qu'il est fait pour vivre en société avec ses

absolument obligées à l'observer. Ce droit contient les préceptes que la loi naturelle donne aux Etats, pour qui cette loi n'est pas moins obligatoire que pour les particuliers ; puisque les Etats sont composés d'hommes, que leurs délibérations sont prises par des hommes, et que la loi de la nature oblige tous les hommes, sous quelque relation qu'ils agissent. C'est ce même droit que Grotius et ceux qui le suivent appellent *droit des gens interne*, en tant qu'il oblige les Nations dans la conscience. Plusieurs le nomment aussi *droit des gens naturel*.

§ 8. — *Il est immuable.*

Puis donc que le droit des gens nécessaire consiste dans l'application que l'on fait aux Etats, du droit naturel, lequel est immuable, comme étant fondé sur la nature des choses, et en particulier sur la nature de l'homme, il s'ensuit que le droit des gens nécessaire est immuable.

§ 9. — *Les Nations ne peuvent y rien changer, ni se dispenser de l'obligation qu'il leur impose.*

Dès-là que ce droit est immuable, et l'obligation qu'il impose, nécessaire et indispensable, les Nations ne peuvent y apporter aucun changement par leurs conventions, ni s'en dispenser elles-mêmes, ou réciproquement l'une l'autre.

C'est ici le principe au moyen duquel on peut distinguer les conventions, ou traités légitimes, de ceux qui ne le sont pas, et les *coutumes innocentes* et rai-

---

semblables. La nature elle-même a donc établi cette société, dont la grande fin est le commun avantage des membres; et les moyens d'arriver à cette fin forment les règles que chaque individu doit suivre dans toute sa conduite. Telles sont les lois naturelles de la société humaine. Après en avoir donné cette idée générale, suffisante pour un lecteur intelligent, et que l'on trouve développée dans plus d'un ouvrage estimé, revenons à l'objet particulier de ce Traité.

sonnables, de celles qui sont injustes ou condamnables.

Il est des choses justes et permises par le droit des gens nécessaire, dont les Nations peuvent convenir entre elles, ou qu'elles peuvent consacrer et fortifier par les mœurs et la coutume. Il en est d'indifférentes, sur lesquelles les peuples peuvent s'arranger comme il leur plaît, par des traités, ou introduire telle coutume, tel usage qu'ils trouvent à propos. Mais tous les traités, toutes les coutumes qui vont contre ce que le droit des gens nécessaire prescrit ou défend, sont illégitimes. Nous verrons toutefois qu'ils ne sont toujours tels que suivant le droit *interne*, ou de conscience, et que par des raisons qui seront déduites en leur lieu, ces conventions, ces traités ne laissent pas que d'être souvent valides par le droit *externe*. Les Nations étant libres et indépendantes, quoique les actions de l'une soient illégitimes et condamnables suivant les lois de la conscience, les autres sont obligées de les souffrir, quand ces actions ne blessent pas leurs droits parfaits. La liberté de cette Nation ne demeurerait pas entière, si les autres s'arrogeaient une inspection et des droits sur sa conduite: ce qui serait contre la loi naturelle, qui déclare toute Nation libre et indépendante des autres.

§ 10. — *De la Société établie par la nature entre tous les hommes.*

L'homme est tel de sa nature, qu'il ne peut suffire à soi-même, et qu'il a nécessairement besoin du secours et du commerce de ses semblables, soit pour se conserver, soit pour se perfectionner et pour vivre comme il convient à un animal raisonnable. C'est ce que l'expérience prouve suffisamment. On a des exemples d'hommes nourris parmi les ours, lesquels n'avaient ni langage, ni usage de la raison, uniquement bornés, comme les bêtes, aux facultés sensitives. On voit de plus que la nature a refusé aux hommes la force et les armes naturelles, dont elle a pourvu d'autres animaux, leur donnant, au lieu de ces avantages, ceux de la parole et de la raison, ou au moins la faculté de les acquérir dans le commerce de leurs semblables. La parole les met en état de communiquer ensemble, de s'entr'aider, de perfectionner leur raison et leurs connaissances; et, devenus ainsi intelligents, ils trouvent mille moyens de se conserver et de pourvoir à leurs besoins. Chacun d'eux sent encore en lui-même qu'il ne saurait vivre heureux et travailler à sa perfection, sans le secours et le commerce des autres. Puis donc que la nature a fait les hommes tels, c'est un indice manifeste qu'elle les destine à converser ensemble, à s'aider et se secourir mutuellement.

Voilà d'où l'on déduit la société naturelle établie entre tous les hommes. La loi générale de cette société est, que chacun fasse pour les autres tout ce dont ils ont besoin, et qu'il peut faire sans négliger ce qu'il se doit à soi-même : loi que tous les hommes doivent observer, pour vivre convenablement à leur nature, et pour se conformer aux vues de leur commun créateur; loi que notre propre salut, notre bonheur, nos avantages les plus précieux doivent rendre sacrée à chacun de nous. Telle est l'obligation générale qui nous lie à l'observation de nos devoirs; remplissons-les avec soin, si nous voulons travailler sagement à notre plus grand bien.

Il est aisé de sentir combien le monde serait heureux si tous les hommes voulaient observer la règle que nous venons d'établir. Au contraire, si chaque homme ne veut penser qu'à soi uniquement et immédiatement, s'il ne fait rien pour les autres, tous ensemble seront très malheureux. Travaillons donc au bonheur de tous; tous travailleront au nôtre, et nous établirons notre félicité sur les fondements les plus solides.

§ 11. — *Et entre les Nations.*

La société universelle du genre humain étant une institution de la nature elle-même, c'est-à-dire, une conséquence nécessaire de la nature de l'homme, tous les hommes, en quelque état qu'ils soient, sont obligés de la cultiver et d'en remplir les devoirs. Ils ne peuvent s'en dispenser par aucune convention, par aucune association particulière. Lors donc qu'ils s'unissent en société civile, pour former un Etat, une Nation à part, ils peuvent bien prendre des engagements particuliers envers ceux avec qui ils s'associent; mais ils demeurent toujours chargés de leurs devoirs envers le reste du genre humain. Toute la différence consiste en ce qu'étant convenus d'agir en commun, et ayant remis leurs droits et soumis leur volonté au corps de la société, en tout ce qui intéresse le bien commun, c'est désormais à ce corps, à l'Etat et à ses conducteurs, de remplir les devoirs de l'humanité envers les étrangers, dans tout ce qui ne dépend plus de la liberté des particuliers, et c'est à l'Etat particulièrement de les observer avec les autres Etats. Nous avons déjà vu (§ 5) que des hommes unis en société, demeurent sujets aux obligations que la nature humaine leur impose. Cette société, considérée comme une personne morale, puisqu'elle a un entendement, une volonté, et une force, qui lui sont propres, est donc obligée de vivre avec les autres sociétés, ou Etats, comme un homme était obligé, avant ces établissements, de vivre avec les autres hommes, c'est-à-dire, suivant les lois de la société naturelle établie dans le genre humain, en observant les exceptions qui peuvent naître de la différence des sujets.

§ 12. — *Quel est le but de cette société des Nations.*

Le but de la société naturelle établie entre tous les hommes, étant qu'ils se prêtent une mutuelle assistance pour leur propre perfection et pour celle de leur état; et les Nations, considérée comme autant de personnes libres qui vivent ensemble dans l'état de nature, étant obligées de cultiver entre elles cette société humaine, le but de la grande société établie par la nature entre toutes les Nations, est aussi une assistance mutuelle, pour se perfectionner elles et leur état.

§ 13. — *Obligation générale, qu'elle impose.*

La première loi générale, que le but même de la société des Nations nous découvre, est que *chaque Nation doit contribuer au bonheur et à la perfection des autres, dans tout ce qui est en son pouvoir* (*).

§ 14. — *Explication de cette obligation.*

Mais les devoirs envers soi-même l'emportant inconstestablement sur les devoirs envers autrui, une Nation se doit premièrement et préférablement à elle-même tout ce qu'elle peut faire pour son bonheur et pour sa perfection. (Je dis ce qu'elle *peut*, non pas seulement *physiquement*, mais aussi *moralement*, c'est-à-dire, ce qu'elle peut faire légitimement, avec justice et honnêteté.) Lors donc qu'elle ne pourrait contribuer au bien d'une autre, sans se nuire essentiellement à soi-même, son obligation cesse dans cette occasion particulière, et la Nation est censée dans l'impossibilité de rendre cet office.

§ 15. — *Liberté et indépendance des Nations : deuxième loi générale.*

Les Nations étant libres et indépendantes les unes des autres, puisque les hommes sont naturellement libres et indépendants, la seconde loi générale de leur société est, que *chaque Nation doit être laissée dans la paisible jouissance de cette liberté qu'elle tient de la nature*. La société naturelle des Nations

---

(*) Xénophon indique la vraie raison et établit la nécessité de ce premier devoir dans ces mots : « Si nous voyons, dit-il, « un homme toujours ardent à chercher son avantage parti- « culier, sans se mettre en peine ni de l'honnêteté ni des « devoirs de l'amitié, pourquoi l'épargnerions-nous dans « l'occasion ? »

ne peut subsister, si les droits que chacune a reçus de la nature n'y sont pas respectés. Aucune ne veut renoncer à sa liberté, et elle rompra plutôt tout commerce avec celles qui entreprendront d'y donner atteinte.

§ 16. — *Effet de cette liberté.*

De cette liberté et indépendance, il suit que c'est à chaque Nation de juger de ce que sa conscience exige d'elle, de ce qu'elle peut ou ne peut pas, de ce qu'il lui convient ou ne lui convient pas de faire, et par conséquent d'examiner et de décider si elle peut rendre quelque office à une autre, sans manquer à ce qu'elle se doit à soi-même. Dans tous les cas donc où il appartient à une Nation de juger de ce que son devoir exige d'elle, une autre ne peut la contraindre à agir de telle ou telle manière. Car si elle l'entreprenait, elle donnerait atteinte à la liberté des Nations. Le droit de contrainte, contre une personne libre, ne nous appartient que dans les cas où cette personne est obligée envers nous à quelque chose de particulier, par une raison particulière, qui ne dépend point de son jugement; dans les cas, en un mot, où nous avons un droit parfait contre elle.

§ 17. — *Distinctions de l'obligation et du droit interne et externe, parfait et imparfait.*

Pour bien entendre ceci, il est nécessaire d'observer que l'on distingue l'obligation et le droit qui y répond, ou qu'elle produit, en *interne* et *externe*. L'obligation est *interne* en tant qu'elle lie la conscience, qu'elle est prise des règles de notre devoir; elle est *externe* en tant qu'on la considère relativement aux autres hommes, et qu'elle produit quelque droit entre eux. L'obligation interne est toujours la même en nature, quoiqu'elle varie en degrés; mais l'obligation externe se divise en *parfaite* et *imparfaite*, et le droit qu'elle produit est de même *parfait* ou *imparfait*. Le *droit parfait* est celui auquel se trouve joint le droit de contraindre ceux qui ne veulent pas satisfaire à l'obligation qui y répond; et le *droit imparfait* est celui qui n'est pas accompagné de ce droit de contrainte. L'*obligation parfaite* est celle qui produit le droit de contrainte; l'*imparfaite* ne donne à autrui que le droit de demander.

On comprendra maintenant sans difficulté pourquoi le droit est toujours imparfait quand l'obligation qui y répond dépend du jugement de celui en qui elle se trouve. Car si, dans ce cas-là, on avait droit de le contraindre, il ne dépendrait plus de lui de résoudre ce qu'il a à faire pour obéir aux lois de sa conscience. Notre obligation est toujours imparfaite par rapport à autrui, quand le jugement de ce que nous avons à faire nous est réservé; et ce jugement nous est réservé dans toutes les occasions où nous devons être libres.

§ 18. — *Égalité des Nations.*

Puisque les hommes sont naturellement égaux, et que leurs droits et leurs obligations sont les mêmes, comme venant également de la nature, les Nations composées d'hommes, et considérées comme autant de personnes libres qui vivent ensemble dans l'état de nature, sont naturellement égales, et tiennent de la nature les mêmes obligations et les mêmes droits. La puissance ou la faiblesse ne produit, à cet égard, aucune différence. Un nain est aussi bien un homme qu'un géant : une petite république n'est pas moins un État souverain que le plus puissant royaume.

§ 19. — *Effet de cette égalité.*

Par une suite nécessaire de cette égalité, ce qui est permis à une Nation l'est aussi à toute autre, et ce qui n'est pas permis à l'une ne l'est pas non plus à l'autre.

§ 20. — *Chacune est maîtresse de ses actions, quand elles n'intéressent pas le droit parfait des autres.*

Une Nation est donc maîtresse de ses actions, tant qu'elle n'intéresse pas les droits propres et parfaits d'une autre, tant qu'elle n'est liée que d'une obligation *interne*, sans aucune obligation *externe parfaite*. Si elle abuse de sa liberté, elle pèche ; mais les autres doivent le souffrir, n'ayant aucun droit de lui commander.

§ 21. — *Fondement du droit des gens volontaire.*

Les Nations étant libres, indépendantes, égales, et chacune devant juger en sa conscience de ce qu'elle a à faire pour remplir ses devoirs, l'effet de tout cela est d'opérer, au moins extérieurement et parmi les hommes, une parfaite égalité de droits entre les Nations, dans l'administration de leurs affaires et dans la poursuite de leurs prétentions, sans égard à la justice intrinsèque de leur conduite, dont il n'appartient pas aux autres de juger définitivement ; en sorte que ce qui est permis à l'une est aussi permis à l'autre, et qu'elles doivent être considérées, dans la société humaine, comme ayant un droit égal.

Chacune prétend en effet avoir la justice de son côté, dans les différends qui peuvent survenir ; et il n'appartient ni à l'un ni à l'autre des intéressés, ni aux autres Nations, de juger la question. Celle qui a tort pèche contre sa conscience ; mais comme il se pourrait faire qu'elle eût droit, on ne peut l'accuser de violer les lois de la société.

Il est donc nécessaire, en beaucoup d'occasions, que les Nations souffrent certaines choses, bien qu'injustes et condamnables en elles-mêmes, parce qu'elles ne pourraient s'y opposer par la force, sans violer la liberté de quelqu'une, et sans détruire les fondements de leur société naturelle. Et puisqu'elles sont obligées de cultiver cette société, on présume de droit que toutes les nations ont consenti au principe que nous venons d'établir. Les règles qui en découlent forment ce que M. Wolff appelle *le droit des gens volontaire ;* et rien n'empêche que nous n'usions du même terme, quoique nous ayons cru devoir nous écarter de cet habile homme, dans la manière d'établir le fondement de ce droit.

§ 22. — *Droit des Nations contre les infracteurs du droit des gens.*

Les lois de la société naturelle sont d'une telle importance au salut de tous les Etats, que si l'on s'accoutumait à les fouler aux pieds, aucun peuple ne pourrait se flatter de se conserver et d'être tranquille chez lui, quelques mesures de sagesse, de justice, et de modération qu'il pût prendre (*). Or, tous les hommes et tous les Etats ont un droit parfait aux choses sans lesquelles ils ne peuvent se conserver, puisque ce droit répond à une obligation indispensable. Donc toutes les Nations sont en droit de réprimer par la force, celle qui viole ouvertement les lois de la société que la nature a établies entre elles, ou qui attaque directement le bien et le salut de cette société.

§ 23. — *Règle de ce droit.*

Mais il faut prendre garde de ne pas étendre ce droit au préjudice de la liberté des Nations. Toutes sont libres et indépendantes, mais obligées d'observer les lois de la société que la nature a établies entre elles, et tellement obligées, que les autres ont droit de réprimer celle qui viole ces lois : toutes ensemble n'ont donc aucun droit sur la conduite de chacune, sinon en tant que la société naturelle s'y trouve intéressée. Le droit général et commun des Nations sur la conduite de tout État souverain, se doit mesurer sur la fin de la société qui est entre elles.

(*) *Etenim, si hæc (les lois) perturbare omnia et permiscere volumus, totam vitam periculosam, insidiosam, infestamque reddemus.* Cicer. *in Vers.* Act. 2, Lib. 1, c. 15.

§ 24. — *Droit des gens conventionnel ou droit des Traités.*

Les divers engagements dans lesquels les Nations peuvent entrer, produisent une nouvelle espèce de droit des gens, que l'on appelle *conventionnel*, ou de *traités*. Comme il est évident qu'un traité n'oblige que les parties contractantes, le *droit des gens conventionnel* n'est point un droit universel, mais un droit particulier. Tout ce que l'on peut faire sur cette matière dans un traité du droit des gens, c'est de donner les règles générales que les Nations doivent observer par rapport à leurs traités. Le détail des différents accords qui se font entre certaines Nations, des droits et des obligations qui en résultent, est matière de fait, et appartient à l'histoire.

§ 25. — *Droit des gens coutumier.*

Certaines maximes, certaines pratiques, consacrées par un long usage, et que les Nations observent entre elles comme une sorte de droit, forment *le droit des gens coutumier*, ou *la coutume des Nations*. Ce droit est fondé sur le consentement tacite, ou, si vous voulez, sur une convention tacite des Nations qui l'observent entre elles. D'où il paraît qu'il n'oblige que ces mêmes Nations qui l'ont adopté, et qu'il n'est point universel, non plus que le *droit conventionnel*. Il faut donc dire aussi de ce *droit coutumier*, que le détail n'en appartient point à un Traité systématique du droit des gens, mais que nous devons nous borner à en donner une théorie générale, c'est-à-dire, les règles qui doivent y être observées, tant pour ses effets que par rapport à sa matière même; et, à ce dernier égard, ces règles serviront à distinguer les coutumes légitimes et innocentes, des coutumes injustes et illicites.

§ 26. — *Règle générale sur ce droit.*

Lorsqu'une coutume, un usage, est généralement établi, soit entre toutes les Nations policées du monde, soit seulement entre toutes celles d'un certain continent, de l'Europe, par exemple, ou celles qui ont ensemble un commerce plus fréquent; si cette coutume est indifférente en soi, et à plus forte raison si elle est utile et raisonnable, elle devient obligatoire pour toutes ces Nations-là, qui sont censées y avoir donné leur consentement; et elles sont tenues à l'observer les unes envers les autres, tant qu'elles n'ont pas déclaré expressément ne vouloir plus la suivre. Mais si cette coutume renferme quelque chose d'injuste ou d'illicite, elle n'est d'aucune force, et même toute Nation est obligée de l'abandonner, rien ne pouvant ni l'obliger, ni lui permettre de violer la loi naturelle.

§ 27. — *Droit des gens positif.*

Ces trois espèces de droit des gens, *volontaire*, *conventionnel*, et *coutumier*, composent ensemble le *droit des gens positif*. Car ils procèdent tous de la volonté des Nations; le droit *volontaire*, de leur consentement présumé; le *droit conventionnel*, d'un consentement exprès; et le droit *coutumier*, d'un consentement tacite; et, comme il ne peut y avoir d'autre manière de déduire quelque droit de la volonté des Nations, il n'y a que ces trois sortes de *droit des gens positif*.

Nous aurons soin de les distinguer soigneusement du droit des gens *naturel*, ou *nécessaire*, sans cependant les traiter à part. Mais après avoir établi sur chaque matière ce que le droit nécessaire prescrit, nous ajouterons tout de suite, comment et pourquoi il faut en modifier les décisions par le droit *volontaire*; ou, ce qui est la même chose en d'autres termes, nous expliquerons comment, en vertu de la liberté des Nations et des règles de leur société naturelle, le droit *externe*, qui doit être observé entre elles, diffère en certaines rencontres des maximes du droit *interne*, toujours obligatoires cependant dans la conscience. Quant aux droits introduits par les traités ou par la coutume, il n'est point à craindre que personne les confonde avec le droit des gens naturel. Ils forment cette espèce de droit des gens, que les auteurs nomment *arbitraire*.

§ 28. — *Maxime générale sur l'usage du droit nécessaire et du droit volontaire.*

Pour donner, dès à présent, une direction générale sur la distinction du *droit nécessaire* et du *droit volontaire*, observons que le *droit nécessaire* étant toujours obligatoire dans la conscience, une Nation ne doit jamais le perdre de vue, quand elle délibère sur le parti qu'elle a à prendre pour satisfaire à son devoir; mais lorsqu'il s'agit d'examiner ce qu'elle peut exiger des autres États, elle doit consulter le *droit volontaire*, dont les maximes sont consacrées au salut et à l'avantage de la société universelle.

LIVRE PREMIER.

DE LA NATION CONSIDÉRÉE EN ELLE-MÊME.

CHAPITRE PREMIER.

Des Nations, ou États souverains.

---

§ 1. — *De l'État et de la souveraineté.*

Une Nation, un État est, comme nous l'avons dit dès l'entrée de cet ouvrage, un corps politique, ou une société d'hommes unis ensemble pour procurer leur avantage et leur sûreté, à forces réunies.

Par cela même que cette multitude forme une société, qui a ses intérêts communs et qui doit agir de concert, il est nécessaire qu'elle établisse une autorité publique, pour ordonner et diriger ce que chacun doit faire relativement au but de l'association. Cette autorité politique est la *souveraineté*, et celui ou ceux qui la possèdent sont le *souverain*.

§ 2. — *Droit du corps sur les membres.*

On conçoit que par l'acte d'association civile ou politique, chaque citoyen se soumet à l'autorité du corps entier, dans tout ce qui peut intéresser le bien commun. Le droit de tous sur chaque membre appartient donc essentiellement au corps politique, à l'État ; mais l'exercice de ce droit peut être remis en diverses mains, suivant que la société en aura ordonné.

§ 3. — *Diverses espèces de gouvernements.*

Si le corps de la Nation retient à soi l'empire, ou le droit de commander, c'est un gouvernement populaire, une *démocratie* ; s'il le remet à un certain nombre de citoyens, à un sénat, il établit une république *aristocratique ;* enfin, s'il confie l'empire à un seul, l'Etat devient une *monarchie.*

Ces trois espèces de gouvernement peuvent être diversement combinées et modifiées. Nous n'entrons point ici dans le détail ; c'est l'objet du *droit public universel* (*). Il suffit au but de cet ouvrage, d'établir

---

(*) Nous n'examinerons pas non plus laquelle de ces diverses sortes de gouvernement est la meilleure. Il suffira de dire eu général que le gouvernement monarchique paraît préférable à tout autre, moyennant que le pouvoir du souverain soit limité et non absolu. *Qui* (principatus) *tum demum regius est, si intra modestiæ et mediocritatis fines se contineat: excessu potestatis, quam imprudentes in dies augere satagunt, minuitur, penitusque corrumpitur. Nos stulti, majoris potentiæ specie decepti, dilabimur in contrarium, non satis considerantes eam demum tutam esse potentiam quæ viribus modum imponit.* La maxime est très vraie et très sage. L'auteur cite ici ce mot de Théopompe, roi de Sparte. Revenant chez lui aux acclamations du peuple, après l'établissement des éphores, sa femme lui dit : *Vous laisserez à vos enfants une autorité diminuée par votre faute.* — *Oui*, répond le roi, *je la laisserai moindre, mais plus stable.* Les Lacédémoniens eurent pendant un temps deux chefs, auxquels ils donnaient très improprement le titre de rois. C'étaient des magistrats d'un pouvoir très borné : on les traduisait en jugement, on les arrêtait, on les condamnait à la mort. La Suède a plus de raison de conserver à son chef le titre de roi, quoiqu'elle ait resserré son autorité dans des bornes fort étroites. Ce chef est unique et héréditaire, et l'Etat portait de toute ancienneté le titre de royaume (2).

(2) REMARQUE DE L'ÉDITEUR. Du temps de l'auteur, un roi de Suède n'avait effectivement guère plus d'autorité qu'un roi de Lacédémone. Mais un gouvernement comme celui de Sparte convenait-il à un grand Etat tel que la Suède ? L'évènement a fait voir que non. Il n'y a qu'à lire les déclarations du roi régnant, du 19 août 1772, et le discours qu'il adressa aux états, le 21, pour se convaincre du contraire. Le sénat suédois y est taxé hautement d'avoir exercé et voulu perpétuer *un despotisme aristocratique,* qui rendait l'Etat tout à la fois misérable au dedans et méprisable au dehors. Remarquons, à la gloire du monarque suédois, et comme un exemple unique dans l'histoire, que la révolution de l'année 1772 n'a coûté la vie, ni même la liberté à personne. On

les principes généraux, nécessaires pour la décision des questions qui peuvent s'élever entre les Nations.

§ 4. — *Quels sont les États souverains.*

Toute Nation qui se gouverne elle-même, sous quelque forme que ce soit, sans dépendance d'aucun étranger, est un *Etat souverain*. Ses droits sont naturellement les mêmes que ceux de tout autre Etat. Telles sont les personnes morales, qui vivent ensemble dans une société naturelle soumise aux lois du droit des gens. Pour qu'une Nation ait droit de figurer immédiatement dans cette grande société, il suffit qu'elle soit véritablement souveraine et indépendante, c'est-à-dire, qu'elle se gouverne elle-même, par sa propre autorité et par ses lois.

§ 5. — *Des États liés par des alliances inégales.*

On doit donc compter au nombre des souverains, ces Etats qui se sont liés à un autre plus puissant, par une *alliance inégale*, dans laquelle, comme l'a dit *Aristote*, on donne au plus puissant plus d'honneur, et au plus faible plus de secours.

Les conditions de ces alliances inégales peuvent varier à l'infini. Mais quelles qu'elles soient, pourvu que l'allié inférieur se réserve la *souveraineté* ou le droit de se gouverner par lui-même, il doit être regardé comme un Etat indépendant, qui commerce avec les autres sous l'autorité du droit des gens.

§ 6. — *Ou par des traités de protection.*

Par conséquent un Etat faible, qui, pour sa sûreté,

---

peut appliquer aux Suédois ce que Montesquieu dit des Anglais du siècle passé, *qu'ils cherchaient la liberté, et ne la trouvaient nulle part, et qu'enfin il a fallu se reposer dans le gouvernement même qu'on avait proscrit.* Aussi leur nouvelle forme de gouvernement paraît-elle à plusieurs égards assez semblable à celle qui fait le bonheur et la prospérité de l'Angleterre. Je comparerais volontiers l'ancien sénat à une cinquième roue, dont le mouvement rompait l'utilité des quatre autres et du conducteur. ***D.***

se met sous la protection d'un plus puissant, et s'engage, en reconnaissance, à plusieurs devoirs équivalents à cette protection, sans toutefois se dépouiller de son gouvernement et de sa *souveraineté*, cet Etat, dis-je, ne cesse point pour cela de figurer parmi les souverains qui ne reconnaissent d'autre loi que le droit des gens.

§ 7. — *Des États tributaires.*

Il n'y a pas plus de difficulté à l'égard des Etats *tributaires*. Car, bien qu'un tribut payé à une puissance étrangère diminue quelque chose de la dignité de ces Etats, étant un aveu de leur faiblesse, il laisse subsister entièrement leur souveraineté. L'usage de payer tribut était autrefois très fréquent; les plus faibles se rachetant par là des vexations du plus fort, ou se ménageant à ce prix sa protection, sans cesser d'être souverains.

§ 8. — *Des États feudataires.*

Les Nations germaniques introduisirent un autre usage, celui d'exiger l'hommage d'un Etat vaincu, ou trop faible pour résister. Quelquefois même une puissance a donné des souverainetés en fief, et des souverains se sont rendus volontairement feudataires d'un autre.

Lorsque l'hommage, laissant subsister l'indépendance et l'autorié souveraine dans l'administration de l'Etat, emporte seulement certains devoirs envers le seigneur du fief, ou même une simple reconnaissance honorifique, il n'empêche point que l'Etat, ou le prince feudataire, ne soit véritablement souverain. Le roi de *Naples* fait hommage de son royaume au *pape;* il n'en est pas moins compté parmi les principaux souverains de l'Europe.

§ 9. — *De deux États soumis au même Prince.*

Deux Etats souverains peuvent aussi être soumis au même prince, sans aucune dépendance de l'un envers l'autre; et chacun retient tous ses droits de Nation libre et souveraine. Le roi de *Prusse* est prince souverain de *Neufchâtel en Suisse*, sans aucune réunion de cette principauté à ses autres Etats; en sorte que les *Neufchâtelois*, en vertu de leurs franchises, pourraient servir une puissance étrangère qui serait en guerre avec le roi de *Prusse*, pourvu que la guerre ne se fît pas pour la cause de leur principauté.

§ 10. — *Des États formant une république fédérative.*

Enfin, plusieurs Etats souverains et indépendants peuvent s'unir ensemble par une confédération perpétuelle, sans cesser d'être chacun en particulier un Etat parfait. Ils formeront ensemble une république fédérative : les délibérations communes ne donneront aucune atteinte à la *souveraineté* de chaque membre, quoiqu'elles en puissent gêner l'exercice à certains égards, en vertu d'engagements volontaires. Une personne ne cesse point d'être libre et indépendante, lorsqu'elle est obligée à remplir des engagements qu'elle a bien voulu prendre.

Telles étaient autrefois les villes de la *Grèce;* et telles sont aujourd'hui les *Provinces-Unies des Pays-Bas*, tels les membres du *Corps Helvétique* *.

§ 11. — *D'un État qui a passé sous la domination d'un autre.*

Mais un peuple qui a passé sous la domination d'un autre, ne fait plus un Etat, et ne peut plus se servir directement du droit des gens. Tels furent les peuples et les royaumes que les Romains soumirent à leur empire : la plupart même de ceux qu'ils honorèrent du nom d'amis et d'alliés, ne formaient plus des vrais Etats. Ils se gouvernaient, dans l'intérieur, par leurs propres lois et par leurs magistrats; mais au dehors, obligés de suivre en tout les ordres de Rome, ils n'osaient faire d'eux-mêmes ni guerre ni alliance; ils ne pouvaient traiter avec les Nations.

---

* Les Provinces-Unies des Pays-Bas ont cessé, depuis 1806, de former un Etat fédéral.

§ 12. — *Objets de ce Traité.*

Le droit des gens est la loi des souverains : les Etats libres et indépendants sont les personnes morales, dont nous devons établir les droits et les obligations dans ce Traité.

CHAPITRE II.

Principes généraux des devoirs d'une Nation envers elle-même.

§ 13. — *Une Nation doit agir convenablement à sa nature.*

Si les droits d'une Nation naissent de ses obligations (§ 3), c'est principalement de celles dont elle-même est l'objet. Nous verrons aussi que ses devoirs envers les autres dépendent beaucoup de ses devoirs envers elle-même, sur lesquels ils doivent se régler et se mesurer. Ayant donc à traiter des obligations et des droits des Nations, l'ordre demande que nous commencions par établir ce que chacune se doit à elle-même.

La règle générale et fondamentale des devoirs envers soi-même est, que tout être moral doit vivre d'une manière convenable à sa nature, *naturæ convenienter vivere*. Une Nation est un être déterminé par ses attributs essentiels, qui a sa nature propre, et qui peut agir convenablement à cette nature. Il est donc des actions d'une Nation, comme telle, qui la concernent dans sa qualité de Nation, et qui sont convenables ou opposées à ce qui la constitue telle, en sorte qu'il n'est point indifférent qu'elle commette quelques-unes de ces actions et qu'elle en omette d'autres. La loi naturelle lui prescrit des devoirs à cet égard. Nous verrons dans ce premier Livre quelle est la conduite qu'une Nation doit tenir pour ne point se manquer à elle-même. Il faut d'abord en crayonner une idée générale.

§ 14. — *De la conservation et de la perfection d'une Nation.*

Il n'est plus de devoirs pour qui n'existe plus, et un être moral n'est chargé d'obligations envers lui-même, qu'en vue de sa perfection et de son bonheur. *Se conserver et se perfectionner*, c'est la somme de tous devoirs envers soi-même.

La *conservation* d'une Nation consiste dans la durée de l'association politique qui la forme. Si cette association vient à finir, la Nation ou l'Etat ne subsiste plus, quoique les individus qui le composaient existent encore.

La *perfection* d'une Nation se trouve dans ce qui la rend capable d'obtenir la fin de la société civile, et l'*état* d'une Nation est *parfait*, lorsqu'il n'y manque rien de tout ce qui lui est nécessaire pour arriver à cette fin. On sait que la perfection d'une chose consiste, en général, dans un parfait accord de tout ce qui constitue cette chose-là, pour tendre à la même fin. Une Nation étant une multitude d'hommes unis ensemble en société civile, si dans cette multitude tout conspire à obtenir la fin que l'on se propose, en formant une société civile, la Nation est parfaite, et elle le sera plus ou moins, selon qu'elle approchera plus ou moins de ce parfait accord. De même, son état externe sera plus ou moins parfait, selon qu'il concourra avec la perfection intrinsèque de la Nation.

§ 15. — *Quel est le but de la société civile.*

Le *but* ou la *fin* de la société civile est de procurer aux citoyens toutes les choses dont ils ont besoin pour les nécessités, la commodité, et les agréments de la vie, et en général pour leur bonheur ; de faire en sorte que chacun puisse jouir tranquillement du *sien* et obtenir justice avec sûreté; enfin, de se défendre ensemble contre toute violence du dehors.

Il est aisé maintenant de se faire une juste idée de la perfection d'un Etat ou d'une Nation ; il faut que tout y concoure au but que nous venons de marquer.

§ 16. — *Une Nation est obligée de se conserver.*

Dans l'acte d'association, en vertu duquel une multitude d'hommes forment ensemble un État, une Nation, chaque particulier s'est engagé envers tous à procurer le bien commun, et tous se sont engagés envers chacun à lui faciliter les moyens de pourvoir à ses besoins, à le protéger, et à le défendre. Il est manifeste que ces engagements réciproques ne peuvent se remplir qu'en maintenant l'association politique. La Nation entière est donc obligée à maintenir cette association. Et comme c'est dans sa durée que consiste la conservation de la Nation, il s'ensuit que toute Nation est obligée de se conserver.

Cette obligation, naturelle aux individus que Dieu a créés, ne vient point aux Nations immédiatement de la nature, mais du pacte par lequel la société civile est formée ; aussi n'est-elle point absolue, mais hypothétique, c'est-à-dire, qu'elle suppose un fait humain, savoir le pacte de société. Et comme les pactes peuvent se rompre d'un commun consentement des parties, si les particuliers qui composent une Nation consentaient unanimement à rompre les nœuds qui les unissent, il leur serait permis de le faire, et de détruire ainsi l'Etat, ou la Nation ; mais ils pécheraient, sans doute, s'ils se portaient à cette démarche sans de grandes et justes raisons : car les sociétés civiles sont approuvées de la loi naturelle, qui les recommande aux hommes, comme le vrai moyen de pourvoir à tous leurs besoins et de travailler efficacement à leur propre perfection. Il y a plus, la société civile est si utile, si nécessaire même à tous les citoyens, que l'on peut bien regarder comme moralement impossible le consentement unanime de la rompre sans nécessité. Ce que peuvent ou doivent faire des citoyens, ce que la pluralité peut résoudre, en certains cas de nécessité, ou de besoins pressants, ce sont des questions qui trouveront leur place ailleurs : on ne peut les décider solidement sans quelques principes, que nous n'avons pas encore établis. Il suffit, pour le présent, d'avoir prouvé qu'en général, tant que la société politique subsiste, la Nation entière est obligée de travailler à la maintenir.

§ 17. — *Et de conserver ses membres.*

Si une Nation est obligée de se conserver elle-même, elle ne l'est pas moins de conserver précieusement tous ses membres. Elle se le doit à elle-même; puisque perdre quelqu'un de ses membres, c'est s'affaiblir et nuire à sa propre conservation. Elle le doit aussi aux membres en particulier, par un effet de l'acte même d'association : car ceux qui composent une Nation se sont unis pour leur défense et leur commun avantage; nul ne peut être privé de cette union et des fruits qu'il en attend, tant que de son côté il en remplit les conditions.

Le corps de la Nation ne peut donc abandonner une province, une ville, ni même un particulier qui en fait partie, à moins que la nécessité ne l'y contraigne, ou que les plus fortes raisons, prises du salut public, ne lui en fassent une loi.

§ 18. — *Une Nation a droit à tout ce qui est nécessaire à sa conservation.*

Puis donc qu'une Nation est obligée de se conserver, elle a droit à tout ce qui est nécessaire à sa conservation. Car la loi naturelle nous donne droit à toutes les choses sans lesquelles nous ne pouvons satisfaire à notre obligation; autrement elle nous obligerait à l'impossible, ou plutôt elle se contredirait elle-même, en nous prescrivant un devoir et nous interdisant en même temps les seuls moyens de le remplir. Au reste, on comprend bien, sans doute, que ces moyens ne doivent pas être injustes en eux-mêmes et de ceux que la loi naturelle proscrit absolument. Comme il est impossible qu'elle permette jamais de pareils moyens, si en quelque occasion particulière il ne s'en présente point d'autres pour satisfaire à une obligation générale, l'obligation doit passer, dans ce cas particulier, pour impossible, et nulle par conséquent.

§ 19. — *Elle doit éviter tout ce qui pourrait causer sa destruction.*

Par une conséquence bien évidente de ce qui vient d'être dit, une Nation doit éviter avec soin et autant qu'il lui est possible, tout ce qui pourrait causer sa destruction, ou celle de l'Etat, qui est la même chose.

§ 20. — *De son droit à tout ce qui peut servir à cette fin*

La Nation ou l'Etat a droit à tout ce qui peut lui servir pour détourner un péril éminent, et pour éloigner des choses capables de causer sa ruine, et cela par les mêmes raisons qui établissent son droit aux choses nécessaires à sa conservation.

§ 21. — *Une Nation doit se perfectionner elle et son État.*

Le second devoir général d'une Nation envers elle-même, est de travailler à sa perfection et à celle de son Etat. C'est cette double perfection qui rend une Nation capable d'atteindre le but de la société civile : il serait absurde de s'unir en société, et cependant de ne pas travailler à la fin pour laquelle on s'unit.

Ici le corps entier de la Nation, et chaque citoyen en particulier, se trouvent liés d'une double obligation; l'une venant immédiatement de la nature, et l'autre résultant de leurs engagements réciproques. La nature oblige tout homme à travailler à sa propre perfection, et par là déjà il travaille à celle de la société civile, qui ne pourrait manquer d'être bien florissante, si elle n'était composée que de bons citoyens. Mais cet homme trouvant dans une société bien réglée les plus puissants secours pour remplir la tâche que la nature lui impose relativement à lui-même, pour devenir meilleur et par conséquent plus heureux, il est sans doute obligé de contribuer de tout son pouvoir à rendre cette société parfaite.

Les citoyens qui forment une société politique s'engagent tous réciproquement à avancer le bien commun, et à procurer autant qu'il se pourra l'avantage de chaque membre. Puis donc que la perfection de la société est ce qui la rend propre à assurer également le bonheur du corps et celui des membres, travailler à cette perfection est le grand objet des engagements et des devoirs d'un citoyen. C'est surtout la tâche du corps entier, dans toutes les délibérations communes, dans tout ce qu'il fait comme corps.

§ 22. — *Éviter tout ce qui est contraire à sa perfection.*

Une Nation doit donc aussi prévenir et éviter soigneusement tout ce qui peut nuire à sa perfection et à celle de son état, ou retarder les progrès de l'une et de l'autre.

§ 23. — *Des droits que ces obligations lui donnent.*

Concluons encore, de même que nous l'avons fait ci-dessus par rapport à la conservation de l'Etat (§ 18), qu'une Nation a droit à toutes les choses sans lesquelles elle ne peut se perfectionner elle-même et son état, ni prévenir et détourner tout ce qui est contraire à cette double perfection.

§ 24. — *Exemples.*

Les Anglais nous fournissent sur cette matière un exemple bien digne d'attention. Cette illustre Nation se distingue d'une manière éclatante, par son application à tout ce qui peut rendre l'Etat plus florissant. Une constitution admirable y met tout citoyen en état de concourir à cette grande fin, et répand partout cet esprit de vrai patriotisme, qui s'occupe avec zèle du bien public. On y voit de simples citoyens former des entreprises considérables pour la gloire et le bien de la Nation. Et tandis qu'un mauvais prince y aurait les mains liées, un roi sage et modéré y trouve les plus puissants secours, pour le succès de ses glorieux desseins. Les grands et les représentants du peuple forment un lien de confiance entre le monarque et la Nation, et, concourant avec lui à tout ce qui convient au bien public, le soulagent en partie du fardeau du gouvernement, affermissent sa puissance, et lui font rendre une obéissance d'autant plus parfaite qu'elle est plus volontaire. Tout bon citoyen voit que la force de l'Etat est véritablement le bien de tous, et non pas celui d'un seul. Heureuse constitution ! à laquelle on n'a pu parvenir tout-d'un-coup ; qui a coûté, il est vrai, des ruisseaux de sang, mais que l'on n'a point achetée trop cher. Puisse le luxe, cette peste fatale aux vertus mâles et patriotiques, ce ministre de corruption si funeste à la liberté, ne renverser jamais un monument honorable à l'humanité, monument capable d'apprendre aux rois combien il est glorieux de commander à un peuple libre !

(3) Il est une autre nation, illustre par sa valeur

---

(3) REMARQUE DE L'EDITEUR. Cette nation, c'était la Pologne. Pour se faire une idée de ce qu'était sa constitution à l'époque où Vattel écrivait, il suffit de lire le tableau qu'en a fait Voltaire dans son *Essai sur les Mœurs et l'Esprit des Nations*. « *On voit, dans la Pologne, les mœurs et le gouvernement des Goths et des Francs, un roi électif, des nobles partageant sa puissance, un peuple esclave, une faible infanterie, une cavalerie composée de nobles, point de villes fortifiées, presque point de commerce.—La Pologne, dans toutes ses secousses, ne changea jamais ni de gouvernement, ni de lois, ni de mœurs ; ne devint ni plus riche, ni plus pauvre, ni mieux disciplinée.— Les palatins, qui ôtent la liberté au peuple, n'y sont occupés qu'à défendre la leur contre leur roi.* Entre autres droits monstrueux qu'ont les nobles Polonais, *le plus humiliant pour la nature humaine, c'est le droit de vie et de mort qu'ils ont sur leurs paysans : ils peuvent tuer impunément un de ces serfs, pourvu qu'ils mettent environ dix écus sur la fosse ; et quand un noble Polonais a tué un paysan appartenant à un autre noble, la loi d'honneur l'oblige à en rendre un à sa place.* Un autre est *de ne pouvoir être arrêtés pour aucun crime, avant d'avoir été convaincus juridiquement : c'est le droit de l'impunité même. Dans leurs diètes tumultueuses, qui ont passé*

et par ses victoires. Une noblesse vaillante et innombrable, de vastes et fertiles domaines pourraient la rendre

---

en proverbe pour exprimer la discorde et la confusion, celui qu'a le moindre des députés, opiniâtre ou vendu, de rompre les mesures les plus sages et les plus nécessaires, joint à *la vente de leur royauté à l'étranger le plus offrant, devenu la plus grande source de l'argent qui roule dans l'Etat*, a été fréquemment funeste à la Pologne et à ses voisins. L'élection d'un roi de Pologne met toujours l'Europe en feu, fait verser des flots de sang, et expose les autres Etats aux crises les plus dangereuses et aux révolutions les plus funestes. Pour elle l'Allemagne a perdu une de ses plus belles provinces, et une illustre maison, l'héritage de ses pères.

C'est d'après ce tableau, qui n'était que trop fidèle, et d'après le principe de Vattel, qu'*une nation a droit à toutes les choses sans lesquelles elle ne peut perfectionner son état, ni prévenir et détourner tout ce qui est contraire à cette perfection*, qu'il conviendrait peut-être, sans s'amuser aux titres poudreux des siècles barbares, de juger le fameux partage qu'ont fait entre elles l'Autriche, la Prusse, et la Russie, de celles des provinces de la Pologne qui se trouvaient le plus à leur convenance. Qu'ont-elles perdu, ces provinces, ou plutôt que n'ont-elles pas gagné à passer d'un chaos d'anarchie et d'esclavage sous un gouvernement régulier et équitable, qui leur assure la tranquillité interne et externe? Qui plaindra les malheureux serfs, d'être élevés à l'état de sujets; ou leurs despotes, d'être réduits à celui de citoyens; ou la Pologne, si ce qui lui reste de corps peut conserver une constitution, qui en fasse une personne morale, intéressante et respectée?

Il fut une petite nation, aussi vaillante que la nation polonaise, qui, pendant un siècle, avait combattu pour sa vraie liberté. Enfin elle avait secoué le joug; elle se voyait libre. Elle a été vendue par ceux qui ne pouvaient plus rien sur elle, et achetée par ceux qui n'avaient pas besoin de l'asservir pour perfectionner leur état ni le sien. C'est celle-là qui est à plaindre; tout comme le serait la Suisse, si quelque acheteur puissant s'était avisé de cette méthode pour l'acquérir de ses anciens maîtres.

J'ai sous les yeux deux brochures sur le démembrement de la Pologne, l'une intitulée: *Observations sur les déclarations des trois Cours*, etc., mauvaise déclamation chargée de notes plus mauvaises encore; l'autre: *Examen du système des trois Cours*, etc., d'une main sans comparaison plus habile. Ces deux pièces n'ont de commun que l'espoir chimérique par lequel elles finissent, que les trois puissances rendront un respectable dans toute l'Europe : il est en son pouvoir de devenir en peu de temps florissante. Mais sa consti-

---

jour à la Pologne ce qu'elles lui ont enlevé. Je crois qu'elles n'y pensent pas plus que la France ne songe à se dessaisir de la Corse, de la Lorraine, de l'Alsace, etc., et qu'elles s'en tiendront autant qu'elles pourront à l'*uti possidetis*.

Depuis que la couronne était devenue élective, quand la diète élisait un roi, elle dressait un *Pacta conventa* dans lequel il était stipulé : « Que le roi ne se choisirait point de suc-
« cesseur, et maintiendrait toutes les lois concernant la liberté
« de l'élection ; qu'il ne battrait pas monnaie, qu'il laisserait
« ce droit à la république ; qu'il ratifierait et confirmerait tous
« les traités faits avec les puissances étrangères ; qu'il ne dé-
« clarerait la guerre à aucun prince ; qu'il maintiendrait les
« libertés publiques ; qu'il n'introduirait point de troupes
« (étrangères) dans le royaume, ni n'en ferait sortir aucune,
« et n'en lèverait point sans le consentement de la république ;
« que tous les officiers de l'armée seraient polonais ou lithua-
« niens, ou sujets des provinces dépendantes de la couronne,
« et qu'on leur donnerait pour *colonel* un gentilhomme polo-
« nais ; qu'on leur ferait prêter serment d'être soumise au
« grand-maréchal ; qu'il (le roi) ne se servirait point de son
« sceau dans les affaires de la république ; qu'il ne donnerait
« pas à un homme plus d'emploi que les lois ne permettaient
« de lui en conférer ; qu'après qu'un emploi aurait vaqué pen-
« dant six semaines, il le donnerait à un gentilhomme polo-
« nais ; qu'il ne se marierait point sans le consentement du
« sénat, lequel assignerait pour son entretien et celui de sa
« femme le revenu qu'il lui plairait d'accorder ; qu'avec le
« consentement de son conseil il règlerait le nombre de ses
« troupes, et leur ferait observer une bonne discipline ; qu'il
« ne ferait construire aucun vaisseau sans le consentement du
« sénat ; qu'il ne diminuerait point le trésor qui était dans le
« château de Cracovie, mais qu'il travaillerait à l'augmenter ;
« qu'il ne ferait aucun emprunt sans le consentement de la
« diète ; qu'il suivrait dans l'administration de la justice l'avis
« des sénateurs ; qu'il se contenterait des revenus de ses pré-
« décesseurs ; qu'il n'admettrait aucun étranger dans ses con-
« seils, et ne leur conférerait aucun emploi ni dignité ; qu'il
« ne diminuerait point le nombre des emplois ; qu'il maintien-
« drait les droits, franchises et privilèges ; que les rois ses
« prédécesseurs avaient accordés aux Polonais, aux Lithua-
« niens et aux provinces dépendantes des deux nations.... La
« diète ajoutait quelquefois d'autres stipulations, suivant les
« circonstances et le rang de celui qu'elle avait élu. »

tution s'y oppose ; et son attachement à cette constitution est tel, que l'on n'ose espérer d'y voir apporter les remèdes convenables. En vain un roi magnanime, élevé par ses vertus au-dessus de l'ambition et de l'injustice, concevra les desseins les plus salutaires à son peuple ; en vain il les fera goûter à la plus saine, à la plus grande partie de la Nation ; un seul député opiniâtre, ou vendu à l'étranger, arrêtera tout, et rompra les mesures les plus sages et les plus nécessaires. Excessivement jalouse de sa liberté, cette Nation a pris des précautions qui mettent sans doute le roi hors d'état de rien entreprendre contre la liberté publique. Mais ne voit-on pas que ces mesures passent le but, qu'elles lient les mains du prince le plus juste et le plus sage, et lui ôtent les moyens d'assurer cette même liberté contre les entreprises des puissances étrangères, et de rendre la Nation riche et heureuse ? Ne voit-on pas que la Nation elle-même s'est mise dans l'impuissance d'agir, et que son conseil est livré au caprice ou à la trahison d'un seul membre ?

§ 25. — *Une Nation doit se connaître elle-même.*

Observons enfin, pour terminer ce chapitre, qu'une Nation doit se connaître elle-même. Sans cette connaissance, elle ne peut travailler avec succès à sa perfection. Il faut qu'elle ait une juste idée de son état, afin de prendre des mesures qui y soient convenables ; qu'elle connaisse les progrès qu'elle a déjà faits et ceux qui lui restent à faire, ce qu'elle a de bon, ce qu'elle renferme encore de défectueux, pour conserver l'un et corriger l'autre. Sans cette connaissance, une Nation se conduit au hasard ; elle prend souvent les plus fausses mesures ; elle croit agir avec beaucoup de sagesse en imitant la conduite des peuples réputés habiles, et ne s'aperçoit pas que tel règlement, telle pratique, salutaire à une Nation, est souvent pernicieuse à une autre. Chaque chose doit être conduite suivant sa nature ; les peuples ne peuvent être bien gouvernés, si l'on ne se règle sur leur caractère ; et pour cela, il faut connaître ce caractère.

CHAPITRE III.

De la constitution de l'État, des devoirs et des droits de la Nation à cet égard.

§ 26. — *De l'autorité publique.*

Nous n'avons pu éviter, dans le premier chapitre, d'anticiper quelque peu sur la matière de celui-ci. On a déjà vu que toute société politique doit nécessairement établir une autorité publique, qui ordonne des affaires communes, qui prescrive à chacun la conduite qu'il doit tenir en vue du bien public, et qui ait les moyens de se faire obéir. Cette autorité appartient essentiellement au corps de la société, mais elle peut s'exercer de bien des manières : c'est à chaque société de choisir celle qui lui convient le mieux.

§ 27. — *Ce que c'est que la constitution de l'État.*

Le règlement fondamental qui détermine la manière dont l'autorité publique doit être exercée, est ce qui forme la *constitution de l'État.* En elle se voit la forme sous laquelle la Nation agit en qualité de corps politique, comment et par qui le peuple doit être gouverné, quels sont les droits et les devoirs de ceux qui gouvernent. Cette constitution n'est dans le fond autre chose que l'établissement de l'ordre dans lequel une Nation se propose de travailler en commun à obtenir les avantages en vue desquels la société politique s'est établie.

§ 28. — *La Nation doit choisir la meilleure.*

C'est donc la constitution de l'État qui décide de sa

perfection, de son aptitude à remplir les fins de la société ; et par conséquent le plus grand intérêt d'une Nation qui forme une société politique, son premier et plus important devoir envers elle-même, est de choisir la meilleure constitution possible et la plus convenable aux circonstances. Lorsqu'elle fait ce choix, elle pose les fondements de sa conservation, de son salut, de sa perfection, et de son bonheur : elle ne saurait donner trop de soins à rendre ces fondements solides.

§ 29. — *Des lois politiques, fondamentales et civiles.*

Les *lois* sont des règles établies par l'autorité publique pour être observées dans la société. Toutes doivent se rapporter au bien de l'Etat et des citoyens. Les lois qui sont faites directement en vue du bien public sont des *lois politiques;* et dans cette classe, celles qui concernent le corps même et l'essence de la société, la forme du gouvernement, la manière dont l'autorité publique doit être exercée, celles, en un mot, dont le concours forme la constitution de l'Etat, sont les *lois fondamentales*.

Les *lois civiles* sont celles qui règlent les droits et la conduite des particuliers entre eux.

Toute Nation qui ne veut pas se manquer à elle-même, doit apporter tous ses soins à établir ces lois, et principalement les lois fondamentales, à les établir, dis-je, avec sagesse, d'une manière convenable au naturel des peuples et à toutes les circonstances dans lesquelles ils se trouvent ; elle doit les déterminer et les énoncer avec précision et clarté, afin qu'elles demeurent stables, qu'elles ne puissent être éludées, et qu'elles n'engendrent, s'il se peut, aucune dissension ; que d'un côté, celui ou ceux à qui l'exercice du souverain pouvoir sera confié, et les citoyens de l'autre, connaissent également leurs devoirs et leurs droits. Ce n'est point ici le lieu de considérer en détail quelles doivent être cette constitution et ces lois ; cette discussion appartient au droit public et à la politique. D'ailleurs les lois et la constitution des divers Etats doivent nécessairement varier suivant le caractère des peuples et les autres circonstances. Il faut s'en tenir aux généralités dans le droit des gens. On y considère les devoirs d'une Nation envers elle-même, principalement pour déterminer la conduite qu'elle doit tenir dans cette grande société que la nature a établie entre tous les peuples. Ces devoirs lui donnent des droits qui servent à régler et à établir ce qu'elle peut exiger des autres Nations, et réciproquement ce que les autres peuvent attendre d'elle.

§ 30. — *Du maintien de la constitution et de l'obéissance aux lois.*

La constitution de l'Etat et ses lois sont la base de la tranquillité publique, le plus ferme appui de l'autorité politique, et le gage de la liberté des citoyens. Mais cette constitution est un vain fantôme, et les meilleures lois sont inutiles, si on ne les observe pas religieusement. La Nation doit donc veiller sans relâche à les faire également respecter et de ceux qui gouvernent, et du peuple destiné à obéir. Attaquer la constitution de l'Etat, violer ses lois, c'est un crime capital contre la société; et si ceux qui s'en rendent coupables sont des personnes revêtues d'autorité, ils ajoutent au crime en lui-même un perfide abus du pouvoir qui leur est confié. La Nation doit constamment les réprimer avec toute la vigueur et la vigilance que demande l'importance du sujet. Il est rare de voir heurter de front les lois et la constitution d'un Etat : c'est contre les attaques sourdes et lentes que la Nation devrait être particulièrement en garde. Les révolutions subites frappent l'imagination des hommes; on en écrit l'histoire, on en développe les ressorts; on néglige les changements qui arrivent insensiblement, par une longue suite de degrés peu marqués. Ce serait rendre aux Nations un service important, que de montrer par l'histoire combien d'Etats ont ainsi changé totalement de nature et perdu leur première constitution. On réveillerait l'attention des peuples; et désormais remplis de cette excellente maxime, non moins essentielle en politique qu'en morale, *principiis obsta*, ils ne fermeraient plus les yeux sur des innovations peu considérables en elles-mêmes, mais qui servent de marches pour arriver à des entreprises plus hautes et plus pernicieuses.

§ 31. — *Droits de la Nation à l'égard de sa constitution et de son gouvernement.*

Les suites d'une bonne ou d'une mauvaise constitution étant d'une telle importance, et la Nation se trouvant étroitement obligée à se procurer autant qu'elle le peut la meilleure et la plus convenable, elle a droit à toutes les choses sans lesquelles elle ne peut remplir cette obligation (§ 18). Il est donc manifeste que la Nation est en plein droit de former elle-même sa constitution, de la maintenir, de la perfectionner, et de régler à sa volonté tout ce qui concerne le gouvernement, sans que personne puisse, avec justice, l'en empêcher. Le gouvernement n'est établi que pour la Nation, en vue de son salut et de son bonheur.

§ 32. — *Elle peut réformer le gouvernement.*

S'il arrive donc qu'une Nation soit mécontente de l'administration publique, elle peut y mettre ordre et réformer le gouvernement. Mais prenez garde que je dis la Nation; car je suis bien éloigné de vouloir autoriser quelques mécontents ou quelques brouillons à troubler ceux qui gouvernent, en excitant des murmures et des séditions. C'est uniquement le corps de la Nation qui a le droit de réprimer des conducteurs qui abusent de leur pouvoir. Quand la Nation se tait et obéit, elle est censée approuver la conduite des supérieurs, ou au moins la trouver supportable, et il n'appartient point à un petit nombre de citoyens de mettre l'Etat en péril, sous prétexte de le réformer.

§ 33. — *Et changer la constitution.*

En vertu des mêmes principes, il est certain que si

la Nation se trouve mal de sa constitution même, elle est en droit de la changer.

Il n'y a nulle difficulté, au cas que la Nation se porte unanimement à ce changement : on demande ce qui doit s'observer, en cas de partage? Dans la conduite ordinaire de l'Etat, le sentiment de la pluralité doit passer sans contredit pour celui de la Nation entière ; autrement il serait comme impossible que la société prît jamais aucune résolution. Il paraît donc que, par la même raison, une Nation peut changer la constitution de l'Etat, à la pluralité des suffrages ; et toutes les fois qu'il n'y aura rien dans ce changement que l'on puisse regarder comme contraire à l'acte même d'association civile, à l'intention de ceux qui se sont unis, tous seront tenus de se conformer à la résolution du plus grand nombre. Mais s'il était question de quitter une forme de gouvernement, à laquelle seule il paraîtrait que les citoyens ont voulu se soumettre, en se liant par les nœuds de la société civile; si la plus grande partie d'un peuple libre, à l'exemple des *Juifs* du temps de *Samuel*, s'ennuyait de sa liberté et voulait la soumettre à l'empire d'un monarque, les citoyens plus jaloux de cette prérogative si précieuse à ceux qui l'ont goûtée, obligés de laisser faire le plus grand nombre, ne le seraient point du tout de se soumettre au nouveau gouvernement : ils pourraient quitter une société qui semblerait se dissoudre elle-même pour se reproduire sous une autre forme ; ils seraient en droit de se retirer ailleurs, de vendre leurs terres, et d'emporter tous leurs biens.

§ 34. — *De la puissance législative, et si elle peut changer la constitution.*

Il se présente encore ici une question très importante. Il appartient essentiellement à la société de faire des lois sur la manière dont elle prétend être gouvernée, et sur la conduite des citoyens : ce pouvoir s'appelle *puissance législative*. La Nation peut en confier l'exercice au prince, ou à une assemblée, ou à cette assemblée et au prince conjointement, lesquels sont dès-lors en droit de faire des lois nouvelles et d'abroger les anciennes. On demande si leur pouvoir s'étend jusque sur les lois fondamentales, s'ils peuvent changer la constitution de l'Etat? Les principes que nous avons posés nous conduisent certainement à décider que l'autorité de ces législateurs ne va pas si loin, et que les lois fondamentales doivent être sacrées pour eux, si la Nation ne leur a pas donné très expressément le pouvoir de les changer. Car la constitution de l'Etat doit être stable : et puisque la Nation l'a premièrement établie, et qu'elle a ensuite confié la *puissance législative* à certaines personnes, les lois fondamentales sont exceptées de leur commission. On voit que la société a seulement voulu pourvoir à ce que l'Etat fût toujours muni de lois convenables aux conjonctures, et donner pour cet effet aux législateurs le pouvoir d'abroger les anciennes lois civiles et les lois politiques non fondamentales, et d'en faire de nouvelles; mais rien ne conduit à penser qu'elle ait voulu soumettre sa constitution même à leur volonté. Enfin, c'est de la constitution que ces législateurs tiennent leur pouvoir, comment pourraient-ils la changer, sans détruire le fondement de leur autorité? Par les lois fondamentales de l'Angleterre, les deux chambres du parlement, de concert avec le roi, exercent la puissance législative. S'il prenait envie aux deux chambres de se supprimer elles-mêmes, et de revêtir le roi de l'empire plein et absolu, certainement la Nation ne le souffrirait pas. Et qui oserait dire qu'elle n'aurait pas le droit de s'y opposer? Mais si le parlement délibérait de faire un changement si considérable, et que la Nation entière gardât volontairement le silence, elle serait censée approuver le fait de ses représentants.

§ 35. — *La Nation ne doit s'y porter qu'avec réserve.*

Au reste, en traitant ici du changement de la constitution, nous ne parlons que du droit ; ce qui est expédient appartient à la politique. Contentons-nous d'observer, en général, que les grands changements dans l'Etat étant des opérations délicates, pleines de danger, et la fréquence des changements nuisible en elle-même, un peuple doit être très circonspect sur cette matière, et ne se porter jamais aux nouveautés, sans les raisons les plus pressantes, ou sans nécessité. L'esprit volage des *Athéniens* fut toujours contraire au bonheur de la république, et fatal enfin à une liberté dont ils étaient si jaloux, sans savoir en jouir.

§ 36. — *Elle est juge de toutes les contestations sur le gouvernement.*

Concluons encore de ce que nous avons établi (§ 31), que s'il s'élève dans l'Etat des contestations sur les lois fondamentales, sur l'administration publique, sur les droits des différentes puissances qui y ont part, il appartient uniquement à la Nation d'en juger et de les déterminer conformément à sa constitution politique.

§ 37. — *Aucune puissance étrangère n'est en droit de s'en mêler.*

Enfin, toutes ces choses n'intéressant que la Nation, aucune puissance étrangère n'est en droit de s'en mêler, ni ne doit y intervenir autrement que par ses bons offices, à moins qu'elle n'en soit requise, ou que des raisons particulières ne l'y appellent. Si quelqu'une s'ingère dans les affaires domestiques d'une autre, si elle entreprend de la contraindre dans ses délibérations, elle lui fait injure.

CHAPITRE IV.

Du souverain, de ses obligations et de ses droits.

§ 38. — *Du Souverain.*

On ne s'attend point, sans doute, à trouver ici une longue déduction des droits de la *souveraineté* et des fonctions du prince. C'est dans les traités du droit public qu'il faut les chercher. Nous nous proposons seulement, dans ce chapitre, de faire voir, en conséquence des grands principes du droit des gens, ce que c'est que le souverain, et de donner une idée générale de ses obligations et de ses droits.

Nous avons dit que la *souveraineté* est cette autorité publique qui commande dans la société civile, qui ordonne et dirige ce que chacun y doit faire pour en atteindre le but. Cette autorité appartient originairement et essentiellement au corps même de la société, auquel chaque membre s'est soumis et a cédé les droits qu'il tenait de la nature, de se conduire en toutes choses suivant ses lumières, par sa propre volonté, et de se faire justice lui-même. Mais le corps de la société ne retient pas toujours à soi cette autorité souveraine; souvent il prend le parti de la confier à un sénat, ou à une seule personne. Ce sénat, ou cette personne, est alors le *souverain.*

§ 39. — *Il n'est établi que pour le salut et l'avantage de la société.*

Il est évident que les hommes ne forment une société politique, et ne se soumettent à ses lois, que pour leur propre avantage et leur salut. L'autorité souveraine n'est donc établie que pour le bien commun de tous les citoyens, et il serait absurde de penser qu'elle puisse changer de nature en passant dans les mains d'un sénat ou d'un monarque. La flatterie ne peut donc disconvenir, sans se rendre également ridicule et odieuse, que le souverain est uniquement établi pour le salut et l'avantage de la société.

Un bon prince, un sage conducteur de la société, doit être bien rempli de cette grande vérité, que la souveraine puissance ne lui est confiée que pour le salut de l'État et le bonheur de tout le peuple; qu'il ne lui est pas permis de se chercher lui-même dans l'administration des affaires, de se proposer sa propre satisfaction ou son avantage particulier, mais qu'il doit rapporter toutes ses vues, toutes ses démarches au plus grand bien de l'Etat et des peuples qui lui sont soumis (*). Qu'il est beau de voir un roi d'Angleterre rendre compte à son parlement de ses principales opérations, assurer ce corps représentatif de la Nation qu'il ne se propose d'autre but que la gloire de l'État et le bonheur de son peuple, et remercier affectueusement tous ceux qui concourent avec lui à des vues si salutaires! Certainement un monarque qui tient ce langage, et qui en prouve la sincérité par sa conduite, est le seul grand aux yeux du sage. Mais dès long-temps une criminelle flatterie a fait oublier ces maximes dans la plupart des royaumes. Une troupe de lâches courtisans persuadent sans peine à un monarque orgueilleux que la Nation est faite pour lui, et non pas lui pour la Nation. Il regarde bientôt le

---

(*) Dernières paroles de Louis-le-Gros à Louis VII, son fils : *Souvenez-vous, mon fils, que la royauté n'est qu'une charge publique, dont vous rendrez un compte rigoureux à celui qui seul dispose des sceptres et des couronnes.* Histoire de France, par l'abbé VELLY, tome III, page 65.

Timur-Bec déclara, comme il l'avait déjà fait en pareilles occasions, que l'application qu'un prince donne au soin de son Etat, durant une heure seulement, est plus utile et plus importante que le culte qu'il rend à Dieu et les prières qu'il ferait pendant toute sa vie. La même chose se trouve dans l'Alcoran. *Histoire de* TIMUR-BEC, *liv. II, chap. XLI.*

royaume comme un patrimoine qui lui est propre, et le peuple comme un troupeau de bétail, dont il doit tirer ses richesses, et duquel il peut disposer pour remplir ses vues et satisfaire ses passions. De là ces guerres funestes, entreprises par l'ambition, l'inquiétude, la haine, ou l'orgueil. De là ces impôts accablants, dont les deniers sont dissipés par un luxe ruineux, ou livrés à des maîtresses et à des favoris. De là enfin les places importantes données à la faveur, le mérite envers l'État négligé, et tout ce qui n'intéresse pas directement le prince abandonné aux ministres et aux subalternes. Qui reconnaîtrait dans ce malheureux gouvernement une autorité établie pour le bien public? Un grand prince sera en garde même contre ses vertus. Ne disons point, avec quelques écrivains, que les vertus des particuliers ne sont pas les vertus des rois : maxime de politiques superficiels ou peu exacts dans leurs expressions. La bonté, l'amitié, la reconnaissance, sont encore des vertus sur le trône; et plût au ciel qu'elles y fussent toujours! mais un roi sage ne se livre pas sans discernement à leurs impressions. Il les chérit, il les cultive dans sa vie privée : dès qu'il agit au nom de l'État, il n'écoute que la justice et la saine politique. Et pourquoi? Parce qu'il sait que l'empire ne lui est confié que pour le bien de la société, qu'il ne doit point se chercher lui-même dans l'usage qu'il fait de sa puissance. Il tempère sa bonté par la sagesse; il donne à l'amitié ses faveurs domestiques et privées; il distribue les charges et les emplois au mérite, les récompenses publiques aux services rendus à l'État; en un mot, il n'use de la puissance publique qu'en vue du bien public. Tout cela est compris dans ce beau mot de Louis XII : *Un roi de France ne venge point les injures d'un duc d'Orléans.*

§ 40. — *De son caractère représentatif.*

La société politique est une personne morale (*Prélim.*, § 2) en tant qu'elle a un entendement et une volonté, dont elle fait usage pour la conduite de ses affaires, et qu'elle est capable d'obligations et de droits. Lors donc qu'elle confère la souveraineté à quelqu'un, elle met en lui son entendement et sa volonté ; elle lui transporte ses obligations et ses droits, autant qu'ils se rapportent à l'administration de l'État, à l'exercice de l'autorité publique ; et le conducteur de l'État, le souverain, devenant ainsi le sujet où résident les obligations et les droits relatifs au gouvernement, c'est en lui que se trouve la personne morale qui, sans cesser absolument d'exister dans la Nation, n'agit désormais qu'en lui et par lui. Telle est l'origine du caractère représentatif que l'on attribue au souverain. Il représente sa Nation dans toutes les affaires qu'il peut avoir comme souverain. Ce n'est point avilir la dignité du plus grand monarque, que de lui attribuer ce caractère représentatif; au contraire, rien ne la relève avec plus d'éclat : par là le monarque réunit en sa personne toute la majesté qui appartient au corps entier de la Nation.

§ 41. — *Il est chargé des obligations de la Nation et revêtu de ses droits.*

Le souverain ainsi revêtu de l'autorité publique, de tout ce qui fait la personnalité morale de la Nation, se trouve par là chargé des obligations de cette Nation, et muni de ses droits.

§ 42. — *Son devoir à l'égard de la conservation et de la perfection de la Nation.*

Tout ce que nous avons dit au chapitre II, des devoirs généraux d'une Nation envers elle-même, regarde particulièrement le souverain. Dépositaire de l'empire, du pouvoir de commander tout ce qui convient au bien public, il doit, en père tendre et sage, en fidèle administrateur, veiller pour la Nation, prendre soin de la conserver, de la rendre plus parfaite, d'améliorer son état, et de la garantir autant qu'il se pourra de tout ce qui menacerait sa sûreté ou son bonheur.

§ 43. — *Ses droits à cet égard.*

Dès-lors, tous les droits que l'obligation de se conserver, et de se perfectionner elle-même et son état, donne à une Nation (voyez les §§ 18, 20, et 23 de ce livre); tous ces droits, dis-je, résident dans le souverain, que l'on appelle indifféremment aussi *conducteur de la société*, *supérieur*, *prince*, etc.

§ 44. — *Il doit connaître sa Nation.*

Nous avons observé ci-dessus, que toute Nation doit se connaître elle-même. Cette obligation retombe sur le souverain, puisque c'est à lui de veiller à la conservation et à la perfection de la Nation. Le devoir que la loi naturelle impose ici aux conducteurs des Nations, est d'une extrême importance, d'une très grande étendue. Ils doivent connaître exactement tout le pays soumis à leur autorité, ses qualités, ses défauts, ses avantages, sa situation à l'égard des voisins; ils doivent se procurer une parfaite connaissance des mœurs et des inclinations générales de leur Nation, de ses vertus, de ses vices, de ses talents, etc. Toutes ces lumières leur sont nécessaires pour bien gouverner.

§ 45. — *Étendue de son pouvoir; droits de majesté.*

Le prince tient son autorité de la Nation; il en a précisément autant qu'elle a voulu lui en confier (*). Si la Nation lui a remis purement et simplement la souveraineté, sans limitations et sans partage, elle est censée l'avoir revêtu de tous les droits sans lesquels le souverain commandement, ou l'empire, ne peut être exercé

(*) *Neque enim se princeps reipublicæ et singulorum dominum arbitrabitur, quamvis assentatoribus id in aurem insusurrantibus, sed rectorem, mercede à civibus designatâ, quam augere, nisi ipsis volentibus, nefas existimabit.* MARIANA, *de rege et regis instit.*, lib. I, chap. V. — Il suit de ce principe que la Nation est au-dessus du souverain. *Quod caput est, sit principi persuasum totius reipublicæ majorem quàm ipsius unius auctoritatem esse; neque pessimis hominibus credat diversum affirmantibus gratificandi studio, quæ magna pernicies est.* Ibid.

de la manière la plus convenable au bien public. Ces droits sont ceux que l'on appelle *droits de majesté*, ou *droits régaliens*.

§ 46. — *Le prince doit respecter et maintenir les lois fondamentales.*

Mais lorsque la puissance souveraine est limitée et réglée par les lois fondamentales de l'Etat, ces lois marquent au prince l'étendue et les bornes de son pouvoir, et la manière dont il doit l'exercer. Le prince est donc étroitement obligé, non-seulement à les respecter, mais encore à les maintenir. La constitution et les lois fondamentales sont le plan sur lequel la Nation a résolu de travailler à son bonheur : l'exécution est confiée au prince. Qu'il suive religieusement ce plan; qu'il regarde les lois fondamentales comme des règles inviolables et sacrées, et qu'il sache que dès le moment qu'il s'en écarte, ses commandements deviennent injustes, et ne sont plus qu'un abus criminel de la puissance qui lui est confiée. Il est, en vertu de cette puissance, le gardien, le défenseur des lois : obligé de réprimer quiconque osera les violer, pourrait-il les fouler aux pieds lui-même (*)?

(*) Il y a des pays où l'on prend des précautions formelles contre l'abus du pouvoir. De ce nombre étaient autrefois la Flandre et le Brabant. « Les peuples du Brabant, dit «*Grotius*, considérant entre autres choses qu'il se trouve «souvent des potentats qui, sous le prétexte assez vulgaire «du bien public, ne font point de difficulté de rompre leurs «promesses, pour s'opposer à cet inconvénient, établirent «chez eux une coutume, qui est telle, que jamais ils n'admet-«tent leur prince dans la possession du gouvernement, sans «avoir auparavant fait avec lui cette paction : que toutes «les fois qu'il lui arrivera de violer les lois du pays, ils «demeureront affranchis des liens de l'obéissance qu'ils lui «avaient jurée, jusqu'à ce que les outrages aient été entiè-«rement réparés. Et cette vérité se confirme par l'exemple «des prédécesseurs, qui se servirent autrefois utilement «de la force des armes et de celle des décrets, pour re-«mettre dans le devoir leurs princes qui s'en étaient écar-«tés, soit par leur propre dérèglement, soit par l'artifice «de leurs flatteurs, ainsi qu'il arriva à Jean, second de ce

§ 47. — *S'il peut changer les lois non fondamentales.*

Si le prince est revêtu de la puissance législative, il peut, suivant sa sagesse, et lorsque le bien de l'Etat le demande, abolir les lois non fondamentales, et en faire de nouvelles. Voyez ce que nous avons dit sur cette matière au chapitre précédent (§ 34).

§ 48. — *Il doit maintenir et observer celles qui subsistent.*

Mais tandis que les lois subsistent, le souverain doit les maintenir et les observer religieusement. Elles sont le fondement de la tranquillité publique, et le plus ferme appui de l'autorité souveraine. Tout est incertain, violent, sujet aux révolutions, dans ces Etats malheureux où règne un pouvoir arbitraire. Il est donc du véritable intérêt du prince, comme de son devoir, de maintenir les lois et de les respecter : il doit s'y soumettre lui-même. Nous trouvons cette vérité établie dans un écrit publié pour un prince des plus absolus que l'Europe ait vus régner, pour Louis XIV. « Qu'on ne dise « point que le souverain ne soit pas sujet aux lois de « son Etat, puisque la proposition contraire est une « vérité du droit des gens, que la flatterie a quel- « quefois attaquée, et que les bons princes ont tou- « jours défendue comme une divinité tutélaire de leurs « Etats (*a*). »

§ 49. — *En quel sens il est soumis aux lois.*

Mais il est nécessaire d'expliquer cette soumission du prince aux lois. 1° Il doit, comme nous venons de le voir, en suivre les dispositions dans tous les actes de son administration. 2° Il est sujet lui-même, dans ses affaires particulières, à toutes les lois qui concernent la pro-

---

« nom ; et ils ne voulurent point faire de paix avec lui ni « avec ses successeurs, jusqu'à ce que ces princes eussent « promis religieusement de leur conserver leurs priviléges. » *Ann. des Pays-Bas*, liv. II.

(*a*) *Traité des droits de la reine sur divers Etats de la monarchie d'Espagne* (par A. Bilain). 1667, in-12 ; IIe part., p. 191.

priété; je dis dans ses affaires particulières; car dès qu'il agit comme prince, et au nom de l'Etat, il n'est sujet qu'aux lois fondamentales et à celles du droit des gens. 3° Le prince est soumis à certains règlements de police générale, regardés comme inviolables dans l'Etat, à moins qu'il n'en soit excepté, ou expressément par la loi, ou tacitement par une conséquence nécessaire de sa dignité. Je veux parler ici des lois qui concernent l'état des personnes, et surtout de celles qui règlent la validité des mariages. Ces lois sont établies pour assurer l'état des familles; or, la famille royale est celle de toutes dont il importe le plus que l'état soit certain. Mais 4° observons en général sur cette question, que si le prince est revêtu de la souveraineté pleine, absolue, et illimitée, il est au-dessus des lois, qui tiennent de lui seul toute leur force, et il peut s'en dispenser lui-même toutes les fois que la justice et l'équité naturelles le lui permettent. 5° Quant aux lois qui regardent les mœurs et le bon ordre, le prince doit sans doute les respecter et les soutenir par son exemple. Mais 6° il est certainement au-dessus de toute loi civile pénale. La majesté du souverain ne souffre point qu'il soit puni comme un particulier, et ses fonctions sont trop sublimes pour qu'il puisse être troublé sous prétexte d'une faute qui n'intéresse pas directement le gouvernement de l'Etat.

§ 50. — *Sa personne est sacrée et inviolable.*

Ce n'est point assez que le prince soit au-dessus des lois pénales : allons plus loin, pour l'intérêt même des Nations. Le souverain est l'âme de la société; s'il n'est pas en vénération aux peuples et dans une parfaite sûreté, la paix publique, le bonheur, et le salut de l'Etat, sont dans un danger continuel. Le salut même de la Nation exige donc nécessairement que la personne du prince soit sacrée et inviolable. Le peuple romain avait attribué cette prérogative à ses tribuns, afin qu'ils pussent veiller sans obstacle à sa défense, et qu'aucune crainte ne les troublât dans leurs fonctions. Les soins, les opérations du souverain sont d'une plus grande importance que n'étaient celles des tribuns, et non moins pleines de dangers, s'il n'est muni d'une puissante sauvegarde. Il est impossible que le monarque, même le plus juste et le plus sage, ne fasse pas des mécontents : l'Etat demeurera-t-il exposé à perdre ce bon prince par la main d'un furieux ? La monstrueuse et folle doctrine, qu'il est permis à un particulier de tuer un mauvais prince, priva la France, au commencement du siècle dernier, d'un héros qui était véritablement le père de son peuple (a). Quel que soit un prince, c'est un énorme attentat contre une Nation, que de lui arracher un souverain à qui elle trouve à propos d'obéir (*).

§ 51. — *Cependant la Nation peut réprimer un tyran, et se soustraire à son obéissance.*

Mais ce haut attribut du souverain n'empêche pas

(a) Henri IV. — Depuis que ceci est écrit, la France a vu renouveler ces horreurs. Elle gémit d'avoir produit des monstres capables de violer la majesté royale dans la personne d'un prince qui, par les qualités de son cœur, méritait l'amour de ses sujets et la vénération des étrangers.

(*) Je trouve dans l'ouvrage de MARIANA, précédemment cité, *chap. VII*, vers la fin, un exemple remarquable des erreurs où nous jette une vaine subtilité dénuée de bons principes. Cet auteur permet d'empoisonner un tyran, et même un ennemi public, pourvu qu'on l'empoisonne de manière qu'on ne l'engage point, ni par force, ni par erreur ou ignorance, à concourir lui-même à l'acte qui lui donne la mort, comme on ferait, par exemple, en lui présentant un breuvage empoisonné. Car, dit-il, en l'induisant ainsi à se donner la mort lui-même, quoiqu'il le fasse par ignorance, on lui fait violer la loi naturelle qui défend de s'ôter la vie à soi-même, et la faute de celui qui s'empoisonne ainsi sans le savoir, retombe sur son véritable auteur, sur celui qui a donné le poison. *Ne cogatur tantum sciens aut imprudens sibi conscire mortem, quod esse nefas judicamus, veneno in potu aut cibo, quod hauriat qui perimendus est, aut simili alia re temperato.* Belle raison! Mariana s'est-il moqué des lecteurs ? ou a-t-il voulu seulement un peu pallier ce que sa doctrine a d'affreux dans ce chapitre ?

que la Nation ne puisse réprimer un tyran insupportable, le juger même en respectant dans sa personne la majesté de son rang, et se soustraire à son obéissance. C'est à ce droit incontestable qu'une puissante république doit sa naissance. La tyrannie exercée par Philippe II dans les *Pays-Bas*, fit soulever ces provinces : sept d'entre elles, étroitement confédérées, maintinrent courageusement leur liberté, sous la conduite des héros de la maison d'*Orange*; et l'*Espagne*, après de vains et ruineux efforts, les a reconnues pour des États souverains et indépendants. Si l'autorité du prince est limitée et réglée par les lois fondamentales, le prince, en sortant des bornes qui lui sont prescrites, commande sans aucun droit, sans titre même : la Nation n'est point obligée de lui obéir; elle peut résister à ses entreprises injustes. Dès qu'il attaque la constitution de l'État, le prince rompt le contrat qui liait le peuple à lui; le peuple devient libre par le fait du souverain, et ne voit plus en lui qu'un usurpateur qui voudrait l'opprimer. Cette vérité est reconnue de tout écrivain sensé, dont la plume n'est point asservie à la crainte ou vendue à l'intérêt. Mais quelques auteurs célèbres soutiennent que si le prince est revêtu de l'empire suprême, plein et absolu, personne n'est en droit de lui résister, bien moins de le réprimer, et qu'il ne reste à la Nation que de souffrir avec patience et d'obéir. Ils se fondent sur ce qu'un pareil souverain ne doit compte à personne de la manière dont il gouverne, et que si la Nation pouvait contrôler ses actions et lui résister, quand elle les trouve injustes, son autorité ne serait plus absolument souveraine ; ce qui serait contre l'hypothèse. Ils disent que le souverain absolu possède pleinement toute l'autorité politique de la société, à laquelle personne ne peut s'opposer; que s'il en abuse, il fait mal, à la vérité, et blesse sa conscience, mais que ses commandements n'en sont pas moins obligatoires, comme fondés sur un droit légitime de commander; que la Nation, en lui donnant l'empire absolu, ne s'en est rien réservé, et s'est remise à sa discrétion, etc. Nous pourrions nous contenter de répondre que, sur ce pied-là, il ne peut donc y avoir aucun souverain pleinement absolu. Mais pour faire évanouir toutes ces vaines subtilités, rappelons-nous le but essentiel de la société civile. N'est-ce pas de travailler de concert au commun bonheur de tous? N'est-ce pas dans cette vue que tout citoyen s'est dépouillé de ses droits, qu'il a soumis sa liberté? La société pourrait-elle user de son autorité pour se livrer sans retour, elle et tous ses membres, à la discrétion d'un tyran furieux? Non, sans doute; puisqu'elle n'aurait plus aucun droit elle-même, si elle voulait opprimer une partie des citoyens. Lors donc qu'elle confère l'empire suprême et absolu, sans réserve expresse, c'est nécessairement avec la réserve tacite, que le souverain en usera pour le salut du peuple, et non pour sa ruine. S'il se rend le fléau de l'Etat, il se dégrade lui-même; ce n'est plus qu'un ennemi public, contre lequel la Nation peut et doit même se défendre; et s'il a porté la tyrannie à son comble, pourquoi la vie même d'un ennemi si cruel et si perfide serait-elle épargnée? Qui osera blâmer la démarche du sénat romain, qui déclara *Néron* ennemi de la patrie?

Mais il est très important de remarquer que ce jugement ne peut être porté que par la Nation, ou par un corps qui la représente, et que la Nation elle-même ne peut attenter à la personne du souverain que dans un cas d'extrême nécessité, et lorsque le prince, violant toutes les règles et menaçant le salut de son peuple, s'est mis en état de guerre avec lui. C'est la personne du souverain, que l'intérêt même de la Nation déclare inviolable et sacrée, et non pas celle d'un tyran dénaturé, d'un ennemi public. On voit rarement des monstres tels que *Néron*. Dans les cas plus ordinaires, lorsqu'un prince viole les lois fondamentales, lorsqu'il attaque les libertés et les droits des sujets, ou, s'il est absolu, lorsque son gouvernement, sans en venir aux dernières violences, tend manifestement à la ruine de la Nation, elle peut lui résister, le juger, et se soustraire à son obéissance ; mais encore un coup, en épargnant sa personne, et cela pour le bien même de l'Etat (*). Il y a plus d'un siècle que les Anglais se soulevèrent contre leur roi, et le firent descendre du trône.

(*) *Dissimulandum censeo quatenus salus publica patiatur, privatimque corruptis moribus princeps contingat; alioquin si rempublicam in periculum vocat, si patriæ religionis contemptor existit, neque medicinam ullam recipit, abdicandum judico, alium substituendum; quod in Hispania non semel fuisse factum scimus; quasi fera irritata omnium telis peti debet, cum humanitate abdicata tyrannum induat. Sic Petro rege ob immanitatem dejecto publice, Henricus, ejus frater, quamvis ex impari matre, regnum obtinuit. Sic Henrico, hujus abnepote, ob ignaviam pravosque mores abdicato procerum suffragiis, primum Alfonsus, ejus frater, recte an secus non disputo, sed tamen in tenera ætate rex est proclamatus : deinde defuncto Alfonso, Elisabeth, ejus soror, Henrico invito, rerum summam ad se traxit, regio tantum nomine abstinens dum ille vixit.* MARIANA, *de rege et regis institut*, lib. I, cap. III.

Joignez à cette autorité de l'Espagne celle de l'Ecosse, prouvée par la lettre des barons au pape, du 6 avril 1320, pour lui demander d'engager le roi d'Angleterre à se désister de ses entreprises contre l'Ecosse. Après avoir parlé des maux qu'ils avaient soufferts de sa part, ils ajoutent : *A quibus malis innumeris, ipso juvante qui post vulnera medetur et sanat, liberati sumus per serenissimum principem regem et dominum nostrum, dominum* ROBERTUM, *qui pro populo et hereditate suis de manibus inimicorum liberandis, quasi alter Machabæus aut Josue labores et tædia, inedias et pericula læto sustinuit animo. Quem etiam divina dispositio et juxta leges et consuetudines nostras, quas usque ad mortem sustinere volumus, juris successio et debitus nostrorum consensus et assensus, nostrum fecerunt principem atque regem. Cui, tanquam illi, per quem salus in populo facta est, pro nostra libertate tuenda, tam jure quam meritis tenemur, et volumus in omnibus adhærere. Quem, si ab inceptis desistet, regi Anglorum, aut Anglicis nos aut regnum nostrum volens subjicere, tanquam inimicum nostrum, et sui nostrique juris subversorem statim expellere nitemur, et alium regem nostrum, qui ad defensionem nostram sufficiet, faciemus. Quia quamdiu centum viri remanserint, nunquam Anglorum dominio aliquatenus volumus subjugari. Non enim propter*

Des audacieux habiles, et dévorés d'ambition, profitèrent d'une fermentation terrible causée par le fanatisme et l'esprit de parti, et la Grande-Bretagne souffrit que son souverain pérît indignement sur un échafaud. La Nation, rendue à elle-même, reconnut son aveuglement. Si elle en fait encore chaque année une réparation solennelle, ce n'est pas seulement parce qu'elle juge que l'infortuné Charles Ier ne méritait pas un sort si cruel; c'est sans doute aussi qu'elle est convaincue que, pour le salut même de l'Etat, la personne du souverain doit être sacrée et inviolable, et que la Nation entière doit rendre cette maxime vénérable, en la respectant elle-même, lorsque le soin de sa propre conservation le lui permet.

Un mot encore sur la distinction que l'on veut faire ici en faveur d'un souverain absolu. Quiconque aura bien pesé toute la force des principes incontestables que nous avons établis, sera convaincu que quand il s'agit de résister à un prince devenu tyran, le *droit*

---

gloriam, divitias, aut honores pugnamus, sed propter libertatem solummodo, quam nemo bonus nisi simul cum vita amittit.

« L'an 1581, dit Grotius, *Ann.*, liv. *III*, les provinces « confédérées des Pays-Bas, après avoir soutenu la guerre « pendant neuf ans contre Philippe II, sans cesser de le re-« connaître pour leur prince, le privèrent enfin solennelle-« ment de la puissance qu'il avait eue sur leur pays, pour en « avoir violé les lois et les priviléges. » L'auteur fait observer ensuite que « la France, l'Espagne même, l'Angleterre, la « Suède, le Danemarck, fournissent des exemples de rois « déposés par leurs peuples, en sorte qu'il y a actuellement « peu de souverains en Europe dont le droit à la couronne « ne soit fondé sur celui qui appartient au peuple d'ôter le « pouvoir au prince qui en abuse. » Aussi les États des Provinces-Unies, dans des lettres justificatives, adressées à ce sujet aux princes de l'empire et au roi de Danemarck, après avoir déduit les vexations du roi d'Espagne, disaient : « Alors, « par une voie que les peuples mêmes qui vivent aujourd'hui « sous des rois ont assez souvent suivie, nous ôtâmes la prin-« cipauté à celui dont toutes les actions étaient contraires au « devoir d'un prince. » *Ibid.*

du peuple est toujours le même, que ce prince soit absolu par les lois ou qu'il ne le soit pas, parce que ce *droit* vient de la fin de toute société politique, du salut de la Nation, qui est la loi suprême (*). Mais si la distinction dont nous parlons est inutile par rapport au *droit*, elle ne l'est point dans la pratique à l'égard de la *convenance*. Comme il est très difficile de s'opposer à un prince absolu, et qu'on ne peut le faire sans exciter de grands troubles dans l'Etat, des mouvements violents et dangereux, on ne doit l'entreprendre que dans les cas extrêmes, lorsque les maux sont montés au point, que l'on peut dire avec Tacite : *Miseram pacem, vel bello bene mutari*, qu'il vaut mieux s'exposer à une guerre civile, que de les souffrir. Mais si l'autorité du prince est limitée, s'il dépend à quelques égards d'un sénat, d'un parlement représentant la Nation, il est des moyens de lui résister, de le réprimer, sans exposer l'Etat à de violentes secousses. Il n'y a point de raison d'attendre que les maux soient extrêmes, quand on peut y appliquer des remèdes doux et innocents.

§ 52. — *Compromis entre le prince et les sujets.*

Mais quelque limitée que soit l'autorité d'un prince, il en est ordinairement fort jaloux ; il n'arrive guère qu'il souffre patiemment la résistance, qu'il se soumette paisiblement au jugement de son peuple ; et le dispensateur des grâces manquera-t-il d'appui ? On

---

(*) *Populi patroni non pauciora neque minora præsidia habent. Certe a republica unde ortum habet regia potestas, rebus exigentibus, regens in jus vocari posset, et si sanitatem respuat, principatu spoliari; neque ita in principem jura potestatis transtulit, ut non sibi majorem reservarit potestatem.* MARIANA, *de rege et regis inst.*, lib. I, cap. VI.

Est tamen salutaris cogitatio, ut sit principibus persuasum, si rempublicam oppresserint, si vitiis et fœditate intolerandi erunt, ea conditione vivere ut non jure tantum, sed cum laude et gloria perimi possint. Ibid.

voit trop d'âmes bassement ambitieuses, pour qui l'état d'un esclave riche et décoré a plus de charmes que celui d'un citoyen modeste et vertueux. Il est donc toujours difficile que la Nation résiste à son prince et prononce sur sa conduite, sans que l'Etat soit exposé à des troubles dangereux, à des secousses capables de le renverser. C'est ce qui a fait prendre quelquefois le parti de lier un compromis entre le prince et les sujets pour soumettre au jugement d'une puissance amie les contestations qui s'élèveraient entre eux. Ainsi les rois de *Danemarck* ont autrefois déféré à ceux de *Suède*, par des traités solennels, la connaissance des différends qui pourraient naître entre eux et leur sénat, ce que les rois de *Suède* ont fait aussi à l'égard de ceux de *Danemarck*. Les princes et les Etats d'*Ost-Frise*, et les bourgeois d'*Emden*, ont de même constitué la république des *Provinces-Unies* juge de leurs différends. Les princes et la ville de *Neufchâtel* établirent, en 1406, le canton de *Berne* juge et arbitre perpétuel de leurs contestations. C'est ainsi encore que suivant l'esprit de la confédération helvétique, le corps entier prend connaissance des troubles qui s'élèvent dans quelqu'un des Etats confédérés, quoique chacun d'eux soit véritablement souverain et indépendant.

§ 53. — *Obéissance que les sujets doivent au souverain.*

Dès que la Nation reconnaît un prince pour son souverain légitime, tous les citoyens lui doivent une fidèle obéissance. Il ne peut gouverner l'Etat et s'acquitter de ce que la Nation attend de lui, s'il n'est pas obéi ponctuellement. Les sujets ne sont donc point en droit, dans les cas susceptibles de quelque doute, de peser la sagesse ou la justice des commandements souverains ; cet examen appartient au prince ; les sujets doivent supposer, autant qu'il se peut, que tous ses ordres sont justes et salutaires : lui seul est coupable du mal qui peut en résulter.

§ 54. — *En quels cas on peut lui résister.*

Cependant cette obéissance ne doit point être absolument aveugle. Aucun engagement ne peut obliger, ni même autoriser un homme à violer la loi naturelle. Tous les auteurs qui ont quelque conscience ou quelque pudeur conviennent que personne ne doit obéir à des commandements qui blessent évidemment cette loi sacrée. Ces gouverneurs de places qui refusèrent courageusement d'exécuter les ordres barbares de *Charles IX*, à la fameuse *Saint-Barthélemy*, ont été loués de tout le monde, et la cour n'osa les punir, au moins ouvertement. *Sire,* écrivait le brave *d'Orte*, commandant dans Bayonne, *j'ai communiqué le commandement de V. M. à ses fidèles habitants et gens de guerre de la garnison : je n'y ai trouvé que bons citoyens et braves soldats, mais pas un bourreau. C'est pourquoi eux et moi supplions très humblement V. M. de vouloir employer nos bras et nos vies en choses possibles, quelque hasardeuses qu'elles soient ; nous y mettrons jusqu'à la dernière goutte de notre sang* (a). Le comte de *Tende*, *Charny*, et autres, répondirent à ceux qui leur apportaient les ordres de la cour, qu'ils respectaient trop le roi pour croire que des ordres si barbares vinssent de lui. Il est plus difficile de décider en quels cas un sujet peut, non-seulement refuser d'obéir, mais même résister au souverain et opposer la force à la violence. Dès que le souverain fait tort à quelqu'un, il agit sans aucun droit véritable ; mais il n'en faut pas conclure tout de suite que le sujet puisse lui résister. La nature de la souveraineté et le bien de l'Etat ne souffrent point que les citoyens s'opposent au supérieur, toutes les fois que ses commandements leur paraîtront injustes ou préjudiciables. Ce serait retomber dans l'état de nature, et rendre le gouvernement impossible. Un sujet doit souffrir avec patience, de la part du prince, les

---

(a) *Mézeray*, Histoire de France, tome II, page 1107.

injustices douteuses et les injustices supportables : les premières, par la raison que quiconque s'est soumis à un juge, ne peut plus juger lui-même de ses prétentions : les injustices supportables doivent être sacrifiées à la paix et au salut de l'Etat, en faveur des grands avantages que l'on retire de la société. On présume de droit que tout citoyen s'est engagé tacitement à cette modération, parce que sans elle la société ne saurait subsister. Mais lorsqu'il s'agit d'injures manifestes et atroces, lorsqu'un prince, sans aucune raison apparente, voudrait nous ôter la vie, ou nous enlever des choses dont la perte rend la vie amère, qui nous disputera le droit de lui résister ? Le soin de notre conservation est non-seulement de droit naturel, c'est une obligation imposée par la nature ; aucun homme ne peut y renoncer entièrement et absolument. Et quand il pourrait y renoncer, est-il censé l'avoir fait par ses engagements politiques, lui qui n'est entré dans la société civile que pour établir plus solidement sa propre sûreté ? Le bien même de la société n'exige point un pareil sacrifice ; et comme le dit très bien BARBEYRAC, dans ses notes sur GROTIUS : « S'il est de « l'intérêt public que ceux qui obéissent souffrent « quelque chose, il n'est pas moins de l'intérêt public « que ceux qui commandent craignent de pousser à « bout leur patience (*a*). » Le prince qui viole toutes les règles, qui ne garde plus de mesures, et qui veut en furieux arracher la vie à un innocent, se dépouille de son caractère ; ce n'est plus qu'un ennemi injuste et violent, contre lequel il est permis de se défendre. La personne du souverain est inviolable et sacrée ; mais celui qui, après avoir perdu tous les sentiments d'un souverain, en dépouille jusqu'aux apparences et à la conduite extérieure, celui-là se dégrade lui-même : il ne fait plus le personnage de souverain, et ne peut rete-

---

(*a*) *Droit de la guerre et de la paix*, liv. I, chap. IV, § 11, note 2.

nir les prérogatives attachées à ce caractère sublime. Cependant, si ce prince n'est pas un monstre, s'il n'est furieux que contre nous et par l'effet d'un transport ou d'une passion violente, s'il est d'ailleurs supportable au reste de la Nation, les égards que nous devons à la tranquillité de l'Etat sont tels, le respect de la majesté souveraine est si puissant, que nous sommes étroitement obligés à chercher tout autre moyen de nous préserver, plutôt que de mettre sa personne en péril. Tout le monde connaît l'exemple de *David* : il prit la fuite, il se tint caché, pour se soustraire à la fureur de *Saül*, et il épargna plus d'une fois la vie de son persécuteur. Lorsqu'un funeste accident troubla tout-à-coup la raison de *Charles VI*, roi de France, il tua dans sa fureur plusieurs de ceux qui l'environnaient : aucun d'eux ne pensa à mettre sa vie en sûreté aux dépens de celle du prince; ils ne cherchèrent qu'à le désarmer et à se rendre maîtres de lui ; ils firent leur devoir en braves gens, en sujets fidèles, qui exposaient leurs vies pour celle du monarque infortuné : on doit ce sacrifice à l'Etat et à la majesté souveraine. Furieux par le dérangement de ses organes, *Charles* n'était point coupable ; il pouvait recouvrer la santé et redevenir un bon roi.

§ 55. — *Des ministres.*

En voilà assez pour le but de cet ouvrage ; on peut voir ces questions traitées plus au long dans plusieurs livres connus. Finissons sur cette matière par une observation importante. Il est permis sans doute à un souverain de prendre des ministres, pour se faire soulager dans ses pénibles fonctions; mais il ne doit jamais leur abandonner son autorité. Quand une Nation se choisit un conducteur, ce n'est pas pour qu'il la livre en d'autres mains. Les ministres ne doivent être que des instruments dans les mains du prince ; il faut qu'il les dirige constamment, et qu'il s'applique sans relâche à connaître s'ils opèrent suivant ses intentions. Si la faiblesse de l'âge ou quelque infirmité le rend incapable de gouverner, on doit nommer un régent, suivant les lois de l'Etat; mais dès que le souverain peut tenir les rênes, qu'il se fasse servir, et jamais remplacer. Les derniers rois de France de la première race, livrèrent le gouvernement et l'autorité aux maires du palais. Devenus de vains fantômes, ils perdirent avec justice le titre et les honneurs d'une dignité dont ils avaient abandonné les fonctions. La Nation gagne tout à couronner un ministre tout-puissant : il cultivera, comme son héritage, le fonds qu'il pillait tandis qu'il en avait seulement l'usufruit précaire.

CHAPITRE V.

Des États électifs, successifs, *ou héréditaires, et de ceux qu'on appelle* patrimoniaux.

§ 56. — *Des États électifs.*

On a vu, au chapitre précédent, qu'il appartient originairement à la Nation de conférer l'autorité suprême, de choisir celui qui doit la gouverner. Si elle ne lui confère la souveraineté que pour sa personne seulement, se réservant le droit d'élire, après la mort du souverain, celui qui doit le remplacer, l'Etat est *électif*. Aussitôt que le prince est élu suivant les lois, il entre dans tous les droits que ces mêmes lois attribuent à sa dignité.

§ 57. — *Si les rois électifs sont de véritables souverains.*

On a mis en question si les rois et princes électifs sont de véritables souverains. S'attacher à cette circonstance, c'est n'avoir qu'une idée bien confuse de la souveraineté. La manière dont un prince parvient à sa dignité ne fait rien du tout pour en déterminer la nature. Il faut considérer : 1° si la Nation elle-même forme une société indépendante (voyez le chapitre 1er); 2° quelle est l'étendue du pouvoir qu'elle a confié à son prince. Toutes les fois que le chef d'un Etat indépendant représente véritablement sa Nation, on doit le considérer comme un véritable souverain (§ 40), quand même son autorité se trouverait limitée à divers égards.

§ 58. — *Des États successifs et héréditaires; origine du droit de la succession.*

Quand la Nation veut éviter les troubles dont l'élection d'un souverain ne manque guère d'être accompagnée, elle fait ce choix pour une longue suite d'années en établissant le *droit de succession*, ou en rendant la couronne héréditaire dans une famille, suivant l'ordre et les règles qui lui paraissent les plus convenables. On appelle *Etat* ou *royaume héréditaire*, celui dont le successeur est désigné par la même loi qui règle les successions des particuliers : le *royaume successif* est celui auquel on succède suivant une loi particulière, fondamentale de l'Etat. Ainsi la succession linéale, et pour les mâles seuls, est établie en France.

§ 59. — *Autre origine, qui revient au même.*

Le droit de succession n'est pas toujours primitivement établi par la Nation; il peut avoir été introduit par la concession d'un autre souverain, par l'usurpation même. Mais lorsqu'il est appuyé d'une longue possession, le peuple est censé y consentir, et ce consentement tacite le légitime, quoique sa source soit vicieuse. Il pose alors sur le même fondement seul légitime et inébranlable, auquel il faut toujours revenir.

§ 60. — *Autres sources, qui reviennent encore au même.*

Ce même droit peut encore, selon GROTIUS et la plupart des auteurs, venir d'autres sources, comme de la conquête, ou du droit d'un propriétaire qui, se trouvant maître d'un pays, y appellerait des habitants, et leur donnerait des terres, à condition qu'ils le reconnaîtront lui et ses héritiers pour leurs souverains. Mais comme il est absurde qu'une société d'hommes puisse se soumettre autrement qu'en vue de son salut et de son bien, et plus encore qu'elle puisse engager sa postérité sur un autre pied, tout revient enfin au même, et il faut toujours dire que la succession est établie par la volonté expresse ou par le consentement tacite de la Nation, pour le bien et le salut de l'Etat.

§ 61. — *La Nation peut changer l'ordre de succession.*

Il demeure ainsi constant que dans tous les cas, la succession n'est établie ou reçue qu'en vue du bien public et du salut commun. S'il arrivait donc que l'ordre établi à cet égard devînt destructif de l'Etat, la Nation aurait certainement le droit de le changer par une loi nouvelle. *Salus populi suprema lex,* le salut du peuple est la loi suprême; et cette loi est de la plus exacte justice, le peuple ne s'étant lié par les nœuds de la société qu'en vue de son salut et de son plus grand avantage (*).

Ce prétendu droit de propriété, qu'on attribue aux princes, est une chimère enfantée par un abus que l'on voudrait faire des lois sur les héritages des particuliers. L'Etat n'est ni ne peut être un patrimoine, puisque le patrimoine est fait pour le bien du maître, au lieu que le prince n'est établi que pour le bien de l'Etat (**).

(*) *Nimirum, quod publicæ salutis causa et communi consensu statutum est, eadem multitudinis voluntate, rebus exigentibus, immutari quid obstat?* MARIANA, Ibid., cap. IV.

(**) Lorsque Philippe II céda les Pays-Bas à sa fille Isabelle-Claire-Eugénie, on disait, selon GROTIUS, «que c'était «introduire un pernicieux exemple pour un prince de vou- «loir mettre au rang de ses revenus et faire passer en com-

La conséquence est évidente : si la Nation voit certainement que l'héritier de son prince ne serait pour elle qu'un souverain pernicieux, elle peut l'exclure.

Les auteurs que nous combattons accordent ce droit au prince despotique, tandis qu'ils le refusent aux Nations. C'est qu'ils considèrent ce prince comme un vrai *propriétaire* de l'empire, et ne veulent pas reconnaître que le soin du salut propre, le droit de se gouverner, appartient toujours essentiellement à la société, quoiqu'elle l'ait confié, même sans réserve expresse, à un monarque et à ses héritiers. A leurs yeux le royaume est l'héritage du prince, comme son champ et ses troupeaux. Maxime injurieuse à l'humanité, et qui n'eût osé se produire dans un siècle éclairé, si elle ne portait sur des appuis trop souvent plus forts que la raison et la justice.

§ 62. — *Des renonciations.*

La Nation peut, par la même raison, faire renoncer

« merce les personnes libres, à la manière des esclaves domes-
« tiques; qu'à la vérité les barbares pratiquaient quelquefois
« cette nouveauté, de céder les empires par des testaments
« ou par des donations, parce qu'ils ne savaient pas juger la
« différence qui se trouve entre un prince et un maître; mais
« que ceux qui étaient instruits dans la connaissance de ce
« qui est licite ou qui ne l'est pas, voyaient assez que l'ad-
« ministration d'un État est le bien du peuple (c'est pourquoi
« on lui donne ordinairement le nom de république), et
« que comme de tout temps il s'est vu des nations qui se gou-
« vernaient ou par des assemblées populaires, ou par un
« sénat, il s'en est aussi trouvé qui ont mis la conduite géné-
« rale de leurs fortunes entre les mains des princes. Car il
« ne faut pas croire, disait-on, que les principautés légitimes
« aient commencé autrement que par le consentement des
« peuples, qui se donnaient tous à une seule personne, ou
« bien, pour éviter les brouilleries des élections, à une fa-
« mille entière; et ceux à qui ils se donnaient de la sorte n'é-
« taient induits que par l'espérance de l'honneur, à recevoir
« une dignité qui les obligeait de préférer l'avantage commun
« de leurs citoyens à leur utilité particulière. » GROTIUS, *Histoire des troubles des Pays-Bas*, Liv. VII.

une branche qui s'établit ailleurs, une fille qui épouse un prince étranger. Ces renonciations exigées, ou approuvées par l'Etat, sont très valides, puisqu'elles sont équivalentes à une loi que l'Etat ferait pour exclure ces mêmes personnes qui ont renoncé, et leur postérité. Ainsi la loi d'Angleterre a rejeté pour toujours tout héritier catholique romain. « Ainsi la loi de Russie faite « au commencement du règne d'ÉLISABETH, exclut-elle « très prudemment tout héritier qui posséderait une « autre monarchie; ainsi la loi de Portugal rejette-t-elle « tout étranger qui serait appelé à la couronne par le « droit du sang (*a*). »

Des auteurs célèbres, très savants d'ailleurs et très judicieux, ont donc manqué les vrais principes, en traitant des renonciations. Ils ont beaucoup parlé des droits des enfants nés ou à naître, de la transmission de ces droits, etc. Il fallait considérer la succession, moins comme une propriété de la famille régnante que comme une loi de l'Etat. De ce principe lumineux et incontestable découle avec facilité toute la doctrine des renonciations. Celles que l'Etat a exigées ou approuvées sont valides et sacrées; ce sont des lois fondamentales : celles qui ne sont point autorisées par l'Etat, ne peuvent être obligatoires que pour le prince qui les a faites : elles ne sauraient nuire à sa postérité; et lui-même peut en revenir, au cas que l'Etat ait besoin de lui et l'appelle, car il se doit à un peuple qui lui avait commis le soin de son salut. Par la même raison, le prince ne peut légitimement renoncer à contre-temps au dommage de l'Etat, et abandonner dans le danger une Nation qui s'était remise entre ses mains (*).

§ 63. — *L'ordre de succession doit ordinairement être gardé.*

Dans les cas ordinaires, quand l'Etat peut suivre la

(*a*) *Esprit des lois*, Liv. XXVI, chap. XXIII, où l'on peut voir de très bonnes raisons politiques de ces dispositions.
(*) Voyez ci-dessous.

règle établie, sans s'exposer à un danger très grand et manifesté, il est certain que tout descendant doit succéder, lorsque l'ordre de succession l'y appelle, de quelque incapacité de régner par lui-même qu'il puisse être atteint. C'est une conséquence de l'esprit de la loi qui a établi la succession. Car on n'y a eu recours que pour prévenir les troubles, qui, sans cela, seraient presque inévitables à chaque mutation. Or, on n'aurait pas beaucoup avancé vers ce but, si, à la mort d'un prince, il était permis d'examiner la capacité de son héritier avant que de le reconnaître. « Quelle porte ouverte aux « usurpateurs, ou aux mécontents !..... C'est pour éviter « ces inconvénients, qu'on a établi l'ordre de la suc- « cession; et on ne pouvait rien faire de plus sage, « puisque par là il ne s'agit que d'être fils du prince, « et d'être en vie, ce qui ne reçoit point de contes- « tation, au lieu qu'il n'y a point de règle fixe pour « juger de la capacité ou de l'incapacité de régner (*a*).» Quoique la succession ne soit pas établie pour l'avantage particulier du souverain et de sa famille, mais pour celui de l'Etat, le successeur désigné ne laisse pas d'avoir un droit auquel la justice veut que l'on ait égard. Son droit est subordonné à celui de la Nation, au salut de l'Etat; mais il doit avoir son effet, quand le bien public ne s'y oppose pas.

§ 64. — *Des régents.*

Ces raisons ont d'autant plus de force, que la loi, ou l'Etat, peut suppléer à l'incapacité du prince, en nommant un régent, comme cela se pratique dans les cas de minorité. Ce régent est revêtu, pour tout le temps de son administration, de l'autorité royale; mais il l'exerce au nom du roi.

§ 65. — *Indivisibilité des souverainetés.*

Les principes que nous venons d'établir sur le droit

(*a*) *Mémoire pour madame de Longueville, touchant la principauté de Neufchâtel, en* 1672.

successif ou héréditaire, font voir manifestement qu'un prince n'est point en droit de partager son Etat entre ses enfants. Toute souveraineté proprement dite est, de sa nature, une et indivisible, puisqu'on ne peut séparer malgré eux ceux qui se sont unis en société. Ces partages, si contraires à la nature de la souveraineté et à la conservation des Etats, ont été fort en usage: ils ont pris fin, partout où les peuples et les princes eux-mêmes ont ouvert les yeux sur leurs plus grands intérêts, sur les fondements de leur salut.

Mais lorsqu'un prince a réuni sous sa puissance plusieurs Nations différentes, son empire est proprement alors un assemblage de diverses sociétés, soumises au même chef; rien n'empêche naturellement qu'elles ne puissent être partagées entre ses enfants. Il pourra les leur distribuer, s'il n'y a ni loi, ni conventions au contraire, et si chacun de ces peuples consent à recevoir le souverain qu'il lui aura désigné. C'est pour cette raison que la France était divisible sous les deux premières races (*a*). Ayant pris enfin une entière consistance sous la troisième, elle a été regardée comme un seul royaume; elle est devenue indivisible, et une loi fondamentale l'a déclarée telle. Cette loi pourvoyant sagement à la conservation et à la splendeur du royaume, unit irrévocablement à la couronne toutes les acquisitions des rois.

§ 66. — *A qui appartient le jugement des contestations sur la succession à une souveraineté.*

Les mêmes principes nous fourniront encore la solution d'une question célèbre. Lorsque, dans un Etat successif ou héréditaire, le droit de succession devient incertain, et qu'il se présente deux ou plusieurs prétendants à la couronne, on demande qui sera le juge

---

(*a*) Il faut même observer que ces partages ne se faisaient qu'avec l'approbation et le consentement des Etats respectifs.

de leurs prétentions? Quelques savants, se fondant sur ce que les souverains ne reconnaissent d'autre juge que Dieu, ont avancé que les prétendants à la couronne, tant que leur droit est certain, doivent ou s'accommoder à l'amiable, ou transiger entre eux, ou se choisir des arbitres, recourir même au sort, ou enfin vider le différend par les armes, et que les sujets n'en peuvent en aucune façon décider. Il y aurait lieu de s'étonner que des auteurs célèbres aient enseigné une pareille doctrine. Mais puisqu'en matière même de philosophie spéculative, il n'est rien de si absurde qui n'ait été avancé par quelqu'un d'entre les philosophes (a), que devons-nous attendre de l'esprit humain séduit par l'intérêt ou par la crainte? Quoi! dans une question qui n'intéresse personne autant que la Nation, qui concerne un pouvoir établi uniquement en vue de son bonheur, dans une querelle qui va peut-être décider à jamais de ses plus chers intérêts, de son salut même, elle demeurera tranquille spectatrice! elle souffrira que des étrangers, ou le sort aveugle des armes, lui désignent son maître, comme un troupeau de moutons doit attendre qu'il soit décidé s'il sera livré au boucher, ou remis sous la garde de son berger!

Mais, dit-on, la Nation s'est dépouillée de toute juridiction, en se donnant au souverain; elle s'est soumise à la famille régnante, elle a donné à ceux qui en descendent un droit que personne ne peut plus leur ôter : elle les a établis sur elle; elle ne peut plus les juger. Eh bien! ne sera-ce point à cette même Nation de reconnaître celui à qui son devoir la lie, d'empêcher qu'on ne la livre à un autre? Et puisqu'elle a établi la loi de succession, qui peut mieux qu'elle, et avec plus de droit, désigner celui qui se trouve dans le cas que la loi fondamentale a prévu et marqué? Disons

---

(a) *Nescio quomodo nihil tam absurde dici potest, quod non dicatur ab aliquo philosophorum.* Cicer. *de Divinat.*, Lib. II.

donc, sans hésiter, que la décision de cette grande controverse appartient à la Nation, et à la Nation seule. Si même les prétendants ont transigé entre eux, ou choisi des arbitres, la Nation n'est point obligée de se soumettre à ce qui aura été ainsi réglé, à moins qu'elle n'ait consenti à la *transaction* ou au *compromis*; des princes non reconnus et de qui le droit est incertain, ne pouvant en aucune façon disposer de son obéissance. Elle ne connaît aucun juge sur elle, dans une affaire où il s'agit de ses devoirs les plus sacrés et de ses droits les plus précieux.

GROTIUS et PUFFENDORFF ne s'éloignent pas beaucoup, dans le fond, de notre sentiment; mais ils ne veulent pas que l'on appelle la décision du peuple, ou des Etats, une sentence juridique (*judicium jurisdictionis*). A la bonne heure; ne disputons pas des termes. Cependant il y a plus ici qu'un simple examen des droits, pour se soumettre à celui des prétendants qui aura le meilleur. Toute contestation qui s'élève dans la société, doit être jugée par l'autorité publique. Aussitôt que le droit de succession se trouve incertain, l'autorité souveraine retourne pour un temps au corps de l'Etat, qui doit l'exercer de lui-même, ou par ses représentants, jusqu'à ce que le véritable souverain soit reconnu. « La contestation de ce droit en suspendant
« les fonctions dans la personne d'un souverain, l'au-
« torité retourne naturellement aux sujets, non pas
« pour la retenir, mais pour mettre en évidence à qui
« d'entre les prétendants elle est légitimement dévolue,
« et la lui remettre ensuite entre les mains. Il ne serait
« pas difficile d'appuyer d'une infinité d'exemples une
« vérité si constante par les lumières de la raison; mais
« il suffit de se souvenir, que ce fut par les Etats du
« royaume de France que se termina, après la mort
« de *Charles-le-Bel*, la fameuse contestation entre *Phi-*
« *lippe de Valois* et le roi d'Angleterre (*Edouard III*),
« et que ces Etats, tout sujets qu'ils étaient de celui en

« faveur duquel ils prononcèrent, ne laissèrent pas
« d'être juges du différend (a). »

Guichardin, Liv. XII, témoigne aussi que ce furent les États d'Aragon qui jugèrent de la succession de ce royaume-là, et qui préférèrent Ferdinand, aïeul de Ferdinand, mari d'Isabelle, reine de Castille, à d'autres parents de Martin, roi d'Aragon, qui prétendaient que le royaume leur appartenait (b).

C'étaient de même les États, au royaume de *Jérusalem*, qui jugeaient des droits de ceux qui y prétendaient, comme il est justifié par divers exemples dans l'histoire politique d'outre-mer (c).

Les États de la principauté de *Neufchâtel* ont souvent prononcé, en forme de sentence juridique, sur la succession à la souveraineté. En l'année 1707, ils jugèrent entre un grand nombre de prétendants; et leur jugement, rendu en faveur du roi de *Prusse*, a été reconnu de toute l'Europe dans le traité d'*Utrecht*.

§ 67. — *Que le droit à la succession ne doit point dépendre du jugement d'une puissance étrangère.*

Pour assurer d'autant mieux la succession dans un ordre certain et invariable, il est établi aujourd'hui dans tous les États chrétiens (le Portugal excepté), qu'aucun descendant du souverain ne peut succéder à la couronne, s'il n'est né d'un mariage conforme aux lois du pays. Et comme c'est la Nation qui a établi la succession, c'est aussi à elle seule qu'il appartient de reconnaître ceux qui sont dans le cas de succéder; et par conséquent, c'est de son jugement seul, et de ses lois, que doit dépendre la validité du mariage de ses souverains et la légitimité de leur naissance.

(a) *Réponse pour madame de Longueville à un mémoire pour madame de Nemours.*
(b) *Ibid.*
(c) Voyez le même mémoire, qui cite l'abrégé royal du P. *Labbe*, p. 501 et suiv.

Si l'éducation n'avait la force de familiariser l'esprit humain avec les plus grandes absurdités, est-il un homme sage qui ne fût frappé d'étonnement, en voyant tant de Nations souffrir que la légitimité et le droit de leurs princes dépendent d'une puissance étrangère? La cour de Rome a imaginé une infinité d'empêchements et de nullités dans les mariages, et en même temps elle s'est arrogé le droit de juger de leur validité, et celui de lever les empêchements; en sorte qu'un prince de sa communion ne sera point le maître, en certains cas, de contracter un mariage nécessaire au salut de son Etat. JEANNE, fille unique de HENRI IV, roi de Castille, en fit la cruelle expérience. Des rebelles publièrent qu'elle devait sa naissance à *Bertrand de la Cueva,* favori du roi, et malgré les déclarations et le testament de ce prince, qui reconnut constamment JEANNE pour sa fille, et la nomma son héritière, ils appelèrent à la couronne ISABELLE, sœur de HENRI et femme de FERDINAND, héritier d'Aragon. Les seigneurs du parti de JEANNE lui avaient ménagé une puissante ressource, en négociant son mariage avec ALPHONSE, roi de Portugal. Mais comme ce prince était oncle de JEANNE, il fallait une dispense du pape, et Pie II, qui était dans les intérêts de FERDINAND et d'ISABELLE, refusait de donner la dispense, sous prétexte que la proximité était trop grande, quoique de pareilles alliances fussent très communes alors. Ces difficultés ralentirent le monarque portugais, et refroidirent le zèle des Castillans fidèles : tout réussit à ISABELLE, et l'infortunée JEANNE prit le voile de religieuse, pour assurer le repos de la Castille par ce sacrifice héroïque (*a*).

(*a*) Je prends ce trait d'histoire dans les *Conjurations* de *Du Port de Tertre,* à qui je m'en rapporte, n'ayant pas les historiens originaux sous la main. Au reste, je n'entre point dans la question de la naissance de *Jeanne :* elle est inutile à mon sujet. La princesse n'avait point été déclarée bâtarde

Si le prince passe outre et se marie malgré les refus du pape, il expose son Etat aux troubles les plus funestes. Que serait devenue l'Angleterre, si la réformation ne s'y fût heureusement établie, lorsque le pape osa déclarer la reine ELISABETH illégitime et inhabile à porter la couronne?

Un grand empereur, LOUIS DE BAVIÈRE, sut bien revendiquer à cet égard les droits de sa couronne. On voit dans le Code diplomatique du droit des gens de LEIBNITZ (*a*), deux actes dans lesquels ce prince condamne, comme attentatoire à l'autorité impériale, la doctrine qui attribue à une autre puissance que la sienne le droit de donner dispense et de juger de la validité des mariages, dans les lieux de son obéissance. Mais il n'a été ni bien soutenu de son temps, ni imité par ses successeurs.

§ 68. — *Des États appelés patrimoniaux.*

Il est enfin des Etats dont le souverain peut choisir son successeur, et même transporter la couronne à un

---

suivant les lois, le roi l'avouait pour sa fille; et d'ailleurs, qu'elle fût légitime ou non, les inconvénients qui résultèrent des refus du pape demeurent toujours les mêmes, pour elle et pour le roi de Portugal.

(*a*) P. 154. *Forma divortii matrimonialis inter Johannem, filium regis Bohemiæ, et Margaretham, ducissam Karinthiæ.* C'est l'empereur qui donne ce divorce, sur le fondement de l'impuissance du mari, *per auctoritatem*, dit-il, *nobis rite debitam et concessam.*

P. 156. *Forma dispensationis super affinitate consanguinitatis inter Ludovicum, marchionem Brandenburg, et Margaretham, ducissam Karinthiæ, nec non legitimatio liberorum procreandorum, factæ per Dom. Ludovic. IV. Rom. Imper.*

Ce n'est, dit l'empereur, qu'une loi humaine qui empêche ces mariages, *infra gradus affinitatis sanguinis, præsertim infra fratres et sorores. De cujus legis præceptis dispensare solummodo pertinet ad auctoritatem imperatoris seu principis Romanorum.* Il combat ensuite et condamne l'opinion de ceux qui osent dire que ces dispenses dépendent des ecclésiastiques. Cet acte est de l'an 1341, aussi bien que le précédent.

autre, pendant sa vie : on les appelle communément royaumes ou Etats *patrimoniaux*. Rejetons une expression si peu juste et si impropre ; elle ne peut servir qu'à faire naître dans l'esprit de quelques souverains, des idées fort opposées à celles qui doivent les occuper. Nous avons fait voir (§ 61) que l'Etat ne peut être un patrimoine. Mais il peut arriver qu'une Nation, soit par l'effet d'une entière confiance en son prince, soit par quelque autre raison, lui ait confié le soin de désigner son successeur, et même qu'elle ait consenti à recevoir, s'il le trouve à propos, un autre souverain de sa main. Nous avons vu Pierre Ier, empereur de Russie, nommer sa femme pour lui succéder, quoiqu'il eût des enfants.

§ 69. — *Toute véritable souveraineté est inaliénable.*

Mais quand un prince choisit son successeur, ou quand il cède la couronne à un autre, il ne fait proprement que nommer, en vertu du pouvoir qui lui est confié, soit expressément, soit par un consentement tacite, celui qui doit gouverner l'Etat après lui. Ce n'est point, et ce ne peut être une aliénation proprement dite. Toute vraie souveraineté est inaliénable de sa nature. On s'en convaincra aisément, si l'on fait attention à l'origine et au but de la société politique et de l'autorité souveraine. Une Nation se forme en corps de société, pour travailler au bien commun, comme elle le jugera à propos, pour vivre suivant ses propres lois ; elle établit dans cette vue une autorité publique. Si elle confie cette autorité à un prince, même avec pouvoir de la transmettre en d'autres mains, ce ne peut jamais être, à moins d'un consentement exprès et unanime de citoyens, avec le droit de l'aliéner véritablement, ou d'assujettir l'Etat à un autre corps politique. Car les particuliers qui ont formé cette société, y sont entrés pour vivre dans un Etat indépendant, et point du tout pour être soumis à un joug étranger. Qu'on ne nous oppose point quelque autre source de ce droit, la conquête, par exemple. Nous avons déjà fait voir (§ 60) que ces différentes sources reviennent enfin aux vrais principes de tout juste gouvernement. Tant que le vainqueur ne traite pas sa conquête suivant ces principes, l'état de guerre subsiste en quelque façon; du moment qu'il la met véritablement dans l'état civil, ses droits se mesurent sur les principes de cet état.

Je sais que plusieurs auteurs, Grotius entre autres (*a*), nous donnent de longues énumérations d'aliénations de souverainetés. Mais les exemples ne prouvent souvent que l'abus du pouvoir, et non pas le droit. Et puis, les peuples ont consenti à l'aliénation de gré ou de force. Qu'eussent fait les habitants de *Pergame*, de la *Bithynie*, de la *Cyrénaïque*, lorsque leurs rois les donnèrent par testament au peuple romain? Il ne leur restait que le parti de se soumettre de bonne grâce à un *légataire* si puissant. Pour alléguer un exemple capable de faire autorité, il faudrait nous citer celui de quelque peuple résistant à une semblable disposition de son souverain, et condamné généralement comme injuste et rebelle. Si ce même Pierre Ier, qui nomma sa femme pour lui succéder, eût voulu assujettir son empire au Grand-Seigneur, ou à quelque autre puissance voisine, croit-on que les *Russes* l'eussent souffert? et leur résistance eût-elle passé pour une révolte? Nous ne voyons point en Europe de grand Etat qui soit réputé aliénable. Si quelques petites principautés ont été regardées comme telles, c'est qu'elles n'étaient point de véritables souverainetés. Elles relevaient de l'empire, avec plus ou moins de liberté; leurs maîtres trafiquaient des droits qu'ils avaient sur ces territoires, mais ils ne pouvaient les soustraire à la dépendance de l'empire.

Concluons donc que la Nation seule ayant le droit de se soumettre à une puissance étrangère, le droit

---

(*a*) *Droit de la guerre et de la paix*, Liv. I, chap. III, § XII.

d'aliéner véritablement l'Etat ne peut jamais appartenir au souverain, s'il ne lui est expressément donné par le peuple entier (*). Celui de se nommer un successeur, ou de remettre le sceptre en d'autres mains, ne se présume point non plus, et doit être fondé sur un consentement exprès, sur une loi de l'Etat, ou sur un long usage, justifié par le consentement tacite des peuples.

§ 70. — *Devoir du prince qui peut nommer son successeur.*

Si le pouvoir de nommer son successeur est confié au souverain, il ne doit avoir en vue, dans son choix, que l'avantage et le salut de l'Etat. Il n'a été lui-même établi que pour cette fin (§ 39); la liberté de remettre sa puissance en d'autres mains, ne peut donc lui avoir été confiée que dans la même vue. Il serait absurde de la considérer comme un droit utile du prince, dont il peut user pour son avantage particulier. PIERRE-LE-GRAND ne se proposa que le bien de l'empire, lorsqu'il laissa la couronne à son épouse. Il connaissait cette héroïne pour la plus capable de suivre ses vues, de perfectionner les grandes choses qu'il avait commencées; il la préféra à son fils encore trop jeune. Si l'on voyait souvent sur le trône des âmes aussi élevées que celle de PIERRE, une Nation ne saurait prendre de plus sages mesures pour s'assurer d'être toujours bien gouvernée, que de confier au prince, par une loi fondamentale, le pouvoir de désigner son successeur. Ce

---

(*) Le Pape s'opposant à l'entreprise de Louis, fils de Philippe-Auguste, sur le royaume d'Angleterre, sous prétexte que le roi Jean s'était rendu feudataire du saint-siége, on lui répondit entre autres choses, *qu'un souverain n'avait aucun droit de disposer de ses États sans le consentement de ses barons, qui sont obligés de les défendre.* Alors les seigneurs français s'écrièrent tout d'une voix, qu'ils soutiendraient jusqu'à la mort cette vérité : *qu'aucun prince ne peut, par sa seule volonté, donner son royaume ou le rendre tributaire, et asservir ainsi la noblesse.* Hist. de France de Velly, tom. III, p. 491.

moyen serait bien plus sûr que l'ordre de la naissance. Les empereurs romains, qui n'avaient point d'enfants mâles, se donnaient un successeur par l'adoption. Rome fut redevable à cet usage d'une suite de souverains uniques dans l'histoire, Nerva, Trajan, Adrien même, Antonin, Marc-Aurèle; quels princes ! La naissance en place-t-elle souvent de pareils sur le trône?

§ 71. — *La ratification, au moins tacite.*

Allons plus loin, et disons hardiment, que s'agissant, dans un acte si important, du salut de la Nation entière, le consentement, et la ratification au moins tacite, du peuple ou de l'État, y est nécessaire, pour lui donner un plein et entier effet. Si un empereur de Russie s'avisait de nommer pour son successeur un sujet notoirement indigne de porter la couronne, il n'y a point d'apparence que ce vaste empire se soumît aveuglément à une disposition si pernicieuse. Et qui osera blâmer une Nation de ce qu'elle ne veut pas courir à sa ruine, par déférence aux derniers ordres de son prince? Dès que le peuple se soumet au souverain qui lui a été désigné, il ratifie tacitement le choix qu'en a fait le dernier prince, et le nouveau monarque entre dans tous les droits de son prédécesseur.

CHAPITRE VI.

Principaux objets d'un bon gouvernement:
1° Pourvoir aux besoins de la Nation.

§ 72. — *Le but de la société marque au souverain ses devoirs.*
1° Il doit procurer l'abondance.

Après ces observations sur la constitution même de l'État, venons maintenant aux principaux objets d'un bon gouvernement. Nous avons vu ci-dessus (§§ 41 et 42) que le prince, une fois revêtu de l'autorité souveraine, est chargé des devoirs de la Nation par rapport au gouvernement. Traiter des principaux objets d'une sage administration, c'est donc exposer en même temps les devoirs d'une Nation envers elle-même, et ceux du souverain envers son peuple.

Un sage conducteur de l'État trouvera dans les fins de la société civile la règle de l'indication générale de ses devoirs. La société est établie dans la vue de procurer à ceux qui en sont membres les nécessités, les commodités, et même les agréments de la vie, et en général tout ce qui est nécessaire à leur félicité; de faire en sorte que chacun puisse jouir tranquillement du sien et obtenir justice avec sûreté; enfin, de se défendre ensemble contre toute violence du dehors (§ 15). La Nation, ou son conducteur, s'appliquera donc premièrement à pourvoir aux besoins du peuple, à faire régner dans l'Etat une heureuse abondance de toutes les choses nécessaires à la vie, même des commodités et des agréments innocents et louables. Outre qu'une vie aisée sans mollesse, contribue au bonheur des hommes, elle les met en état de travailler avec plus de soin et de succès à leur propre perfection; ce qui est leur grand et principal devoir, et une des vues qu'ils doivent se proposer lorsqu'ils s'unissent en société.

§ 73. — *Prendre soin qu'il y ait un nombre suffisant d'ouvriers.*

Pour réussir à procurer cette abondance de toutes choses, il faut s'appliquer à faire en sorte qu'il y ait un nombre suffisant d'ouvriers habiles, dans chaque profession utile ou nécessaire. Les soins attentifs du gouvernement, des règlements sages, des secours placés à propos, produiront cet effet, sans user d'une contrainte toujours funeste à l'industrie.

§ 74. — *Empêcher la sortie de ceux qui sont utiles.*

On doit retenir dans l'Etat les ouvriers qui lui sont

utiles; et certainement l'autorité publique est en droit d'user, s'il le faut, de contrainte, pour y réussir. Tout citoyen se doit à sa patrie, et un artisan en particulier, nourri, élevé, instruit dans son sein, ne peut légitimement la quitter, et porter chez l'étranger une industrie qu'il tient d'elle, à moins que la patrie ne lui manque la première, ou qu'il ne puisse pas y recueillir le juste fruit de son travail et de ses talents. Il faut donc lui procurer de l'occupation; et si, pouvant faire un gain honnête dans son pays, il voulait l'abandonner sans raison, la patrie est en droit de le retenir. Mais elle doit user fort sobrement de ce droit, et seulement dans les cas importants ou de nécessité. La liberté est l'âme des talents et de l'industrie : souvent un ouvrier, ou un artiste, après avoir beaucoup voyagé, est rappelé dans sa patrie par un sentiment naturel, et revient plus habile et mieux en état de la servir utilement. Si vous exceptez certains cas particuliers, le mieux est dans cette affaire de ne mettre en usage que des moyens doux, la protection, l'encouragement, etc., et se reposer du reste sur cet amour naturel à tout homme pour les lieux qui l'ont vu naître.

§ 75. — *Des émissaires qui les débauchent.*

Quant à ces émissaires qui viennent dans un pays pour lui débaucher des sujets utiles, le souverain est en droit de les punir sévèrement, et il a un juste sujet de plainte contre la puissance qui les emploie.

Nous traiterons ailleurs plus expressément la question générale, s'il est permis à un citoyen de quitter la société dont il est membre. Les raisons particulières, qui concernent les ouvriers utiles, nous suffisent ici.

§ 76. — *On doit encourager le travail et l'industrie.*

L'Etat doit encourager le travail, animer l'industrie, exciter les talents, proposer des récompenses, des honneurs, des priviléges, faire en sorte que chacun trouve à vivre de son travail. L'Angleterre mérite encore d'être proposée ici pour exemple. Le parlement veille sans cesse à ces objets importants ; il n'épargne ni soins, ni dépenses. Et ne voyons-nous pas même une société d'excellents citoyens, formée dans cette vue, y consacrer des sommes considérables ? Elle distribue des prix en *Irlande*, aux ouvriers qui se sont le plus distingués dans leurs professions ; elle assiste les étrangers qui s'y transplantent et qui n'ont pas les moyens de s'établir. Un pareil Etat peut-il manquer d'être puissant et heureux ?

CHAPITRE VII.

De la culture des terres.

§ 77. — *Utilité du labourage.*

De tous les arts le labourage ou l'agriculture est sans doute le plus utile et le plus nécessaire. C'est le père nourricier de l'Etat. La culture des terres en multiplie infiniment les productions ; elle forme la ressource la plus sûre, le fonds de richesse et de commerce le plus solide, pour tout peuple qui habite un heureux climat.

§ 78. — *Police nécessaire à cet égard, pour la distribution des terres.*

Cet objet mérite donc toute l'attention du gouvernement. Le souverain ne doit rien négliger pour procurer aux terres de son obéissance la meilleure culture. Il ne faut pas souffrir que des communautés, ou des particuliers, acquièrent de grandes terres pour les laisser incultes. Ces droits de *communes*, qui ôtent à un propriétaire la libre disposition de son fonds, qui ne lui permettent pas de le fermer et de lui donner la culture la plus avantageuse ; ces droits, dis-je, sont contraires au bien de l'Etat, et doivent être supprimés, ou réduits dans de justes bornes. La propriété introduite parmi les citoyens n'empêche pas que la Nation ne soit en droit de prendre des mesures efficaces, pour faire en sorte que la totalité de son terrein produise le plus grand revenu possible, et le plus avantageux.

§ 79. — *Pour la protection des laboureurs.*

Le gouvernement doit éviter avec soin tout ce qui peut rebuter le laboureur, ou le détourner de son travail. Ces tailles, ces impôts excessifs et mal proportionnés, qui tombent presque entièrement à la charge des cultivateurs, les vexations des commis qui les exigent, ôtent aux malheureux paysans les moyens de labourer la terre, et dépeuplent les campagnes. L'Espagne est le pays de l'Europe le plus fertile, et le moins cultivé. L'Église y possède trop de terres, et les entrepreneurs des magasins royaux, autorisés à prendre à vil prix tout le blé qui se trouve chez un paysan, au-delà de ce qui est destiné à sa subsistance, découragent si fort le laboureur, qu'il ne sème précisément que la quantité de blé nécessaire pour lui et sa famille. De là ces disettes fréquentes, dans un pays qui pourrait nourrir ses voisins.

§ 80. — *On doit mettre en honneur le labourage.*

Un autre abus nuit encore à la culture; c'est le mépris que l'on fait du laboureur. Les bourgeois des villes, les artisans même les plus serviles, les citoyens oisifs, regardent le cultivateur d'un œil dédaigneux, l'humilient et le découragent : ils osent mépriser une profession qui nourrit le genre humain, la vocation naturelle de l'homme. Un petit marchand de modes, un tailleur d'habits, met bien loin au-dessous de lui l'occupation chérie des premiers consuls et dictateurs de Rome. La Chine a sagement évité cet abus; le labourage y est en honneur; et pour maintenir cette heureuse façon de penser, chaque année, dans un jour solennel, l'empereur lui-même, suivi de toute sa cour, met la main à la charrue, et ensemence un coin de terre.

Aussi la Chine est-elle le pays du monde le mieux cultivé : elle nourrit un peuple innombrable, qui paraît d'abord au voyageur trop grand pour l'espace qu'il occupe.

§ 81. — *Obligation naturelle de cultiver la terre.*

La culture de la terre n'est pas seulement recommandable au gouvernement pour son extrême utilité, c'est encore une obligation imposée à l'homme par la nature. La terre entière est destinée à nourrir ses habitants ; mais elle ne peut y suffire, s'ils ne la cultivent pas. Chaque Nation est donc obligée, par la loi naturelle, à cultiver le pays qui lui est échu en partage, et elle n'a droit de s'étendre, ou de recourir à l'assistance des autres, qu'autant que la terre qu'elle habite ne peut lui fournir le nécessaire. Ces peuples, tels que les anciens *Germains*, et quelques *Tartares* modernes, qui, habitant des pays fertiles, dédaignent la culture des terres, et aiment mieux vivre de rapines, se manquent à eux-mêmes, font injure à tous leurs voisins, et méritent d'être exterminés comme des bêtes féroces et nuisibles. Il en est d'autres qui, pour fuir le travail, ne veulent vivre que de leur chasse et de leurs troupeaux. Cela pouvait se faire sans contradiction dans le premier âge du monde, lorsque la terre était plus que suffisante par elle-même au petit nombre de ses habitants. Mais aujourd'hui que le genre humain s'est si fort multiplié, il ne pourrait subsister, si tous les peuples voulaient vivre de cette manière. Ceux qui retiennent encore ce genre de vie oisif, usurpent plus de terrain qu'ils n'en auraient besoin avec un travail honnête, et ils ne peuvent se plaindre, si d'autres Nations, plus laborieuses et trop resserrées, viennent en occuper une partie. Ainsi, tandis que la conquête des empires policés du *Pérou* et du *Mexique* a été une usurpation criante, l'établissement de plusieurs colonies dans le continent de l'*Amérique septentrionale* pouvait, en se contenant dans de justes bornes, n'avoir rien que de très légitime. Les peuples de ces vastes contrées les parcouraient plutôt qu'ils ne les habitaient.

§ 82. — *Des greniers publics.*

L'établissement des greniers publics est une excellente police pour prévenir la disette. Mais il faut bien se garder de les administrer avec un esprit mercantile, et dans des vues de profit : on tomberait alors dans un monopole qui, pour être exercé par le magistrat, n'en serait pas moins illicite. Ces greniers se remplissent dans les temps de grande abondance, et déchargent le cultivateur des blés qui lui resteraient, ou qui passeraient chez l'étranger en trop grande quantité; ils s'ouvrent quand le blé renchérit, et le maintiennent à un juste prix. Si, dans l'abondance, ils empêchent que cette denrée si nécessaire ne tombe aisément à un prix fort bas, cet inconvénient est plus que compensé par le soulagement qu'ils apportent dans les temps de cherté; ou plutôt il n'y a point là d'inconvénient. Lorsque le blé se donne à si grand marché, l'ouvrier est tenté, pour obtenir la préférence, d'établir ses manufactures à un prix qu'il est obligé de hausser dans la suite, ce qui en dérange le commerce, ou bien il s'accoutume à une aisance qu'il ne peut soutenir dans les temps plus difficiles. Il serait avantageux aux fabriques et au commerce, que la subsistance des ouvriers pût se maintenir à un prix modique, et toujours à peu près le même. Enfin, les greniers publics retiennent dans l'Etat des blés qui en sortiraient à vil prix, et qu'il faudrait faire revenir à grands frais dans les années de mauvaises récoltes; ce qui est une perte réelle pour la Nation. Ces établissements n'empêchent pas cependant le commerce des blés. Si le pays en produit, année commune, plus qu'il n'en faut pour la nourriture des habitants, le superflu ne laissera pas de s'écouler au dehors; mais il y passera à un prix plus soutenu et plus juste.

CHAPITRE VIII.

Du Commerce.

§ 83. — *Du commerce intérieur et extérieur.*

C'est par le moyen du commerce que les particuliers et les Nations peuvent se procurer les choses dont ils ont besoin, et qu'ils ne trouvent pas chez eux. On le divise en commerce intérieur et commerce extérieur : le premier est celui qui s'exerce dans l'Etat entre les divers habitants; le second se fait avec les peuples étrangers.

§ 84. — *Utilité du commerce intérieur.*

Le commerce intérieur est d'une grande utilité; il fournit à tous les citoyens le moyen de se procurer les choses dont ils ont besoin, le nécessaire, l'utile, et l'agréable; il fait circuler l'argent, excite l'industrie, anime le travail, et, donnant la subsistance à un très grand nombre de sujets, il contribue à rendre le pays plus peuplé et l'Etat plus puissant.

§ 85. — *Utilité du commerce extérieur.*

Les mêmes raisons démontrent l'utilité du commerce extérieur, et on y trouve de plus ces deux avantages : 1° C'est par son commerce avec les étrangers qu'une Nation se procure les choses que la nature ou l'art ne produit point dans le pays qu'elle occupe. 2° Si ce commerce est bien dirigé, il augmente les richesses de la Nation, et peut devenir pour elle une source d'abondance et de trésors. L'exemple des *Carthaginois* chez les anciens, celui des *Anglais* et des *Hollandais* chez les modernes, en fournissent des preuves éclatantes. Carthage balança par ses richesses la fortune, le courage, et la grandeur de Rome. La Hollande a amassé des sommes immenses dans ses marais : une compagnie de ses marchands possède des royaumes dans l'Orient, et le gouverneur de *Batavia* commande aux rois des Indes. A quel degré de puissance et de gloire l'Angleterre est-elle parvenue? Autrefois ses rois et ses peuples guerriers avaient fait des conquêtes brillantes, que les revers, si fréquents dans la guerre, lui firent perdre : aujourd'hui c'est principalement le commerce qui met en sa main la balance de l'Europe.

§ 86. — *Obligation de cultiver le commerce intérieur.*

Les Nations sont obligées de cultiver le commerce intérieur : 1° parce que l'on démontre en droit naturel, que les hommes doivent s'assister réciproquement, contribuer autant qu'ils le peuvent à la perfection et au bonheur de leurs semblables; d'où résulte, après l'introduction de la propriété, l'obligation de céder aux autres, à un juste prix, les choses dont ils ont besoin, et que nous ne destinons pas à notre usage. 2° La société étant établie dans la vue que chacun puisse se procurer les choses nécessaires à sa perfection et à son bonheur, et le commerce intérieur étant le moyen d'obtenir toutes ces choses-là, l'obligation de le cultiver dérive du pacte même qui a formé la société. 3° Enfin, ce commerce étant utile à la Nation, elle se doit à elle-même le soin de le rendre florissant.

§ 87. — *Obligation de cultiver le commerce extérieur.*

Par la même raison tirée du bien de l'Etat, et aussi pour procurer aux citoyens toutes les choses dont ils ont besoin, une Nation est obligée d'exercer et de favoriser le commerce extérieur. De tous les Etats modernes, l'Angleterre est celui qui se distingue le plus à cet égard. Le parlement a toujours les yeux ouverts sur cet objet important; il protége efficacement la navigation de ses marchands; il favorise, par des gratifications considérables, l'exportation des denrées et marchandises superflues. On peut voir dans un fort bon ouvrage (*a*), les fruits précieux que ce royaume a tirés d'une police si sage.

§ 88. — *Fondement du droit de commerce. Du droit d'acheter.*

Voyons maintenant quelles sont les lois de la nature, et quels sont les droits des Nations, dans ce commerce qu'elles exercent entre elles. Les hommes sont obligés de s'assister mutuellement, autant qu'ils peuvent le faire, de contribuer à la perfection et au bonheur de leurs semblables (*Prélim.*, § 10), d'où il suit, comme nous venons de le dire (§ 86), qu'après l'introduction de la propriété, c'est un devoir de vendre les uns aux autres, à un juste prix, les choses dont le possesseur n'a pas besoin pour lui-même, et qui sont nécessaires à d'autres; parce que, depuis cette introduction, aucun homme ne peut se procurer autrement tout ce qui lui est nécessaire ou utile, tout ce qui est propre à lui rendre la vie douce et agréable. Puis donc que le droit naît de l'obligation (*Prélim.*, § 3), celle que nous venons d'établir donne à chaque homme le droit de se procurer les choses dont il a besoin, en les achetant à un prix raisonnable, de ceux qui n'en ont pas besoin pour eux-mêmes.

Nous avons vu encore (*Prélim.*, § 5), que les hommes, en s'unissant en société civile, n'ont pu se soustraire à l'autorité des lois naturelles, et que la Nation entière demeure soumise, comme Nation, à ces mêmes lois; en sorte que la loi des Nations, ou le droit des gens naturel et nécessaire, n'est autre chose que le droit de la nature appliqué convenablement aux Nations, ou Etats souverains (*Prélim.*, § 6) : de tout cela il résulte, qu'une Nation a le droit de se procurer à un prix équitable les choses qui lui manquent, en les

---

(*a*) *Remarques sur les avantages et les désavantages de la France et de la Gr.-Bretagne, par rapport au commerce, et aux autres sources de la puissance des Etats* (par Dangeul).

achetant des peuples qui n'en ont pas besoin pour eux-mêmes. Voilà le fondement du droit de commerce entre les Nations, et en particulier du droit d'acheter.

§ 89. — *Du droit de vendre.*

On ne peut pas appliquer le même raisonnement au droit de vendre des choses dont on voudrait se défaire. Tout homme et toute Nation étant parfaitement libre d'acheter une chose qui est à vendre, ou de ne la pas acheter, et de l'acheter de l'un plutôt que de l'autre, la loi naturelle ne donne à qui que ce soit aucune espèce de droit de vendre ce qui lui appartient à celui qui ne souhaite pas de l'acheter, ni à aucune Nation celui de vendre ses denrées, ou marchandises, chez un peuple qui ne veut pas les recevoir.

§ 90. — *Prohibition des marchandises étrangères.*

Tout Etat, par conséquent, est en droit de défendre l'entrée des marchandises étrangères ; et les peuples que cette défense intéresse n'ont aucun droit de s'en plaindre, pas même comme si on leur eût refusé un office d'humanité. Leurs plaintes seraient ridicules, puisqu'elles auraient pour objet un gain que cette nation leur refuse, ne voulant pas qu'ils le fassent à ses dépens. Il est vrai seulement, que si une Nation était bien certaine que la prohibition de ses marchandises n'est fondée sur aucune raison prise du bien de l'Etat qui les interdit, elle aurait sujet de regarder cette conduite comme une marque de mauvaise volonté à son égard, et de s'en plaindre sur ce pied. Mais il lui serait très difficile de juger sûrement que cet Etat n'aurait eu aucune raison solide ou apparente de se porter à une pareille défense.

§ 91. — *Nature du droit d'acheter.*

Par la manière dont nous avons démontré le droit qu'a une Nation d'acheter chez les autres ce qui lui manque, il est aisé de voir que ce droit n'est point de ceux que l'on appelle *parfaits*, et qui sont accompagnés du droit de contraindre. Développons plus distinctement la nature d'un droit, qui peut donner lieu à des querelles sérieuses. Vous avez droit d'acheter des autres les choses qui vous manquent, et dont ils n'ont pas besoin pour eux-mêmes, vous vous adressez à moi; je ne suis point obligé de vous les vendre, si j'en ai moi-même affaire. En vertu de la liberté naturelle qui appartient à tous les hommes, c'est à moi de juger si j'en ai besoin, ou si je suis dans le cas de vous les vendre; et il ne vous appartient point de décider si je juge bien ou mal, parce que vous n'avez aucune autorité sur moi. Si je refuse mal à propos, et sans aucune bonne raison, de vous vendre à juste prix ce dont vous avez besoin, je pèche contre mon devoir; vous pouvez vous en plaindre, mais vous devez le souffrir et vous ne pourriez entreprendre de m'y forcer, sans violer ma liberté naturelle et me faire injure. Le droit d'acheter les choses dont on a besoin n'est donc qu'un droit *imparfait*, semblable à celui qu'a un pauvre de recevoir l'aumône d'un riche; si celui-ci la lui refuse, le pauvre est fondé à se plaindre, mais il n'est pas en droit de la prendre par force.

Si l'on demande ce qu'une Nation serait en droit de faire, dans le cas d'une extrême nécessité, c'est une question qui trouvera sa place dans le livre suivant, au chapitre IX.

§ 02. — *C'est à chaque nation de voir comment elle veut exercer le commerce.*

Puis donc qu'une Nation ne peut avoir naturellement aucun droit de vendre ses marchandises à une autre, qui ne veut pas les acheter, qu'elle n'a qu'un droit imparfait d'acheter des autres ce dont elle a besoin, qu'il appartient à celles-ci de juger si elles sont dans le cas de vendre, ou si elles n'y sont pas, et qu'enfin le commerce consiste dans la vente et l'achat réciproque de toutes sortes de marchandises, il est évident qu'il dépend de la volonté de chaque Nation d'exercer le commerce avec une autre, ou de ne pas l'exercer. Et si elle veut le permettre à quelqu'une, il dépend d'elle encore de le permettre sous telles conditions qu'elle trouvera à propos. Car en lui permettant le commerce, elle lui accorde un droit; et chacun est libre d'attacher telle condition qu'il lui plaît à un droit qu'il accorde volontairement.

§ 93. — *Comment on acquiert un droit parfait à un commerce étranger.*

Les hommes et les Etats souverains peuvent s'obliger parfaitement les uns envers les autres, par leurs promesses, aux choses auxquelles la nature ne les obligeait qu'imparfaitement. Une Nation n'ayant point naturellement un droit parfait d'exercer le commerce avec une autre, elle peut se le procurer par un pacte, ou un traité. Ce droit ne s'acquiert donc que par les traités, et se rapporte à cette espèce de droit des gens que nous appelons *conventionnel* (*Prélim.*, § 24). Le traité qui donne un droit de commerce est la mesure et la règle de ce même droit.

§ 94. — *De la simple permission du commerce.*

Une simple permission de faire le commerce ne donne aucun droit parfait à ce commerce. Car si je vous permets purement et simplement de faire quelque chose, je ne vous donne aucun droit de le faire dans la suite malgré moi : vous pouvez user de ma condescendance, aussi long-temps qu'elle durera; mais rien ne m'empêche de changer de volonté. Comme donc il appartient à chaque Nation de voir si elle veut exercer le commerce avec une autre, ou si elle ne le veut pas, et à quelles conditions elle le veut (§ 92), si une Nation a souffert pendant quelque temps qu'une autre vînt commercer dans son pays, elle demeure libre d'interdire quand il lui plaira ce commerce, de le restreindre, de l'assujettir à certaines règles, et le peuple qui l'exerçait ne peut se plaindre qu'on lui fasse une injustice.

Observons seulement que les Nations, comme les particuliers, sont obligées de commercer ensemble, pour le commun avantage du genre humain, à cause du besoin que les hommes ont les uns des autres (*Prélim.*, §§ 10 et 11. Liv. I, § 88); mais cela n'empêche pas que chacune ne demeure libre de considérer, dans les cas particuliers, s'il lui convient de cultiver, ou de permettre le commerce; et, comme les devoirs envers soi-même l'emportent sur les devoirs envers autrui, si une Nation se trouve en de telles circonstances, qu'elle juge le commerce avec les étrangers dangereux pour l'Etat, elle peut y renoncer et l'interdire. C'est ainsi que les *Chinois* en ont usé pendant long-temps. Mais encore un coup, il faut que ses devoirs envers elle-même lui prescrivent cette réserve, par des raisons sérieuses et importantes; autrement elle ne peut se refuser aux devoirs généraux de l'humanité.

§ 95. — *Si les droits touchant le commerce sont sujets à la prescription.*

Nous avons vu quels sont les droits que les Nations tiennent de la nature à l'égard du commerce, et comment elles peuvent s'en procurer d'autres par des traités; voyons si elles peuvent en fonder quelques-uns sur un long usage. Pour décider solidement cette question, il faut d'abord observer qu'il est des droits qui consistent dans un simple *pouvoir*, on les appelle en latin, *jura meræ facultatis*, droits de simple faculté. Ils sont tels de leur nature, que celui qui les possède peut en user, ou n'en pas user, suivant qu'il le trouve à propos, étant absolument libre de toute contrainte à cet égard; en sorte que les actions qui se rapportent à l'exercice de ces droits sont des actes de pure et libre volonté, que l'on peut faire, ou ne pas faire, selon son bon plaisir. Il est manifeste que les droits de cette espèce ne peuvent se prescrire par le non usage, puisque la prescription n'est fondée que sur un consentement légitimement présumé, et que si je possède un droit tel de sa nature que je puisse en user, ou n'en pas user, suivant que je le trouverai à propos, sans que personne ait rien à me prescrire là-dessus, on ne peut présumer, de ce que j'aurai été long-temps sans en faire usage, que mon intention ait été de l'abandonner. Ce droit est donc imprescriptible, à moins que l'on ne m'ait défendu ou empêché d'en faire usage, et que je n'aie obéi, avec des marques suffisantes de consentement. Supposons, par exemple, que je sois libre de moudre mon blé à tel moulin qu'il me plaît, et que pendant un temps très considérable, un siècle, si vous voulez, je me sois servi du même moulin; comme j'ai fait en cela ce que j'ai trouvé à propos, on ne peut présumer de ce long usage du même moulin, que j'aie voulu me priver du droit de moudre en tout autre, et par conséquent mon droit ne peut se prescrire. Mais supposons maintenant, que voulant me servir d'un autre moulin, le maître du premier s'y oppose, et me fasse signifier une défense; si j'obéis à sa défense, sans nécessité, et sans lui rien opposer, quoique je sois en pouvoir de me défendre, et que je connaisse mon droit, ce droit se prescrit, parce que ma conduite donne lieu de présumer légitimement que j'ai voulu l'abandonner. Faisons l'application de ces principes. Puisqu'il dépend de la volonté de chaque Nation d'exercer le commerce avec une autre, ou de ne pas l'exercer, et de régler la manière dont elle veut l'exercer (§ 92), le droit de commerce est évidemment un droit de pure faculté (*jus meræ facultatis*), un simple pouvoir, et par conséquent il est imprescriptible. Ainsi, quand même deux Nations auraient commercé ensemble, sans interruption, pendant un siècle, ce long usage ne donne aucun droit ni à l'une ni à l'autre; et l'une n'est point obligée pour cela de souffrir que l'autre vienne lui vendre ses marchandises, ou en acheter chez elle : toutes les deux conservent le double droit, et d'interdire l'entrée des marchandises étrangères, et de vendre les leurs partout où l'on voudra les recevoir. Que les *Anglais* soient, depuis un temps immémorial, dans l'usage de tirer des vins du *Portugal*, ils ne sont pas obligés pour cela de continuer ce commerce, et ils n'ont point perdu la liberté d'acheter leurs vins ailleurs. Qu'ils vendent de même, depuis un très long temps, leurs draps dans ce royaume, ils n'en sont pas moins les maîtres de les porter ailleurs : et réciproquement, les *Portugais* ne sont point obligés, par ce long usage, de vendre leurs vins aux *Anglais*, ni d'en acheter les draps. Si une Nation désire quelque droit de commerce, qui ne dépende plus de la volonté d'une autre, il faut qu'elle se le procure par un traité.

§ 96. — *Imprescriptibilité de ceux qui sont fondés sur un traité.*

Ce que nous venons de dire se peut appliquer aux droits de commerce acquis par des traités. Si une Nation s'est procuré par cette voie la liberté de vendre certaines marchandises chez une autre, elle ne perd pas son droit, quand même elle laisse écouler un grand nombre d'années sans en faire usage ; parce que ce droit est un simple pouvoir, *jus merœ facultatis*, dont elle est maîtresse d'user quand il lui plaît, ou de ne pas user.

Cependant certaines circonstances pourraient changer cette décision, parce qu'elles changeraient implicitement la nature du droit en question. Par exemple, s'il paraissait évidemment que la Nation qui a donné ce droit, ne l'a accordé que dans la vue de se procurer une espèce de marchandises dont elle a besoin, celle qui a obtenu le droit de les lui vendre négligeant de les fournir, et une autre offrant de les livrer régulièrement, sous la condition d'un privilége exclusif, il paraît certain qu'on peut accorder ce privilége : la Nation qui avait ce droit de vendre le perdra ainsi, parce qu'elle n'en a pas rempli la condition tacite.

§ 97. — *Du monopole et des compagnies de commerce exclusif.*

Le commerce est un bien commun à la Nation, tous ses membres y ont un droit égal. Le *monopole* est donc en général contraire aux droits des citoyens. Cependant cette règle a ses exceptions, prises du bien même de la Nation, et un sage gouvernement peut, en certains cas, établir le monopole avec justice. Il est des entreprises de commerce qui ne peuvent être faites qu'en forces, qui demandent des fonds considérables, et qui passent la portée des particuliers. Il en est d'autres qui deviendront bientôt ruineuses, si elles ne sont conduites avec beaucoup de prudence, dans un même esprit, et suivant des maximes et des règles soutenues : ces commerces ne peuvent se faire indistinctement par les particuliers ; il se forme alors des compagnies, sous l'autorité du gouvernement, et ces compagnies ne sauraient se soutenir sans un privilége exclusif. Il est donc avantageux à la Nation de le leur accorder. C'est ainsi que l'on a vu naître en divers pays ces puissantes compagnies qui font le commerce de l'Orient. Lorsque les sujets des *Provinces-Unies* s'établirent dans les *Indes* sur les ruines des *Portugais* leurs ennemis, des marchands particuliers n'auraient osé penser à une si haute entreprise, et l'État lui-même, occupé à défendre sa liberté contre les *Espagnols*, n'avait pas les moyens de la tenter.

Il est encore hors de doute que quand une branche de commerce, ou une manufacture n'est point au pouvoir d'une Nation, si quelqu'un s'offre à l'établir, sous la réserve d'un privilége exclusif, le souverain peut le lui accorder.

Mais toutes les fois qu'un commerce peut être libre à toute la Nation, sans inconvénient, sans être moins avantageux à l'État, le réserver à quelques citoyens privilégiés, c'est blesser le droit des autres. Et lors même que ce commerce exige des frais considérables, pour entretenir des forts, des vaisseaux de guerre, etc., comme c'est l'affaire commune de la Nation, l'Etat peut se charger de ces dépenses, et en abandonner le fruit aux négociants, pour encourager l'industrie. C'est ainsi que l'on en use quelquefois en Angleterre.

§ 98. — *Balance du commerce ; attention du gouvernement à cet égard.*

Le conducteur de la Nation doit veiller soigneusement à encourager le commerce avantageux à son peuple, et à supprimer ou restreindre celui qui lui est désavantageux. L'or et l'argent étant devenus la commune mesure de toutes les choses commerçables, le commerce qui apporte dans l'Etat une plus grande quantité de ces métaux qu'il n'en fait sortir, est un commerce avantageux; et au contraire, celui-là est ruineux, qui fait sortir plus d'or et d'argent qu'il n'en apporte: c'est ce qu'on appelle la balance du commerce. L'habileté de ceux qui le dirigent consiste à faire pencher cette balance en faveur de la Nation.

§ 99. — *Des droits d'entrée.*

De toutes les mesures qu'un sage gouvernement peut prendre dans cette vue, nous ne toucherons ici que les droits d'entrée. Lorsque les conducteurs de l'Etat, sans contraindre absolument le commerce, veulent cependant le jeter d'un autre côté, ils assujettissent la marchandise qu'ils prétendent détourner, à des droits d'entrée capables d'en dégoûter les habitants. C'est ainsi que les vins de France sont chargés en Angleterre de droits très forts, tandis que ceux de Portugal n'en paient que de modiques, parce que l'Angleterre vend peu de ses productions en France, au lieu qu'elle en verse abondamment en Portugal. Il n'y a rien dans cette conduite que de très sage et de très juste; et la France ne peut pas s'en plaindre, toute Nation étant maîtresse des conditions auxquelles elle veut bien recevoir des marchandises étrangères, et pouvant même ne les pas recevoir du tout.

CHAPITRE IX.

Du soin des chemins publics, et des droits de péage.

§ 100. *Utilité des grands chemins, des canaux, etc.*

L'utilité des grands chemins, des ponts, des canaux, en un mot de toutes les voies de communication sûres et commodes, ne peut être douteuse. Elles facilitent le commerce d'un lieu à l'autre, et rendent le transport des marchandises moins coûteux, plus sûr, et plus aisé. Les marchands se trouvent en état de vendre à meilleur prix, et d'obtenir la préférence; on attire les étrangers, leurs marchandises prennent leur route dans le pays, et répandent de l'argent dans tous les lieux où elles passent. La France et la Hollande en font tous les jours l'heureuse expérience.

§ 101. — *Devoir du gouvernement à cet égard.*

Un des principaux soins que le gouvernement doit au bien public, au commerce en particulier, regardera donc les grands chemins, les canaux, etc. Il ne doit rien négliger pour les rendre également sûrs et commodes. La France est un des Etats du monde où l'on s'acquitte de ce devoir public avec le plus d'attention et de magnificence. Partout de nombreuses maréchaussées veillent à la sûreté des voyageurs; des chaussées magnifiques, des ponts, des canaux, facilitent la communication d'une province à l'autre : Louis XIV a joint les deux mers par un ouvrage digne des Romains.

§ 102. — *De ses droits à ce même égard.*

La Nation entière doit contribuer sans doute à des choses qui lui sont si utiles. Lors donc que la construction et la réparation des grands chemins, des ponts, des canaux, chargeraient trop les revenus ordinaires de l'Etat, le gouvernement peut obliger les peuples d'y travailler, ou de subvenir aux dépenses. On a vu des paysans de quelques provinces de France murmurer des travaux qu'on leur imposait pour la construction des chaussées; mais ils n'ont pas tardé à bénir les auteurs de l'entreprise, dès que l'expérience les a éclairés sur leurs véritables intérêts.

§ 103. — *Fondement du droit de péage.*

La construction et l'entretien de tous ces ouvrages exigeant de grandes dépenses, une Nation peut très justement y faire contribuer tous ceux qui participent à leur utilité: c'est la source légitime du droit de *péage*. Il est juste qu'un voyageur, et surtout un marchand, qui profite d'un canal, d'un pont, ou d'une chaussée, pour faire sa route, pour transporter plus commodément ses marchandises, entre dans les frais de ces établissements utiles, par une modique contribution; et si un Etat juge à propos d'en exempter les citoyens, rien ne l'oblige à en gratifier les étrangers.

§ 104. — *Abus de ce droit.*

Mais un droit si légitime dans son origine, dégénère souvent en de grands abus. Il est des pays où l'on ne prend aucun soin des chemins, et où on ne laisse pas d'exiger des péages considérables. Tel seigneur qui aura une langue de terre aboutissante à un fleuve, y établit un péage, quoiqu'il ne dépense pas un denier à l'entretien du fleuve et à la commodité de la navigation. C'est une extorsion manifeste et contraire au droit des gens naturel. Car le partage et la propriété des terres n'a pu ôter à personne le droit de passage, lorsque l'on ne nuit en aucune façon à celui sur le territoire de qui on passe. Tout homme tient ce droit de la nature, et on ne peut, avec justice, le lui faire acheter.

Mais le droit des gens *arbitraire*, ou *la coutume* des Nations, tolère aujourd'hui cet abus, tant qu'il ne va pas à un excès capable de détruire le commerce. Cependant on ne s'y soumet sans difficulté, que pour les droits établis par un ancien usage : l'imposition de nouveaux péages est souvent une source de querelles. Les Suisses ont fait autrefois la guerre aux ducs de Milan, pour des vexations de cette nature. On abuse encore du droit de péage, lorsqu'on exige des passants une contribution trop forte, et peu proportionnée à ce que coûte l'entretien des chemins publics.

Aujourd'hui les Nations s'arrangent là-dessus par des traités, pour éviter toute vexation et toute difficulté.

CHAPITRE X.

De la monnaie et du change.

§ 105. — *Établissement de la monnaie.*

Dans les premiers temps, depuis l'introduction de la propriété, les hommes échangeaient leurs denrées et effets superflus, contre ceux dont ils avaient besoin. L'or et l'argent devinrent ensuite la commune mesure du prix de toutes choses; et afin que le peuple n'y fût pas trompé, on imagina d'imprimer au nom de l'État sur des pièces d'or et d'argent, ou l'image du prince, ou quelque autre empreinte, qui fût comme le sceau et le garant de sa valeur. Cette institution est d'un grand usage et d'une commodité infinie. Il est aisé de voir combien elle facilite le commerce. Les Nations ou leurs conducteurs ne sauraient donner trop d'attention à une matière si importante.

§ 106. — *Devoirs de la Nation, ou du prince, à l'égard de la monnaie.*

L'empreinte qui se voit sur la monnaie devant être le sceau de son titre et de son poids, on sent d'abord qu'il ne peut être permis indifféremment à tout le monde d'en fabriquer. Les fraudes y deviendraient trop communes; elle perdrait bientôt la confiance publique : ce serait anéantir une institution utile. La monnaie se fabrique par l'autorité et au nom de l'Etat, ou du prince, qui en est garant. Il doit donc avoir soin d'en faire fabriquer en quantité suffisante pour les besoins du pays, et veiller à ce qu'on la fasse bonne, c'est-à-dire, que sa valeur intrinsèque soit proportionnée à sa valeur extrinsèque, ou numéraire.

Il est vrai que dans une nécessité pressante, l'Etat serait en droit d'ordonner aux citoyens de recevoir la monnaie à un prix supérieur à sa valeur réelle. Mais comme les étrangers ne la recevront point à ce prix-là, la Nation ne gagne rien à cette manœuvre : c'est farder pour un moment la plaie, sans la guérir. Cet excédant de valeur, ajouté arbitrairement à la monnaie, est une vraie dette que le souverain contracte envers les particuliers : et pour observer une exacte justice, la crise passée, on doit racheter toute cette monnaie aux dépens de l'Etat, en la payant en d'autres espèces, au cours naturel; autrement cette espèce de charge, imposée dans la nécessité, retombe sur ceux-là seulement qui ont reçu en paiement une monnaie arbitraire; ce qui est injuste. D'ailleurs, l'expérience a montré qu'une pareille ressource est ruineuse pour le commerce, en ce qu'elle détruit la confiance de l'étranger et du citoyen, fait hausser à proportion le prix de toutes choses, et, engageant tout le monde à resserrer, ou à envoyer au dehors les bonnes espèces anciennes, suspend la circulation de l'argent. En sorte qu'il est du devoir de toute Nation et de tout souverain, de s'abstenir, autant qu'il est possible, d'une opération si dangereuse, et de recourir plutôt à des impôts et à des contributions extraordinaires, pour subvenir aux besoins pressants de l'Etat (*).

§ 107. — *De ses droits à cet égard.*

Puisque l'Etat est garant de la bonté de la monnaie et de son cours, c'est à l'autorité publique seule qu'il appartient de la faire fabriquer. Ceux qui la contrefont violent les droits du souverain, soit qu'ils la fassent au même titre, soit qu'ils l'altèrent. On les appelle *faux-monnayeurs*, et leur crime passe, avec raison, pour un des plus graves. Car s'ils fabriquent une monnaie de mauvais aloi, ils volent le public et le prince; et s'ils la font bonne, ils usurpent le droit du souverain. Ils ne se porteront pas à la faire bonne, à moins qu'il n'y ait un profit sur la fabrique; et alors ils

---

(*) On trouve dans Boizart, *Traité des monnaies*, les observations suivantes : « Il est à remarquer que quand nos rois « affaiblissaient leurs monnaies, ils cachaient cet affaiblisse-« ment aux peuples; témoin l'ordonnance de Philippe de « Valois, de l'année 1350, par laquelle ayant ordonné que « l'on fît des doubles tournois à 2 deniers 5⅓ grains de loi, « ce qui était proprement altérer la monnaie, il dit dans son « mandement, parlant aux officiers des monnaies : *Sur le* « *serment que vous avez au roi, tenez cette chose secrète* « *le mieux que vous pourrez ; que par vous les changeurs* « *ni autres ne puissent savoir ou sentir aucune chose. Car si* « *par vous est su, en serez punis par telle manière que tous* « *autres en auront exemple.*» Le même auteur rapporte encore d'autres ordonnances semblables du même roi et une du dauphin régent du royaume, pendant la captivité du roi Jean, en date du 27 juin 1360, en vertu de laquelle les généraux maîtres des monnaies, ordonnant aux officiers de la monnaie de fabriquer des blancs deniers à 1 denier et 12 grains de loi, leur commandent expressément de tenir cette ordonnance secrète, et *si aucuns demandent à combien ils sont* (ces blancs deniers), *si maintenir qu'ils sont à deux deniers de loi*. Chap. 29.

Les rois avaient recours à cet étrange expédient dans des cas de nécessité urgente, mais ils en sentaient l'injustice. Le

dérobent à l'Etat un gain qui lui appartient. Dans tous les cas, ils font une injure au souverain ; car la foi publique étant garante de la monnaie, le souverain seul peut la faire fabriquer. Aussi met-on le droit de battre monnaie au nombre des *droits de majesté*, et Bodin (*a*) rapporte que *Sigismond-Auguste*, roi de Pologne, ayant donné ce privilége au duc de Prusse en 1543, les Etats du pays firent un décret, où il fut inséré que le roi n'avait pu donner ce droit, comme étant inséparable de la couronne. Le même auteur fait observer, que bien qu'autrefois plusieurs seigneurs et évêques de France eussent le privilége de faire battre monnaie, elle était toujours censée se fabriquer par l'autorité du roi, qui a enfin retiré tous ces priviléges, à cause des abus.

---

même auteur, parlant de l'*empirance* ou des divers moyens d'affaiblir les monnaies, dit : « On a rarement recours à ces « moyens, parce qu'ils donnent occasion au transport et à « la fonte des bonnes espèces, à l'apport et au cours des « espèces étrangères, à l'enchérissement de toutes choses, « à l'appauvrissement des particuliers, à la diminution des « revenus qui se paient en faibles monnaies, et quelquefois « à la cessation du commerce. Cette vérité a été si reconnue « de tout temps, que les princes qui ont pratiqué quelques- « uns de ces affaiblissements dans les temps fâcheux, ont « cessé de les pratiquer au moment où la nécessité a cessé. Nous « avons à ce sujet une ordonnance de Philippe-le-Bel, du « mois de mai 1295, qui porte que le roi étant à Paris, « ayant aucunement affaibli les monnaies en poids et loi, « espérant encore les affaiblir pour subvenir à ses affaires, « et connaissant être chargé en conscience du dommage qu'il « avait fait et ferait porter à sa république pour raison de cet « affaiblissement, le roi s'oblige par chartre authentique au « peuple de son royaume, que ses affaires passées, il remettra « la monnaie en bon ordre et valeur, à ses propres coûts et « dépens, et portera la perte et tare sur lui. Et outre cette « obligation, madame Jeanne, reine de France et de Navarre, « oblige ses revenus et apanages aux conditions susdites. »

(*a*) *De la république*, Liv. I, chap. X.

§ 108. — *Injure qu'une Nation peut faire à l'autre, au sujet de la monnaie.*

Des principes que nous venons d'établir, il est aisé de conclure, que si une Nation contrefait la monnaie d'une autre, ou si elle souffre et protége les faux-monnayeurs qui osent l'entreprendre, elle lui fait injure. Mais ordinairement les criminels de cet ordre ne trouvent asile nulle part, tous les princes étant également intéressés à les exterminer.

§ 109. — *Du change, et des lois du commerce.*

Il est un autre usage plus moderne, et non moins utile au commerce que l'établissement de la monnaie, c'est le *change*, ou le négoce des banquiers, par le moyen duquel un marchand remet d'un bout du monde à l'autre des sommes immenses, presque sans frais, et, s'il le veut, sans péril. Par la même raison que les souverains doivent protéger le commerce, ils sont obligés de soutenir cet usage par de bonnes lois, dans lesquelles tout marchand, étranger ou citoyen, puisse trouver sa sûreté. En général, il est également de l'intérêt et du devoir de toute Nation, d'établir chez elle de sages et justes lois de commerce.

CHAPITRE XI.

Second objet d'un bon gouvernement : procurer la vraie félicité de la Nation.

§ 110. — *Une Nation doit travailler à sa propre félicité.*

Continuons à exposer les principaux objets d'un bon gouvernement. Ce que nous avons dit dans les cinq chapitres précédents se rapporte au soin de pourvoir aux besoins du peuple et de procurer l'abondance dans l'Etat : c'est un point de nécessité, mais il ne suffit pas au bonheur d'une Nation. L'expérience montre qu'un peuple peut être malheureux au milieu de tous les biens de la terre et dans le sein des richesses. Tout ce qui peut faire jouir l'homme d'une vraie et solide félicité, forme un second objet, qui mérite la plus sérieuse attention du gouvernement. Le bonheur est le centre où tendent tous les devoirs d'un homme et d'un peuple envers soi-même : c'est la grande fin de la loi naturelle. Le désir d'être heureux est le puissant ressort qui fait mouvoir les hommes ; la félicité est le but où ils tendent tous, et elle doit être le grand objet de la volonté publique (*Prélim.*, § 5). C'est donc à ceux qui forment cette volonté publique, ou à ceux qui la représentent, aux conducteurs de la Nation, de travailler à sa félicité, d'y veiller continuellement, et de l'avancer de tout leur pouvoir.

§ 111. — *Instruction.*

Pour y réussir, il faut instruire la Nation à chercher la félicité là où elle se trouve, c'est-à-dire, dans la perfection, et lui enseigner les moyens de se la procurer. Le conducteur de l'Etat ne saurait donc apporter trop de soins à instruire son peuple, à l'éclairer, à le former aux bonnes connaissances et aux sages disciplines. Laissons aux despotes de l'Orient leur haine pour les sciences : ils craignent que l'on n'instruise leurs peuples, parce qu'ils veulent dominer sur des esclaves. Mais s'ils jouissent des excès de la soumission, ils éprouvent souvent ceux de la désobéissance et de la révolte. Un prince juste et sage ne redoute point la lumière ; il sait qu'elle est toujours avantageuse à un bon gouvernement. Si les gens éclairés savent que la liberté est le partage naturel de l'homme, ils connaissent mieux que personne combien il est nécessaire, pour leur propre avantage, que cette liberté soit soumise à une autorité légitime : incapables d'être esclaves, ils sont sujets fidèles.

§ 112. — *Éducation de la jeunesse.*

Les premières impressions sont d'une extrême conséquence pour toute la vie. Dans les tendres années de l'enfance et de la jeunesse, l'esprit et le cœur de l'homme reçoivent avec facilité la semence du bien, ou celle du mal. L'éducation de la jeunesse est une des matières les plus importantes, qui méritent l'attention du gouvernement. Il ne doit point s'en reposer entièrement sur les pères. Fonder de bons établissements pour l'éducation publique, les pourvoir de maîtres habiles, les diriger avec sagesse, et faire en sorte, par des moyens doux et convenables, que les sujets ne négligent pas d'en profiter, c'est une voie sûre pour se former d'excellents citoyens. L'admirable éducation que celle des Romains, dans leurs beaux siècles, et qu'il était naturel qu'on lui vît former de grands hommes! Les jeunes gens s'attachaient à un personnage illustre; ils se rendaient chez lui, ils l'accompagnaient partout, et profitaient également de ses instructions et de ses exemples: leurs jeux, leurs amusements étaient des exercices propres à former des soldats. On vit la même chose à *Lacédémone*, et ce fut une des plus sages institutions de l'incomparable *Lycurgue*. Ce législateur philosophe entra dans le plus grand détail sur l'éducation de la jeunesse (a), persuadé que de là dépendaient la prospérité et la gloire de sa république.

§ 113. — *Des sciences et des arts.*

Qui doutera qu'un souverain, que la Nation entière, ne doive favoriser les sciences et les arts? Sans parler de tant d'inventions utiles, qui frappent les yeux de tout le monde, les lettres et les beaux-arts éclairent l'esprit, adoucissent les mœurs, et si l'étude n'inspire pas toujours l'amour de la vertu, c'est que malheureusement elle rencontre quelquefois, et trop souvent, un cœur désespérément vicieux. La Nation et ses conducteurs doivent donc protéger les savants et les grands artistes, exciter les talents par les honneurs et les récompenses. Que les partisans de la barbarie déclament contre les

---

(a) Voyez *Xenophontis Lacedæmon. Respublica.*

sciences et les beaux-arts ; sans daigner répondre à leurs vains raisonnements, contentons-nous d'en appeler à l'expérience. Comparons l'Angleterre, la France, la Hollande, plusieurs villes de Suisse et d'Allemagne, à tant de régions livrées à l'ignorance, et voyons où il se trouve le plus d'honnêtes gens et de bons citoyens. Ce serait errer grossièrement que de nous opposer l'exemple de Sparte et celui de l'ancienne Rome. Il est vrai qu'on y négligeait les spéculations curieuses, les connaissances et les arts de pur agrément ; mais les sciences solides et pratiques, la morale, la jurisprudence, la politique, la guerre, y étaient cultivées ; à Rome principalement, avec plus de soin que parmi nous.

On reconnaît assez généralement aujourd'hui l'utilité des lettres et des beaux-arts, et la nécessité de les encourager. L'immortel Pierre Ier ne crut point pouvoir sans leur secours civiliser entièrement la Russie, et la rendre florissante. En Angleterre la science et les talents conduisent aux honneurs et aux richesses. *Newton* fut honoré, protégé, récompensé pendant sa vie, et placé après sa mort dans le tombeau des rois. La France mérite aussi à cet égard des louanges particulières : elle doit à la magnificence de ses rois plusieurs établissements non moins utiles que glorieux. L'Académie royale des Sciences répand de tous côtés la lumière et le désir de s'instruire. Louis XV lui a fourni les moyens d'envoyer chercher sous l'équateur et sous le cercle polaire la preuve d'une vérité importante : on *sait* maintenant ce que l'on *croyait* auparavant sur la foi des calculs de *Newton*. Heureux ce royaume, si le goût trop général du siècle ne lui fait point négliger les connaissances solides, pour se livrer à celles de pur agrément, et si ceux qui craignent la lumière n'y réussissent pas à étouffer le germe de la science !

§ 114. — *De la liberté de philosopher.*

Je parle de la liberté de philosopher. C'est l'âme de la république des lettres. Que peut produire un génie rétréci par la crainte? Et le plus grand homme éclairera-t-il beaucoup ses concitoyens, s'il se voit toujours en butte à des chicaneurs ignorants et bigots; s'il est obligé de se tenir continuellement sur ses gardes, pour n'être pas accusé par les tireurs de conséquences de choquer indirectement les opinions reçues? Je sais que la liberté a ses justes bornes; qu'une sage police doit veiller sur les presses, et ne point souffrir que l'on publie des ouvrages scandaleux, qui attaquent les mœurs, le gouvernement, ou la religion établie par les lois; mais il faut bien se garder aussi d'éteindre une lumière dont l'Etat peut recueillir les plus précieux avantages. Peu de gens savent tenir un juste milieu, et les fonctions de censeur littéraire ne devraient être confiées qu'à des hommes également sages et éclairés. Pourquoi chercher dans un livre, ce qu'il ne paraît pas que l'auteur y ait voulu mettre; et lorsqu'un écrivain ne s'occupe et ne parle que de philosophie, devrait-on écouter de malins adversaires, qui veulent le mettre aux prises avec la religion (4)? Bien loin d'inquiéter un philo-

---

(4) Le sujet est trop grave pour biaiser. Il faut parler clair, et dire que la vérité n'est qu'une; que la distinction entre vérité philosophique et vérité théologique, est une absurde supercherie; qu'une vérité théologique, qui ne serait pas une vérité philosophique, ne serait pas une vérité; qu'on croit souvent ce qui n'est pas vrai; que l'on ne sait jamais que ce qui est vrai; et que celui qui s'en tient à croire, joue au hasard. Wolff, l'oracle de M. de Vattel, ne devait pas l'être jusque dans ses faiblesses. Ce philosophe, dans ses *Principia phil. pract. un.* P. I, § 441, « avait mis le péché d'une action sim-
« plement en ce qu'elle est en contradiction avec la loi : ce qui
« n'est autre chose qu'être en contradiction avec la raison. Il
« s'est mis en garde contre les interprétations sinistres que les
« théologiens de son temps eussent pu donner à cette déclara-
« tion, en les avertissant qu'il se tenait dans les bornes de la
« philosophie, et qu'il leur laissait à eux le soin de faire les
« définitions qu'il leur plairait. Le temps où ce philosophe a
« vécu, le mettait dans le cas de devoir employer ce tour pour
« sa sûreté. On est embarrassé de dire lequel des deux désho-
« nore le plus les théologiens ses contemporains, ou d'avoir

sophe sur ses opinions, le magistrat devrait châtier ceux qui l'accusent publiquement d'impiété, lorsqu'il a respecté dans ses écrits la religion de l'Etat. Les Romains semblent être faits pour donner des exemples à l'univers : ce peuple sage maintenait avec soin le culte et les cérémonies religieuses établies par les lois, et il laissait le champ libre aux spéculations des philosophes. Cicéron, sénateur, consul, augure, se moque de la superstition ; il l'attaque, il la met en poudre dans ses écrits philosophiques ; il croit travailler par là à son propre bien et à celui de ses concitoyens : mais il observe, « que détruire la superstition, ce n'est point rui-

---

« exigé de pareilles excuses, ou de s'en être contentés. Mais « ce langage à double entente était une monnaie, à laquelle de- « puis long-temps ils avaient donné cours eux-mêmes. *S. Thomas* dit expressément, *Summa* 1, 2, *qu.* 71, *art.* 6, *concl.* 6, « que le théologien considère le péché comme une lésion de « Dieu ; et le philosophe, comme une action contraire à la « raison. Des principes plus justes nous apprennent à rejeter, « avec le plus profond mépris, cette prétendue opposition de « la théologie et de la philosophie. » *Eberhard, nouv. Apologie « pour Socrate*, p. 306.

Si ce que vous appelez religion *publique dominante*, *établie par les lois*, ou comme il vous plaira, est une chaîne de vérités incontestables, et par conséquent un tout vrai, toute vérité nouvelle pour vous, loin de rompre cette chaîne, s'y joindra d'elle-même, et fera un tout plus complet : si, au contraire, il y a du faux, il importe, et c'est un devoir, de le dissiper et de ne laisser que le vrai. S'il est de la *bonne police* d'interdire et réprimer des plumes manifestement malintentionnées, indécentes, licencieuses, et séditieuses, il est de l'intérêt de l'humanité de laisser le vrai philosophe, sobre, chaste, et mesuré dans ses discours, instruire et éclairer le monde par ses écrits. Que ceux-ci soient, je ne dis pas *indirectement*, mais *directement* contraires à quelque opinion reçue, n'importe. La politique qui l'en empêche, ou qui sévit contre lui, loin d'être sage, est une politique stupide, ou fourbe et tyrannique, qui outrage l'homme et déshonore le nom de religion. Réfutez ce que vous croyez faux, constatez ce que vous croyez vrai, par des arguments et des preuves incontestables, et non par des coups d'autorité qui, en pareil cas, ne sont que des aveux honteux et odieux, soit de l'ignorance,

« ner la religion ; car, dit-il, il est d'un homme sage de
« respecter les institutions, les cérémonies religieuses
« des ancêtres ; et il suffit de considérer la beauté du
« monde et l'ordre admirable des astres, pour recon-
« naître l'existence d'un être éternel et tout parfait,
« qui mérite la vénération du genre humain (*a*). » Et
dans ses entretiens sur la Nature des Dieux, il introduit
l'académicien *Cotta*, qui était pontife, lequel attaquant
librement les opinions des *stoïciens*, déclare qu'il sera
toujours prêt à défendre la religion établie, dont il
voit que la république a reçu de grands avantages ;
que ni savant, ni ignorant, ne pourra la lui faire
abandonner : sur quoi il dit à son adversaire : « Voilà

---

soit de la mauvaise foi, où l'on veut persévérer, et de l'erreur où l'on cherche à tenir les autres. Jamais édit n'a fait le vrai ni le faux cesser d'être ce qu'ils sont. Aussi la religion essentielle à l'homme n'a pas besoin d'édits ; elle se fait respecter et aimer par elle-même. Car *ce n'est jamais sur la vertu qu'on dispute, puisqu'elle vient de Dieu ; on ne se querelle, on ne se persécute que pour des opinions qui viennent des hommes.* « Le salut « des hommes n'est pas attaché à telle ou telle proposition spé-« culative, mais à la pratique de la vertu. — Les mystères, qui « ont besoin d'être révélés, ne tiennent point à la morale. — « Des vérités qui intéressent les mœurs, Dieu en a fait des vé-« rités de sentiment, dont aucun homme sensé ne doute. — Il « n'appartient pas à l'homme de donner pour loi sa créance. — « Avec des édits l'on ne fera jamais que des rebelles ou des « fripons. — La Providence a rendu indépendants de tout mys-« tère et de tout article de foi l'ordre de la société, l'état des « hommes, le destin des empires, les bons et les mauvais suc-« cès des choses d'ici-bas ; et cette conduite doit régler celle « des souverains à l'égard de ceux qu'ils doivent protéger, ré-« compenser, et rendre heureux. » *Bélisaire de M. Marmontel.* D.

(*a*) *Nam, ut verè loquamur, superstitio fusa per gentes, oppressit omnium ferè animos, atque hominum imbecillitatem occupavit.... multum enim et nobismet ipsis, et nostris profuturi videbamur, si eam funditus sustulissemus. Non verò (id enim diligenter intelligi volo) superstitione tollendâ religio tollitur. Nam et majorum instituta tueri sacris, cæremoniisque retinendis, sapientis est : et esse præstantem aliquam æternamque naturam, et eam suspiciendam, admirandamque hominum generi, pulchritudo mundi ordoque rerum cælestium cogit confiteri.* De Divinatione, Lib. II.

« ce que je pense, et comme pontife, et comme Cotta.
« Mais vous, en qualité de philosophe, amenez-moi à
« votre sentiment par la force de vos raisons. Car un
« philosophe doit me prouver la religion qu'il veut que
« j'embrasse; au lieu que j'en dois croire là-dessus nos
« ancêtres, même sans preuves (*a*). »

Joignons l'expérience à ces exemples et à ces autorités. Jamais philosophe n'a troublé l'Etat, ou la religion, par ses opinions. Elles ne feraient aucun bruit parmi le peuple, et ne scandaliseraient pas les faibles, si la malignité, ou un zèle imprudent, ne s'efforçait à en découvrir le prétendu venin. Celui-là trouble l'Etat, et met la religion en péril, qui travaille à mettre les opinions d'un grand homme en opposition avec la doctrine et le culte établis par les lois.

§ 115. — *On doit inspirer l'amour de la vertu et l'horreur du vice.*

Ce n'est point assez d'instruire la Nation; il est plus nécessaire encore, pour la conduire au bonheur, de lui inspirer l'amour de la vertu et l'horreur du vice. Ceux qui ont approfondi la morale, sont convaincus que la vertu est le véritable et le seul chemin qui conduit au bonheur; en sorte que ses maximes ne sont autre chose que l'art de vivre heureux; et il faudrait être bien ignorant dans la politique, pour ne pas sentir combien une Nation vertueuse sera plus capable qu'une autre de former un Etat heureux, tranquille, florissant, solide, respectable à tous ses voisins et formidable à ses ennemis. L'intérêt du prince doit donc concourir avec ses

---

(*a*) *Harum ego religionum nullam unquam contemnendam putavi: mihique ita persuasi, Romulum auspiciis, Numam sacris constitutis fundamenta jecisse nostrœ civitatis : quœ nunquam profecto sine summa placatione Deorum immortalium tanta esse potuisset. Habes, Balbe, quid Cotta, quid pontifex sentiat. Fac nunc ergo intelligam, quid tu sentias : à te enim philosopho rationem accipere debeo religionis, majoribus autem nostris, etiam nulla ratione reddita, credere.* De Natura Deorum, lib. III. — Je me suis servi de la traduction de M. l'abbé d'Olivet.

devoirs et les mouvements de sa conscience, pour l'engager à veiller attentivement sur une matière si importante. Qu'il emploie toute son autorité à faire régner la vertu et à réprimer le vice; qu'il destine à cette fin les établissements publics; qu'il y dirige sa conduite, son exemple, la distribution des grâces, des emplois, et des dignités; qu'il porte son attention jusque sur la vie privée des citoyens, et qu'il bannisse de l'Etat tout ce qui n'est propre qu'à corrompre les mœurs. C'est à la politique de lui enseigner en détail tous les moyens de parvenir à ce but désirable, de lui montrer ceux qu'il doit préférer, et ceux qu'il doit éviter, à cause des dangers qui les accompagnent dans l'exécution, et des abus qui pourraient s'y glisser. Observons seulement en général, que le vice peut être réprimé par les châtiments, mais que les moyens doux sont seuls capables d'élever les hommes jusqu'à la vertu : elle s'inspire, et ne se commande pas.

§ 116. — *La Nation connaîtra en cela l'intention de ceux qui la gouvernent.*

Il est incontestable que les vertus des citoyens sont les dispositions les plus heureuses que puisse désirer un juste et sage gouvernement. Voici donc un indice certain, auquel la Nation reconnaîtra les intentions de ceux qui la gouvernent : s'ils travaillent à rendre les grands et le peuple vertueux, leurs vues sont droites et pures; tenez-vous assurés qu'ils visent uniquement à la grande fin du gouvernement, au bonheur et à la gloire de la Nation. Mais s'ils corrompent les mœurs, s'ils répandent l'amour du luxe, la mollesse, la fureur des plaisirs déréglés, s'ils excitent les grands à un faste ruineux, peuples! gardez-vous de ces corrupteurs; ils cherchent à acheter des esclaves, pour dominer arbitrairement sur eux.

Pour peu qu'un prince soit modéré, il n'aura point recours à ces moyens odieux. Satisfait du rang suprême, et de la puissance qu'il tient des lois, il se propose de régner avec gloire et sûreté ; il aime son peuple, et il désire de le rendre heureux. Mais ses ministres, d'ordinaire, ne peuvent souffrir la résistance, la moindre opposition ; s'il leur abandonne l'autorité, ils sont plus fiers et plus intraitables que leur maître ; ils n'ont point pour son peuple le même amour que lui : que la Nation soit corrompue, pourvu qu'elle obéisse ! Ils redoutent le courage et la fermeté qu'inspire la vertu, et ils savent que le distributeur des grâces domine à son gré sur les hommes dont le cœur est ouvert à la convoitise. Ainsi une misérable qui exerce le plus infâme de tous les métiers, pervertit les inclinations d'une jeune victime de son odieux trafic ; elle la pousse au luxe, à la gourmandise ; elle la remplit de mollesse et de vanité, pour la livrer plus sûrement à un riche séducteur. Cette indigne créature est quelquefois châtiée par la police ; et le ministre, infiniment plus coupable, nage dans l'opulence, est revêtu d'honneurs et d'autorité. La postérité fera justice ; elle détestera le corrupteur d'une Nation respectable.

§ 117. — *L'Etat, ou la personne publique doit en particulier perfectionner son entendement et sa volonté.*

Si ceux qui gouvernent s'attachaient à remplir l'obligation que la loi naturelle leur impose envers eux-mêmes et dans leur qualité de conducteurs de l'Etat, ils seraient incapables de donner jamais dans l'odieux abus dont nous venons de parler. Jusqu'ici nous avons considéré l'obligation où se trouve une Nation d'acquérir des lumières et des vertus, ou de perfectionner son entendement et sa volonté ; nous avons, dis-je, considéré cette obligation relativement aux particuliers qui composent la Nation : elle tombe aussi, et d'une manière propre et singulière, sur les conducteurs de l'Etat. Une Nation, en tant qu'elle agit en commun, ou en corps, est une personne morale (*Prélim.*, § 2), qui a son entendement et sa volonté propre, et qui n'est pas moins obligée que tout homme en particulier d'obéir aux lois naturelles (Liv. 1, § 5) et de perfectionner ses facultés (Liv. I, § 21). Cette personne morale réside dans ceux qui sont revêtus de l'autorité publique et qui représentent la Nation entière. Que ce soit le commun conseil de la Nation, ou un corps aristocratique, ou un monarque, ce conducteur et représentant de la Nation, ce souverain, quel qu'il puisse être, est donc indispensablement obligé de se procurer toutes les lumières, toutes les connaissances nécessaires pour bien gouverner, et de se former à la pratique de toutes les vertus convenables à un souverain.

Et comme c'est en vue du bien public que cette obligation lui est imposée, il doit diriger toutes ses lumières et toutes ses vertus au salut de l'Etat, au but de la société civile.

§ 118. — *Et diriger au bien de la société les lumières et les vertus des citoyens.*

Il doit même diriger, autant qu'il lui est possible, à cette grande fin toutes les facultés, les lumières, et les vertus des citoyens, en sorte qu'elles ne soient pas utiles seulement aux particuliers qui les possèdent, mais encore à l'Etat. C'est ici un des plus grands secrets de l'art de régner. L'Etat sera puissant et heureux, si les bonnes qualités des sujets passant la sphère étroite des vertus des particuliers, deviennent des vertus de citoyens. Cette heureuse disposition éleva la république romaine au plus haut point de puissance et de gloire.

§ 119. — *Amour de la patrie.*

Le grand secret pour donner aux vertus des particuliers une tournure si avantageuse à l'Etat, est d'inspirer aux citoyens un vif amour pour la patrie. Il arrive alors tout naturellement, que chacun s'efforce à servir l'Etat, à tourner à l'avantage et à la gloire de la Nation ce qu'il possède de force et de talents. Cet amour de la patrie est naturel à tous les hommes. Le bon et sage auteur de la nature a pris soin de les attacher, par une espèce d'instinct, aux lieux qui les ont vus naître, et ils aiment leur Nation, comme une chose à laquelle ils tiennent intimement. Mais souvent des causes malheureuses affaiblissent ou détruisent cette impression naturelle. L'injustice, la dureté du gouvernement, l'effacent trop aisément du cœur des sujets : l'amour de soi-même attachera-t-il un particulier aux affaires d'un pays, où tout se fait en vue d'un seul homme? On voit, au contraire, toutes les Nations libres, passionnées pour la gloire et le bonheur de la patrie. Rappelons-nous les citoyens de Rome, dans les beaux jours de la république; considérons aujourd'hui les Anglais et les Suisses.

§ 120. — *Dans les particuliers.*

L'amour et l'affection d'un homme pour l'Etat dont il est membre, est une suite nécessaire de l'amour éclairé et raisonnable qu'il se doit à soi-même, puisque son propre bonheur est lié à celui de sa patrie. Ce sentiment doit résulter aussi des engagements qu'il a pris envers la société. Il a promis d'en procurer le salut et l'avantage, autant qu'il sera en son pouvoir : comment la servira-t-il avec zèle, avec fidélité, avec courage, s'il ne l'aime pas véritablement?

§ 121. — *Dans la Nation, ou l'Etat lui-même, et dans le souverain.*

La Nation en corps, en tant que Nation, doit sans doute s'aimer elle-même et désirer son propre bien. Elle ne peut manquer à cette obligation; le sentiment est trop naturel. Mais ce devoir regarde très particulièrement le conducteur, le souverain, qui représente la Nation, qui agit en son nom. Il doit l'aimer comme ce qu'il a de plus cher, la préférer à tout ; car elle est le seul objet légitime de ses soins et de ses actions, dans tout ce qu'il fait en vertu de l'autorité publique. Le monstre qui n'aimerait pas son peuple, ne serait plus qu'un usurpateur odieux ; il mériterait sans doute d'être précipité du trône. Il n'est point de royaume qui ne dût avoir devant le palais du souverain la statue de Codrus. Ce magnanime roi d'Athènes donna sa vie pour son peuple. Ce grand prince, et Louis XII, sont d'illustres modèles du tendre amour qu'un souverain doit à ses sujets.

§ 122. — *Définition du mot* patrie.

Le terme de *patrie* est, ce semble, assez connu de tout le monde. Cependant, comme on le prend en différents sens, il ne sera pas inutile de le définir ici exactement. Il signifie communément l'*État dont on est membre* : c'est en ce sens que nous l'avons employé dans les paragraphes précédents, et qu'il doit être pris dans le droit des gens.

Dans un sens plus resserré et plus dépendant de l'étymologie, ce terme signifie l'État, ou même plus particulièrement la ville, le lieu, où nos parents avaient leur domicile, au moment de notre naissance. En ce sens, on dit avec raison, que la patrie ne se peut changer, et demeure toujours la même, en quelque lieu que l'on se transporte dans la suite. Un homme doit conserver de la reconnaissance et de l'affection pour l'État auquel il doit son éducation, et dont ses parents étaient membres lorsqu'ils lui donnèrent la vie. Mais comme diverses raisons légitimes peuvent l'obliger à se choisir une autre patrie, c'est-à-dire, à devenir membre d'une autre société, quand nous parlons en général des devoirs envers la patrie, on doit entendre ce terme de l'État dont un homme est membre actuel, puisque c'est celui auquel il se doit tout entier et par préférence.

§ 123. — *Combien il est honteux et criminel de nuire à sa patrie.*

Si tout homme est obligé d'aimer sincèrement sa patrie, et d'en procurer le bonheur autant qu'il dépend de lui, c'est un crime honteux et détestable de nuire à cette même patrie. Celui qui s'en rend coupable, viole ses engagements les plus sacrés, et tombe dans une lâche ingratitude ; il se déshonore par la plus noire perfidie, puisqu'il abuse de la confiance de ses concitoyens, et traite en ennemis ceux qui étaient fondés à n'attendre de lui que des secours et des services. On ne voit des traîtres à la patrie que parmi ces hommes uniquement sensibles à un grossier intérêt, qui ne cherchent qu'eux-mêmes immédiatement, et dont le cœur est incapable de tout sentiment d'affection pour les autres. Aussi sont-ils justement détestés de tout le monde, comme les plus infâmes de tous les scélérats.

§ 124. — *Gloire des bons citoyens : exemples.*

Au contraire, on comble d'honneur et de louanges ces citoyens généreux, qui, non contents de ne point manquer à la patrie, se portent en sa faveur à de nobles efforts, et sont capables de lui faire les plus grands sacrifices. Les noms de Brutus, de Curtius, des deux Décius, vivront autant que celui de Rome. Les Suisses n'oublieront jamais Arnold de Winkelried, ce héros dont l'action eût mérité d'être transmise à la postérité par un Tite-Live. Il se dévoua véritablement pour la patrie ; mais il se dévoua en capitaine, en soldat intrépide, et non pas en superstitieux. Ce gentilhomme, du pays d'*Underwalden,* voyant à la bataille de *Sempach* que ses compatriotes ne pouvaient enfoncer les *Autrichiens,* parce que ceux-ci, armés de toutes pièces, ayant mis pied à terre, et formant un bataillon serré, présentaient un front couvert de fer, hérissé de lances et de piques, forma le généreux dessein de se sacrifier pour sa patrie. « Mes amis, dit-il aux Suisses qui « commençaient à se rebuter, je vais aujourd'hui don- « ner ma vie pour vous procurer la victoire ; je vous « recommande seulement ma famille ; suivez-moi, et « agissez en conséquence de ce que vous me verrez « faire. » A ces mots, il les range en cette forme que les Romains appelaient *cuneus,* il occupe la pointe du triangle ; il marche au centre des ennemis, et, embrassant le plus de piques qu'il put saisir, il se jette à terre, ouvrant ainsi à ceux qui le suivaient un chemin pour pénétrer dans cet épais bataillon. Les Autrichiens, une fois entamés, furent vaincus, la pesanteur de leurs armes leur devenant funeste, et les Suisses remportèrent une victoire complète (a).

CHAPITRE XII.

De la piété et de la religion.

§ 125. — *De la piété.*

La piété et la religion influent essentiellement sur le bonheur d'une Nation, et méritent par leur importance un chapitre particulier. Rien n'est si propre que la piété à fortifier la vertu, et à lui donner toute l'étendue qu'elle doit avoir. J'entends par ce terme de *piété*, une disposition de l'âme, en vertu de laquelle on rapporte à Dieu toutes ses actions, et où on se propose, dans tout ce qu'on fait, de plaire à l'Être suprême. Cette vertu est d'une obligation indispensable pour tous les hommes; c'est la plus pure source de leur félicité, et ceux qui s'unissent en société civile n'en sont que plus obligés à la pratiquer. Une Nation doit donc être pieuse. Que les supérieurs chargés des affaires publiques, se proposent constamment de mériter l'approbation de leur divin maître : tout ce qu'ils font au nom de l'Etat doit être réglé sur cette grande vue. Le soin de former tout le peuple à la piété, sera toujours un des principaux objets de leur vigilance, et l'Etat en recevra de très

---

(a) En 1386. — L'armée autrichienne *était de 4000 hommes choisis, parmi lesquels se trouvaient grand nombre de princes, de comtes, et une noblesse distinguée, tous armés de pied en cap. Les confédérés n'étaient pas au-delà de 1300, tous mal armés et à pied.* — Le duc d'*Autriche* périt à cette bataille, avec 2000 des siens, et dans ce nombre 676 gentilshommes des premières maisons d'Allemagne. — *Histoire de la confédération Helvétique,* par A.-L. DE WATTEVILLE, *tom. I, p.* 183 *et suiv.* — TSCHUDI, ETTERLIN, SCHODELER, RÆBMANN.

grands avantages. Une sérieuse attention à mériter, dans toutes les actions, l'approbation d'un Être infiniment sage, ne peut manquer de produire d'excellents citoyens. La piété éclairée, dans les peuples, est le plus ferme appui d'une autortié légitime : dans le cœur du souverain, elle est le gage de la sûreté du peuple, et produit sa confiance. Maîtres de la terre, vous ne reconnaissez point de supérieur ici-bas; quelle assurance aura-t-on de vos intentions, si l'on ne vous croit pénétrés de respect pour le Père et le commun Seigneur des hommes, et animés du désir de lui plaire?

§ 126. — *Elle doit être éclairée.*

Nous avons déjà insinué, que la piété doit être éclairée. C'est en vain que l'on se propose de plaire à Dieu, si l'on n'en connaît pas les moyens. Mais quel déluge de maux, si des gens, échauffés par un motif si puissant, viennent à prendre des moyens également faux et pernicieux! La piété aveugle ne fait que des superstitieux, des fanatiques, et des persécuteurs, plus dangereux mille fois, plus funestes à la société que les libertins. On a vu de barbares tyrans ne parler que de la gloire de Dieu, tandis qu'ils écrasaient les peuples et foulaient aux pieds les plus saintes lois de la nature. C'était par un raffinement de piété, que les *anabaptistes* du seizième siècle refusaient toute obéissance aux puissances de la terre. *Jacques Clément* et *Ravaillac*, ces parricides exécrables, se crurent animés de la plus sublime dévotion.

§ 127. — *De la religion : intérieure, extérieure.*

La religion consiste dans la doctrine touchant la Divinité et les choses de l'autre vie, et dans le culte destiné à honorer l'Etre suprême. En tant qu'elle est dans les cœurs, c'est une affaire de conscience, dans laquelle chacun doit suivre ses propres lumières; en tant qu'elle est extérieure et publiquement établie, c'est une affaire d'Etat (5).

---

(5) De fait, oui; de droit, non. La vraie affaire d'Etat, c'est

§ 128. — *Droits des particuliers : liberté des consciences.*

Tout homme est obligé de travailler à se faire de justes idées de la Divinité, à connaître ses lois, ses vues sur ses créatures, le sort qu'elle leur destine : il doit sans doute l'amour le plus pur, le respect le plus profond à son créateur ; et, pour se maintenir dans ces dispositions et agir en conséquence, il faut qu'il honore Dieu dans toutes ses actions, qu'il témoigne, par les moyens les plus convenables, les sentiments dont il est pénétré. Ce court exposé suffit pour faire voir que l'homme est essentiellement et nécessairement libre, dans la religion qu'il doit suivre. La croyance ne se commande pas ; et quel culte, que celui qui est forcé ! Le culte consiste dans certaines actions, que l'on fait directement en vue d'honorer Dieu ; il ne peut donc y avoir de culte pour chaque homme, que celui qu'il croira propre à cette fin. L'obligation de travailler sincèrement à connaître Dieu, de le servir, de l'honorer du fond du cœur, étant imposée à l'homme par sa nature même, il est impossible que, par ses engagements envers la société, il se soit déchargé de ce devoir, ou privé de la liberté qui lui est absolument nécessaire pour le remplir. Concluons donc que la liberté des consciences est de droit naturel et inviolable. Il est honteux pour l'humanité, qu'une vérité de cette nature ait besoin d'être prouvée.

§ 129. — *Établissement public de la religion : devoirs et droits de la Nation.*

Mais il faut bien prendre garde de ne point étendre cette liberté au-delà de ses justes bornes. Un citoyen a seulement le droit de n'être jamais contraint à rien, en matière de religion, et nullement celui de faire au dehors tout ce qu'il lui plaira, quoi qu'il en puisse résulter

---

de tolérer toutes les sectes dont la doctrine et les sentiments ne tendent pas à troubler l'ordre et le repos de la société, et de les faire vivre en paix les unes avec les autres. *D.*

à l'égard de la société. L'établissement de la religion par les lois et son exercice public, sont matières d'État (6), et ressortissent nécessairement à l'autorité politique. Si tous les hommes doivent servir Dieu, la Nation entière, en tant que Nation, est sans doute obligée de le servir et de l'honorer. (*Prélim.*, § 5.) Et comme elle doit s'acquitter de ce devoir important de la manière qui lui paraît la meilleure, c'est à elle de déterminer la religion qu'elle veut suivre, et le culte public qu'elle trouve à propos d'établir (7).

§ 130. — *Lorsqu'il n'y a point encore de religion autorisée.*

S'il n'y a point encore de religion reçue par autorité publique, la Nation doit apporter tous ses soins pour connaître et établir la meilleure. Celle qui aura l'approbation du plus grand nombre sera reçue, et publiquement établie par les lois ; elle deviendra la religion de l'État. Mais si une partie considérable de la Nation s'obstinait à en suivre une autre, on demande ce que le droit des gens prescrit en pareil cas. Souvenons-nous d'abord que la liberté des consciences est de droit naturel ; point de contrainte à cet égard. Il ne reste donc que deux partis à prendre, ou de permettre à cette partie des citoyens l'exercice de la religion qu'ils veulent professer, ou de les séparer de la société, en leur laissant leurs biens et leur part des pays communs à la Nation, et de former ainsi deux États nouveaux, au lieu d'un. Le dernier parti ne paraît nullement convenable ; il affaiblirait la Nation, et par là il serait contraire au soin

---

(6) Voyez la remarque précédente. *D.*

(7) Purs sophismes, ou plutôt pur galimatias. La *Nation entière, en tant que Nation*, c'est-à-dire considérée comme une personne morale, est une abstraction. Or, qu'est-ce que la religion, le devoir, la conscience d'une abstraction ? Quand je dis une paire de gants de peau, ce n'est pas le nombre qui est de peau, ce sont les gants, et les deux ensemble ne sont pas plus de peau qu'un seul. Que chacun serve et honore Dieu le mieux qu'il peut et qu'il l'entend, alors on poura dire que toute la Nation a de la religion, ou qu'elle est religieuse. *D.*

qu'elle doit avoir de sa conservation. Il est donc plus avantageux de prendre le premier parti, et d'établir ainsi deux religions dans l'Etat. Que si ces deux religions sont trop peu compatibles, s'il est à craindre qu'elles ne jettent la division parmi les citoyens et le trouble dans les affaires, il est un troisième parti, un sage tempérament entre les deux premiers, dont la Suisse nous fournit des exemples. Les cantons de *Glaris* et d'*Appenzell* se divisèrent l'un et l'autre en deux parties dans le seizième siècle; l'une resta dans l'église romaine, l'autre embrassa la réformation; chaque partie a son gouvernement à part, pour l'intérieur; mais elles se réunissent pour les affaires du dehors, et ne forment qu'une même république, un même canton.

Enfin, si le nombre des citoyens qui veulent professer une religion différente de celle que la Nation établit, si ce nombre, dis-je, est peu considérable, et que pour de bonnes et justes raisons, on ne trouve pas à propos de souffrir l'exercice de plusieurs religions dans l'Etat, ces citoyens sont en droit de vendre leurs terres, et de se retirer avec leurs familles, en emportant tous leurs biens. Car leurs engagements envers la société, et leur soumission à l'autorité publique, ne peuvent jamais valoir au préjudice de leur conscience. Si la société ne me permet pas de faire ce à quoi je me crois lié par une obligation indispensable, il faut qu'elle m'accorde mon congé.

§ 131. — *Lorsqu'il y en a une établie par les lois.*

Lorsque le choix d'une religion se trouve tout fait, lorsqu'il y en a une établie par les lois, la Nation doit protéger et maintenir cette religion, la conserver comme un établissement de la plus grande importance; toutefois sans rejeter aveuglément les changements que l'on pourrait proposer pour la rendre plus pure et plus utile : car il faut tendre en toutes choses à la perfection (§ 21). Mais comme toute innovation, en pareille matière, est pleine de dangers et ne peut guère s'opérer sans troubles, on ne doit point l'entreprendre légèrement, sans nécessité, ou sans des raisons très graves. C'est à la société, à l'Etat, à la Nation entière, de prononcer sur la nécessité, ou la convenance de ces changements, et il n'appartient à aucun particulier de les entreprendre de son chef, ni par conséquent de prêcher au peuple une doctrine nouvelle. Qu'il propose ses idées aux conducteurs de la Nation (8), et qu'il se soumette aux ordres qu'il en recevra.

Mais si une religion nouvelle se répand, et s'établit dans l'esprit des peuples, comme il arrive ordinairement, indépendamment de l'autorité publique, et sans aucune délibération commune, il faudra raisonner alors comme nous venons de faire au paragraphe précédent, pour le cas où il s'agit de choisir une religion; faire attention au nombre de ceux qui suivent les opinions nouvelles, se souvenir que nulle puissance parmi les hommes n'a empire sur les consciences, et allier les maximes de la saine politique avec celles de la justice et de l'équité.

§ 132. *Des devoirs et des droits du souverain à l'égard de la religion.*

Voilà en abrégé quels sont les devoirs et les droits d'une Nation à l'égard de la religion. Venons maintenant à ceux du souverain. Ils ne peuvent être, en cette matière, précisément les mêmes que ceux de la Nation, que le souverain représente : la nature du sujet s'y oppose, la religion étant une chose sur laquelle personne ne peut engager sa liberté. Pour exposer avec netteté ces devoirs et ces droits du prince, et pour les établir solidement, il faut rappeler ici la distinction que nous avons faite dans les deux paragraphes précédents : s'il est question de donner une religion à un Etat qui n'en a point encore, le souverain peut sans

---

(8) Il peut aussi les soumettre au public, au moyen de la presse. Le conducteur n'a que le droit de l'individu aux vérités salutaires à tous, et qu'il importe par conséquent à tous de savoir. *D.*

doute favoriser celle qui lui paraît la véritable ou la meilleure, la faire annoncer, et travailler par des moyens doux et convenables à l'établir; il doit même le faire, par la raison qu'il est obligé de veiller à tout ce qui intéresse le bonheur de la Nation. Mais il n'a aucun droit d'user en ceci d'autorité et de contrainte. Puisqu'il n'y avait point de religion établie dans la société quand il a reçu l'empire, on ne lui a conféré aucun pouvoir à cet égard : le maintien des lois touchant la religion n'entre point dans les fonctions, dans l'autorité qui lui ont été confiées. NUMA fut le fondateur de la religion chez les Romains ; mais il persuada au peuple de la recevoir. S'il eût pu commander, il n'aurait pas eu recours aux révélations de la nymphe *Égérie*. Quoique le souverain ne puisse point user d'autorité pour établir une religion là où il n'y en a point, il est en droit, et même obligé, d'employer toute sa puissance pour empêcher que l'on n'en annonce une qu'il juge pernicieuse aux mœurs et dangereuse à l'État : car il doit éloigner de son peuple tout ce qui pourrait lui nuire ; et loin qu'une doctrine nouvelle soit exceptée de la règle, elle en est un des plus importants objets. Nous allons voir, dans les paragraphes suivants, quels sont les devoirs et les droits du prince, à l'égard de la religion publiquement établie.

§ 133. — *Dans le cas où il y a une religion établie par les lois.*

Le prince, le conducteur, à qui la Nation a confié le soin du gouvernement et l'exercice du souverain pouvoir, est obligé de veiller à la conservation de la religion reçue, du culte établi par les lois, et en droit de réprimer ceux qui entreprennent de les détruire ou de les troubler. Mais pour s'acquitter de ce devoir d'une manière également juste et sage, il ne doit jamais perdre de vue la qualité qui l'y appelle, et la raison qui le lui impose. La religion est d'une extrême importance pour le bien et la tranquillité de la société, et le prince est obligé de veiller à tout ce qui intéresse l'Etat. Voilà toute sa vocation, à se mêler de la religion, à la protéger et à la défendre. Il ne peut donc y intervenir que sur ce pied-là ; et, par conséquent, il ne doit user de son pouvoir que contre ceux dont la conduite, en fait de religion, est nuisible ou dangereuse à l'Etat, et non pour punir de prétendues fautes contre Dieu, dont la vengeance n'appartient qu'à ce souverain juge, scrutateur des cœurs. Souvenons-nous que la religion n'est affaire d'Etat, qu'autant qu'elle est extérieure et publiquement établie : dans le cœur, elle ne peut dépendre que de la conscience. Le prince n'est en droit de punir que ceux qui troublent la société, et ce serait très injustement qu'il infligerait des peines à quelqu'un pour ses opinions particulières. lorsque celui-ci ne cherche ni à les divulguer, ni à se faire des sectateurs (9). C'est un principe fanatique, une source de maux et d'injustices criantes, de s'imaginer que de faibles mortels doivent se charger de la cause de Dieu, soutenir sa gloire par la force, et le venger de ses ennemis. *Donnons seulement aux souverains*, dit un grand homme d'Etat et un excellent citoyen (a), donnons-leur, *pour l'utilité com-*

---

(9) Employer la séduction pour se faire chef de secte, et divulguer ce qui est ou ce que l'on croit vrai, sont deux choses très différentes. Le premier est toujours mauvais. Mais je ne vois pas de quel droit on peut empêcher quelqu'un de proposer modestement ses notions, si ce n'est par le droit du plus fort ? Dans ce dernier cas, tout est dit, et il faut opter ou se taire, ou prendre le parti généreux de cet «ami de la sagesse, qui «espère que la vérité, fût-elle combattue, fût-elle persécutée, «en se montrant aux hommes, laissera toujours parmi eux «quelques-unes de ses salutaires influences. Souvent un seul «petit rayon, échappé à travers les obstacles qu'on avait op-«posés pour les intercepter tous, a produit une grande lu-«mière. Sans cet espoir, qui voudrait s'exposer aux peines et «aux dangers qui accompagnent la recherche et la communi-«cation des connaissances utiles ?» Eberhard, *nouv. Apologie pour Socrate; Sect. I.* D.

(a) Le duc de SULLY. — Voyez ses *Mémoires*, rédigés par l'abbé *de l'Ecluse*, tom. V, p. 135, 136.

mune, *le pouvoir de punir ce qui blesse la charité dans la société. Il n'est point du ressort de la justice humaine, de s'ériger en vengeurs de ce qui appartient à la cause de Dieu.* Cicéron, aussi habile, aussi grand dans les affaires d'Etat que dans la philosophie et dans l'éloquence, pensait comme le duc de Sully. Dans les lois qu'il propose touchant la religion, il dit au sujet de la piété et de la religion intérieure : *Si quelqu'un y fait faute, Dieu en sera le vengeur : Deorum injuriæ Diis curæ.* Tacit. *Annal.*, l. I, c. 73. Mais il déclare capital le crime que l'on pourrait commettre contre les cérémonies religieuses, établies pour les affaires publiques, et qui intéressent tout l'Etat (*a*). Les sages Romains étaient bien éloignés de persécuter un homme pour sa croyance; ils exigeaient seulement qu'on ne troublât point ce qui touche à l'ordre public.

§ 134. — *Objets de ses soins, et moyens qu'il doit employer.*

La croyance, ou les opinions des particuliers, leurs sentiments envers la Divinité, la religion intérieure, en un mot, sera, de même que la piété, l'objet des attentions du prince; il ne négligera rien pour faire connaître la vérité à ses sujets, et pour les remplir de bons sentiments; mais il n'emploiera à cette fin que des moyens doux et paternels (*b*). Ici il ne peut commander (§ 128). C'est à l'égard de la religion extérieure et publiquement exercée, que son autorité pourra se déployer. Sa tâche est de la conserver, de prévenir les désordres et les troubles qu'elle pourrait causer. Pour conserver la religion, il doit la maintenir dans la pureté de son institution, tenir la main à ce qu'elle soit fidèlement observée dans tous ses actes publics et les cérémonies, punir ceux qui oseraient l'attaquer ouver-

---

(*a*) *Qui secus faxit, Deus ipse vindex erit... Qui non paruerit, capitale esto.* De Legib., lib. II.

(*b*) *Quas* (religiones) *non metu, sed ea conjunctione, quæ est homini cum Deo, conservandas puto.* Cicer., de Legib., lib. I. — Belle leçon, qu'un philosophe païen donne aux chrétiens!

tement (10). Mais il ne peut exiger par force que le silence, et ne doit jamais contraindre personne à prendre part aux cérémonies extérieures. Il ne produirait par la contrainte que le trouble ou l'hypocrisie.

La diversité dans les opinions et dans le culte a causé souvent des désordres et de funestes dissensions dans un Etat; et pour cette raison, plusieurs ne veulent souffrir qu'une seule et même religion. Un souverain prudent et équitable verra, dans les conjonctures, s'il convient de tolérer ou de proscrire l'exercice de plusieurs cultes différents (11).

§ 135. — *De la tolérance.*

Mais, en général, on peut affirmer hardiment que le moyen le plus sûr et le plus équitable de prévenir les troubles que la diversité de religion peut causer, est une tolérance universelle de toutes les religions qui n'ont rien de dangereux, soit pour les mœurs, soit pour l'Etat. Laissons déclamer les prêtres intéressés; ils ne fouleraient pas aux pieds les lois de l'humanité, et celles de Dieu même, pour faire triompher leur doctrine, si elle n'était le fonds de leur opulence, de leur faste, et de leur puissance. Ecrasez seulement l'esprit persécuteur, punissez sévèrement quiconque osera troubler les autres pour leur croyance; vous verrez toutes les sectes vivre en paix dans le sein de la commune patrie, et fournir à l'envi de bons citoyens. La Hollande et les Etats du roi de Prusse en fournissent la preuve : réformés, luthériens, catholi-

---

(10) Attaquer une religion quelconque, c'est-à-dire, en troubler l'exercice et les cérémonies par des voies de fait, est punissable sans doute. Réduire au silence, on le *peut*; et que ne peut-on pas? Mais il ne faut pas dire qu'on le *doit*, et qu'on fait bien. Paul parlant à l'Aréopage du Dieu inconnu fut écouté; on lui promit même de l'entendre encore. *D.*

(11) Il faut toujours tolérer, et ne proscrire que l'intolérance, puisque c'est un vice. Il faut faire de la tolérance réciproque de tous les cultes religieux une loi d'Etat fondamentale. La Pensylvanie nous en a donné l'heureux exemple. *D.*

ques, piétistes, sociniens, juifs, tous y vivent en paix, parce qu'ils sont tous également protégés du souverain : on n'y punit que les perturbateurs de la tranquillité d'autrui (*).

§ 136. — *Ce que doit faire le prince, quand la Nation veut changer la religion.*

Si malgré les soins du prince pour conserver la religion établie, la Nation entière, ou la plus grande partie, s'en dégoûte et veut la changer, le souverain ne peut faire violence à son peuple, ni le contraindre en pareille matière. La religion publique est établie pour l'avantage et le salut de la Nation. Outre qu'elle est sans efficacité lorsqu'elle ne règne pas dans les cœurs, le souverain n'a à cet égard d'autres droits que ceux qui résultent des soins que la Nation lui a confiés; et elle lui a seulement commis celui de protéger la religion qu'elle trouvera bon de professer.

§ 137. — *La différence de religion ne dépouille point le prince de sa couronne.*

Mais il est très juste aussi que le prince soit libre de rester dans sa religion, sans perdre sa couronne. Pourvu qu'il protége la religion de l'Etat, c'est tout ce que l'on peut exiger de lui. En général, la diversité de religion ne peut faire perdre à aucun prince ses droits à la souveraineté, à moins qu'une loi fondamentale n'en dispose autrement. Les Romains païens ne cessèrent pas d'obéir

---

(*) Les gentils de l'Indostan sont fort tolérants. Ils disent que tous les hommes en général sont agréables à Dieu, que toutes leurs prières sont également admises et sanctifiées par la sincérité de l'intention; que la vraie religion universelle, c'est la religion du cœur, et que ces différentes formes de culte sont des accessoires indifférents, relatifs aux temps, aux lieux, à l'éducation, à la naissance. GROSSE, *Voy. aux Indes Orient.* — Quel bonheur pour le monde, si cette façon de penser pouvait devenir générale ! Elle n'ôte rien à la vraie religion que l'on peut embrasser avec le même amour, en supportant charitablement les hommes qui suivent un autre culte, qu'ils croient être le meilleur.

à Constantin, lorsqu'il embrassa le christianisme; et les chrétiens ne se révoltèrent point contre Julien, après qu'il les eut quittés (*).

§ 138. — *Conciliation des droits et des devoirs du souverain avec ceux des sujets.*

Nous avons établi la liberté de conscience pour les particuliers (§ 128). Cependant nous avons fait voir aussi que le souverain est en droit, et même dans l'obligation, de protéger et de maintenir la religion de l'Etat, de ne point souffrir que personne entreprenne de l'altérer ou de la détruire; qu'il peut même, suivant les circonstances, ne permettre dans tout le pays qu'un seul culte public. Concilions ces devoirs et ces droits divers, entre lesquels il pourrait arriver que l'on croirait remarquer quelque répugnance; et, s'il se peut, ne laissons rien à désirer sur une matière si délicate et si importante.

Si le souverain ne veut permettre que l'exercice public d'une même religion; qu'il n'oblige personne à rien faire contre sa conscience, qu'aucun sujet ne soit forcé de prendre part à un culte qu'il désapprouve, de professer une religion qu'il croit fausse; mais que le particulier, de son côté, se contente de ne point tomber dans une honteuse hypocrisie, qu'il serve Dieu suivant ses lumières, en secret et dans sa maison, persuadé que la Providence ne l'appelle point à un culte public, puisqu'elle l'a placé dans des circonstances où il ne pourrait s'en acquitter sans troubler l'Etat. Dieu veut que nous obéissions à notre souverain, que nous évitions tout ce qui pourrait être pernicieux à la société : ce sont là des préceptes immuables de la loi na-

---

(*) Lorsque la plupart des peuples de la principauté de Neufchâtel et Vallangin, embrassèrent la réformation au 16ᵉ siècle, Jeanne de Hochberg, leur souveraine, continua à vivre dans la religion catholique romaine, et n'en conserva pas moins tous ses droits. Les corps de l'Etat firent des lois et des constitutions ecclésiastiques semblables à celles des églises réformées de la Suisse, et la princesse leur donna la sanction.

turelle. Celui du culte public est conditionnel, et dépendant des effets que ce culte peut produire. Le culte intérieur est nécessaire par lui-même, et l'on doit s'y borner dans tous les cas où il est plus convenable. Le culte public est destiné à l'édification des hommes, en glorifiant Dieu. Il va contre cette fin, et cesse d'être louable, dans les occasions où il ne produit que le trouble et le scandale. Si quelqu'un le croit d'une absolue nécessité, qu'il quitte le pays où l'on ne veut pas lui permettre de s'en acquitter suivant les lumières de sa conscience, et qu'il aille se joindre à ceux qui professent la même religion que lui.

§ 139. — *Le souverain doit avoir inspection sur les affaires de la religion, et autorité sur ceux qui l'enseignent.*

L'extrême influence de la religion sur le bien et la tranquillité de la société prouve invinciblement, que le conducteur de l'Etat doit avoir inspection sur les matières qui la concernent, et autorité sur ceux qui l'enseignent, sur ses ministres. La fin de la société et du gouvernement civil, exige nécessairement que celui qui exerce l'empire soit revêtu de tous les droits, sans lesquels il ne peut l'exercer de la manière la plus avantageuse à l'Etat : ce sont les *droits de majesté* (§ 55), dont aucun souverain ne peut se départir sans l'aveu certain de la Nation. L'inspection sur les matières de la religion, et l'autorité sur ses ministres, forment donc un des plus importants de ces droits, puisque sans ce pouvoir, le souverain ne sera jamais en état de prévenir les troubles que la religion peut occasioner dans l'Etat, ni d'appliquer ce puissant ressort au bien et au salut de la société. Certes, il serait bien étrange qu'une Nation, qu'une multitude d'hommes, qui s'unissent en société civile pour leur commun avantage, pour que chacun puisse tranquillement pourvoir à ses besoins, travailler à sa perfection et à son bonheur, et vivre comme il convient à un être raisonnable; qu'une pareille société, dis-je, n'eût pas le droit de suivre ses lumières dans l'objet le plus important; de déterminer ce qu'elle croit le plus convenable à l'égard de la religion, et de veiller à ce qu'on n'y mêle rien de dangereux ou de nuisible. Qui osera disputer à une Nation indépendante le droit de se régler à cet égard, comme à tout autre, sur les lumières de sa conscience ? Et quand une fois elle a fait choix d'une religion et d'un culte, tout le pouvoir qui lui appartient pour les maintenir, pour les régler, les diriger, et les faire observer, n'a-t-elle pas pu le conférer à son conducteur ?

Qu'on ne nous dise point que le soin des choses sacrées n'appartient pas à une main profane : ce discours n'est qu'une vaine déclamation au tribunal de la raison. Il n'est rien sur la terre de plus auguste et de plus sacré qu'un souverain. Et pourquoi Dieu, qui l'appelle par sa providence à veiller au salut et au bonheur de tout un peuple, lui ôterait-il la direction du plus puissant ressort qui fasse mouvoir les hommes ? La loi naturelle lui assure ce droit, avec tous ceux qui sont essentiels à un bon gouvernement; et on ne voit rien dans l'*Ecriture* qui change cette disposition. Chez les *Juifs*, ni le roi, ni personne, ne pouvait rien innover dans la loi de Moïse; mais le souverain veillait à sa conservation, et savait réprimer le grand sacrificateur, quand il s'écartait de son devoir. Où trouvera-t-on dans le Nouveau-Testament, qu'un prince chrétien n'ait rien à dire en matière de religion ? La soumission et l'obéissance aux puissances supérieures y est clairement et formellement prescrite. En vain opposerait-on l'exemple des apôtres, qui annoncèrent l'Evangile malgré les souverains. Quiconque veut s'écarter des règles ordinaires, a besoin d'une mission divine, et il faut qu'il établisse ses pouvoirs par des miracles.

On ne peut contester au souverain le droit de veiller à ce qu'on ne mêle point dans la religion des choses contraires au bien et au salut de l'Etat; et dès-lors, il lui appartient d'examiner la doctrine, et de marquer ce qui doit être enseigné et ce qui doit être tu.

§ 140. — *Il doit empêcher que l'on n'abuse de la religion reçue.*

Le souverain doit encore veiller attentivement à ce qu'on n'abuse point de la religion établie, soit en se servant de la discipline pour satisfaire sa haine, son avarice, ou ses autres passions, soit en présentant la doctrine sous une face préjudiciable à l'Etat. Imaginations creuses, dévotion séraphique, sublimes spéculations, quels fruits produiriez-vous dans la société, si vous n'y trouviez que des esprits faibles et des cœurs dociles? Renoncement au monde, abandon général des affaires, du travail même; cette société de prétendus saints deviendrait la proie facile et assurée du premier voisin ambitieux; ou, si on la laissait en paix, elle ne survivrait point à la première génération; les deux sexes, consacrant à Dieu leur *virginité,* se refuseraient aux vues du Créateur, à la nature, et à l'Etat. Il est fâcheux pour les missionnaires, qu'il paraisse évidemment, par l'histoire même de la *Nouvelle-France* du P. Charlevoix, que leurs travaux furent la principale cause de la ruine des *Hurons.* L'auteur dit expressément, que grand nombre de ces *néophytes* ne voulaient plus penser qu'aux choses de la foi, qu'ils oublièrent leur activité et leur valeur, que la division se mit entre eux et le reste de la Nation, etc. Ce peuple fut bientôt détruit par les *Iroquois,* qu'il avait accoutumé de battre auparavant (*a*).

§ 141. — *Autorité du souverain sur les ministres de la religion.*

A l'inspection du prince sur les affaires et les matières de la religion, nous avons joint l'autorité sur les ministres. Sans ce dernier droit, le premier est vain et fort inutile : l'un et l'autre découlent des mêmes principes.

(*a*) Voyez l'*Histoire de la Nouvelle-France*, liv. V, VI, et VII.

Il est absurde, et contraire aux premiers fondements de la société, que des citoyens se prétendent indépendants de l'autorité souveraine, dans des fonctions si importantes au repos, au bonheur, et au salut de l'Etat. C'est établir deux puissances indépendantes dans une même société; principe certain de division, de trouble, et de ruine. Il n'est qu'un pouvoir suprême dans l'Etat; les fonctions des subalternes varient, suivant leur objet : ecclésiastiques, magistrats, commandants des troupes, tous sont des officiers de la république, chacun dans son département; tous sont également comptables au souverain.

§ 142. — *Nature de cette autorité.*

A la vérité, le prince ne pourrait avec justice obliger un ecclésiastique à prêcher une doctrine, à suivre un rit, que celui-ci ne croirait pas agréable à Dieu. Mais si le ministre de la religion ne peut se conformer à cet égard à la volonté du souverain, il doit quitter sa place, et se considérer comme un homme qui n'est pas appelé à la remplir, deux choses y étant nécessaires : enseigner et se comporter avec sincérité suivant sa conscience, et se conformer aux intentions du prince et aux lois de l'Etat. Qui ne serait indigné de voir un évêque résister audacieusement aux ordres du souverain, aux arrêts des tribunaux suprêmes, et déclarer solennellement qu'il ne se croit comptable qu'à Dieu seul du pouvoir qui lui est confié?

§ 143. — *Règle à observer à l'égard des ecclésiastiques.*

D'un autre côté, si le clergé est avili, il sera hors d'état de produire les fruits auxquels son ministère est destiné. La règle que l'on doit suivre à son égard, peut être conçue en peu de mots : beaucoup de considération, point d'empire, encore moins d'indépendance. 1° Que le clergé, ainsi que tout autre ordre, soit soumis, dans ses fonctions comme dans tout le reste, à la puissance publique, et comptable de sa conduite au souverain. 2° Que le prince ait soin de rendre les ministres de la religion respectables au peuple ; qu'il leur confie le degré d'autorité nécessaire pour s'acquitter de leurs fonctions avec succès, et qu'il les soutienne au besoin, par le pouvoir qu'il a en main. Tout homme en place doit être muni d'une autorité qui réponde à ses fonctions; autrement il ne pourra les remplir convenablement. Je ne vois aucune raison d'excepter le clergé de cette règle générale : seulement le prince veillera plus particulièrement à ce qu'il n'abuse point de son autorité; la matière étant tout ensemble plus délicate et plus féconde en dangers. S'il rend le caractère des gens d'église respectable, il aura soin que ce respect n'aille point jusqu'à une superstitieuse vénération, jusqu'à mettre dans la main d'un prêtre ambitieux des rênes puissantes, pour entraîner à son gré tous les esprits faibles. Dès que le clergé fait un corps à part, il est formidable. Les Romains (nous les citerons souvent), les sages Romains prenaient dans le sénat le grand pontife, et les principaux ministres des autels : ils ignorèrent la distinction d'*ecclésiastiques* et de *laïques*; tous les citoyens étaient de la même robe.

§ 144. — *Récapitulation des raisons qui établissent les droits du souverain en fait de religion; avec des autorités et des exemples.*

Otez au souverain ce pouvoir en matière de religion, et cette autorité sur le clergé ; comment veillera-t-il à ce qu'on ne mêle rien dans la religion de contraire au bien de l'Etat? Comment fera-t-il en sorte qu'on l'enseigne et qu'on la pratique toujours de la manière la plus convenable au bien public? Et surtout, comment préviendra-t-il les troubles qu'elle peut occasioner soit par les dogmes, soit par la manière dont la discipline sera exercée? Ce sont là tout autant de soins et de devoirs qui ne peuvent convenir qu'au souverain, et desquels rien ne saurait le dispenser.

Aussi voyons-nous que les droits de la couronne, dans les matières ecclésiastiques, ont été fidèlement et constamment défendus par les parlements (*) de France. Les magistrats sages et éclairés qui composent ces illustres compagnies, sont pénétrés des maximes que la saine raison dicte sur cette question. Ils savent de quelle conséquence il est de ne pas souffrir que l'on soustraie à l'autorité publique une matière si délicate, si étendue dans ses liaisons et ses influences, et si importante dans ses suites. Quoi! des ecclésiastiques s'aviseront de proposer à la foi des peuples quelque point obscur, inutile, qui ne fait point partie essentielle de la religion reçue; ils sépareront de l'Eglise, ils diffameront ceux qui ne montreront pas une aveugle docilité; ils leur refuseront les sacrements, la sépulture même; et le prince ne pourra protéger ses sujets, et garantir le royaume d'un schisme dangereux?

Les rois d'Angleterre ont assuré les droits de leur couronne; ils se sont fait reconnaître chefs de la religion, et ce règlement n'est pas moins approuvé de la raison que de la saine politique. Il est encore conforme à l'ancien usage. Les premiers empereurs chrétiens exerçaient toutes les fonctions de chefs de l'Eglise: ils faisaient des lois sur les matières qui la concernent (*a*); ils assemblaient les conciles, ils y présidaient; ils mettaient en place et destituaient les évêques, etc. Il est en Suisse de sages républiques, dont les souverains, connaissant toute l'étendue de l'autorité suprême, ont su y assujettir les ministres de la religion, sans gêner leur conscience. Ils ont fait dresser un formulaire de la doctrine qui doit être prêchée, et publié les lois de la discipline ecclésiastique, telle qu'ils veulent la voir exercée dans les pays de leur obéissance, afin que ceux qui ne voudront pas se conformer à ces établissements, s'abstiennent de se vouer au service de l'Eglise. Ils tiennent tous les ministres de la religion dans une légitime dépendance, et la discipline ne s'exerce que

---

(*) Et les tribunaux.
(*a*) Voyez le code *Théodosien*.

sous leur autorité. Il n'y a pas d'apparence que l'on voie jamais dans ces républiques des troubles occasionés par la religion.

§ 145. — *Pernicieuses conséquences du sentiment contraire.*

Si Constantin et ses successeurs s'étaient fait reconnaître formellement comme chefs de la religion, si les rois et les princes chrétiens avaient su maintenir à cet égard les droits de la souveraineté, eût-on vu jamais ces désordres horribles qu'enfantèrent l'orgueil et l'ambition de quelques papes et des ecclésiastiques enhardis par la faiblesse des princes, et soutenus par la superstition des peuples? des ruisseaux de sang versés pour des querelles de moines, pour des questions spéculatives, souvent inintelligibles, et presque toujours aussi inutiles au salut des âmes qu'indifférentes en elles-mêmes au bien de la société; des citoyens, des frères, armés les uns contre les autres; les sujets excités à la révolte; des empereurs et des rois renversés de leur trône? *tantum religio potuit suadere malorum!* On connaît l'histoire des empereurs Henri IV, Frédéric Ier, Frédéric II, Louis de Bavière. N'est-ce pas l'indépendance des ecclésiastiques, et ce système dans lequel on soumet les affaires de la religion à une puissance étrangère, qui plongea la France dans les horreurs de la *Ligue*, et pensa la priver du meilleur et du plus grand de ses rois? Sans cet étrange et dangereux système, eût-on vu un étranger, le pape Sixte V, entreprendre de violer la loi fondamentale du royaume, déclarer le légitime héritier inhabile à porter la couronne? Eût-on vu, en d'autres temps et en d'autres lieux (*a*), la succession au trône rendue incertaine par le défaut d'une formalité, d'une dispense, dont on contestait la validité, et qu'un prélat étranger se prétendait seul en droit de donner? Eût-on vu ce même étranger s'arroger le pou-

---

(*a*) En Angleterre, sous Henri VIII.

voir de prononcer sur la légitimité des enfants d'un roi ? Eût-on vu des rois assassinés, par les suites d'une doctrine détestable (*b*); une partie de la France n'osant reconnaître le meilleur de ses rois (*c*), avant que Rome l'eût absous; et plusieurs autres princes, hors d'état de donner une paix solide à leurs peuples, parce qu'on ne pouvait rien décider dans le royaume sur des conditions qui intéressaient la religion (*d*)?

§ 146. — *Détail des abus.* 1° *La puissance des papes.*

Tout ce que nous avons établi ci-dessus découle si évidemment des notions d'indépendance et de souveraineté, qu'il ne sera jamais contesté par un homme de bonne foi et qui voudra raisonner conséquemment. Si l'on ne peut régler définitivement dans un Etat tout ce qui concerne la religion, la Nation n'est pas libre, et le prince n'est souverain qu'à demi. Il n'y a pas de milieu : ou chaque Etat doit être maître chez soi, à cet égard comme à tout autre, ou il faudra recevoir le système de BONIFACE VIII, et regarder toute la chrétienté catholique-romaine comme un seul Etat, dont le pape sera le chef suprême, et les rois, administrateurs subordonnés du temporel, chacun dans sa province, à peu près comme furent d'abord les *sultans*, sous l'empire des *califes*. On sait que ce pape osa écrire au roi de France, PHILIPPE-LE-BEL : *Scire te volumus, quod in spiritualibus et temporalibus nobis subes* (*e*) : sachez que vous nous êtes soumis, aussi bien pour le temporel que pour le spirituel.

(*b*) HENRI III et HENRI IV, assassinés par des fanatiques, qui croyaient servir Dieu et l'Eglise en poignardant leurs rois.

(*c*) HENRI IV. Quoique rentré dans l'Eglise romaine, grand nombre de catholiques n'osaient le reconnaître avant qu'il eût reçu l'absolution du pape.

(*d*) Plusieurs rois de France, dans les guerres civiles de religion.

(*e*) TURRETIN. *Hist. Ecclesiast, compendium,* p. 182, où l'on pourra voir aussi la réponse vigoureuse du roi de France.

Et l'on peut voir dans le *droit canon* (*f*) sa fameuse bulle *Unam sanctam*, dans laquelle il attribue à l'Eglise deux épées, ou une double puissance, spirituelle et temporelle, et condamne ceux qui pensent autrement, comme gens qui, à l'exemple des *manichéens*, établissent deux principes; déclarant enfin, *que c'est un article de foi, nécessaire à salut, de croire que toute créature humaine est soumise au pontife de Rome* (*).

Nous compterons l'énorme puissance des papes, pour le premier abus enfanté par ce système, qui dépouille les souverains de leur autorité en matière de religion. Cette puissance d'une cour étrangère est absolument contraire à l'indépendance des Nations, et à la souveraineté des princes. Elle est capable de bouleverser un Etat; et partout où elle est reconnue, il est impossible que le souverain exerce l'empire de la manière la plus salutaire à la nation. Nous en avons déjà fourni la preuve, dans plusieurs traits remarquables (§ *précédent*) : l'histoire en présente sans nom-

---

(*f*) *Extravag. commun.*, lib. I, tit. *De majoritate et obedientia.*

(*) Grégoire VII tenta d'assujettir presque tous les Etats de l'Europe à lui payer tribut. Il prétendait que la Hongrie, la Dalmatie, la Russie, l'Espagne, la Corse, lui appartenaient en propre, en sa qualité de successeur de saint Pierre, ou étaient des fiefs relevant du saint-siége. Gregor., *Epist. concil.*, tom. VI, *Edit. Harduin.* Il cita l'empereur Henri IV à paraître devant lui pour répondre aux accusations de quelques-uns de ses sujets; et sur la désobéissance de l'empereur, il le déposa. Enfin, voici le discours qu'il tint au concile assemblé à Rome pour cette affaire : *Agite nunc, quæso, patres et principes sanctissimi, ut omnis mundus intelligat et cognoscat, quia si potestis in cœlo ligare et solvere, potestis in terra imperia, regna, principatus, ducatus, marchias, comitatus et omnium hominum possessiones pro meritis tollere unicuique et concedere.* Natal. Alexand., *Dissert. Hist. Eccl.*, sect. XI et XII, p. 384.

Le droit canon décide nettement que l'empire est soumis au sacerdoce. *Imperium non præest sacerdotio, sed subest, et ei obedire tenetur.* Rubric., cap. VI, *de major. et obed. Et est multum allegabile*, ajoute avec complaisance l'auteur de la rubrique.

bre. Le sénat de Suède ayant condamné TROLL, archevêque d'*Upsal*, pour crime de rébellion, à donner sa démission et à finir ses jours dans un monastère, le pape LÉON X eut l'audace d'excommunier l'administrateur STENON et tout le sénat, et de les condamner à rebâtir à leurs frais une forteresse de l'archevêché, qu'ils avaient fait démolir, et à une amende de cent mille ducats envers le prélat déposé (g). Le barbare CHRISTIERN II, roi de Danemarck, s'autorisa de ce décret pour désoler la Suède, et pour versera le sang de sa plus illustre noblesse. PAUL V fulmina un interdit contre Venise, pour des lois de police très sages, mais qui déplaisaient au pontife, et mit la république dans un embarras dont toute la sagesse et la fermeté du sénat eut peine à la tirer. PIE V, dans la bulle *In cœna Domini* de l'an 1567, déclare que tous les princes qui mettent dans leurs États de nouvelles impositions, de quelque nature qu'elles soient, ou qui augmentent les anciennes, à moins qu'ils n'aient obtenu l'approbation du saint-siége, sont excommuniés *ipso facto*. N'est-ce point là attaquer l'indépendance des Nations, et ruiner l'autorité des souverains ?

Dans les temps malheureux, dans les siècles de ténèbres qui précédèrent la renaissance des lettres et la réformation, les papes prétendaient régler les démarches des souverains, sous prétexte qu'elles intéressent la conscience, juger de la validité de leurs traités, rompre leurs alliances et les déclarer nulles. Mais ces entreprises éprouvèrent une vigoureuse résistance, dans un pays même où l'on s'imagine communément qu'il n'y avait alors que de la bravoure, et bien peu de lumières. Le nonce du pape, pour détacher les Suisses de la France, publia un monitoire contre tous ceux des cantons qui favorisaient CHARLES VIII, les déclarant excommuniés, si dans l'espace de quinze jours ils ne se détachaient des intérêts de ce prince pour entrer

---

(g) Histoire des révolutions de Suède.

dans la confédération qui s'était formée contre lui; mais les Suisses opposèrent à cet acte une protestation qui le déclarait abusif, et la firent afficher dans tous les lieux de leur obéissance, se moquant ainsi d'une procédure également absurde et contraire aux droits des souverains (*h*). Nous rapporterons plusieurs entreprises semblables, quand nous parlerons de la foi des traités.

§ 147. — 2° *Des emplois importants, conférés par une puissance étrangère.*

Cette puissance des papes a fait naître un nouvel abus qui mérite toute l'attention d'un sage gouvernement. Nous voyons divers pays dans lesquels les dignités ecclésiastiques, les grands bénéfices, sont distribués par une puissance étrangère, par le pape, qui en gratifie ses créatures, et fort souvent des gens qui ne sont point sujets de l'Etat. Cet usage est également contraire aux droits d'une Nation et aux principes de la plus commune politique. Un peuple ne doit point recevoir la loi des étrangers, ni souffrir qu'ils se mêlent de ses affaires, qu'ils lui enlèvent ses avantages; et comment se trouve-t-il des Etats capables de permettre qu'un étranger dispose de places très importantes à leur bonheur et à leur repos? Les princes qui ont donné les mains à l'introduction d'un abus si énorme, ont manqué également à eux-mêmes et à leur peuple. De nos jours, la cour d'Espagne s'est vue obligée à sacrifier des sommes immenses pour rentrer paisiblement et sans danger dans l'exercice d'un droit qui appartenait essentiellement à la Nation, ou à son chef.

§ 148. — 3° *Sujets puissants, dépendants d'une cour étrangère.*

Dans les Etats même, dont les souverains ont su retenir un droit de la couronne si important, l'abus subsiste en grande partie. Le souverain nomme, il est vrai, aux évêchés, aux grands bénéfices; mais son autorité ne

---

(*h*) *Vogel.*, Traité historique et politique des alliances entre la France et les treize cantons, p. 33 et 36.

suffit pas au titulaire pour le mettre dans l'exercice de
ses fonctions, il lui faut encore des bulles de Rome (*a*).
Par là, et par mille autres attaches, tout le clergé y
dépend encore de la cour romaine; il en espère des
dignités, une pourpre, qui, suivant les fastueuses prétentions de ceux qui en sont revêtus, les égale aux souverains; il a tout à craindre de son courroux. Aussi le
voit-on presque toujours disposé à lui complaire. De
son côté, la cour de Rome soutient ce clergé de tout son
pouvoir; elle l'aide de sa politique et de son crédit;
elle le protége contre ses ennemis, contre ceux qui voudraient borner sa puissance, souvent même contre la
juste indignation du souverain, et par là elle se l'attache
de plus en plus. Souffrir qu'un grand nombre de sujets,
et de sujets en place, dépendent d'une puissance étrangère et lui soient dévoués, n'est-ce pas blesser les droits
de la société, et choquer les premiers éléments de l'art
de régner? Un souverain prudent recevra-t-il des gens
qui prêchent de pareilles maximes? Il n'en fallut pas
davantage pour faire chasser tous les missionnaires de
la Chine.

§ 149. — 4° *Célibat des prêtres; couvents.*

C'est pour s'assurer d'autant mieux le dévouement
du clergé, que le célibat des gens d'église a été inventé.
Un prêtre, un prélat, déjà lié au siége de Rome par
ses fonctions et par ses espérances, se trouve encore
détaché de sa patrie par le célibat qu'il est forcé de
garder. Il ne tient point à la société civile par une famille; ses grands intérêts sont dans l'Eglise; pourvu
qu'il ait la faveur de son chef, il n'est en peine de rien;
en quelque pays qu'il soit né, Rome est son refuge, le
centre de sa patrie d'élection. Chacun sait que les ordres

(*a*) On peut voir dans les lettres du cardinal d'Ossat, quelles
peines eut Henri IV, quelles oppositions, quelles longueurs à
essuyer, lorsqu'il voulut faire passer à l'archevêché de *Sens*,
Renauld de Baune, archevêque de *Bourges*, qui avait sauvé la
France en recevant ce grand roi dans le sein de l'Eglise romaine.

religieux sont comme autant de milices papales, répandues sur la face de la terre, pour soutenir et avancer les intérêts de leur monarque. Voilà sans doute un abus étrange, un renversement des premières lois de la société. Ce n'est pas tout : si les prélats étaient mariés, ils pourraient enrichir l'Etat d'un grand nombre de bons citoyens, de riches bénéfices leur fournissant les moyens de donner à leurs enfants légitimes une éducation convenable. Mais quelle multitude d'hommes, dans les couvents, consacrés à l'oisiveté, sous le manteau de la dévotion! Egalement inutiles à la société et en paix et en guerre, ils ne la servent ni par leur travail dans les professions nécessaires, ni par leur courage dans les armées; et cependant ils jouissent de revenus immenses; il faut que les sueurs du peuple fournissent à l'entretien de ces essaims de fainéants. Que dirait-on d'un colon qui protégerait d'inutiles frêlons, pour leur faire dévorer le miel de ses abeilles (*a*)? Ce n'est pas la faute des fanatiques prédicateurs d'une sainteté toute céleste, si tous leurs dévots n'imitent pas le célibat des moines. Comment les princes ont-ils pu souffrir que l'on exaltât publiquement comme une vertu sublime, un usage également contraire à la nature et pernicieux à la société? Chez les Romains, les lois tendaient à diminuer le nombre des célibataires, et à favoriser le mariage (*b*). La superstition ne tarda pas à attaquer des dispositions si justes et si sages; persuadés par les gens d'église, les empereurs chrétiens se crurent obligés de les abroger (*c*). Divers pères de l'Eglise ont censuré ces lois, *sans doute*, dit un grand homme (*d*), *avec un zèle*

(*a*) Cette réflexion ne regarde point les maisons religieuses dans lesquelles on cultive les lettres. Des établissements qui offrent aux savants une retraite paisible, tout le loisir et toute la tranquillité que demande l'étude profonde des sciences, sont toujours louables, et ils peuvent être fort utiles à l'Etat.
(*b*) La loi *Papia-Poppæa*.
(*c*) Dans le code *Théodosien*.
(*d*) Le président de Montesquieu, dans *l'Esprit des lois*.

louable pour les choses de l'autre vie, mais avec très peu de connaissance des affaires de celle-ci. Ce grand homme vivait dans l'Eglise romaine; il n'a pas osé dire nettement que le célibat volontaire est condamnable, même relativement à la conscience et aux intérêts d'une autre vie. Se conformer à la nature, remplir les vues du Créateur, travailler au bien de la société, voilà certainement une conduite digne de la vraie piété. Si quelqu'un est en état d'élever une famille, qu'il se marie, qu'il s'applique à donner une bonne éducation à ses enfants ; il fera son devoir, et sera véritablement dans le chemin du salut.

§ 150. — 5° *Prétentions énormes du clergé : prééminence.*

Les énormes et dangereuses prétentions du clergé sont encore une suite de ce système, qui soustrait à la puissance civile tout ce qui touche la religion. Premièrement, les ecclésiastiques, sous prétexte de la sainteté de leurs fonctions, ont voulu s'élever au-dessus de tous les autres citoyens, même des principaux magistrats ; et contre la défense expresse de leur maître, qui disait à ses apôtres, *ne cherchez point les premières places dans les festins*, ils se sont arrogé presque partout le premier rang. Leur chef, dans l'Eglise romaine, fait baiser ses pieds aux souverains ; des empereurs ont tenu la bride de son cheval ; et si des évêques, ou même de simples prêtres, n'osent pas aujourd'hui s'élever au-dessus de leurs princes, c'est que les temps leur sont trop contraires ; ils n'ont pas toujours été si modestes ; et un de leurs écrivains a bien osé dire, *qu'un prêtre est autant au-dessus d'un roi, que l'homme est au-dessus de la bête* (a). Combien d'auteurs, plus connus et plus estimés que celui-là, se sont plu à relever et à louer ce mot im-

---

(a) *Tantum sacerdos præstat regi, quantum homo bestiæ.* Stanislaus Orichovius. *Vide* Tribbechov. *Exerc.* 1 *ad Baron. Annal. Sect.* 2, et Thomas. *Not. ad. Lancell.*

bécille, que l'on attribue à l'empereur Théodose I{ᵉʳ} :
*Ambroise m'a appris la grande distance qu'il y a de
l'empire au sacerdoce!*

Nous l'avons déjà dit, les ecclésiastiques doivent
être honorés; mais la modestie, l'humilité même leur
convient; et leur sied-il de l'oublier pour eux-mêmes,
tandis qu'ils la prêchent aux autres? Je ne parlerais pas
d'un vain cérémonial, s'il n'avait des suites trop réelles,
par l'orgueil qu'il inspire à bien des prêtres, et par les
impressions qu'il peut faire sur l'esprit des peuples. Il
est essentiel au bon ordre, que les sujets ne voient
rien dans la société de si respectable que leur souverain,
et après lui, ceux à qui il confie une partie de son autorité.

§ 151. — 6° *Indépendance : immunités.*

Les gens d'église ne se sont pas arrêtés en si beau
chemin. Non contents de se rendre indépendants quant
à leurs fonctions, aidés de la cour de Rome, ils ont
même entrepris de se soustraire entièrement, et à tous
égards, à l'autorité politique. On a vu des temps, où l'on
ne pouvait faire paraître un ecclésiastique devant un
tribunal séculier, pour quelque cause que ce fût (*).
Le droit canon le décide formellement ainsi : *il est indé-*

(*) La congrégation de l'immunité a décidé que c'est au
juge ecclésiastique qu'il appartient de connaître du crime de
lèse-majesté même, contre des ecclésiastiques : *Cognitio causæ
contra ecclesiasticos, etiam pro delicto læsæ majestatis, fieri debet
à judice ecclesiastico.* Apud Ricci, *synops. decret. et resol. S.
Congreg. Immunit.* p. 105.

Une constitution du pape Urbain VI traite de *sacriléges* les
souverains ou les magistrats qui banniront un ecclésiastique
de leurs terres, et déclare qu'ils ont encouru l'excommunication *ipso facto.* Cap II, *de foro compet. in.* VII.

Ajoutez à cette immunité l'indulgence des tribunaux ecclésiastiques envers les clercs, qu'ils ne punissaient jamais que
de peines légères pour les plus grands crimes. Les désordres
affreux qui en naissaient ont enfin produit le remède en France;
on y a soumis le clergé à la juridiction séculière, pour les fautes
qui blessent la société.

cent, dit-il, *que des laïques jugent un homme d'église (a).* Les papes Paul III, Pie V, Urbain VIII, excommunient les juges laïques qui oseront entreprendre de juger les ecclésiastiques. Les évêques même de France n'ont pas craint de dire en plusieurs occasions, *qu'ils ne dépendaient d'aucun prince temporel.* Et voici les termes dont osa se servir l'assemblée générale du clergé de France en 1656 : *l'arrêt du conseil ayant été lu fut improuvé par la compagnie, d'autant qu'il laissait le roi juge des évêques, et semble soumettre leurs immunités à ses juges (b).* Il y a des décrets des papes, qui excommunient quiconque aura mis en prison un évêque. Suivant les principes de Rome, un prince n'est pas en pouvoir de punir de mort un homme d'église rebelle, ou malfaiteur; il faut qu'il s'adresse à la puissance ecclésiastique, et celle-ci le livrera, s'il lui plaît, au bras séculier, après l'avoir dégradé (*). On voit dans

---

(*a*) *Indecorun est laicos homines viros ecclesiasticos judicare.* Can. in nona actione 22. XVI. q. 7.

(*b*) *Voyez tradition des faits sur le système d'indépendance des évêques.*

(*) En 1725, un curé du canton de Lucerne, ayant refusé de paraître devant le conseil souverain, fut banni du canton pour sa désobéissance. L'évêque de Constance, diocésain, osa bien écrire à ce conseil, qu'il avait violé l'immunité ecclésiastique, *qu'il n'est pas permis de soumettre les ministres de la Divinité au jugement des puissances temporelles.* Il fut approuvé dans ces prétentions par le nonce du pape et par la cour de Rome. Mais le conseil de Lucerne soutint avec fermeté les droits de la souveraineté, et sans entrer en controverse avec l'évêque, ce qui n'eût pas convenu à sa dignité, il lui répondit :
« V. A. Révér. cite plusieurs endroits des SS. Pères que nous
« pourrions aussi avancer nous-mêmes en notre faveur, s'il
« s'agissait de cela, ou qu'il fallût combattre par des citations.
« Que V. A. Rév. soit assurée que nous sommes en droit de
« citer devant nous un prêtre, notre sujet naturel, qui em-
« piète sur nos droits, pour lui représenter son égarement,
« l'exhorter à se corriger, et ensuite d'une désobéissance ob-
« stinée, après une citation réitérée, le chasser de nos Etats.
« Nous ne doutons pas encore que ce droit ne nous appar-
« tienne, et nous sommes résolus à le défendre. Et en vérité,

l'histoire mille exemples d'évêques, qui sont demeurés impunis, ou qui ont été châtiés légèrement pour des crimes qui coûtaient la vie aux plus grands seigneurs. JEAN DE BRAGANCE, roi de Portugal, fit subir de justes supplices aux seigneurs qui avaient conjuré sa perte; il n'osa pas faire mourir l'archevêque de *Brague*, auteur de ce détestable complot (a).

Tout un ordre nombreux et puissant, soustrait à l'autorité publique, et rendu dépendant d'une cour étrangère, est un renversement d'ordre dans la république, et une diminution manifeste de la souveraineté. C'est une atteinte mortelle donnée à la société, dont l'essence est que tout citoyen soit soumis à l'autorité publique. L'immunité que le clergé s'arroge à cet égard est tellement contraire au droit naturel et nécessaire de la Nation, que le roi même n'est pas en pouvoir de l'accorder. Mais les ecclésiastiques nous diront qu'ils tiennent cette immunité de Dieu lui-même. En attendant qu'ils en fournissent la preuve, nous nous en tiendrons à ce principe certain que Dieu veut le salut des Etats, et non point ce qui doit y porter le trouble et la destruction.

§ 152. — 7° *Immunités des biens d'église.*

La même immunité est prétendue pour les biens de l'Eglise. L'Etat a pu sans doute exempter ces biens de toutes charges, dans les temps où ils suffisaient à

« on ne devrait proposer à aucun souverain de paraître comme « partie à côté d'un tel sujet désobéissant, de s'en remettre « à la décision d'un tiers, quel qu'il pût être, et de courir le « risque d'être condamné à souffrir dans ses Etats un sujet « de ce caractère, de quelque dignité qu'il fût revêtu, etc. » L'évêque de Constance en était venu jusqu'à affirmer dans sa lettre au Canton, du 18 décembre 1725 : « Que les ecclésias-« tiques, dès qu'ils ont reçu les ordres sacrés, cessent d'être « sujets naturels, et par là ont accoutumé d'être délivrés de « l'esclavage sous lequel ils étaient auparavant. » *Mém. sur le différend du pape avec le canton de Lucerne*, pag. 65, 66.

(a) *Révolutions de Portugal.*

peine à l'entretien des ecclésiastiques. Mais ceux-ci ne doivent tenir cette faveur que de l'autorité publique, qui est toujours en droit de la révoquer, quand le bien de l'Etat l'exige. Une des lois fondamentales et essentielles de toute société étant que, dans les cas de nécessité, les biens de tous les membres doivent contribuer proportionnellement aux besoins communs, le prince lui-même ne peut de son autorité accorder une exemption totale à un corps très nombreux et très riche, sans faire une extrême injustice au reste des sujets, sur qui, par cette exemption, le fardeau retombe tout entier.

Loin que l'exemption appartienne aux biens d'église parce qu'ils sont consacrés à Dieu, c'est au contraire par cette raison même qu'ils doivent être pris les premiers pour le salut de l'Etat, car il n'y a rien de plus agréable au père commun des hommes, que de garantir une Nation de sa ruine. Dieu n'ayant besoin de rien, lui consacrer des biens, c'est les destiner à des usages qui lui soient agréables. De plus, les biens de l'église, de l'aveu du clergé lui-même, sont en grande partie destinés aux pauvres. Quand l'Etat est dans le besoin, il est sans doute le premier pauvre, et le plus digne de secours. Etendons même cela aux cas les plus ordinaires, et disons que prendre une partie des dépenses courantes sur les biens d'église pour soulager d'autant le peuple, c'est réellement donner de ces biens aux pauvres, suivant leur destination. Une chose véritablement contraire à la religion et à l'intention des fondateurs, c'est de destiner au luxe, au faste, et à la bonne chère, des biens qui devraient être consacrés au soulagement des pauvres (a).

§ 153. — 8° *Excommunication des gens en place.*

C'était peu de se rendre indépendants ; les ecclésiastiques entreprirent de soumettre tout le monde à leur

---

(a) Voyez *Lettres sur les prétentions du clergé.*

domination. Véritablement, ils avaient droit de mépriser des stupides, qui les laissaient faire. L'excommunication était une arme redoutable parmi des ignorants superstitieux, qui ne savaient ni la réduire dans les justes bornes, ni distinguer l'usage de l'abus. De là naquit un désordre, que l'on a vu régner même dans quelque pays protestants. Les ecclésiastiques ont osé, de leur pure autorité, excommunier des gens en place, des magistrats utiles à la société, et prétendre que, frappés des foudres de l'Eglise, ces officiers de l'Etat ne pouvaient plus exercer leurs charges. Quel renversement d'ordre et de raison! Quoi! une Nation ne sera plus la maîtresse de confier le soin de ses affaires, son bonheur, son repos, et sa sûreté, dans les mains qui lui paraîtront les plus habiles et les plus dignes? Une puissance ecclésiastique privera l'Etat, quand il lui plaira, de ses plus sages conducteurs, de son plus ferme appui, et le prince, de ses plus fidèles serviteurs! Une prétention si absurde a été condamnée par des princes, et même par des prélats judicieux et respectables. On lit dans la lettre 171e d'*Ives de Chartres* à l'archevêque de *Sens*, que les *capitulaires royaux*, conformément au treizième canon du douzième concile de *Tolède* (tenu l'an 681), enjoignent aux prélats de recevoir en leur conversation ceux que la majesté royale aurait reçus en sa grâce, ou à sa table, quoiqu'ils eussent été excommuniés par eux, ou par autres, afin que l'Eglise ne parût pas rejeter ou condamner ceux dont il plaît au roi de se servir (a).

§ 154. — 9° *Et des souverains eux-mêmes.*

Les excommunications lancées contre les souverains eux-mêmes, et accompagnées de l'absolution du serment que les sujets leur avaient prêté, mettent le comble à cet abus énorme, et il est presque incroyable que les Nations aient pu souffrir des attentats si odieux.

(a) Voyez les mêmes Lettres.

Nous en avons touché quelque chose dans les §§ 145 et 146. Le XIII° siècle en vit des exemples frappants. Pour avoir voulu soutenir les droits de l'empire sur diverses provinces de l'Italie, OTHON IV se vit excommunié, dépouillé de l'empire par le pape INNOCENT III, et ses sujets déliés du serment de fidélité. Abandonné des princes, cet empereur infortuné fut contraint de céder sa couronne à FRÉDÉRIC II. JEAN SANS TERRE, roi d'Angleterre, voulant maintenir les droits de son royaume dans l'élection d'un archevêque de *Cantorbéry*, se vit exposé aux entreprises audacieuses du même pape. *Innocent* excommunie le roi, jette un interdit sur tout le royaume, ose déclarer *Jean* indigne du trône, et délier ses sujets de la fidélité qu'ils lui avaient jurée; il soulève contre lui le clergé, excite le peuple à la révolte; il sollicite le roi de France à prendre les armes pour détrôner ce prince, publiant même une croisade contre lui, comme il eût pu faire contre les *Sarrasins*. Le roi d'Angleterre parut d'abord vouloir se soutenir avec vigueur; mais bientôt, perdant courage, il se laissa amener jusqu'à cet excès d'infamie, de résigner ses royaumes entre les mains du pape, pour les reprendre de lui, et les tenir comme un fief de l'Eglise, sous la condition d'un tribut (a).

Les papes n'ont pas été seuls coupables de ces attentats. Il s'est trouvé des conciles qui y ont pris part. Celui de *Lyon*, convoqué par INNOCENT IV, l'an 1245, eut l'audace de citer l'empereur FRÉDÉRIC II à comparaître, pour se purger des accusations portées contre lui, le menaçant des foudres de l'Eglise, s'il y manquait. Ce grand prince ne se mit pas fort en peine d'une procédure si irrégulière. Il disait « que le pape « voulait s'ériger en juge et en souverain; au lieu que « de toute ancienneté les empereurs avaient eux-« mêmes convoqué les conciles, où les papes et les « prélats leur rendaient, comme à leurs souverains, le

---

(a) MATTHIEU PARIS; TURRETTIN. *Compend. Hist. Eccl. Sæcul. XIII.*

« respect et l'obéissance qu'ils leur doivent (a). » Cependant l'empereur, donnant quelque chose à la superstition des temps, daigna envoyer des ambassadeurs au concile, pour plaider sa cause; ce qui n'empêcha pas le pape de l'excommunier, et de le déclarer déchu de l'empire. Frédéric se moqua, en homme supérieur, de ces foudres vaines; et il sut conserver sa couronne, malgré l'élection de Henri, landgrave de Thuringe, que les électeurs ecclésiastiques et plusieurs évêques osèrent déclarer roi des Romains, mais à qui cette élection ne valut guère autre chose que le titre ridicule de *roi des prêtres*.

Je ne finirais point, si je voulais accumuler les exemples. Mais en voilà trop pour l'honneur de l'humanité. Il est humiliant de voir à quel excès de sottise la superstition avait réduit les Nations de l'Europe dans ces temps malheureux (*).

(a) Heiss, *Histoire de l'empire*, liv. II, chap. XVII.
(*) Il se trouvait quelquefois des souverains qui favorisaient les attentats des papes, lorsqu'ils pouvaient leur être avantageux, sans en prévoir les conséquences pour la suite. Louis VIII, roi de France, désirant envahir les États du comte de Toulouse, sous prétexte de faire la guerre aux Albigeois, demandait au pape entre autres choses : *Qu'il fît expédier une bulle, par laquelle il déclarerait que les deux Raymond, père et fils, et leurs héritiers, ont été et sont exclus de toutes leurs possessions, de même que tous leurs partisans, associés, ou alliés.* Hist. de France par Velly, t. IV, pag. 33.
Voici encore un fait de la même nature que le précédent, et bien remarquable. Le pape Martin IV excommunia Pierre, roi d'Aragon, le déclara déchu de son royaume et de toutes ses terres, même de la dignité royale; et ses sujets déliés de leur serment de fidélité. Il excommunia même ceux qui le reconnaîtraient pour roi et lui rendraient aucun devoir. Il donna ensuite l'Aragon et la Catalogne au comte de Valois, second fils de Philippe-le-Hardi, à condition que lui et ses successeurs se reconnaîtraient vassaux du S. Siége, lui prêteraient serment de fidélité, et lui paieraient un cens annuel. Le roi de France assembla ses barons et les prélats du royaume pour délibérer sur l'offre du pape, et ils lui conseillèrent de l'accepter. *Etrange aveuglement des rois et de leurs conseils*, s'écrie avec rai-

§ 155. — 10° *Le clergé tirant tout à lui et troublant l'ordre de la justice.*

Par le moyen des mêmes armes spirituelles, le clergé attirait tout à lui, usurpait l'autorité des tribunaux, et troublait l'ordre de la justice. Il prétendait prendre connaissance de tous les procès, *à raison du péché, dont personne de bon sens*, disait le pape Innocent III (in Cap. Novit. de Judiciis), *ne peut ignorer que la connaissance appartient à notre ministère*. L'an 1329, les prélats de France osaient dire au roi Philippe de Valois, qu'empêcher qu'on ne portât toutes sortes de causes devant les tribunaux ecclésiastiques, c'était ôter tous les droits des églises, *omnia ecclesiarum jura tollere* (a). Aussi voulaient-ils juger de toutes les contestations. Ils choquaient hardiment l'autorité civile, et se faisaient craindre, en procédant par voie d'excommunication. Il arrivait même que les diocèses ne se trouvant pas toujours mesurés sur le territoire politique, un évêque citait des étrangers à son tribunal pour des causes purement civiles, et entreprenait de les juger, par un attentat manifeste au droit des Nations. Le désordre allait si loin, il y a trois ou quatre siècles, que nos sages ancêtres (*) se crurent obligés de prendre les plus sérieuses mesures pour l'arrêter. Ils stipulèrent dans leurs traités, que *nul* des confédérés *ne ferait convenir par-devant les justices spirituelles, pour dettes d'argent, puisqu'un chacun se doit contenter de la justice du lieu* (b). On voit dans l'histoire que les Suisses réprimèrent, en plusieurs occasions, les entreprises des évêques et de leurs officiaux.

---

son un historien moderne, *ils ne voyaient pas qu'en acceptant ainsi des royaumes de la main du pape, ils l'autorisaient dans sa prétention de pouvoir les déposer eux-mêmes*. Velly, *Hist. de France*, tom. VI, p. 390.

(a) Voy. Leibnitii, *Codex juris gent. diplomat.*, dipl. LXVII, § 9.

(*) Les Suisses.

(b) *Ibid.* Alliance de Zurich avec les cantons d'*Uri*, de *Schweitz*, et d'*Underwalden*, du 1er mai 1351, au § 7.

Il n'est rien, dans toutes les affaires de la vie, sur quoi ils n'étendissent leur autorité, sous prétexte que la conscience s'y trouve intéressée. Ils faisaient acheter aux nouveaux mariés la permission de coucher avec leurs femmes, les trois premières nuits après le mariage (*a*).

§ 156. — 11° *Argent attiré à Rome.*

Cette burlesque invention nous conduit à marquer un autre abus, manifestement contraire aux règles d'une sage politique et à ce qu'une Nation se doit à elle-même. Je veux parler des sommes immenses que l'expédition des bulles, des dispenses, etc., attire chaque année à Rome, de tous les pays de sa communion. Et le commerce scandaleux des indulgences, que n'en pourrions-nous pas dire? Mais il devint enfin ruineux à la cour de Rome : pour avoir trop voulu gagner, elle fit des pertes irréparables.

§ 157. — 12° *Lois et pratiques contraires au bien de l'Etat.*

Enfin, cette autorité indépendante, confiée à des ecclésiastiques, souvent peu capables de connaître les vraies maximes du gouvernement, ou peu soigneux de s'en instruire, et livrés à des visions fanatiques, aux spéculations creuses d'une pureté chimérique et outrée; cette autorité, dis-je, a enfanté, sous prétexte de sainteté, des lois et des pratiques pernicieuses à l'Etat. Nous en avons touché quelques-unes. GROTIUS en rapporte un exemple bien remarquable : «Dans l'ancienne « Église grecque, dit-il, on observa pandant long-temps « un canon, par lequel ceux qui avaient tué quelque « ennemi, dans quelque guerre que ce fût, étaient « excommuniés pour trois ans (*b*). » Belle récompense

---

(*a*) Voyez *Règlement du parlement*, arrêt du 10 mars 1409. *Esprit des lois.* « C'était bien », dit MONTESQUIEU, « ces nuits *qu'il fallait choisir : on n'aurait pas tiré beaucoup d'argent des autres.* »

(*b*) *Droit de la guerre et de la paix*, liv. II, chap. XXIV, à

décernée à des héros, défenseurs de la patrie, au lieu des triomphes dont Rome païenne les décorait! Rome païenne devint la maîtresse du monde; elle couronnait ses plus braves guerriers. L'empire, devenu chrétien, fut bientôt la proie des barbares; ses sujets gagnaient, en le défendant, une humiliante excommunication; en se vouant à une vie oisive, ils crurent tenir le chemin du ciel, et se virent en effet dans celui des grandeurs et des richesses.

CHAPITRE XIII.

De la justice et de la police.

§ 158. — *Une Nation doit faire régner la justice.*

Après le soin de la religion, un des principaux devoirs d'une Nation concerne la justice. Elle doit mettre tous ses soins à la faire régner dans l'Etat, prendre de justes mesures pour qu'elle soit rendue à tout le monde, de la manière la plus sûre, la plus prompte, et la moins onéreuse. Cette obligation découle de la fin et du pacte même de la société civile. Nous avons vu (§ 15) que les hommes ne sont liés par les engagements de la société, et n'ont consenti à se dépouiller en sa faveur d'une partie de leur liberté naturelle, que dans la vue de jouir tranquillement de ce qui leur appartient, et d'obtenir justice avec sûreté. La Nation se manquerait donc à elle-même, et tromperait les particuliers, si elle ne s'appliquait pas sérieusement à faire régner une exacte justice. Elle doit cette attention à son bonheur, à son repos, et à sa prospérité. La confusion, le désordre, le découragement, naissent bientôt dans l'Etat, lorsque les citoyens ne sont

---

la fin. Il cite *Basil. ad Amphiloch.* X, 13. Zonar. *in Niceph. Phoc.*, tom. III.

pas assurés d'obtenir promptement et facilement justice, dans tous leurs différends; les vertus civiles s'éteignent, et la société s'affaiblit.

§ 159. — *Établir de bonnes lois.*

La justice règne par deux moyens : par de bonnes lois, et par l'attention des supérieurs à les faire observer. Lorsque nous traitions de la constitution de l'Etat (*chap.* III), nous avons déjà fait voir que la Nation doit établir des lois justes et sages, et nous avons aussi indiqué les raisons pour lesquelles nous ne pouvons entrer ici dans le détail de ces lois. Si les hommes étaient toujours également justes, équitables, éclairés, les lois naturelles suffiraient sans doute à la société. Mais l'ignorance, les illusions de l'amour-propre, les passions, rendent trop souvent impuissantes ces lois sacrées. Aussi voyons-nous que tous les peuples policés ont senti la nécessité de faire des lois positives. Il est besoin de règles générales et formelles, pour que chacun connaisse clairement son droit, sans se faire illusion; il faut même quelquefois s'écarter de l'équité naturelle pour prévenir l'abus et la fraude, pour s'accommoder aux circonstances; et puisque le sentiment du devoir est si impuissant dans le cœur de l'homme, il est nécessaire qu'une sanction pénale donne aux lois toute leur efficacité. Voilà comment la loi naturelle se change en loi civile (*a*). Il serait dangereux de commettre les intérêts des citoyens au pur arbitre de ceux qui doivent rendre la justice; le législateur doit aider l'entendement des juges, forcer leurs préjugés et leurs penchants, assujettir leur volonté, par des règles simples, fixes, et certaines; et voilà encore les lois civiles.

§ 160. — *Les faire observer.*

Les meilleures lois sont inutiles, si on ne les observe pas. La Nation doit donc s'attacher à les main-

---

(*a*) Voyez une dissertation sur cette matière dans le *Loisir philosophique*, *p.* 71 *et suiv.* (Le *Loisir philosophique* est un des ouvrages de Vattel.)

tenir, à les faire respecter et exécuter ponctuellement ; elle ne saurait prendre à cet égard des mesures trop justes, trop étendues, et trop efficaces. De là dépendent en grande partie son bonheur, sa gloire, et sa tranquillité.

§ 161. — *Fonctions et devoirs du prince en cette matière.*

Nous avons déjà observé (§ 41) que le souverain, le conducteur qui représente une Nation, qui est revêtu de son autorité, est aussi chargé de ses devoirs. Le soin de faire régner la justice sera donc une des principales fonctions du prince. Rien n'est plus digne de la majesté souveraine. L'empereur Justinien commence ainsi son livre des *Institutes: Imperatorium majestatem non solum armis decoratam, sed etiam legibus oportet esse armatam; ut utrumque tempus, et bellorum, et pacis, recte possit gubernari.* Le degré de puissance, confié par la Nation au chef de l'Etat, sera aussi la règle de ses devoirs et de ses fonctions dans l'administration de la justice. De même que la Nation peut se réserver le pouvoir législatif, ou le confier à un corps choisi, elle est aussi en droit d'établir, si elle le juge à propos, un tribunal suprême, pour juger de toutes les contestations, indépendamment du prince. Mais le conducteur de l'Etat doit naturellement avoir une part considérable à la législation ; il peut même en être seul dépositaire. En ce dernier cas, ce sera à lui d'établir des lois dictées par la sagesse et l'équité. Dans tous les cas, il doit protéger les lois, veiller sur ceux qui sont revêtus de l'autorité, et contenir chacun dans le devoir.

§ 162. — *Comment il doit rendre la justice.*

La puissance exécutrice appartient naturellement au souverain, à tout conducteur de la société ; et il en est censé revêtu dans toute son étendue, quand les lois fondamentales ne la restreignent pas. Lors donc que les lois sont établies, c'est au prince de les faire exécuter. Les maintenir en vigueur, en faire une juste application à tous les cas qui se présentent, c'est ce qu'on appelle rendre justice ; c'est le devoir du souverain : il est naturellement le juge de son peuple. On a vu les chefs de quelques petits Etats en faire eux-mêmes les fonctions ; mais cet usage devient peu convenable, impossible même dans un grand royaume.

§ 163. — *Il doit établir des juges intègres et éclairés.*

Le meilleur et le plus sûr moyen de distribuer la justice, c'est d'établir des juges intègres et éclairés, pour connaître de tous les différends qui peuvent s'élever entre les citoyens. Il est impossible que le prince se charge lui-même de ce pénible travail ; il n'aurait ni le temps nécessaire pour s'instruire à fond de toutes les causes, ni même les connaissances requises pour en juger. Le souverain ne pouvant s'acquitter en personne de toutes les fonctions du gouvernement, il doit retenir à lui, avec un juste discernement, celles qu'il peut remplir avec succès, et qui sont les plus importantes, et confier les autres à des officiers, à des magistrats, qui les exercent sous son autorité. Il n'y a aucun inconvénient à confier le jugement d'un procès à une compagnie de gens sages, intègres, et éclairés ; au contraire, c'est tout ce que le prince peut faire de mieux ; et il a rempli à cet égard tout ce qu'il doit à son peuple, quand il lui a donné des juges ornés de toutes les qualités convenables aux ministres de la justice ; il ne lui reste qu'à veiller sur leur conduite, afin qu'ils ne se relâchent point.

§ 164. — *Les tribunaux ordinaires doivent juger des causes du fisc.*

L'établissement des tribunaux de justice est particulièrement nécessaire pour juger les causes du fisc, c'est-à-dire, toutes les questions qui peuvent s'élever entre ceux qui exercent les droits utiles du prince, et les sujets. Il serait malséant et peu convenable qu'un prince voulût être juge dans sa propre cause ; il ne saurait être trop en garde contre les illusions de l'intérêt et de l'amour-propre, et quand il pourrait s'en garantir, il ne doit pas exposer sa gloire aux sinistres jugements de la multitude. Ces raisons importantes doivent même l'empêcher d'attribuer le jugement des causes qui l'intéressent, aux ministres et aux conseillers particulièrement attachés à sa personne. Dans tous les Etats bien réglés, dans les pays qui sont un Etat véritable, et non le domaine d'un despote, les tribunaux ordinaires jugent les procès du prince avec autant de liberté que ceux des particuliers.

§ 165. — *On doit établir des tribunaux souverains, qui jugent définitivement.*

Le but des jugements est de terminer avec justice les différends qui s'élèvent entre les citoyens. Si donc les causes s'instruisent devant un juge de première instance, qui en approfondit tous les détails, et vérifie les preuves, il est bien convenable, pour plus grande sûreté, que la partie condamnée par ce premier juge puisse en appeler à un tribunal supérieur, qui examine la sentence, et qui la réforme, s'il la trouve mal fondée; mais il faut que ce tribunal suprême ait l'autorité de prononcer définitivement et sans retour, autrement toute la procédure sera vaine, et le différend ne pourra se terminer.

La pratique de recourir au prince même, en portant sa plainte au pied du trône, quand la cause a été jugée en dernier ressort, paraît sujette à de grands inconvénients. Il est plus aisé de surprendre le prince par des raisons spécieuses, qu'une compagnie de magistrats versés dans la connaissance du droit; et l'expérience ne montre que trop quelles sont dans une cour les ressources de la faveur et de l'intrigue. Si cette pratique est autorisée par les lois de l'Etat, le prince doit toujours craindre que les plaintes ne soient formées dans la vue de traîner un procès en longueur et d'éloigner une juste condamnation. Un souverain juste et sage ne les admettra qu'avec de grandes précautions; et s'il casse l'arrêt dont on se plaint, il ne doit point juger lui-même la cause, mais, comme il se pratique en France, en commettre la connaissance à un autre tribunal. Les longueurs ruineuses de cette procédure nous autorisent à dire qu'il est plus convenable et plus avantageux à l'Etat d'établir un tribunal souverain, dont les arrêts définitifs ne puissent être infirmés par le prince lui-même. C'est assez, pour la sûreté de la justice, que le souverain veille sur la conduite des juges et des magistrats, comme il doit veiller sur celle de tous les officiers de l'Etat, et qu'il ait le pouvoir de rechercher et de punir les prévaricateurs.

§ 166. — *Le prince doit garder les formes de la justice.*

Dès que ce tribunal souverain est établi, le prince ne peut toucher à ses arrêts, et en général il est absolument obligé de garder et maintenir les formes de la justice. Entreprendre de les violer, c'est tomber dans la domination arbitraire, à laquelle on ne peut jamais présumer qu'aucune Nation ait voulu se soumettre.

Lorsque les formes sont vicieuses, il appartient au législateur de les réformer. Cette opération, faite ou procurée suivant les lois fondamentales, sera un des plus salutaires bienfaits que le souverain puisse répandre sur son peuple. Garantir les citoyens du danger de se ruiner pour la défense de leurs droits, réprimer, étouffer le monstre de la chicane, c'est une action plus glorieuse aux yeux du sage que tous les exploits d'un conquérant.

§ 167. — *Le prince doit maintenir l'autorité des juges, et faire exécuter leurs sentences.*

La justice se rend au nom du souverain; le prince s'en rapporte au jugement des tribunaux, et il prend avec raison ce qu'ils ont prononcé, pour le droit et la justice. Sa partie, dans cette branche du gouvernement, est donc de maintenir l'autorité des juges, et de faire exécuter leurs sentences; sans quoi elles seraient vaines et illusoires; la justice ne serait point rendue aux citoyens.

§ 108. — *De la justice attributive. Distribution des emplois et des récompenses.*

Il est une autre espèce de justice, que l'on nomme *attributive*, ou *distributive*. Elle consiste en général à traiter un chacun suivant ses mérites. Cette vertu doit régler dans un Etat la distribution des emplois publics, des honneurs, et des récompenses. Une Nation se doit premièrement à elle-même d'encourager les bons citoyens, d'exciter tout le monde à la vertu, par les honneurs et les récompenses, et de ne confier les emplois qu'à des sujets capables de les bien desservir. Elle doit aussi aux particuliers la juste attention de récompenser et d'honorer le mérite. Bien qu'un souverain soit le maître de distribuer ses grâces et les emplois à qui il lui plaît, et que personne n'ait un droit parfait à aucune charge ou dignité; cependant un homme, qui, par une grande application, s'est mis en état de servir utilement la patrie, celui qui a rendu quelque service signalé à l'Etat, de pareils citoyens, dis-je, peuvent se plaindre avec justice, si le prince les laisse dans l'oubli pour avancer des gens inutiles et sans mérite. C'est user envers eux d'une ingratitude condamnable et bien propre à éteindre l'émulation. Il n'est guère de faute plus pernicieuse, à la longue, dans un État : elle y introduit un relâchement général ; et les affaires, conduites par des mains mal habiles, ne peuvent manquer d'avoir un mauvais succès. Un Etat puissant se soutient quelque temps par son propre poids, mais enfin il tombe dans la décadence; et c'est peut-être ici une des principales causes de ces révolutions, que l'on remarque dans les grands empires. Le souverain est attentif au choix de ceux qu'il emploie, tant qu'il se sent obligé de veiller à sa conservation et d'être sur ses gardes; dès qu'il se croit élevé à un point de grandeur et de puissance qui ne lui laisse plus rien à craindre, il se livre à son caprice, et la faveur distribue toutes les places.

§ 169. — *Punition des coupables : fondement du droit de punir.*

La punition des coupables se rapporte ordinairement à la justice *attributive*, dont elle est en effet une branche, en tant que le bon ordre demande que l'on inflige aux malfaiteurs les peines qu'ils ont méritées. Mais si on veut l'établir avec évidence sur ses vrais fondements, il faut remonter aux principes. Le droit de punir, qui, dans l'état de nature, appartient à chaque particulier (12), est fondé sur le droit de sûreté. Tout homme a le droit de se garantir d'injure, et de pourvoir à sa sûreté par la force, contre ceux qui l'attaquent injustement. Pour cet effet, il peut infliger une peine à celui qui lui fait injure, tant pour le mettre hors d'état de nuire dans la suite, ou pour le corriger, que pour contenir, par son exemple, ceux qui seraient tentés de l'imiter. Or, quand les hommes s'unissent en société, comme la société est désormais chargée de pourvoir à la sûreté de ses membres, tous se dépouillent en sa faveur de leur droit de punir. C'est donc à elle de venger les injures particulières, en protégeant les citoyens. Et comme elle est une personne morale, à qui on peut aussi faire injure, elle est en droit de maintenir sa sûreté, en punissant ceux qui l'offensent, c'est-à-dire, qu'elle a le droit de punir les délits publics. Voilà d'où vient le droit de glaive, qui appartient à une Nation ou à son conducteur. Quand elle en use contre une autre Nation (13),

---

(12) Le droit de punir, c'est-à-dire, de corriger celui qui fait mal, en lui faisant souffrir quelque mal, n'appartient jamais à chaque particulier vis-à-vis de son égal. La nature ne le donne qu'aux parents sur leurs enfants; et la société, par consentement, le donne au souverain sur les sujets, comme au père commun de tous. Dans l'état de nature, l'homme n'a vis-à-vis de son égal que le droit de se faire lui-même rendre justice et donner des sûretés pour l'avenir; dans l'état social il est sous la protection du souverain à qui il a remis ce droit. *D.*

(13) Le droit de la guerre n'est autre que le droit de se faire rendre justice par force, quand on ne peut l'obtenir autrement;

elle fait la guerre; lorsqu'elle s'en sert à punir un particulier, elle exerce la justice *vindicative*. Deux choses sont à considérer dans cette partie du gouvernement : les lois et leur exécution.

§ 170. — *Des lois criminelles.*

Il serait dangereux d'abandonner entièrement la punition des coupables à la discrétion de ceux qui ont l'autorité en main : les passions pourraient se mêler d'une chose, que la justice et la sagesse doivent seules régler. La peine assignée d'avance à une mauvaise action, retient plus efficacement les méchants qu'une crainte vague, sur laquelle ils peuvent se faire illusion. Enfin, les peuples, ordinairement émus à la vue d'un misérable, sont mieux convaincus de la justice de son supplice, quand c'est la loi elle-même qui l'ordonne. Tout Etat policé doit donc avoir ses lois criminelles. C'est au législateur, quel qu'il soit, de les établir avec justice et avec sagesse. Mais ce n'est point ici le lieu d'en donner la théorie générale (14) : bornons-nous à

---

d'exiger, les armes à la main, réparation ou satisfaction du tort ou de l'injure reçue, et de bonnes sûretés pour que cela n'arrive plus. Il n'y a qu'un supérieur, tel qu'un père de famille ou un magistrat, qui puisse punir, ou châtier, c'est-à-dire, corriger quelqu'un malgré lui. Voyez la remarque précédente. *D.*

(14) Une théorie générale des lois criminelles n'eût pas été plus étrangère au Droit des gens que le duel, sur lequel il a plu à l'auteur de s'étendre par préférence. On ne peut pas savoir au juste quelle a été sa théorie à cet égard, puisqu'il ne l'a point fait connaître. Ce qui est sûr, c'est que nous sommes encore bien éloignés d'en avoir, ou du moins d'en suivre une bonne; celle sur laquelle s'appuie la pratique générale, étant bâtie sur des fondements qui ne sont rien moins que solides. L'idée de vengeance, qu'on a fait entrer mal à propos dans celle de punition, a tout gâté, en égarant indubitablement les législateurs. C'est que la vengeance est un mouvement brutal et aveugle, au lieu que punir n'est proprement qu'infliger au coupable ni plus ni moins que le mal capable de produire son amendement, après l'avoir mis hors d'état de troubler davantage la société, et d'agir autrement que pour la réparation possible du tort qu'il a fait aux autres. Cela étant, il ne faut

dire que chaque Nation doit choisir en cette matière, comme en toute autre, les lois qui conviennent le mieux aux circonstances.

§ 171. — *De la mesure des peines.*

Nous ferons seulement une observation, qui est de notre sujet; elle regarde la mesure des peines. C'est

---

pas appeler punition de la part du souverain cette perte de la liberté du malfaiteur : c'est un mal qu'il s'attire lui-même, en obligeant ses semblables de s'assurer de lui, et d'en avoir justice par force. C'est ainsi que nous bridons le cheval, que nous imposons le joug au bœuf, non pour les punir, mais pour en être les maîtres; et nous ne commençons à punir, c'est-à-dire, à châtier ou récompenser, que lorsque nous commençons à travailler sur la volonté de ces animaux pour les rendre dociles. Il suit de là que dans tout délit le souverain a trois devoirs à remplir : 1° Celui de la prudence, qui a pour objet la société, dont il doit procurer la sûreté en s'assurant de la personne qui l'a violée. 2° Celui de la justice, qui a pour objet la personne lésée, pour que celle-ci soit dédommagée aussi parfaitement qu'il est possible. 3° Celui de la sévérité paternelle, qui a pour objet la personne du malfaiteur à amender. La destruction de celui-ci, quand le premier devoir est rempli, est inutile; bien plus, elle rend impossible l'accomplissement des deux autres. Car comment réparera-t-il le mal qu'il a fait, s'il n'a la plupart du temps que sa personne, c'est-à-dire, son travail, à offrir en paiement? Et comment se corrigera-t-il, si on ne lui en laisse pas le temps? Je le demande à ceux qui conviennent que la vertu n'est autre que l'habitude de bien faire. La raison nous autorise à la défense nécessaire de nous-mêmes et de ce qui nous appartient, fût-ce aux dépens de la vie de l'agresseur; mais elle ne nous autorise pas à traîner le malfaiteur, saisi, lié, et garrotté sur un échafaud, pour, de sang-froid, l'y faire expirer dans les supplices. *Il n'y a point de méchants*, dit fort bien Rousseau dans son Contrat social, *qu'on ne pût rendre bon à quelque chose. On n'a droit de faire mourir que celui qu'on ne peut conserver sans danger.* « Il y a bien peu de punitions « humaines, dit M. *Eberhard*, dont on puisse obtenir l'amen-« dement intérieur du pécheur, et il n'y en a guère plus de « celles qui y visent, et dont on puisse l'espérer. Quelques-« unes de ces punitions sont telles, qu'elles ravissent le trans-« gresseur à l'État auquel il tenait, en le détruisant; et par là « elles contractent quelque chose d'infini, qui fait qu'on ne « peut plus les mettre en proportion avec le crime commis.

par le fondement même du droit de punir, pour la fin légitime des peines, qu'il faut les retenir dans de justes bornes. Puisqu'elles sont destinées à procurer la sûreté de l'Etat et des citoyens, elles ne doivent jamais s'étendre au-delà de ce qu'exige cette sûreté. Dire que toute peine est juste, quand le coupable a

---

« Une autre suite de cette destruction, c'est que la punition a « beau avoir opéré le repentir le plus sincère, l'amendement « le plus réel et le moins suspect, ce repentir et cet amende- « ment ne peuvent plus la terminer. » *Nouv. Apologie pour Socrate*, p. 96. « La perfection des punitions consiste à ne pas « peser un grain de plus qu'il n'est nécessaire, à produire le « plus grand bien dès qu'elles sont arrivées au but, et de « maux qu'elles paraissent être, à tourner en pur grain, non- « seulement pour l'Etat en général, mais aussi spécialement « pour le patient, et par conséquent à cesser dès qu'elles l'ont « amendé. » *Ibidem*, p. 95. Si tout cela ne peut être exactement réuni dans les peines humaines, s'il leur est impossible d'atteindre à une telle perfection, au moins faut-il tâcher de les en rapprocher, en proportionnant mieux les lois pénales aux crimes.

Tout homme qui abuse de sa liberté aux dépens des autres, mérite que ceux-ci la lui ôtent, et l'obligent à la réparation. Ainsi l'esclavage est le seul état convenable au malfaiteur dans la société; il peut et doit le regarder moins comme une punition que comme une suite nécessaire du crime qu'il a commis. Cet esclavage doit être plus ou moins long, plus ou moins rude, selon l'énormité du forfait. Les fers, les chaînes, les cachots, et les travaux les plus vils et les plus dangereux, n'en sont point exclus. Il admet encore toute marque à laquelle on puisse reconnaître partout le personnage, pourvu que cela n'aille pas à la mutilation, cruauté inutile par elle-même, et qui de plus rend le sujet moins utile. Sur ce pied, les châtiments proprement dits ne commenceraient et ne dureraient qu'autant que l'*esclave de la peine* se montrerait revêche et endurci. Il y en aurait qu'il faudrait soustraire pour toujours à la vue des autres hommes; les autres pourraient être enfermés la nuit dans de bonnes maisons de force. Le travail de tous devrait être appliqué au dédommagement des parties souffrantes, après avoir déduit le nécessaire pour vivre. Ce qui resterait tournerait au profit de l'Etat. Un tel sujet doit être de fait, comme de droit, esclave partout où il pourrait se sauver; et s'il est réclamé, on doit le rendre à la nation à qui il appartient. *D.*

connu d'avance le châtiment auquel il s'exposait, c'est tenir un langage barbare, contraire à l'humanité et à la loi naturelle, qui nous défend de faire aucun mal aux autres, à moins qu'ils ne nous mettent dans la nécessité de le leur infliger, pour notre défense et notre sûreté. Toutes les fois donc qu'une espèce de délit n'est pas fort à craindre dans la société, lorsque les occasions de le commettre sont rares, que les sujets n'y sont pas trop enclins, etc., il ne convient pas de le réprimer par des peines trop sévères. On doit encore faire attention à la nature du délit, et le punir à proportion de ce qu'il intéresse la tranquillité publique, le salut de la société, et de ce qu'il annonce de méchanceté dans le coupable.

Non-seulement la justice et l'équité dictent ces maximes; la prudence et l'art de régner ne les recommandent pas moins fortement. L'expérience nous fait voir que l'imagination se familiarise avec les objets qu'on lui présente fréquemment. Si vous multipliez les supplices terribles, les peuples en seront de jour en jour moins frappés; ils contracteront enfin, comme les *Japonais*, un caractère d'atrocité indomptable : ces spectacles sanglants ne produiront plus l'effet auquel ils sont destinés, ils n'épouvanteront plus les méchants. Il en est de ces exemples comme des honneurs; un prince qui multiplie à l'excès les titres et les distinctions, les avilit bientôt; il use mal habilement un des plus puissants et des plus commodes ressorts du gouvernement. Quand on réfléchit sur la pratique criminelle des anciens Romains, quand on se rappelle leur attention scrupuleuse à épargner le sang des citoyens, on ne peut manquer d'être frappé de la facilité avec laquelle il se verse dans la plupart des Etats. La république romaine était-elle donc mal policée? Voyons-nous plus d'ordre, plus de sûreté parmi nous? C'est moins l'atrocité des peines, que l'exactitude à les exiger, qui retient tout le monde dans le devoir. Et si l'on punit de mort le simple vol, que réservera-t-on pour mettre la vie des citoyens en sûreté?

§ 172. — *De l'exécution des lois.*

L'exécution des lois appartient au conducteur de la société. Il est chargé de ce soin, et indispensablement obligé de s'en acquitter avec sagesse. Le prince veillera donc à faire observer les lois criminelles; mais il n'entreprendra point de juger lui-même les coupables. Outre toutes les raisons que nous avons alléguées en parlant des jugements civils, et qui ont plus de force encore à l'égard des causes criminelles, le personnage de juge contre un misérable, ne convient point à la majesté du souverain, qui doit paraître en tout le père de son peuple. C'est une maxime très sage, et communément reçue en France, que le prince doit se réserver toutes les matières de grâce et abandonner aux magistrats les rigueurs de la justice. Mais cette justice doit s'exercer en son nom et sous son autorité. Un bon prince veillera attentivement sur la conduite des magistrats; il les obligera à observer scrupuleusement les formes établies. Il se gardera bien lui-même d'y donner jamais atteinte. Tout souverain qui néglige ou qui viole les formes de la justice dans la recherche des coupables, marche à grands pas à la tyrannie; il n'y a plus de liberté pour les citoyens, dès qu'ils ne sont pas assurés de ne pouvoir être condamnés que suivant les lois, dans les formes établies, et par leurs juges ordinaires. L'usage de donner à un accusé des commissaires, choisis au gré de la cour, est une invention tyrannique de quelques ministres qui abusaient du pouvoir de leur maître. C'est par ce moyen irrégulier et odieux qu'un fameux ministre réussissait toujours à faire périr ses ennemis. Un bon prince n'y donnera jamais les mains, s'il est assez éclairé pour prévoir l'horrible abus que ses ministres pourraient en faire. Si le prince ne doit pas juger lui-même, par la même raison il ne peut aggraver la sentence prononcée par les juges.

§ 173. — *Du droit de faire grâce.*

La nature même du gouvernement exige que l'exécuteur des lois ait le pouvoir d'en dispenser, lorsqu'il le peut sans faire tort à personne, et en certains cas particuliers, où le bien de l'État exige une exception. De là vient que le droit de faire grâce est un attribut de la souveraineté. Mais le souverain, dans toute sa conduite, dans ses rigueurs comme dans sa miséricorde, ne doit avoir en vue que le plus grand avantage de la société. Un prince sage saura concilier la justice et la clémence, le soin de la sûreté publique et la charité que l'on doit aux malheureux.

§ 174. — *De la police.*

La police consiste dans l'attention du prince et des magistrats à maintenir tout en ordre. De sages règlements doivent prescrire tout ce qui convient le mieux à la sûreté, à l'utilité, et à la commodité publiques, et ceux qui ont l'autorité en main ne sauraient être trop attentifs à les faire observer. Le souverain, par une sage police, accoutume les peuples à l'ordre et à l'obéissance; il conserve la tranquillité, la paix, et la concorde parmi les citoyens. On attribue aux magistrats hollandais des talents singuliers pour la police : leurs villes, et jusqu'à leurs établissements dans les Indes, sont généralement, de tous les pays du monde, ceux où on la voit le mieux exercée.

§ 175. — *Du duel, ou des combats singuliers.*

Les lois et l'autorité des magistrats ayant été substituées à la guerre privée, le conducteur de la Nation ne doit point souffrir que des particuliers entreprennent de se faire justice eux-mêmes, lorsqu'ils peuvent recourir aux magistrats. Le duel, ce combat dans lequel on s'engage pour une querelle particulière, est un désordre manifestement contraire au but de la société. Cette fureur était inconnue aux anciens Grecs et Romains, qui ont porté si loin la gloire de leurs armes;

nous la devons à des peuples barbares qui ne connaissaient d'autre droit que leur épée. Louis XIV mérite les plus grandes louanges, par les efforts qu'il a faits pour abolir un usage si féroce.

§ 176. — *Moyens d'arrêter ce désordre.*

Mais comment ne fit-on point observer à ce prince que les peines les plus sévères étaient insuffisantes pour guérir la manie du duel? Elles n'allaient point à la source du mal. Et puisqu'un préjugé ridicule avait persuadé à toute la noblesse et aux gens de guerre que l'honneur oblige un homme d'épée à venger par ses mains la moindre injure qu'il aura reçue, voilà le principe sur lequel il faudrait travailler. Détruisez ce préjugé, ou enchaînez-le par un motif de la même nature. Pendant qu'un gentilhomme, en obéissant à la loi, se fera regarder de ses égaux comme un lâche, comme un homme déshonoré; qu'un officier, dans le même cas, sera forcé de quitter le service, l'empêcherez-vous de se battre en le menaçant de la mort? Il mettra, au contraire, une partie de sa bravoure à exposer doublement sa vie pour se laver d'un affront. Et certes, tandis que le préjugé subsiste, tandis qu'un gentilhomme ou un officier ne peut le heurter sans répandre l'amertume sur le reste de ses jours, je ne sais si on peut avec justice punir celui qui est forcé de se soumettre à sa tyrannie, ni s'il est bien coupable en bonne morale. Cet honneur du monde, faux et chimérique tant qu'il vous plaira, est pour lui un bien très réel et très nécessaire, puisque, sans cet honneur, il ne peut vivre avec ses pareils, ni exercer une profession qui fait souvent son unique ressource. Lors donc qu'un brutal veut lui ravir injustement cette chimère accréditée et si nécessaire, pourquoi ne pourrait-il pas la défendre, comme il défendrait son bien et sa vie contre un voleur? De même que l'Etat ne permet point à un particulier de chasser, les armes à la main, l'usurpateur de son bien, parce que le magistrat peut lui en faire justice, si le souverain ne veut pas que ce particulier tire l'épée contre celui qui lui fait une insulte, il doit nécessairement faire en sorte que la patience et l'obéissance du citoyen insulté ne lui portent point préjudice. La société ne peut ôter à l'homme son droit naturel de guerre contre un agresseur, qu'en lui fournissant un autre moyen de se garantir du mal qu'on veut lui faire. Dans toutes les occasions où l'autorité publique ne peut venir à notre secours, nous rentrons dans nos droits primitifs de défense naturelle. Ainsi un voyageur peut tuer, sans difficulté, le voleur qui l'attaque sur le grand chemin, parce qu'il implorerait en vain, dans ce moment, la protection des lois et du magistrat. Ainsi une fille chaste sera louée, si elle ôte la vie à un brutal qui voudrait lui faire violence.

En attendant que les hommes se soient défaits de cette idée *gothique*, que l'honneur les oblige à venger par leurs mains leurs injures personnelles, au mépris même de la loi, le moyen le plus sûr d'arrêter les effets de ce préjugé serait peut-être de faire une distinction entière de l'offensé et de l'agresseur; d'accorder sans difficulté la grâce du premier, quand il paraîtrait qu'il a été véritablement attaqué en son honneur, et de punir sans miséricorde celui qui l'a outragé. Et ceux qui tirent l'épée pour des bagatelles, pour des pointilleries, des piques, ou des railleries, qui n'intéressent point l'honneur, je voudrais qu'ils fussent sévèrement punis. De cette manière, on retiendrait ces gens hargneux et brutaux, qui souvent mettent les plus sages dans la nécessité de les réprimer. Chacun serait sur ses gardes, pour éviter d'être considéré comme agresseur; et voulant se ménager l'avantage de se battre, s'il le faut, sans encourir les peines portées par la loi, on se modérerait de part et d'autre, la querelle tomberait d'elle-même et n'aurait point de suites. Souvent un brutal est lâche au fond du cœur; il fait le rogue, il insulte, dans l'espérance que la rigueur des lois obligera à souffrir son insolence; qu'arrive-t-il? Un homme de cœur s'expose à tout plutôt que de se laisser insulter; l'agresseur n'ose reculer, et voilà un combat qui n'eût jamais eu lieu, si ce dernier eût pu penser que la loi même qui le condamne, absolvant l'offensé, rien n'empêcherait celui-ci de punir son audace.

À cette première loi, dont je ne doute point que l'expérience ne montrât bientôt l'efficacité, il serait bon de joindre les règlements suivants. 1° Puisque la coutume veut que la noblesse et les gens de guerre marchent toujours armés en pleine paix (*), il faudrait au moins tenir exactement la main à l'observation des lois, qui ne permettent qu'à ces deux ordres de porter l'épée. 2° Il serait à propos d'établir un tribunal particulier, pour juger sommairement de toutes les affaires d'honneur entre les personnes de ces deux ordres. Le tribunal des maréchaux de France est déjà en possession de ces fonctions (**) : on pourrait les lui attribuer plus formellement et avec plus d'étendue. Les gouverneurs de provinces et de places, avec leurs états-majors, les colonels et capitaines de chaque régiment seraient, pour ce fait, subdélégués de messieurs les maréchaux. Ces tribunaux conféreraient seuls, chacun dans son département, le droit de porter l'épée : tout gentilhomme, à l'âge de 16 ou 18 ans, tout homme, à son entrée au régiment, serait obligé de paraître devant le tribunal, pour recevoir l'épée. 3° Là, en lui remettant l'épée, on lui ferait connaître qu'elle ne lui est confiée que pour la défense de la patrie, et on pourrait lui donner des idées saines sur l'honneur. 4° Il me paraît très important d'ordonner des peines de nature différente, pour les cas différents. On pourrait dégrader de noblesse et des armes, et punir corporellement quiconque s'oublierait jusqu'à injurier, de fait ou de paroles, un homme d'épée ; décerner même la peine de mort, suivant l'atro-

---

(*) Cette coutume a cessé d'exister pour la noblesse.
(**) Cette juridiction n'existe plus en France. — Celui qui tue un homme en duel se rend coupable d'un véritable meurtre ; l'homicide étant toujours, dans ce cas, accompagné de la volonté de le commettre.

cité de l'injure ; et, selon ma première observation, ne lui faire aucune grâce, si le duel s'en est ensuivi; en même temps que son adversaire sera absous de toute peine. Ceux qui se battent pour des sujets légers, je ne voudrais point les condamner à mort, si ce n'est dans le seul cas où l'auteur de la querelle, j'entends celui qui l'a poussée jusqu'à tirer l'épée ou jusqu'à faire un appel, aurait tué son adversaire. On espère d'échapper à la peine, quand elle est trop sévère ; et d'ailleurs, la peine de mort, en pareil cas, n'est pas regardée comme une flétrissure. Qu'ils soient honteusement dégradés de noblesse et des armes, privés à jamais, et sans espérance de pardon, du droit de porter l'épée : c'est la peine la plus propre à contenir des gens de cœur. Bien entendu que l'on aurait soin de mettre de la distinction entre les coupables, suivant le degré de leur faute. Pour ce qui est des roturiers, qui ne sont point gens de guerre, leurs querelles entre eux doivent être abandonnées à l'animadversion des tribunaux ordinaires, et le sang qu'ils répandront, vengé suivant les lois communes contre la violence et le meurtre. Il en serait de même des querelles qui pourraient s'élever entre un roturier et un homme d'épée : c'est au magistrat ordinaire à maintenir l'ordre et la paix entre gens qui ne pourraient point avoir ensemble des *affaires d'honneur*. Protéger le peuple contre la violence des gens d'épée, et le châtier sévèrement s'il osait les insulter, ce serait encore, comme ce l'est aujourd'hui, la charge du magistrat.

J'ose croire que ces règlements et cet ordre, bien observés, étoufferaient un monstre que les lois les plus sévères n'ont pu contenir. Ils vont à la source du mal, en prévenant les querelles ; et ils opposent le vif sentiment d'un honneur véritable et réel, au faux et pointilleux honneur qui fait couler tant de sang. Il serait digne d'un grand monarque d'en faire l'essai : le succès immortaliserait son nom, et la seule tentative lui mériterait l'amour et la reconnaissance de son peuple.

CHAPITRE XIV.

Troisième objet d'un bon gouvernement, se fortifier contre les attaques du dehors.

§ 177. — *Une Nation doit se fortifier contre les attaques du dehors.*

Nous nous sommes étendus sur ce qui intéresse la vraie félicité d'une Nation : la matière est également riche et compliquée. Venons maintenant à un troisième chef des devoirs d'une Nation envers elle-même, à un troisième objet d'un bon gouvernement. Une des fins de la société politique est de se défendre à forces réunies, de toute insulte ou violence du dehors (§ 15). Si la société n'est pas en état de repousser un agresseur, elle est très imparfaite, elle manque à sa principale destination, et ne peut subsister long-temps. La Nation doit se mettre en état de repousser et de dompter un injuste ennemi ; c'est un devoir important, que le soin de sa perfection, de sa conservation même, lui impose, et à son conducteur.

§ 178. — *De la puissance d'une Nation.*

C'est par sa puissance qu'une Nation peut repousser des agresseurs, assurer ses droits, et se rendre partout respectable. Tout l'invite à ne rien négliger pour se mettre dans cette heureuse situation. La puissance d'un Etat consiste en trois choses : le nombre des citoyens, leurs vertus militaires, et les richesses. On peut comprendre sous ce dernier article les forteresses, l'artillerie, les armes, les chevaux, les munitions, et généralement tout cet attirail immense qui est aujourd'hui nécessaire à la guerre, puisque l'on peut se procurer tout cela à prix d'argent.

§ 179. — *Multiplication des citoyens.*

L'Etat, ou son conducteur, doit donc s'appliquer premièrement à multiplier le nombre des citoyens, autant que cela est possible et convenable. Il y réussira en faisant régner l'abondance dans le pays, comme il y est obligé ; en procurant au peuple les moyens de gagner par son travail de quoi nourrir une famille, en donnant de bons ordres pour que les sujets faibles, et surtout les laboureurs, ne soient pas vexés et opprimés par la levée des impôts ; en gouvernant avec douceur, et d'une manière qui, bien loin de dégoûter et de dispenser les sujets, en attire plutôt de nouveaux ; enfin, en encourageant le mariage à l'exemple des *Romains*. Nous avons déjà remarqué (§ 149) que ce peuple si attentif à tout ce qui pouvait accroître et soutenir sa puissance, fit de sages lois contre les célibataires, et accorda des priviléges et des exemptions aux gens mariés, principalement à ceux dont la famille était nombreuse : lois aussi justes que sages, puisqu'un citoyen qui élève des sujets pour l'Etat, a droit d'en attendre plus de faveurs que celui qui ne veut y vivre que pour lui-même (*).

Tout ce qui est contraire à la population est un vice dans un Etat qui ne regorge pas d'habitants. Nous avons déjà parlé des couvents et du célibat des prêtres. Il est étrange que des établissements directement contraires aux devoirs de l'homme et du citoyen, au bien et au salut de la société, aient trouvé tant de faveur, et que les princes, loin de s'y opposer comme ils le devaient, les aient protégés et enrichis. Une poli-

---

(*) On ne peut lire, sans éprouver une sorte d'indignation, ce que quelques pères de l'Eglise ont écrit contre le mariage, et pour recommander le célibat. Tertullien disait : *Videtur esse matrimonii et stupri differentia, sed utrobique est communicatio. Ergo, inquis, et primas nuptias damnas! Nec immerito, quoniam et ipsæ constant ex eo quod est stuprum.* De Exhort. Castit.

Et saint Jérôme : *Hanc tantam esse differentiam inter uxorem et scortum, quod tolerabilius sit uni esse prostitutam quam plurimis.*

tique habile à profiter de la superstition pour étendre son pouvoir, fit prendre le change aux puissances et aux sujets sur leurs véritables devoirs ; elle sut aveugler les princes, même sur leurs intérêts. L'expérience semble enfin ouvrir les yeux aux Nations et à leurs conducteurs. Le pape même, disons-le à la gloire de Benoît XIV, le pape cherche à réduire peu à peu un abus si palpable ; par ses ordres, on n'admet plus personne, dans ses Etats, à faire des vœux avant l'âge de vingt-cinq ans. Ce savant pontife donne aux souverains de sa communion un exemple salutaire ; il les invite à se réveiller enfin sur le salut de leurs Etats, à resserrer au moins les avenues du gouffre qui les épuise, s'ils ne peuvent les fermer entièrement. Parcourez l'Allemagne, et dans des contrées d'ailleurs parfaitement semblables, vous verrez les Etats protestants deux fois plus peuplés que les Etats catholiques ; comparez l'Espagne déserte à l'Angleterre regorgeante d'habitants ; voyez de belles provinces, même en France, manquant de cultivateurs, et dites-nous si des milliers de reclus et de recluses ne serviraient pas infiniment mieux et Dieu et la patrie, en donnant des laboureurs à ces riches campagnes ? Il est vrai que la Suisse catholique ne laisse pas d'être très peuplée ; mais c'est qu'une paix profonde, c'est surtout que la nature du gouvernement répare abondamment les pertes causées par les couvents. La liberté est capable de remédier aux plus grands maux ; elle est l'âme d'un Etat, et c'est avec grand sujet que les Romains l'appellaient *alma libertas*.

§ 180. — *De la valeur.*

Une multitude lâche et sans discipline est incapable de repousser un ennemi aguerri : la force de l'Etat consiste moins dans le nombre que dans les vertus militaires des citoyens. La valeur, cette vertu héroïque, qui brave les dangers pour le salut de la patrie, est le plus ferme appui de l'Etat : elle le rend formidable à ses ennemis, et lui épargne jusqu'à la peine de se défendre. Un peuple dont la réputation à cet égard est une fois bien établie, sera rarement attaqué, s'il ne provoque personne par ses entreprises. Depuis plus de deux siècles, les Suisses jouissent d'une paix profonde, tandis que le bruit des armes retentit autour d'eux, et que la guerre désole tout le reste de l'Europe. La nature donne le fonds de la valeur; mais diverses causes peuvent l'échauffer, ou l'affaiblir, et même la détruire. Une Nation doit donc rechercher et cultiver cette vertu si utile, et le souverain prudent mettra tout en œuvre pour l'inspirer à ses sujets. La sagesse lui en marquera les moyens. C'est ce beau feu qui anime la noblesse *française :* enflammée pour la gloire et pour la patrie, elle vole aux combats, et répand gaîment son sang dans le champ d'honneur. Où n'iraient point ses conquêtes, si ce royaume était environné de peuples moins belliqueux ? *L'Anglais*, généreux et intrépide, est un lion dans les combats; et en général les Nations de l'Europe surpassent en bravoure tous les peuples du monde.

§ 181. — *Des autres vertus militaires.*

Mais la valeur seule ne réussit point toujours à la guerre; les succès constants ne sont dus qu'à l'assemblage de toutes les vertus militaires. L'histoire nous apprend de quelle importance sont les lumières des généraux, la dicipline militaire, la frugalité, la force du corps, l'adresse, l'endurcissement aux fatigues et au travail. Ce sont là tout autant de parties qu'une Nation doit cultiver avec soin. Voilà ce qui porta si haut la gloire des Romains, et les rendit maîtres du monde. Ce serait une erreur de croire que la valeur seule ait produit ces actions éclatantes des anciens Suisses, ces victoires de *Morgarten,* de *Sempach,* de *Laupen,* de *Morat,* et tant d'autres : non-seulement les Suisses combattaient avec intrépidité; ils étudiaient la guerre, ils s'endurcissaient à ses travaux, ils se formaient à l'exécution de toutes les manœuvres, et l'a-

mour même de la liberté les soumettait à une dicipline, qui pouvait seule leur assurer ce trésor et sauver la patrie. Leurs troupes n'étaient pas moins célèbres par leur dicipline que par leur bravoure. Mézeray, après avoir rapporté ce que firent les Suisses à la bataille de *Dreux*, ajoute ces paroles remarquables : « Au juge-
« ment de tous les capitaines d'une part et d'autre
« qui se trouvèrent là, les *Suisses* gagnèrent en cette
« journée, par toutes sortes d'épreuves, contre l'infan-
« terie et la cavalerie, contre les Français et les Alle-
« mands, le prix de la discipline militaire, et la répu-
« tation d'être les meilleurs fantassins du monde (*a*). »

§ 182. — *Des richesses.*

Enfin, les richesses d'une Nation font une partie considérable de sa puissance, aujourd'hui principalement que la guerre exige des dépenses immenses. Ce ne sont pas seulement les revenus du souverain, ou le trésor public, qui font la richesse d'une Nation; son opulence s'estime aussi par les richesses des particuliers. On appelle communément une Nation riche, celle où il se trouve un grand nombre de citoyens aisés et puissants. Les biens des particuliers augmentent réellement les forces de l'État, puisque ces particuliers sont capables de contribuer de grosses sommes pour les besoins publics, et même que, dans une extrémité, le souverain peut employer toutes les richesses des sujets à la défense et au salut de l'Etat, en vertu du *domaine éminent* qui lui appartient, comme nous le ferons voir dans la suite. La Nation doit donc s'appliquer à acquérir ces richesses publiques et particulières, qui lui sont utiles ; et c'est ici une nouvelle raison de cultiver le commerce extérieur, qui en est la source; un nouveau motif pour le souverain, d'avoir l'œil ouvert sur tous les commerces étrangers que son peuple peut exercer, afin

---

(*a*) *Histoire de France*, tom. II, p. 888.

de soutenir, de protéger les branches profitables, et de couper celles qui font sortir l'or et l'argent.

§ 183. — *Revenus de l'Etat et impôts.*

Il est nécessaire que l'Etat ait des revenus proportionnés aux dépenses qu'il est obligé de faire. On peut lui former ces revenus de plusieurs manières : par le domaine que la Nation lui réserve, par des contributions, par divers impôts, etc. Nous traiterons ailleurs cette matière.

§ 184. — *La Nation ne doit pas augmenter sa puissance par des moyens illicites.*

Voilà en quoi consiste cette puissance, que la Nation doit augmenter et accroître. Est-il nécessaire de faire observer qu'elle ne peut y travailler que par des voies justes et innocentes ? Une fin louable ne suffit pas pour légitimer les moyens : ceux-ci doivent être légitimes en eux-mêmes. Car la loi naturelle ne peut se contredire ; si elle proscrit une action, comme injuste ou déshonnête en elle-même, elle ne la permet jamais, pour quelque vue que ce soit. Et dans les cas où on ne peut atteindre à une fin si bonne et si louable sans employer des moyens illégitimes, on doit tenir cette fin pour impossible, et l'abandonner. Ainsi nous ferons voir, en traitant des justes causes de la guerre, qu'il n'est point permis à une Nation d'en attaquer une autre, dans la vue de s'agrandir en la soumettant à ses lois. C'est comme si un particulier voulait s'enrichir en ravissant le bien d'autrui.

§ 185. — *La puissance est relative à celle d'autrui.*

La puissance d'une Nation est relative ; on doit la mesurer sur celle de ses voisins, ou de tous les peuples dont elle peut avoir quelque chose à craindre. L'Etat est assez puissant, lorsqu'il est capable de se faire respecter, et de repousser quiconque voudrait l'attaquer. Il peut se procurer cette heureuse situation, soit par ses propres forces, en les tenant au niveau ou même au-dessus des forces de ses voisins, soit en empêchant que ceux-ci ne s'élèvent à une puissance prédominante et formidable. Mais nous ne pouvons marquer ici en quels cas et par quels moyens un État peut avec justice mettre des bornes à la puissance d'un autre État; il faut auparavant expliquer les devoirs d'une Nation envers les autres, pour les combiner ensuite avec ses devoirs envers elle-même. Disons seulement, pour le présent, qu'en suivant à cet égard les règles de la prudence et d'une sage politique, elle ne doit jamais perdre de vue celles de la justice.

CHAPITRE XV.

De la gloire d'une Nation.

§ 186. — *Combien la gloire est avantageuse.*

La gloire d'une Nation tient intimement à sa puissance; elle en fait une partie très considérable. C'est ce brillant avantage qui lui attire la considération des autres peuples, qui la rend respectable à ses voisins. Une Nation dont la réputation est bien établie, et principalement celle dont la gloire est éclatante, se voit recherchée de tous les souverains; ils désirent son amitié, et craignent de l'offenser; ses amis, et ceux qui souhaitent de le devenir, favorisent ses entreprises, et ses envieux n'osent manifester leur mauvaise volonté.

§ 187. — *Devoir de la Nation : comment la véritable gloire s'acquiert.*

Il est donc très avantageux à une Nation d'établir sa réputation et sa gloire, et ce soin devient un de ses plus importants devoirs envers elle-même. La véritable gloire consiste dans le jugement avantageux des gens sages et éclairés ; elle s'acquiert par les vertus, ou les qualités de l'esprit et du cœur, et par les belles actions, qui sont les fruits de ces vertus. Une Nation peut la mériter à double titre : 1° par ce qu'elle fait en qualité de Nation, par la conduite de ceux qui administrent ses affaires, qui ont en main l'autorité et le gouvernement ; 2° par le mérite des particuliers qui composent la Nation.

§ 188. — *Devoirs du prince.*

Un prince, un souverain, quel qu'il soit, qui se doit tout entier à sa Nation, est sans doute obligé d'en étendre la gloire autant qu'il dépend de lui. Nous avons vu que son devoir est de travailler à la perfection de l'Etat et du peuple qui lui est soumis : par là il lui fera mériter la bonne réputation et la gloire. Il doit toujours avoir cet objet devant les yeux, dans tout ce qu'il entreprend, et dans l'usage qu'il fait de son pouvoir. Qu'il fasse briller la justice, la modération, la grandeur d'âme dans toutes ses actions, il se procurera à soi-même et à son peuple un nom respectable dans l'univers, et non moins utile que glorieux. La gloire de HENRI IV sauva la France : dans l'état déplorable où il trouva ses affaires, ses vertus encouragèrent les sujets fidèles, donnèrent aux étrangers la hardiesse de le secourir, de se liguer avec lui contre l'ambitieux Espagnol. Un prince faible et peu estimé eût été abandonné de tout le monde ; on eût craint de s'associer à sa ruine.

Outre les vertus, qui font la gloire des princes comme celle des personnes privées, il est une dignité et des bienséances qui appartiennent particulièrement au rang suprême, et que le souverain doit observer avec le plus grand soin. Il ne peut les négliger sans s'avilir lui-même, et sans imprimer une tache sur l'Etat. Tout ce qui émane du trône doit porter un caractère de pureté, de noblesse, et de grandeur. Quelle idée prend-on d'un peuple, quand on en voit le souverain témoigner dans des actes publics une bassesse de sentiments dont un particulier se croirait déshonoré? Toute la majesté de la Nation réside dans la personne du prince; que deviendra-t-elle s'il la prostitue, ou s'il souffre qu'elle soit prostituée par ceux qui parlent et qui agissent en son nom? Le ministre qui fait tenir à son maître un langage indigne de lui, mérite d'être honteusement chassé.

§ 189. — *Devoirs des citoyens.*

La réputation des particuliers dérive sur la Nation, par une façon de parler et de penser également commune et naturelle. En général, on attribue une vertu ou un vice à un peuple, lorsque ce vice ou cette vertu s'y fait remarquer plus fréquemment. On dit qu'une Nation est belliqueuse, quand elle produit un grand nombre de braves guerriers; qu'elle est savante, quand il y a beaucoup de savants parmi ses citoyens; qu'elle excelle dans les arts, lorsqu'elle a dans son sein plusieurs habiles artistes; au contraire, on la dit lâche, paresseuse, stupide, lorsque les gens de ces caractères y sont en plus grand nombre qu'ailleurs. Les citoyens obligés de travailler de tout leur pouvoir au bien et à l'avantage de la patrie, non seulement se doivent à eux-mêmes le soin de mériter une bonne réputation; ils le doivent encore à la Nation, dans la gloire de laquelle la leur est si capable d'influer. Bacon, Newton, Descartes, Leibnitz, Bernoulli, ont fait honneur à leur patrie, et l'ont servie utilement par la gloire qu'ils ont acquise. Les grands ministres, les grands généraux, un Oxenstiern, un Turenne, un Marlborough, un Ruiter, servent doublement la patrie, et par leurs actions, et par leur gloire. D'un autre côté, un bon citoyen trouvera un nouveau motif de s'abstenir de toute action honteuse, dans la crainte du déshonneur qui pourrait en rejaillir sur sa patrie. Et le prince ne doit point souffrir que ses sujets se livrent à des vices capables de diffamer la Nation, ou de ternir seulement l'éclat de sa gloire; il est en droit de réprimer et de punir les éclats scandaleux, qui font un tort réel à l'Etat.

§ 190. — *Exemple des Suisses.*

L'exemple des *Suisses* est bien propre à faire voir de quelle utilité la gloire peut être à une Nation. La haute réputation de valeur qu'ils se sont acquise, et qu'ils soutiennent glorieusement, les maintient en paix depuis plus de deux siècles, et les fait rechercher de toutes les puissances de l'Europe. Louis XI, encore dauphin, fut témoin des prodiges de valeur qu'ils firent à la bataille de *Saint-Jacques*, auprès de *Bâle*; et il forma dès-lors le dessein de s'attacher étroitement une Nation si intrépide (*a*). Les douze cents braves qui attaquèrent en cette occasion une armée de cinquante à soixante mille hommes aguerris, battirent d'abord l'avant-garde des *Armagnacs*, forte de dix-huit mille hommes; et donnant ensuite avec trop d'audace sur le gros de l'armée, ils périrent presque tous (*b*), sans pouvoir achever leur victoire. Mais outre qu'ils effrayèrent l'ennemi et garantirent la Suisse d'une invasion ruineuse, ils la servirent utilement, par la gloire éclatante qu'ils acquirent à ses armes. La réputation d'une fidélité inviolable n'est pas moins avantageuse à cette Nation. Aussi a-t-elle été de tout temps jalouse de se la conserver. Le canton de *Zug* punit de mort cet indigne soldat qui trahit la confiance du duc de Milan, et décela ce prince aux Français, lorsque, pour leur échapper, il s'était mis dans les rangs des

---

(*a*) Voyez les *Mémoires de* COMMINES.
(*b*) De cette petite armée, «on compta 1158 morts, et 32 «blessés. Il n'échappa que douze hommes, qui furent re- «gardés par leurs compatriotes comme des lâches qui avaient «préféré une vie honteuse à la gloire de mourir pour leur «patrie.» *Histoire de la Confédération Helvétique*, par A.-L. DE WATTEVILLE, t. I, p. 251. TSCHUDI, p. 425.

Suisses qui sortaient de *Novare*, habillé comme un d'eux (*a*).

§ 191. — *Attaquer la gloire d'une Nation, c'est lui faire injure.*

Puisque la gloire d'une Nation est un bien très réel, elle est en droit de la défendre, tout comme ses autres avantages. Celui qui attaque sa gloire lui fait injure; elle est fondée à exiger de lui-même par la force des armes, une juste réparation. On ne peut donc condamner les mesures que prennent quelquefois les souverains, pour maintenir ou pour venger la dignité de leurs couronnes. Elles sont également justes et nécessaires. Lorsqu'elles ne procèdent point de prétentions trop hautes, les attribuer à un vain orgueil, c'est ignorer grossièrement l'art de régner, et mépriser un des plus fermes appuis de la grandeur et de la sûreté d'un État.

CHAPITRE XVI.

De la protection recherchée par une Nation, et de sa soumission volontaire à une puissance étrangère.

§ 192. — *De la protection.*

Lorsqu'une Nation n'est pas capable de se garantir elle-même d'insulte et d'oppression, elle peut se ménager la protection d'un État plus puissant. Si elle l'obtient en s'engageant seulement à certaines choses, même à payer un tribut, en reconnaissance de la sûreté qu'on lui procure, à fournir des troupes à son protecteur, et jusqu'à faire cause commune avec lui dans toutes ses guerres, se réservant du reste le droit de se gouverner à son gré, c'est un simple traité de protec-

---

(*a*) Vogel, *Traité historique et politique des alliances entre la France et les treize Cantons*, p. 75, 76.

tion, qui ne déroge point à la souveraineté, et qui ne s'éloigne des traités d'alliance ordinaires que par la différence qu'il met dans la dignité des parties contractantes.

§ 193. — *Soumission volontaire d'une Nation à une autre.*

Mais on va quelquefois plus loin, et bien qu'une Nation doive conserver précieusement la liberté et l'indépendance qu'elle tient de la nature, lorsqu'elle ne se suffit pas à elle-même, et qu'elle se sent hors d'état de résister à ses ennemis, elle peut légitimement se soumettre à une Nation plus puissante, à de certaines conditions, dont elles conviendront; et le pacte ou traité de soumission sera dans la suite la mesure et la règle des droits de l'une et de l'autre. Car celle qui se soumet cédant un droit qui lui appartient, et le transportant à l'autre, est absolument la maîtresse de mettre à ce transport telles conditions qu'il lui plaît; et l'autre, en acceptant la soumission sur ce pied, s'engage à en observer religieusement toutes les clauses.

§ 194. — *Diverses espèces de soumissions.*

Cette soumission peut varier à l'infini, suivant la volonté des contractants : ou elle laissera subsister en partie la souveraineté de la Nation inférieure, la restreignant seulement à certains égards; ou elle l'anéantira totalement, en sorte que la Nation supérieure deviendra souveraine de l'autre; ou enfin la moindre sera incorporée dans la plus grande, pour ne former désormais avec elle qu'un seul et même Etat, et alors ses citoyens auront les mêmes droits que ceux auxquels ils s'unissent. L'histoire romaine nous fournit des exemples de ces trois espèces de soumissions. 1° Les alliés du peuple romain, tels que furent long-temps les *Latins*, qui dépendaient de Rome à divers égards, et du reste se gouvernaient suivant leurs lois et par leurs propres magistrats. 2° Les pays réduits en provinces romaines, comme *Capoue*, dont les habitants se soumirent absolument aux Romains (*a*). 3° Enfin, les peuples à qui Rome accordait le droit de bourgeoisie. Les Empereurs donnèrent dans la suite ce droit à tous les peuples soumis à l'empire, et transformèrent ainsi tous les sujets en citoyens.

§ 195. — *Droit des citoyens quand la Nation se soumet à une puissance étrangère.*

Dans le cas d'un véritable assujettissement à une puissance étrangère, les citoyens qui n'approuvent pas ce changement ne sont point obligés de s'y soumettre; on doit leur permettre de vendre leurs biens et de se retirer ailleurs. Car pour être entré dans une société, je ne suis point obligé de suivre son sort, lorsqu'elle se dissout elle-même pour se soumettre à une domination étrangère. Je me suis soumis à la société telle qu'elle était, pour vivre dans cette société, et non dans une autre, pour être membre d'un Etat souverain; je dois lui obéir tant qu'elle demeure société politique; lorsqu'elle se dépouille de cette qualité pour recevoir la loi d'un autre Etat, elle rompt les nœuds qui unissent ses membres, et les délie de leurs engagements.

§ 196. — *Ces pactes annulés par le défaut de protection.*

Quand une Nation s'est mise sous la protection d'une autre plus puissante, ou même s'est assujettie à elle, dans la vue d'en être protégée, si celle-ci ne la protége pas effectivement dans l'occasion, il est manifeste que manquant à ses engagements, elle perd tous les droits que la convention lui avait acquis, et que l'autre, dégagée de l'obligation qu'elle avait contractée, rentre dans tous ses droits, et recouvre son indépendance ou sa liberté. Il faut remarquer que cela a lieu même dans le cas où le protecteur ne manque

---

(*a*) *Itaque populum Campanum, urbemque Capuam, agros, delubra Deum, divina, humanaque omnia, in vestram, patres conscripti, populique Romani ditionem dedimus.* — Tit.-Liv., Lib. VII, cap. 31.

point à ses engagements par mauvaise foi, mais par pure impuissance. Car la nation plus faible ne s'étant soumise que pour être protégée, si l'autre ne se trouve point en état de remplir cette condition essentielle, le pacte est anéanti; la plus faible rentre dans ses droits, et peut, si elle le juge à propos, recourir à une protection plus efficace (*a*). C'est ainsi que les ducs d'*Autriche*, qui avaient acquis un droit de protection, et en quelque sorte de souveraineté, sur la ville de *Lucerne*, ne voulant ou ne pouvant pas la protéger efficacement, cette ville fit alliance avec les trois premiers cantons; et les ducs ayant porté leurs plaintes à l'empereur, les *Lucernois* répondirent *qu'ils avaient usé du droit naturel et commun à tous les hommes, qui permet à un chacun de chercher sa propre sûreté, quand il est abandonné de ceux qui sont obligés de le secourir* (*).

§ 197. — *Ou par l'infidélité du protégé.*

La loi est égale pour les deux contractants : si le protégé ne remplit pas ses engagements avec fidélité, le protecteur est déchargé des siens; il peut refuser sa protection dans la suite, et déclarer le traité rompu, au cas qu'il le juge à propos pour le bien de ses affaires.

§ 198. — *Et par les entreprises du protecteur.*

En vertu du même principe, qui délie l'un des contractants quand l'autre manque à ses engagements, si la puissance supérieure veut s'arroger sur la faible

---

(*a*) Nous parlons ici d'une Nation qui s'est rendue sujette d'une autre, et non point de celle qui se serait incorporée dans un autre État, pour en faire partie. Cette dernière est dans le cas de tous les autres citoyens : nous en parlerons au chapitre suivant.

(*) Voyez les historiens de la Suisse.

Les Provinces-Unies des Pays-Bas ayant été obligées de se défendre seules contre les Espagnols, ne voulurent plus relever de l'empire dont elles n'avaient reçu aucun secours. GROTIUS, *Annales*. Liv. XVI, p. 627.

plus de droit que le traité de protection ou de soumission ne lui en donne, celle-ci peut regarder le traité comme rompu, et pourvoir à sa sûreté suivant sa prudence. S'il en était autrement, la Nation inférieure trouverait sa perte dans une convention à laquelle elle ne s'est résolue que pour son salut; et si elle était encore liée par ses engagements lorsque son protecteur en abuse et viole ouvertement les siens, le traité deviendrait un piége pour elle. Cependant, comme quelques-uns prétendent qu'en ce cas la Nation inférieure a seulement le droit de résister et d'implorer un secours étranger, comme surtout les faibles ne peuvent prendre trop de précautions contre les puissants, habiles à colorer leurs entreprises, le plus sûr est d'insérer dans cette espèce de traité une clause commissoire qui le déclare nul, dès que la puissance supérieure voudra s'arroger plus de droit que le traité ne lui en donne expressément.

§ 199. — *Comment le droit de la Nation protégée se perd par son silence.*

Mais si la nation protégée ou soumise à certaines conditions ne résiste point aux entreprises de celle dont elle a recherché l'appui, si elle n'y fait aucune opposition, si elle garde un profond silence quand elle devrait et pourrait parler, sa patience, après un temps considérable, forme un consentement tacite qui légitime le droit de l'usurpateur. Il n'y aurait rien de stable parmi les hommes, et surtout entre les Nations, si une longue possession, accompagnée du silence des intéressés, ne produisait un certain droit. Mais il faut bien observer que le silence, pour marquer un consentement tacite, doit être volontaire. Si la Nation inférieure prouve que la violence et la crainte ont étouffé les témoignages de son opposition, on ne peut rien conclure de son silence, et il ne donne aucun droit à l'usurpateur.

CHAPITRE XVII.

Comment un peuple peut se séparer de l'Etat dont il est membre, ou renoncer à l'obéissance de son souverain, quand il n'en est pas protégé.

§ 200. — *Différence entre le cas présent et ceux du chapitre précédent.*

Nous avons dit qu'un peuple indépendant, qui, sans devenir membre d'un autre Etat, s'en est rendu volontairement dépendant ou sujet, afin d'en être protégé, demeure libre de ses engagements, aussitôt que cette protection lui manque, même par l'impuissance du protecteur. Il ne faut pas conclure qu'il en soit précisément de même de tout peuple que son souverain naturel, ou l'Etat dont il est membre, ne peut protéger promptement et efficacement. Les deux cas sont fort différents. Dans le premier, une Nation libre n'est pas soumise à un autre Etat pour participer à tous ses avantages, et faire absolument cause commune avec lui : si celui-ci voulait lui faire tant de faveur, elle serait incorporée, et non assujettie : elle sacrifie sa liberté, dans la seule vue d'être protégée, sans espérer d'autre retour. Lors donc que la condition unique et nécessaire de son assujettissement vient à manquer, de quelque manière que ce soit, elle est libre de ses engagements, et ses devoirs envers elle-même l'obligent à pourvoir par de nouveaux moyens à sa propre sûreté. Mais les divers membres d'un même Etat participant tous également aux avantages qu'il procure, doivent constamment le soutenir : ils se sont promis de demeurer unis, de faire en toute occasion cause commune. Si ceux qui sont menacés ou attaqués pouvaient se détacher des autres, pour éviter un danger présent, tout Etat serait bientôt dissipé et détruit. Il est donc essentiel au salut de la société, et au bien même de tous ses membres, que chaque partie résiste de toutes ses forces à l'ennemi commun, plutôt que de se détacher des autres; et c'est par conséquent une des conditions nécessaires de l'association politique. Les sujets naturels d'un prince lui sont attachés, sans autre réserve que l'observation des lois fondamentales; ils doivent lui demeurer fidèles, de même qu'il doit prendre soin de les bien gouverner: leurs intérêts sont communs; ils ne font avec lui qu'un même tout, qu'une même société; c'est donc encore une condition essentielle et nécessaire de la société politique, que les sujets restent unis à leur prince, autant que cela est en leur pouvoir.

§ 201. — *Devoir des membres d'un Etat, ou des sujets d'un prince qui sont en danger.*

Lors donc qu'une ville, une province, est menacée, ou actuellement attaquée, elle ne peut, pour se soustraire au danger, se séparer de l'Etat dont elle est membre; ou abandonner son prince naturel, même quand il n'est pas en pouvoir de lui donner un secours présent et efficace. Son devoir, ses engagements politiques, l'obligent à faire les plus grands efforts pour se maintenir dans son état actuel. Si elle succombe à la force, la nécessité, cette loi irrésistible, l'affranchit de ses premiers engagements, et lui donne le droit de traiter avec le vainqueur, pour faire ses conditions les meilleures qu'il lui sera possible. S'il faut se soumettre à lui, ou périr, qui doutera qu'elle ne puisse, qu'elle ne doive même prendre le premier parti? L'usage moderne est conforme à cette décision : une ville se soumet à l'ennemi, quand elle ne peut attendre son salut d'une résistance vigoureuse; elle lui prête serment de fidélité, et son souverain n'accuse que la fortune.

§ 202. — *Leur droit, quand ils sont abandonnés.*

L'Etat est obligé de défendre et de conserver tous

ses membres (§ 17), et le prince doit la même assistance à ses sujets. S'ils refusent ou négligent de secourir un peuple qui se trouve dans un danger éminent, ce peuple abandonné devient absolument le maître de pourvoir à sa sûreté et à son salut, de la manière qui lui conviendra le mieux, sans aucun égard pour ceux qui lui ont manqué les premiers. Le pays de *Zug*, attaqué par les Suisses en 1352, envoya au duc d'Autriche son souverain, pour en obtenir du secours. Mais ce prince, occupé à parler de ses oiseaux quand les députés se présentèrent à lui, daigna à peine les écouter; ce peuple abandonné entra dans la Confédération Helvétique (*a*). La ville de *Zurich* s'était vue dans le même cas, une année auparavant. Attaquée par des citoyens rebelles, soutenus de la noblesse des environs, et par la maison d'Autriche, elle s'adressa au chef de l'empire; mais CHARLES IV, pour lors empereur, déclara à ses députés qu'il ne pouvait la défendre; *Zurich* trouva son salut dans l'alliance des Suisses (*b*). La même raison a autorisé les Suisses en général à se détacher entièrement de l'empire, qui ne les protégeait en aucune rencontre: ils n'en reconnaissaient plus l'autorité dès long-temps, lorsque leur indépendance fut reconnue par l'empereur et par tout le corps germanique, au traité de *Westphalie*.

CHAPITRE XVIII.

De l'établissement d'une Nation dans un pays.

§ 203. — *Occupation d'un pays par la Nation.*

Jusques ici nous avons considéré la Nation purement en elle-même, sans égard au pays qu'elle occupe.

(*a*) Voyez ETTERLIN, SIMLER, et A.-L. DE WATTEVILLE, *ubi suprà*.
(*b*) Voyez les mêmes historiens, et BULLINGER, STUMPF, TSCHUDI, STETTLER.

Voyons-la maintenant établie dans une contrée qui devient son bien propre et sa demeure. La terre appartient aux hommes en général : destinée par le Créateur à être leur habitation commune et leur mère-nourrice, tous tiennent de la nature le droit d'y habiter et d'en tirer les choses nécessaires à leur subsistance et convenables à leurs besoins. Mais le genre humain s'étant extrêmement multiplié, la terre n'était plus capable de fournir d'elle-même et sans culture à l'entretien de ses habitants, et elle n'eût pu recevoir une culture convenable de peuples vagabonds, auxquels elle eût appartenu en commun. Il devint donc nécessaire que ces peuples se fixassent quelque part, et qu'ils s'appropriassent des portions de terrein, afin que n'étant point troublés dans leur travail, ni frustrés du fruit de leurs peines, ils s'appliquassent à rendre ces terres fertiles, pour en tirer leur subsistance. Voilà ce qui doit avoir donné lieu aux droits de *propriété* et de *domaine*, ce qui en justifie l'établissement. Depuis leur introduction, le droit commun à tous les hommes est restreint en particulier à ce que chacun possède légitimement. Le pays qu'une Nation habite, soit qu'elle s'y soit transportée, soit que les familles qui la composent, se trouvant répandues dans cette contrée, s'y soient formées en corps de société politique, ce pays, dis-je, est l'établissement de la Nation, elle y a un droit propre et exclusif.

§ 204. — *Ses droits sur le pays qu'elle occupe.*

Ce droit comprend deux choses : 1° le *domaine*, en vertu duquel la Nation peut user seule de ce pays pour ses besoins, en disposer et en tirer tout l'usage auquel il est propre. 2° L'*empire*, ou le droit du souverain commandement, par lequel elle ordonne et dispose à sa volonté de tout ce qui se passe dans le pays.

§ 205. — *Occupation de l'empire dans un pays vacant.*

Lorsqu'une Nation s'empare d'un pays qui n'appartient encore à personne, elle est censée y occuper l'*empire* ou la *souveraineté*, en même temps que le *domaine*. Car puisqu'elle est libre et indépendante, son intention ne peut être, en s'établissant dans une contrée, d'y laisser à d'autres le droit de commander, ni aucun de ceux qui constituent la souveraineté. Tout l'espace dans lequel une Nation étend son empire, forme le ressort de sa juridiction, et s'appelle son *territoire*.

§ 206. — *Autre manière d'occuper l'empire dans un pays libre.*

Si plusieurs familles libres, répandues dans un pays indépendant, viennent à s'unir, pour former une Nation ou un Etat, elles occupent ensemble l'empire sur tout le pays qu'elles habitent. Car elles en possédaient déjà, chacune pour sa part, le *domaine* ; et puisqu'elles veulent former ensemble une société politique, et établir une autorité publique, à laquelle chacun sera tenu d'obéir, il est bien manifeste que leur intention est d'attribuer à cette autorité publique le droit de commander dans tout le pays.

§ 207. — *Comment une Nation s'approprie un pays désert.*

Tous les hommes ont un droit égal aux choses qui ne sont point encore tombées dans la propriété de quelqu'un ; et ces choses-là appartiennent au premier occupant. Lors donc qu'une Nation trouve un pays inhabité et sans maître, elle peut légitimement s'en emparer ; et après qu'elle a suffisamment marqué sa volonté à cet égard, un autre ne peut l'en dépouiller. C'est ainsi que des navigateurs, allant à la découverte, munis d'une commission de leurs souverains, et rencontrant des îles, ou d'autres terres désertes, en ont pris possession au nom de leurs Nations ; et communément ce titre a été respecté, pourvu qu'une possession réelle l'ait suivi de près.

§ 208. — *Question à ce sujet.*

Mais c'est une question de savoir si une Nation peut s'approprier ainsi, par une simple prise de possession, des pays qu'elle n'occupe pas réellement, et s'en réserver de cette manière beaucoup plus qu'elle n'est capable de peupler et de cultiver. Il n'est pas difficile de décider qu'une pareille prétention serait absolument contraire au droit naturel, et opposée aux vues de la nature, qui, destinant toute la terre aux besoins des hommes en général, ne donne à chaque peuple le droit de s'approprier un pays, que pour les usages qu'elle en tire, et non pour empêcher que d'autres en profitent. Le droit des gens ne reconnaîtra donc la *propriété* et la *souveraineté* d'une Nation que sur les pays vides qu'elle aura occupés réellement et de fait, dans lesquels elle aura formé un établissement, ou dont elle tirera un usage actuel. En effet, lorsque des navigateurs ont rencontré des pays déserts, dans lesquels ceux des autres Nations avaient dressé en passant quelque monument, pour marquer leur prise de possession, ils ne se sont pas plus mis en peine de cette vaine cérémonie, que de la disposition des papes, qui partagèrent une grande partie du monde entre les couronnes de Castille et de Portugal (a).

(a) Ces actes si singuliers ne se trouvent guère que dans des livres assez rares. On ne sera pas fâché d'en voir ici un extrait.

Bulle d'ALEXANDRE VI, par laquelle il donne à FERDINAND et ÉLISABETH (Isabelle), roi et reine de Castille et d'Arragon, le Nouveau-Monde, découvert par CHRISTOPHE COLOMB.

Motu proprio, dit le pape, *non ad vestram, vel alterius pro vobis super hoc nobis oblatæ petitionis instantiam, sed de nostra mera liberalitate, et ex certa scientia, ac de apostolicæ potestatis plenitudine, omnes insulas et terras firmas inventas et inveniendas, detectas et detegendas, versus occidentem et meridiem* (en tirant une ligne d'un pôle à l'autre, à cent lieues à l'ouest des Açores) *auctoritate omnipotentis Dei, nobis in beato Petro concessa, ac vicariatus Jesu Christi, qua fungimur in terris, cum omnibus illarum dominiis, civitatibus,* etc., *vobis hæredibusque et successoribus vestris Castellæ et Legionis regibus in perpetuum tenore præsentium donamus, concedimus, assignamus, vosque et hæredes ac successores præfatos illorum dominos, cum plena, libera et omnimoda potestate, auctoritate et juridictione facimus, constituimus et deputamus.* Le pape excepte seulement ce qu'un

§ 209. — *S'il est permis d'occuper une partie d'un pays dans lequel il ne se trouve que des peuples errants et en petit nombre.*

Il est une autre question célèbre, à laquelle la découverte du Nouveau-Monde a principalement donné lieu. On demande si une Nation peut légitimement occuper quelque partie d'une vaste contrée, dans laquelle il ne se trouve que des peuples errants, incapables, par leur petit nombre, de l'habiter tout entière. Nous avons déjà fait remarquer (§ 81), en établissant l'obligation de cultiver la terre, que ces peuples ne peuvent s'attribuer exclusivement plus de terrein qu'ils n'en ont besoin et qu'ils ne sont en état d'en habiter et d'en cultiver. Leur habitation vague dans ces immenses régions, ne peut passer pour une véritable et légitime prise de possession; et les peuples de l'Europe, trop resserrés chez eux, trouvant un terrein dont les sauvages n'avaient nul besoin particulier et ne faisaient aucun usage actuel et soutenu, ont pu légitimement l'occuper, et y établir des colonies. Nous l'avons déjà dit, la terre appartient au genre humain pour sa subsistance. Si chaque Nation eût voulu dès

---

autre prince chrétien pourrait y avoir occupé avant l'année 1493, comme s'il eût été plus en droit de donner ce qui n'appartenait à personne, et surtout ce qui était possédé par les peuples *Américains*. Il poursuit ainsi : *ac quibuscunque personis, jucuscunque dignitatis, etiam imperialis et regalis, status, gradus, ordinis, vel conditionis, sub excommunicationis latæ sententiæ pœna, quam eo ipso, si contra fecerint, incurrant, districtiùs inhibemus ne ad insulas et terras firmas inventas et inveniendas, detectas et detegendas, versus occidentem et meridiem.... pro mercibus habendis, vel quavis alia de causa, accedere præsumant, absque vestra, ac hæredum et successorum vestrorum prædictorum licentia speciali*, etc. *Datum Romæ apud S. Petrum anno* 1493. *IV. Nonas Maii, Pontific. nostri anno primo.* LEIBNITH Codex juris gent. Diplomat. Diplom. 203. Voyez *ibid Diplom.* 105, l'acte par lequel le pape Nicolas V donne au roi ALPHONSE de Portugal et à l'infant HENRI l'empire de la Guinée et le pouvoir de subjuguer les nations barbares de ces contrées, défendant à tout autre d'y aller sans la permission du Portugal. L'acte est daté de Rome, le VI des ides de janvier 1454.

le commencement s'attribuer un vaste pays, pour n'y vivre que de chasse, de pêche, et de fruits sauvages, notre globe ne suffirait pas à la dixième partie des hommes qui l'habitent aujourd'hui. On ne s'écarte donc point des vues de la nature, en resserrant les sauvages dans des bornes plus étroites. Cependant on ne peut que louer la modération des *Puritains* anglais, qui les premiers s'établirent dans la Nouvelle-Angleterre. Quoique munis d'une charte de leur souverain, ils achetèrent des sauvages le terrain qu'ils voulaient occuper (*a*). Ce louable exemple fut suivi par *Guillaume Penn*, et la colonie de Quackers qu'il conduisit dans la Pensylvanie.

§ 210. — *Des colonies.*

Lorsqu'une Nation s'empare d'un pays éloigné, et y établit une colonie, ce pays, quoique séparé de l'établissement principal, fait naturellement partie de l'Etat, tout comme ses anciennes possessions. Toutes les fois donc que les lois politiques ou les traités n'y apportent point de différence, tout ce qui se dit du territoire d'une Nation doit s'entendre aussi de ses colonies.

CHAPITRE XIX.

De la patrie, et des diverses matières qui y ont rapport.

§ 211. — *Ce que c'est que la patrie.*

La totalité des contrées occupées par une Nation, et soumises à ses lois, forme, comme nous l'avons dit, son territoire ; c'est aussi la commune patrie de tous les individus de la Nation. Nous avons été obligés

---

(*a*) *Histoire des colonies anglaises de l'Amérique septentrionale.*

d'anticiper la définition du terme de *patrie* (§ 122), parce que nous avions à traiter de l'amour de la patrie, vertu si excellente et si nécessaire dans un Etat. Supposons donc cette définition connue, il nous reste à expliquer diverses choses relatives à la matière et à développer les questions qu'elle présente.

§ 212. — *Des citoyens et naturels.*

Les citoyens sont les membres de la société civile : liés à cette société par certains devoirs, et soumis à son autorité, ils participent avec égalité à ses avantages. Les *naturels*, ou *indigènes*, sont ceux qui sont nés dans le pays, de parents citoyens. La société ne pouvant se soutenir et se perpétuer que par les enfants des citoyens, ces enfants y suivent naturellement la condition de leurs pères, et entrent dans tous leurs droits. La société est censée le vouloir ainsi, par une suite de ce qu'elle doit à sa propre conservation ; et l'on présume de droit que chaque citoyen, en entrant dans la société, réserve à ses enfants le droit d'en être membres. La patrie des pères est donc celle des enfants, et ceux-ci deviennent de véritables citoyens, par leur simple consentement tacite. Nous verrons bientôt si, parvenus à l'âge de raison, ils peuvent renoncer à leur droit, et ce qu'ils doivent à la société dans laquelle ils sont nés. Je dis que pour être d'un pays, il faut être né d'un père citoyen ; car si vous y êtes né d'un étranger, ce pays sera seulement le lieu de votre naissance, sans être votre patrie.

§ 213. — *Des habitants.*

Les *habitants*, par distinction des *citoyens*, sont des étrangers auxquels on permet de s'établir à demeure dans le pays. Liés par leur habitation à la société, ils sont soumis aux lois de l'Etat tant qu'ils y restent, et ils doivent le défendre, puisqu'ils en sont protégés, quoiqu'ils ne participent pas à tous les droits des citoyens. Ils jouissent seulement des avantages que la loi ou la coutume leur donne. Les *habitants perpé-*

tuels sont ceux qui ont reçu le droit d'habitation perpétuelle. C'est une espèce de citoyens d'un ordre inférieur : ils sont liés à la société, sans participer à tous ses avantages. Leurs enfants suivent la condition des pères ; par cela même que l'Etat a donné à ceux-ci l'habitation perpétuelle, leur droit passe à leur postérité.

§ 214. — *Naturalisation.*

Une Nation, ou le souverain qui la représente, peut accorder à un étranger la qualité de citoyen, en l'agrégeant au corps de la société politique. Cet acte s'appelle *naturalisation*. Il est des Etats où le souverain ne peut accorder à un étranger tous les droits de citoyen, par exemple, celui de parvenir aux charges, et où, par conséquent, il n'a le pouvoir de donner qu'une naturalisation imparfaite. C'est une disposition de la loi fondamentale qui limite le pouvoir du prince. En d'autres Etats, comme en Angleterre et en Pologne, le prince ne peut naturaliser personne, sans le concours de la Nation représentée par ses députés. Il en est enfin, comme l'Angleterre, où la simple naissance dans le pays naturalise les enfants d'un étranger.

§ 215. — *Des enfants de citoyens, nés en pays étranger.*

On demande si les enfants nés de citoyens, en pays étranger, sont citoyens ? Les lois ont décidé la question en plusieurs pays ; et il faut suivre leurs dispositions. Par la loi naturelle seule, les enfants suivent la condition de leurs pères, et entrent dans tous leurs droits (§ 212) ; le lieu de la naissance ne fait rien à cela, et ne peut fournir de lui-même aucune raison d'ôter à un enfant ce que la nature lui donne ; je dis de lui-même, car la loi civile, ou politique, peut en ordonner autrement, pour des vues particulières ; mais je suppose que le père n'a point quitté entièrement sa patrie pour s'établir ailleurs. S'il a fixé son domicile dans un pays étranger, il y est devenu membre d'une autre société, au moins comme habitant perpétuel, et ses enfants en seront aussi.

§ 216. — *Des enfants nés sur mer.*

Quant aux enfants nés sur mer, s'ils sont nés dans les parties de la mer occupées par leur Nation, ils sont nés dans le pays : si c'est en pleine mer, il n'y a aucune raison de les distinguer de ceux qui naissent dans le pays; car ce n'est point naturellement le lieu de la naissance qui donne des droits, mais l'extraction; et si les enfants sont nés dans un vaisseau de la Nation, ils peuvent être réputés nés dans le territoire : car il est naturel de considérer les vaisseaux de la Nation comme des portions de son territoire, surtout quand ils voguent sur une mer libre, puisque l'Etat conserve sa juridiction dans ces vaisseaux. Et comme suivant l'usage communément reçu, cette juridiction se conserve sur le vaisseau, même quand il se trouve dans des parties de la mer soumises à une domination étrangère, tous les enfants nés dans les vaisseaux d'une Nation seront censés nés dans son territoire. Par la même raison, ceux qui naissent sur un vaisseau étranger seront réputés nés en pays étranger, à moins que ce ne fût dans le port même de la Nation; car le port est plus particulièrement du territoire, et la mère, pour être en ce moment dans le vaisseau étranger, n'est pas hors du pays. Je suppose qu'elle et son mari n'ont point quitté la patrie pour s'établir ailleurs.

§ 217. — *Des enfants nés dans les armées de l'Etat, ou dans la maison de son ministre auprès d'une cour étrangère.*

C'est encore par les mêmes raisons, que les enfants de citoyens, nés hors du pays, dans les armées de l'Etat, ou dans la maison de son ministre auprès d'une cour étrangère, sont réputés nés dans le pays; car un citoyen absent avec sa famille pour le service de l'Etat, et qui demeure dans sa dépendance et sous sa juridiction, ne peut être considéré comme étant sorti du territoire.

§ 218. — *Du domicile.*

Le *domicile* est l'habitation fixée en quelque lieu, dans l'intention d'y demeurer toujours. Un homme n'établit donc point son domicile quelque part, à moins qu'il ne fasse suffisamment connaître, soit tacitement, soit par une déclaration expresse, son intention de s'y fixer. Au reste, cette déclaration n'empêche point que s'il vient à changer de sentiment dans la suite, il ne puisse transporter son domicile ailleurs. En ce sens, celui qui s'arrête, même long-temps, dans un lieu, pour ses affaires, n'y a qu'une simple habitation, sans *domicile*. C'est ainsi que l'envoyé d'un prince étranger n'a point son domicile à la cour où il réside.

Le *domicile naturel*, ou *d'origine*, est celui que la naissance nous donne, là où notre père a le sien; et nous sommes censés le retenir, tant que nous ne l'abandonnons pas pour en choisir un autre. Le *domicile acquis* (*adscititium*) est celui que nous nous établissons par notre propre volonté.

§ 219. — *Des vagabonds.*

Les *vagabonds* sont des gens sans domicile. Par conséquent, ceux qui naissent de parents vagabonds n'ont point de patrie; puisque la patrie d'un homme est le lieu où, au temps de sa naissance, ses parents avaient leur domicile (§ 122), ou l'Etat dont son père était membre alors, ce qui revient à la même chose; car s'établir pour toujours chez une Nation, c'est en devenir membre, au moins comme habitant perpétuel, si ce n'est point avec tous les droits des citoyens. Cependant on peut regarder la patrie d'un vagabond comme celle de son enfant, en tant que ce vagabond sera censé n'avoir pas absolument renoncé à son domicile naturel ou d'origine.

§ 220.— *Si l'on peut quitter sa patrie.*

Il faut nécessairement user de plusieurs distinctions, pour bien résoudre cette question célèbre, si un homme peut quitter sa patrie, ou la société dont il est membre. 1° Les enfants ont une attache naturelle à la société dans laquelle ils sont nés : obligés de reconnaître la protection qu'elle a accordée à leurs pères, ils lui sont redevables, en grande partie, de leur naissance et de leur éducation. Ils doivent donc l'aimer comme nous l'avons déjà fait voir (§ 122), lui marquer une juste reconnaissance, lui rendre, autant qu'il est en eux, le bien pour le bien. Nous venons de faire observer (§ 212) qu'ils ont droit d'entrer dans la société dont leurs pères étaient membres. Mais tout homme naît libre; le fils d'un citoyen, parvenu à l'âge de raison, peut examiner s'il lui convient de se joindre à la société que sa naissance lui destine. S'il ne trouve point qu'il lui soit avantageux d'y rester, il est le maître de la quitter, en la dédommageant de ce qu'elle pourrait avoir fait en sa faveur (*a*), et en conservant pour elle, autant que ses nouveaux engagements le lui permettront, les sentiments d'amour et de reconnaissance qu'il lui doit. Au reste, les obligations d'un homme envers sa patrie naturelle peuvent changer, s'altérer, ou s'évanouir, suivant qu'il l'aura quittée légitimement et avec raison, pour en choisir une autre, ou qu'il en aura été chassé méritoirement ou contre la justice, dans les formes ou par violence.

2° Dès que l'enfant d'un citoyen, devenu homme, agit comme citoyen, il en prend tacitement la qualité; ses obligations, comme celles de tout autre qui s'engage expressément et formellement envers la société, deviennent plus fortes et plus étendues; le cas est tout différent de celui dont nous venons de parler. Lorsqu'une société n'a point été contractée pour un temps déterminé, il est permis de la quitter, quand cette séparation peut avoir lieu sans causer du dommage à la société (*). Un citoyen peut donc quitter

---

(*a*) C'est le fondement des *traites-foraines*, des droits qu'on appelle en latin *census emigrationis*.

(*) Charles XII fit condamner à mort et exécuter le général

l'Etat dont il est membre, pourvu que ce ne soit pas dans des conjonctures où il ne saurait l'abandonner sans lui porter un notable préjudice. Mais il faut distinguer ici ce qui peut se faire à rigueur de droit, de ce qui est honnête et conforme à tous les devoirs; en un mot, l'obligation *interne* de l'obligation *externe*. Tout homme a le droit de quitter son pays, pour s'établir ailleurs, quand, par cette démarche, il ne compromet point le bien de sa patrie. Mais un bon citoyen ne s'y déterminera jamais sans nécessité, ou sans de très fortes raisons. Il est peu honnête d'abuser de sa liberté, pour quitter légèrement des associés, après avoir tiré d'eux des avantages considérables; et c'est le cas de tout citoyen avec sa patrie.

3° Quant à ceux qui l'abandonnent lâchement dans le péril, cherchant à se mettre en sûreté, au lieu de la défendre, ils violent manifestement le pacte de société par lequel on s'est engagé à se défendre tous ensemble et de concert; ce sont d'infâmes déserteurs, que l'Etat est en droit de punir sévèrement.

§ 221. — *Comment on peut s'en absenter pour un temps.*

Dans les temps de paix et de tranquillité, lorsque la patrie n'a aucun besoin actuel de tous ses enfants, le bien même de l'Etat et celui des citoyens exige qu'il soit permis à un chacun de voyager pour ses affaires, pourvu qu'il soit toujours prêt à revenir, dès que l'intérêt public le rappellera. On ne présume point qu'au-

---

Patkul, livonien d'origine, qui fut pris dans une affaire contre les Saxons. Cette mort fut injuste. Patkul était, à la vérité, né sujet du roi de Suède; mais il avait quitté la Livonie à l'âge de douze ans, et, s'étant avancé dans les troupes de Saxe, il avait vendu, avec la permission du roi, les biens qu'il possédait en Livonie. Il avait donc quitté sa patrie pour en choisir une autre, ce qui est permis à un homme libre, à moins que ce ne soit, comme nous l'observons ici, dans un temps critique où la patrie a besoin de tous ses enfants; et le roi de Suède, en lui permettant de vendre ses biens, avait consenti à sa transmigration. *Hist. int. du Nord*, pag. 120.

cun homme se soit engagé envers la société dont il est membre, à ne pouvoir sortir du pays, quand le bien de ses affaires l'exigera, et lorsqu'il pourra s'absenter sans nuire à sa patrie.

§ 222. — *Variation des lois politiques à cet égard. Il faut leur obéir.*

Les lois politiques des Nations varient beaucoup à cet égard. Chez les unes il est permis en tout temps, si ce n'est dans le cas d'une guerre actuelle, à tout citoyen de s'absenter, et même de quitter entièrement le pays, quand il le trouve à propos, et sans en rendre aucune raison. Cette licence, contraire par elle-même au bien et au salut de la société, ne peut se tolérer que dans un pays sans ressource, incapable de suffire aux besoins des habitants. Il n'y a dans un tel pays qu'une société imparfaite; car il faut que la société civile puisse mettre ses membres en état de se procurer par leur travail et leur industrie tout ce qui leur est nécessaire : sans cela, elle n'est pas en droit d'exiger qu'ils se dévouent absolument à elle. En d'autres États, tout le monde peut voyager librement pour ses affaires, mais non quitter entièrement la patrie sans la permission expresse du souverain. Enfin, il en est où la rigueur du gouvernement ne permet à qui que ce soit de sortir du pays, sans des passe-ports en forme, lesquels ne s'accordent même que très difficilement. Dans tous ces cas, il faut se conformer aux lois, quand elles sont faites par une autorité légitime. Mais dans le dernier, le souverain abuse de son pouvoir et réduit les sujets dans un esclavage insupportable, s'il leur refuse la permission de voyager pour leur utilité, lorsqu'il pourrait la leur accorder sans inconvénient et sans danger pour l'Etat. Nous allons même voir qu'en certaines occasions il ne peut retenir, sous aucun prétexte, ceux qui veulent s'en aller pour toujours.

§ 223. — *Des cas où un citoyen est en droit de quitter la patrie.*

Il est des cas dans lesquels un citoyen est absolument en droit, par des raisons prises du pacte même de la société politique, de renoncer à sa patrie et de l'abandonner. 1° Si le citoyen ne peut trouver sa subsistance dans sa patrie, il lui est permis sans doute de la chercher ailleurs; car la société politique, ou civile, n'étant contractée que dans la vue de faciliter à un chacun les moyens de vivre et de se faire un sort heureux et assuré, il serait absurde de prétendre qu'un membre, à qui elle ne pourra procurer les choses les plus nécessaires, ne sera pas en droit de quitter.

2° Si le corps de la société, ou celui qui le représente, manque absolument à ses obligations envers un citoyen, celui-ci peut se retirer. Car si l'un des contractants n'observe point ses engagements, l'autre n'est plus tenu à remplir les siens, et le contrat est réciproque entre la société et ses membres. C'est sur ce fondement que l'on peut aussi chasser de la société un membre qui en viole les lois.

3° Si la majeure partie de la Nation, ou le souverain qui la représente, veut établir des lois sur des choses à l'égard desquelles le pacte de société ne peut obliger tout citoyen à se soumettre, ceux à qui ces lois déplaisent sont en droit de quitter la société pour s'établir ailleurs. Par exemple, si le souverain, ou la plus grande partie de la Nation, ne veut souffrir qu'une seule religion dans l'Etat, ceux qui croient et professent une autre religion sont en droit de se retirer, d'emporter leurs biens et d'emmener leurs familles. Car ils n'ont jamais pu s'assujettir à l'autorité des hommes, dans une affaire de conscience (a); et si la société souffre et s'affaiblit par leur départ, c'est la faute des intolérants : ce sont ces derniers qui manquent au pacte de la société, qui le rompent, et qui forcent les autres à se séparer. Nous avons touché ailleurs quelques autres exemples de ce troisième cas, celui d'un Etat populaire, qui veut se donner un sou-

---

(a) Voyez ci-dessus le chapitre de la religion.

verain (§ 33), et celui d'une Nation indépendante, qui prend la résolution de se soumettre à une puissance étrangère (§ 195).

§ 224. — *Des émigrants.*

Ceux qui quittent leur patrie pour quelque raison légitime, dans le dessein de s'établir ailleurs, s'appellent *émigrants*. Ils emportent tous leurs biens avec eux, et emmènent leurs familles.

§ 225. — *Sources de leur droit.*

Leur droit d'émigration peut venir de diverses sources. 1° Dans les cas que nous venons de toucher (§ 223), c'est un droit naturel, qui leur est certainement réservé dans le pacte même d'association civile.

2° L'émigration peut être assurée aux citoyens, en certains cas, par une loi fondamentale de l'État. Les bourgeois de *Neufchâtel*, et de *Valangin* en Suisse, peuvent quitter le pays et emporter leurs biens comme il leur plaît, sans payer même aucuns droits.

3° Elle peut leur être accordée volontairement par le souverain.

4° Enfin ce droit peut naître de quelque traité fait avec une puissance étrangère, par lequel un souverain aura promis de laisser toute liberté à ceux de ses sujets qui, pour certaine raison, pour cause de religion, par exemple, voudront se transplanter dans les terres de cette puissance-là. Il y a de pareils traités entre les princes d'Allemagne, pour le cas en particulier où il s'agit de la religion. De même en Suisse, un bourgeois de *Berne* qui veut se transplanter à *Fribourg*, et réciproquement un bourgeois de *Fribourg* qui va s'établir à *Berne*, pour y professer la religion du pays, est en droit de quitter sa patrie et d'en emporter tout ce qui est à lui.

Il paraît par divers traits de l'histoire, en particulier de l'histoire de la Suisse et des pays voisins, que le droit des gens établi par la coutume de ces pays-là, il y a quelques siècles, ne permettait pas à un État de recevoir au nombre de ses citoyens les sujets d'un autre État. Cet article d'une coutume vicieuse n'avait d'autre fondement que l'esclavage dans lequel les peuples étaient alors réduits. Un prince, un seigneur, comptait ses sujets dans le rang de ses *biens propres;* il en calculait le nombre, comme celui de ses troupeaux, et à la honte de l'humanité, cet étrange abus n'est pas encore détruit partout.

§ 226. — *Si le souverain viole leur droit, il leur fait injure.*

Si le souverain entreprend de troubler ceux qui ont le droit d'émigration, il leur fait injure, et ces gens-là peuvent légitimement implorer la protection de la puissance qui voudra les recevoir. C'est ainsi que l'on a vu le roi de Prusse Frédéric-Guillaume, accorder sa protection aux protestants émigrants de *Saltzbourg*.

§ 227. — *Des suppliants.*

On appelle *suppliants* tous fugitifs qui implorent la protection d'un souverain contre la Nation, ou le prince, qu'ils ont quitté. Nous ne pouvons établir solidement ce que le droit des gens décide à leur égard, avant que nous ayons traité des devoirs d'une Nation envers les autres.

§ 228. — *De l'exil et du bannissement.*

Enfin l'*exil* est une autre manière de quitter la patrie. Un *exilé* est un homme chassé du lieu de son domicile, ou contraint d'en sortir, mais sans note d'infamie. Le *bannissement* est une pareille expulsion, avec note d'infamie (*a*). L'un et l'autre peuvent être pour un temps limité, ou à perpétuité. Si un *exilé*, ou un *banni*, avait

---

(*a*) L'usage ne répugne point au sens que nous donnons à ces deux termes. L'Académie-Française dit : « Bannissement *ne se dit que des condamnations faites en justice, et exil n'est qu'un éloignement causé par quelque disgrâce de la cour.* » C'est qu'une pareille condamnation faite en justice est infamante, et qu'une disgrâce de la cour ne l'est point ordinairement.

son domicile dans sa patrie, il est exilé, ou banni de sa patrie. Au reste, il est bon de remarquer que dans l'usage ordinaire on applique aussi les termes d'*exil* et de *bannissement* à l'expulsion d'un étranger hors d'un pays où il n'avait point de domicile, avec défense à lui d'y rentrer, soit pour un temps, soit pour toujours.

Un droit, quel qu'il soit, pouvant être ôté à un homme par manière de peine, l'*exil* qui le prive du droit d'habiter en certain lieu peut être une peine; le *bannissement* en est toujours une : car on ne peut noter quelqu'un d'infamie, que dans la vue de le punir d'une faute réelle, ou prétendue.

Quand la société retranche un de ses membres par un *bannissement* perpétuel, il n'est banni que des terres de cette société, et elle ne peut l'empêcher de demeurer partout ailleurs, où il lui plaira ; car après l'avoir chassé, elle n'a plus aucun droit sur lui. Cependant le contraire peut avoir lieu par des conventions particulières entre deux ou plusieurs Etats. C'est ainsi que chaque membre de la confédération helvétique peut bannir ses propres sujets de tout le territoire de la Suisse ; le banni ne sera alors souffert dans aucun des cantons, ou de leurs alliés.

L'*exil* se divise en *volontaire* et *involontaire*. Il est volontaire, quand un homme quitte son domicile pour se soustraire à une peine, ou pour éviter quelque calamité ; et involontaire, quand il est l'effet d'un ordre supérieur.

Quelquefois on prescrit à un exilé le lieu où il doit demeurer pendant le temps de son exil, ou on lui marque seulement un certain espace, dans lequel il lui est défendu d'entrer. Ces diverses circonstances et modifications dépendent de celui qui a le pouvoir d'exiler.

§ 229. — *Les exilés et les bannis ont droit d'habiter quelque part.*

Un homme, pour être exilé ou banni, ne perd point sa qualité d'homme, ni par conséquent le droit d'habiter quelque part sur la terre. Il tient ce droit de la nature, ou plutôt de son auteur, qui a destiné la terre aux hommes pour leur habitation ; et la propriété n'a pu s'introduire au préjudice du droit que tout homme apporte en naissant, à l'usage des choses absolument nécessaires.

§ 230. — *Nature de ce droit.*

Mais si ce droit est nécessaire et parfait dans sa généralité, il faut bien observer qu'il n'est qu'imparfait à l'égard de chaque pays en particulier. Car d'un autre côté, toute Nation est en droit de refuser à un étranger l'entrée de son pays, lorsqu'il ne pourrait y entrer sans la mettre dans un danger évident, ou sans lui porter un notable préjudice. Ce qu'elle se doit à elle-même, le soin de sa propre sûreté, lui donne ce droit. Et en vertu de sa liberté naturelle, c'est à la Nation de juger si elle est ou si elle n'est pas dans le cas de recevoir cet étranger (*Prélim.*, § 16). Il ne peut donc s'établir de plein droit, et comme il lui plaira, dans le lieu qu'il aura choisi; mais il doit en demander la permission au supérieur du lieu ; et si on la lui refuse, c'est à lui de se soumettre.

§ 231. — *Devoir des Nations envers eux.*

Cependant, comme la propriété n'a pu s'introduire qu'en réservant le droit acquis à toute créature humaine, de n'être point absolument privée des choses nécessaires, aucune Nation ne peut refuser, sans de bonnes raison, l'habitation, même perpétuelle, à un homme chassé de sa demeure. Mais si des raisons particulières et solides l'empêchent de lui donner un asile, cet homme n'a plus aucun droit de l'exiger, parce qu'en pareil cas le pays que la Nation habite ne peut servir en même temps à son usage et à celui de cet étranger. Or, quand même on supposerait que toutes choses sont encore communes, personne ne peut s'arroger l'usage d'une chose qui sert actuellement aux besoins d'un autre. C'est ainsi qu'une Nation, dont les terres suffisent à peine aux besoins des citoyens, n'est point obligée d'y recevoir une troupe de fugitifs ou d'exilés. Ainsi doit-elle même les rejeter absolument, s'ils sont infectés de quelque maladie contagieuse. Ainsi est-elle fondée à les renvoyer ailleurs, si elle a un juste sujet de craindre qu'ils ne corrompent les mœurs des citoyens, qu'ils ne troublent la religion, ou qu'ils ne causent quelque autre désordre contraire au salut public. En un mot, elle est en droit, et même obligée, de suivre à cet égard les règles de la prudence. Mais cette prudence ne doit pas être ombrageuse, ni poussée au point de refuser une retraite à des infortunés, pour des raisons légères, et sur des craintes peu fondées ou frivoles. Le moyen de la tempérer sera de ne perdre jamais de vue la charité et la commisération qui sont dues aux malheureux. On ne peut refuser ces sentiments, même à ceux qui sont tombés dans l'infortune par leur faute. Car on doit haïr le crime et aimer la personne, puisque tous les hommes doivent s'aimer.

§ 232. — *Une Nation ne peut les punir pour des fautes commises hors de son territoire.*

Si un exilé ou un banni a été chassé de sa patrie pour quelque crime, il n'appartient point à la Nation chez laquelle il se réfugie de le punir pour cette faute commise dans un pays étranger; car la nature ne donne aux hommes et aux Nations le droit de punir, que pour leur défense et leur sûreté (§ 169); d'où il suit que l'on ne peut punir que ceux par qui on a été lésé.

§ 233. — *Si ce n'est pour celles qui intéressent la sûreté du genre humain.*

Mais cette raison même fait voir que si la justice de chaque État doit en général se borner à punir les crimes commis dans son territoire, il faut excepter de la règle ces scélérats qui, par la qualité et la fréquence habituelle de leurs crimes, violent toute sûreté publique, et se déclarent les ennemis du genre humain. Les empoisonneurs, les assassins, les incendiaires de profession, peuvent être exterminés partout où on les saisit; car ils attaquent et outragent toutes les Nations, en foulant aux pieds les fondements de leur sûreté commune. C'est ainsi que les pirates sont envoyés à la potence par les premiers entre les mains de qui ils tombent. Si le souverain du pays où des crimes de cette nature ont été commis, en réclame les auteurs pour en faire la punition, on doit les lui rendre, comme à celui qui est principalement intéressé à les punir exemplairement ; et comme il est convenable de convaincre les coupables et de leur faire leur procès dans toutes les formes, c'est une seconde raison pourquoi on livre ordinairement les malfaiteurs de cet ordre aux Etats qui ont été le théâtre de leurs crimes.

CHAPITRE XX.

Des biens publics, communs et particuliers.

§ 234. — *De ce que les Romains appelaient* res communes.

Voyons maintenant quelle est la nature des différentes choses que renferme le pays occupé par la Nation, et tâchons d'établir les principes généraux du droit qui les régit. Cette matière est traitée par les jurisconsultes sous le titre *de rerum divisione*. Il est des choses qui, de leur nature, ne peuvent être occupées; il en est dont personne ne s'attribue la propriété, et qui demeurent dans la communion primitive, lorsqu'une Nation s'empare d'un pays : les jurisconsultes romains appellent ces choses-là *res communes*, choses communes : tels étaient chez eux l'air, l'eau courante, la mer, les poissons, les bêtes sauvages.

§ 235. — *Totalité des biens de la Nation, et leur division.*

Tout ce qui est susceptible de propriété, est censé appartenir à la Nation qui occupe le pays, et forme la masse totale de ses biens. Mais la Nation ne possède pas tous ces biens de la même manière. Ceux qui ne sont point partagés entre les communautés particulières, ou les individus de la Nation, s'appellent *biens publics*. Les uns sont réservés pour les besoins de l'Etat, et sont le domaine de la couronne, ou de la république; les autres demeurent communs à tous les citoyens, qui en profitent, chacun suivant ses besoins, ou suivant les lois qui en règlent l'usage, et on appelle ceux-ci *biens communs*. Il en est d'autres qui appartiennent à quelque corps, ou communauté; on les nomme *biens de communauté, res universitatis;* et ils sont pour ce corps en particulier, ce que sont les *biens publics* pour toute la Nation. La Nation pouvant être envisagée comme une grande communauté, on peut appeler indifféremment *biens communs* ceux qui lui appartiennent en commun, de manière que tous les citoyens peuvent en faire usage, et ceux qui sont possédés de même par un corps ou une communauté : les mêmes règles ont lieu pour les uns et pour les autres. Enfin, les biens possédés par des particuliers s'appellent *biens particuliers, res singulorum*.

§ 236. — *Deux manières d'acquérir des biens publics.*

Lorsqu'une Nation en corps s'empare d'un pays, tout ce qui ne se partage point entre ses membres demeure commun à toute la Nation, et devient *bien public*. Il est une seconde manière, dont la Nation, et en général toute communauté, peut acquérir des biens, savoir, par la volonté de quiconque juge à propos de lui transporter, à quelque titre que ce soit, le domaine ou la propriété de ce qu'il possède.

§ 237. — *Les revenus des biens publics sont naturellement à la disposition du souverain.*

Dès que la Nation remet les rênes de l'Etat entre les mains d'un prince, elle est censée lui remettre en même temps les moyens de gouverner. Puis donc que les revenus des biens publics, du domaine de l'Etat, sont destinés aux dépenses du gouvernement, ils sont naturellement à la disposition du prince, et on doit toujours le juger ainsi, à moins que la Nation ne les ait formellement exceptés en remettant l'autorité suprême, et n'ait pourvu de quelque autre manière à leur administration, aux dépenses nécessaires de l'état, et à l'entretien de la personne même du prince et de sa maison. Toutes les fois donc que l'autorité souveraine est remise purement et simplement au prince, elle emporte avec soi le pouvoir de disposer librement des revenus publics. Le devoir du souverain l'oblige véritablement à n'employer ces deniers qu'aux besoins de l'Etat; mais c'est à lui seul d'en déterminer l'application convenable, et il n'en doit compte à personne.

§ 238. — *La Nation peut lui céder l'usage et la propriété des biens communs.*

La Nation peut attribuer au supérieur seul l'usage de ses *biens communs*, et les ajouter ainsi au *domaine* de l'Etat. Elle peut même lui en céder la propriété. Mais ce transport d'usage ou de propriété, exige un acte exprès du propriétaire, qui est la Nation. Il est difficile de le fonder sur un consentement tacite, parce que la crainte empêche trop souvent les sujets de réclamer contre les entreprises injustes du souverain.

§ 239. — *Elle peut lui en attribuer le domaine et s'en réserver l'usage.*

Le peuple peut de même attribuer au supérieur le domaine des choses qu'il possède en commun, et s'en réserver l'usage, en tout ou en partie. Ainsi le domaine d'un fleuve, par exemple, peut être cédé au prince, tandis que le peuple s'en réserve l'usage pour la navigation, la pêche, l'abreuvage des bestiaux, etc. On peut encore attribuer au prince seul le droit de pêcher dans ce fleuve, etc. En un mot, le peuple peut céder au supérieur tel droit qu'il voudra sur les biens communs de la Nation; mais tous ces droits particuliers ne découlent point naturellement, et par eux-mêmes, de la souveraineté.

§ 240. — *Des impôts.*

Si le revenu des biens publics, ou du domaine, ne suffit pas aux besoins publics, l'Etat y supplée par des impôts. Ils doivent être réglés de manière que tous les citoyens en paient leur quote-part, à proportion de leurs facultés et des avantages qu'ils retirent de la société. Tous les membres de la société civile étant également obligés de contribuer, selon leur pouvoir, à son avantage et à son salut, ils ne peuvent refuser de fournir les subsides nécessaires à sa conservation, suivant qu'ils sont exigés par une puissance légitime.

§ 241. — *La Nation peut se réserver le droit de les établir.*

Plusieurs Nations n'ont point voulu commettre à leurs princes un soin si délicat, ni leur remettre un pouvoir dont il est si facile d'abuser. En établissant un *domaine* pour l'entretien du souverain et pour les dépenses ordinaires de l'Etat, elles se sont réservé le droit de pourvoir par elles-mêmes, ou par leurs représentants, aux besoins extraordinaires, en imposant des taxes payables par tous les habitants. En Angleterre, le roi expose les besoins de l'Etat au parlement, et ce corps représentatif de la Nation délibère et statue avec le concours du roi, sur la quantité du subside et sur la manière de le lever. Il se fait même rendre compte de l'emploi que le prince en a fait.

§ 242. — *Du souverain qui a ce pouvoir.*

En d'autres Etats, où le souverain possède l'empire plein et absolu, c'est lui seul qui établit les impôts, qui règle la manière de les lever, et il en fait l'usage qu'il trouve à propos, sans en rendre compte à personne. Le roi jouit aujourd'hui (*) de cette autorité en France, avec la simple formalité de faire vérifier ses édits en parlement; et cette cour a le droit de lui faire de très humbles remontrances, si elle trouve des inconvénients dans l'imposition ordonnée par le prince. Sage

---

(*) Vattel écrivait vers le milieu du 18ᵉ siècle.

établissement, pour faire parvenir la vérité et les cris du peuple jusqu'aux oreilles du souverain, et pour mettre quelques bornes à ses dissipations, ou à l'avidité des ministres et des gens de finance (*)!

§ 243. — *Devoir du prince, par rapport aux impôts.*

Le prince qui est revêtu du pouvoir de mettre des impôts sur son peuple, doit se garder d'envisager les deniers qui en proviennent comme son bien propre. Il ne doit jamais perdre de vue la fin pour laquelle ce pouvoir lui a été remis : la Nation a voulu le mettre en état de pourvoir selon sa sagesse aux besoins de l'Etat. S'il divertit ces deniers à d'autres usages, s'il les consume dans un luxe frivole, pour ses plaisirs, pour assouvir la cupidité de ses maîtresses et de ses favoris, osons le dire aux souverains encore capables d'entendre la vérité, il n'est pas moins coupable, il l'est mille fois plus qu'un particulier qui se sert du bien d'autrui pour satisfaire ses passions déréglées. L'injustice, pour être impunie, n'en est pas moins honteuse.

§ 244. — *Du domaine éminent, attaché à la souveraineté.*

Tout doit tendre au bien commun dans la société politique, et si la personne même des citoyens est

---

(*) On ne peut être trop attentif à l'établissement des impôts, qui, une fois introduits, non-seulement continuent, mais encore se multiplient avec tant de facilité. Alphonse VIII, roi de Castille, assiégeant sur les Maures une ville, *Concham, urbem in Celtiberis,* et manquant d'argent, demanda aux États de pouvoir imposer sur chaque homme libre une capitation de cinq maravédis d'or. Pierre, comte de Lara, s'y opposa vigoureusement, *contractaque nobilium manu ex conventu discedit, armis tueri paratus partam armis et virtute à majoribus immunitatem : neque passurum affirmans nobilitatis opprimendæ, atque novis vectigalibus vexandæ, ab eo aditu initium fieri. Mauros opprimere non esse tanti, ut graviori servitute rempublicam implicari sinant. Rex, periculo permotus, ab ea cogitatione desistit. Petrum nobiles consilio communicato quotannis convivio accipere decreverunt ipsum et posteros, navatæ operæ mercedem, rei gestæ bonæ posteritati monumentum, documentumque ne quavis occasione jus libertatis imminui patiantur.* MARIANA, *de rege et regis inst.* L. I, cap. VIII.

soumise à cette règle, leurs biens n'en peuvent être exceptés. L'État ne pourrait subsister, ou administrer toujours les affaires publiques de la manière la plus avantageuse, s'il n'avait pas le pouvoir de disposer dans l'occasion de toutes sortes de biens soumis à son empire. On doit même présumer que quand la Nation s'empare d'un pays, la propriété de certaines choses n'est abandonnée aux particuliers qu'avec cette réserve. Le droit qui appartient à la société, ou au souverain, de disposer, en cas de nécessité et pour le salut public, de tout bien renfermé dans l'État, s'appelle *domaine éminent*. Il est évident que ce droit est nécessaire, en certains cas, à celui qui gouverne, et par conséquent qu'il fait partie de l'empire, ou du souverain pouvoir, et doit être mis au nombre des *droits de majesté* (§ 45). Lors donc que le peuple défère l'empire à quelqu'un, il lui attribue en même temps le *domaine éminent*, à moins qu'il ne se le réserve expressément. Tout prince véritablement souverain est revêtu de ce droit, quand la Nation ne l'a point excepté, de quelque manière que son autorité soit limitée à d'autres égards.

Si le souverain dispose des *biens publics*, en vertu de son *domaine éminent*, l'aliénation est valide, comme ayant été faite avec un pouvoir suffisant.

Lorsqu'il dispose de même, dans un besoin, des biens d'une communauté, ou d'un particulier, l'aliénation sera valide par la même raison. Mais la justice demande que cette communauté ou ce particulier soit dédommagé des deniers publics; et si le trésor n'est pas en état de le faire, tous les citoyens sont obligés d'y contribuer; car les charges de l'État doivent être supportées avec égalité, ou dans une juste proportion. Il en est de cela comme du jet des marchandises, qui se fait pour sauver le vaisseau.

§ 245. — *De l'empire sur les choses publiques.*

Outre le *domaine éminent*, la souveraineté donne un droit d'une autre nature sur tous les biens publics, communs et particuliers; c'est l'empire, ou le droit de commander dans tous les lieux du pays qui appartient à la Nation. Le pouvoir suprême s'étend à tout ce qui se passe dans l'Etat, en quelque lieu que soit la scène, et par conséquent le souverain commande dans tous les lieux publics, sur les fleuves, dans les grands chemins, dans les déserts, etc.; tout ce qui y arrive est soumis à son autorité.

§ 246. — *Le supérieur peut faire des lois sur l'usage des biens communs.*

En vertu de la même autorité, le souverain peut faire des lois qui règlent la manière dont on doit user des biens communs, tant de ceux de la nation entière que des biens des corps ou des communautés. Il ne peut, à la vérité, priver de leur droit ceux qui ont part à ces biens; mais le soin qu'il doit prendre du repos public et de l'avantage commun des citoyens, le met sans doute en droit d'établir des lois qui tendent à ce but, et de régler par conséquent la manière dont on doit jouir des biens communs. Cette matière pourrait donner lieu à des abus, exciter des troubles, qu'il importe à l'Etat de prévenir, et contre lesquels le prince est obligé de prendre de justes mesures. C'est ainsi que le souverain peut établir une sage police dans la chasse et dans la pêche; les interdire dans les temps de la multiplication; défendre l'usage de certains filets, de toute méthode destructive, etc. Mais comme c'est en qualité de père commun, de gouverneur et de tuteur de son peuple, que le souverain est en droit de faire ces lois, il ne doit jamais oublier les fins qui l'y appellent; et s'il fait à cet égard des ordonnances dans quelque autre vue que celle du bien public, il abuse de son pouvoir.

§ 247. — *De l'aliénation des biens de communauté.*

Une communauté, ainsi que tout propriétaire, a le droit d'aliéner et d'engager ses biens; mais ceux qui la composent pour le présent ne doivent jamais perdre de vue la destination de ces biens communs; ni en disposer autrement que pour l'avantage du corps, ou dans les cas de nécessité. S'ils les distraient dans d'autres vues, ils abusent de leur pouvoir, ils pèchent contre ce qu'ils doivent à leur communauté et à leur postérité, et le prince, en qualité de père commun, est en droit de s'y opposer. D'ailleurs, l'intérêt de l'Etat demande que les biens des communautés ne se dissipent point; ce qui donne au prince, chargé de veiller au salut public, un nouveau droit d'empêcher l'aliénation de ces biens-là. Il est donc très convenable d'ordonner dans un Etat, que l'aliénation des biens de communauté sera invalide, si le consentement du supérieur n'y est intervenu. Aussi les lois civiles donnent-elles à cet égard aux communautés les droits de mineurs. Mais c'est là une loi purement civile, et le sentiment de ceux qui, en droit naturel, ôtent à une communauté le pouvoir d'aliéner ses biens sans le consentement du souverain, me paraît destitué de fondement et contraire à la notion de la propriété. Il est vrai qu'une communauté peut avoir reçu des biens, soit de ses prédécesseurs, soit de quelque autre, à la charge de ne pouvoir les aliéner; mais en ce cas, elle n'en a que l'usufruit perpétuel, et non l'entière et libre propriété. Si quelques-uns de ses biens ont été donnés pour la conservation du corps, il est manifeste que la communauté n'a pas le pouvoir de les aliéner, si ce n'est dans le cas d'une extrême nécessité; et tous ceux qu'elle peut avoir reçus du souverain sont présumés être de cette nature.

§ 248. — *De l'usage des biens communs.*

Tous les membres d'une communauté ont un droit égal à l'usage de ses biens communs. Mais le corps de la communauté peut faire, sur la manière d'en jouir, tels règlements qu'il juge à propos, pourvu que ces règlements ne donnent aucune atteinte à l'égalité qui doit régner dans une communion de biens.

C'est ainsi qu'une communauté peut déterminer l'usage d'une forêt commune, ou d'un pâturage commun, soit en le permettant à tous les membres suivant leur besoin, soit en fixant une portion égale pour chacun; mais elle n'a pas le droit d'en exclure aucun, ou de le distinguer, en lui assignant une part moindre que celle des autres.

§ 249. — *Manière dont chacun doit en jouir.*

Tous les membres d'un corps ayant un droit égal à ses biens communs, chacun doit en profiter de manière qu'il ne nuise en aucune façon à l'usage commun. Suivant cette règle, il n'est pas permis à un particulier de faire sur une rivière, qui est un bien public, aucun ouvrage capable de la rendre moins propre à l'usage de tout le monde, comme d'y construire des moulins, d'y faire une tranchée pour en détourner l'eau sur son fonds, etc. S'il l'entreprenait, il s'arrogerait un droit particulier, contraire au droit commun de tous.

§ 250. — *Du droit de prévention dans leur usage.*

Le droit de *prévention* (*jus præventionis*) doit être fidèlement observé dans l'usage des choses communes qui ne peuvent servir en même temps à plusieurs. On appelle de ce nom le droit du premier venu dans l'usage de ces sortes de choses. Par exemple, si je tire actuellement de l'eau d'un puits commun, ou public, un autre qui survient ne peut me chasser pour en puiser lui-même, et il doit attendre que j'aie fini. Car j'use de mon droit en puisant de cette eau, et personne ne peut m'y troubler; un second, qui a un droit égal, ne peut le faire valoir au préjudice du mien: me faire cesser par son arrivée, ce serait s'attribuer plus de droit qu'à moi, et blesser la loi de l'égalité.

§ 251. — *Du même droit, dans un autre.*

La même règle doit être observée à l'égard de ces choses communes, qui se consument dans l'usage:

elles appartiennent au premier qui y met la main pour s'en servir; et un second, qui survient, n'a aucun droit de l'en dépouiller. Je me rends dans une forêt commune, je commence à abattre un arbre; vous survenez, et vous voudriez avoir ce même arbre : vous ne pouvez me l'ôter, car ce serait vous arroger un droit supérieur au mien, et nos droits sont égaux. Cette règle est la même que le droit de la nature prescrit dans l'usage des biens de la terre, avant l'introduction de la propriété.

§ 252. — *De la conservation et de la réparation des biens communs.*

Les dépenses que peut exiger la conservation ou la réparation des choses qui appartiennent au public, ou à une communauté, doivent être supportées avec égalité par tous ceux qui ont part à ces choses-là, soit qu'on tire les sommes nécessaires des coffres communs, soit que chaque particulier y contribue sa quote-part. La Nation, la communauté, et tout corps en général, peut aussi établir des taxes extraordinaires, ou des impôts, des contributions annuelles, pour subvenir à ces dépenses, pourvu qu'il n'y ait point de vexations, et que les deniers exigés soient fidèlement appliqués à leur destination. C'est encore pour cette fin, comme nous l'avons fait observer (§ 103), que les droits de péage sont légitimement établis. Les chemins, les ponts, les chaussées, sont des choses publiques, dont tous ceux qui y passent profitent : il est juste que tous ces passants contribuent à leur entretien.

§ 253. — *Devoir et droit du souverain à cet égard.*

Nous verrons tout à l'heure que le souverain doit pourvoir à la conservation des biens publics. Il n'est pas moins obligé, comme conducteur de toute la Nation, de veiller à celle des biens d'une communauté. Tout l'Etat est intéressé à ce qu'une communauté ne tombe pas dans l'indigence, par la mauvaise conduite de ceux qui la composent actuellement. Et comme l'obligation produit le droit sans lequel on ne peut la remplir, le souverain est en droit de mettre à cet égard la communauté dans son devoir. Si donc il s'aperçoit, par exemple, qu'elle laisse dépérir des bâtiments nécessaires, qu'elle dégrade ses forêts, il est en droit de lui prescrire ce qu'elle doit faire, et de la mettre en règle.

§ 254. — *Des biens particuliers.*

Nous n'avons qu'un mot à dire des *biens particuliers :* tout propriétaire a droit de régir son bien et d'en disposer comme bon lui semble, tant que le droit d'un tiers ne s'y trouve pas intéressé. Cependant le souverain, comme père de son peuple, peut et doit retenir un dissipateur, et l'empêcher de courir à sa ruine, surtout si ce dissipateur est père de famille. Mais il faut bien prendre garde à ne pas étendre ce droit d'inspection jusqu'à gêner les sujets dans l'administration de leurs affaires; ce qui ne blesserait pas moins le vrai bien de l'Etat, que la juste liberté des citoyens. Le détail de cette matière appartient au droit public et à la politique.

§ 255. — *Le souverain peut les soumettre à une police.*

Il faut observer encore que les particuliers ne sont pas tellement libres dans l'économie ou le gouvernement de leurs biens, qu'ils ne demeurent sujets aux lois et aux règlements de police faits par le souverain. Par exemple, si les vignes se multiplient trop dans un pays, et qu'on y manque de blé, le souverain peut défendre de planter de la vigne dans les champs propres au labourage; car le bien public et le salut de l'Etat y sont intéressés. Lorsqu'une raison de cette importance le demande, le souverain ou le magistrat peut contraindre un particulier à vendre ses denrées, dont il n'a pas besoin pour sa subsistance, et en fixer le prix. L'autorité publique peut et doit empêcher les monopoles, réprimer toutes les manœuvres tendantes à faire enchérir les vivres; ce que les Romains appelaient, *annonam incendere, comprimere, vexare.*

§ 256. — *Des héritages.*

Tout homme peut naturellement choisir celui à qui il veut laisser ses biens après sa mort, autant que son droit n'est pas limité par quelque obligation indispensable, comme, par exemple, celle de pourvoir à la subsistance de ses enfants. Les enfants ont aussi naturellement le droit de succéder avec égalité aux biens de leur père. Mais tout cela n'empêche pas que l'on ne puisse établir dans un Etat des lois particulières sur les testaments et les héritages, en respectant toutefois les droits essentiels de la nature. C'est ainsi que pour soutenir les familles nobles, il est établi en plusieurs lieux, que l'aîné est de droit le principal héritier de son père. Les terres substituées à perpétuité à l'aîné d'une maison, lui parviennent en vertu d'un autre droit, lequel a sa source dans la volonté de celui qui, étant maître de ces terres, les a affectées à cette destination.

CHAPITRE XXI.

De l'aliénation des biens publics, ou du domaine, et de celle d'une partie de l'Etat.

§ 257. — *La Nation peut aliéner ses biens publics.*

La Nation étant seule maîtresse des biens qu'elle possède, elle peut en disposer comme bon lui semble, les aliéner, ou les engager validement. Ce droit est une conséquence nécessaire du domaine plein et absolu : l'exercice en est seulement restreint, par le droit naturel, à l'égard des propriétaires qui n'ont pas l'usage de la raison nécessaire pour la conduite de leurs affaires; ce qui n'est pas le cas d'une Nation. Ceux qui pensent autrement ne peuvent alléguer aucune raison solide de leur sentiment, et il suivrait de leurs principes que l'on ne pourrait jamais contracter sûrement avec aucune Nation : ce qui attaque par les fondements tous les traités publics.

§ 258 — *Devoirs d'une Nation à cet égard.*

Mais il est très vrai de dire, que la Nation doit conserver précieusement ses biens publics, en faire un usage convenable, n'en disposer que pour de bonnes raisons, ne les aliéner, ou engager, que pour son avantage manifeste, ou dans le cas d'une pressante nécessité. Tout cela est une suite évidente des devoirs d'une Nation envers elle-même. Les biens publics lui sont très utiles, et même nécessaires; elle ne peut les dissiper mal à propos, sans se faire tort et se manquer à soi-même honteusement. Je parle des biens publics proprement dits, ou du domaine de l'Etat. C'est couper les nerfs du gouvernement, que de lui ôter ses revenus. Quant aux biens communs à tous les citoyens, la Nation fait tort à ceux qui en profitent, si elle les aliène sans nécessité, ou sans de bonnes raisons. Elle est en droit de le faire, comme propriétaire de ces biens, mais elle ne doit en disposer que d'une manière convenable aux devoirs du corps envers ses membres.

§ 259. — *Ceux du prince.*

Ces mêmes devoirs regardent le prince, le conducteur de la Nation. Il doit veiller à la conservation et à la sage administration des biens publics, arrêter et prévenir leur dissipation, et ne point souffrir qu'ils soient divertis à des usages étrangers.

§ 260. — *Il ne peut aliéner les biens publics.*

Le prince ou le supérieur quelconque de la société, n'étant naturellement que l'administrateur, et non le propriétaire de l'Etat, sa qualité de chef de la Nation, de souverain, ne lui donne point par elle-même le droit d'aliéner ou d'engager les biens publics. La règle générale est donc, que le supérieur ne peut disposer des biens publics quant à la substance ; ce droit étant réservé au seul propriétaire, puisque l'on définit la propriété par le droit de disposer d'une chose quant à la substance. Si le supérieur vient à passer son pouvoir à l'égard de ces biens, l'aliénation qu'il en aura faite est invalide, et peut toujours être révoquée par son successeur, ou par la Nation. C'est la loi communément reçue dans le royaume de France, et c'est sur ce principe que le duc de Sully (*a*) conseilla à Henri IV de retirer toutes les parties du domaine de la couronne qui avaient été aliénées par ses prédécesseurs.

§ 261. — *La Nation peut lui en donner le droit.*

La Nation ayant la libre disposition de tous les biens qui lui appartiennent (§ 257), elle peut transporter son droit au souverain, et lui conférer par conséquent celui d'aliéner et d'engager les biens publics. Mais ce droit n'étant pas nécessaire au conducteur de l'Etat, pour gouverner heureusement, on ne présume point que la Nation le lui ait donné ; et si elle n'en a pas fait une loi expresse, on doit tenir que le prince n'en est point revêtu, à moins qu'il n'ait reçu l'empire absolument illimité, plein, et absolu.

§ 262. — *Règles à ce sujet, pour les traités de Nation à Nation.*

Les règles que nous venons d'établir concernent les aliénations des biens publics faites en faveur des particuliers. La question change, quand il s'agit d'aliénations faites de Nation à Nation (*b*) : il faut d'autres principes pour la décider, dans les différents cas qui peuvent se présenter. Essayons d'en donner la théorie générale.

1° Il est nécessaire que les Nations puissent traiter

(*a*) Voyez ses Mémoires.
(*b*) *Quod domania regnorum inalienabilia et semper revocabilia dicuntur, id respectu privatorum intelligitur ; nam contra alias gentes divino privilegio opus foret.* Leibnitius, Præfat. ad Codic. Jur. Gent. Diplomat.

et transiger validement entre elles, sans quoi elles n'auraient aucun moyen de terminer leurs affaires, de se mettre dans un état tranquille et assuré. D'où il suit que quand une Nation a cédé quelque partie de ses biens à une autre, la cession doit être tenue pour valide et irrévocable, comme elle l'est en effet, en vertu de la notion de *propriété*. Ce principe ne peut être ébranlé par aucune loi fondamentale, au moyen de laquelle une Nation prétendrait s'ôter à elle-même le pouvoir d'aliéner ce qui lui appartient. Car ce serait vouloir s'interdire tout contrat avec d'autres peuples, ou prétendre les tromper. Avec une pareille loi, une Nation ne devrait jamais traiter de ses biens : si la nécessité l'y oblige, ou si son propre avantage l'y détermine, dès qu'elle entre en traité, elle renonce à sa loi fondamentale. On ne conteste guère à la Nation entière le pouvoir d'aliéner ce qui lui appartient ; mais on demande si son conducteur, si le souverain a ce pouvoir. La question peut être décidée par les lois fondamentales. Les lois ne disent-elles rien directement là-dessus ? Voici notre second principe.

2° Si la Nation a déféré la pleine souveraineté à son conducteur, si elle lui a commis le soin, et donné sans réserve le droit de traiter et de contracter avec les autres Etats, elle est censée l'avoir revêtu de tous les pouvoirs nécessaires pour contracter validement. Le prince est alors l'organe de la Nation ; ce qu'il fait est réputé fait par elle-même ; et bien qu'il ne soit pas le propriétaire des biens publics, il les aliène validement comme étant dûment autorisé.

§ 263. — *De l'aliénation d'une partie de l'État.*

La question devient plus difficile, quand il s'agit, non de l'aliénation de quelques biens publics, mais du démembrement de la Nation même, ou de l'Etat, de la cession d'une ville, ou d'une province qui en fait partie. Toutefois, elle se résout solidement par les mêmes principes. Une Nation se doit conserver elle-même (§ 16); elle doit conserver tous ses membres; elle ne peut les abandonner, et elle est obligée envers eux à les maintenir dans leur état de membres de la Nation (§ 17). Elle n'est donc point en droit de trafiquer de leur état et de leur liberté, pour quelques avantages qu'elle se promettrait d'une pareille négociation. Ils se sont unis à la société pour en être membres, ils reconnaissent l'autorité de l'Etat, pour travailler de concert au bien et au salut commun, et non pour être à sa disposition, comme une métairie, ou comme un troupeau de bétail. Mais la Nation peut légitimement les abandonner dans le cas d'une extrême nécessité, et elle est en droit de les retrancher du corps, si le salut public l'exige. Lors donc qu'en pareil cas l'Etat abandonne une ville ou une province à un voisin, ou à un ennemi puissant, la cession doit demeurer valide quant à l'État, puisqu'il a été en droit de la faire: il n'y peut plus rien prétendre, il a cédé tous les droits qu'il pouvait y avoir.

§ 264. — *Droit de ceux qu'on veut démembrer.*

Mais cette province ou cette ville, ainsi abandonnée et démembrée de l'Etat, n'est point obligée de recevoir le nouveau maître qu'on voudrait lui donner. Séparée de la société dont elle était membre, elle rentre dans tous ses droits, et, s'il lui est possible de défendre sa liberté contre celui qui voudrait la soumettre, elle lui résiste légitimement. François Ier s'étant engagé par le traité de *Madrid* à céder le duché de Bourgogne à l'empereur Charles V, les Etats de cette province déclarèrent, « que n'ayant jamais été sujets que « de la couronne de France, ils mourraient sous cette « obéissance, et que si le roi les abandonnait, ils pren- « draient les armes, et s'efforceraient de se mettre en « liberté, plutôt que de passer d'une sujétion dans une « autre (*a*). » Il est vrai que rarement les sujets sont en

---

(*a*) Mézeray, *Histoire de France*, t. II, p. 458.

état de résister dans ces occasions, et d'ordinaire le meilleur parti qu'ils aient à prendre est de se soumettre à leur nouveau maître, en faisant leurs conditions aussi bonnes qu'il est possible.

§ 265. — *Si le prince a le pouvoir de démembrer l'État.*

Le prince, le supérieur, quel qu'il soit, a-t-il le pouvoir de démembrer l'Etat? Répondons comme nous avons fait ci-dessus à l'égard du domaine. Si la loi fondamentale défend au souverain tout démembrement, il ne peut le faire sans le concours de la Nation, ou de ses représentants. Mais si la loi se tait, et si le prince a reçu l'empire plein et absolu, il est alors le dépositaire des droits de la Nation, et l'organe de sa volonté. La Nation ne doit abandonner ses membres que dans la nécessité, ou en vue du salut public, et pour se préserver elle-même de sa ruine totale. Le prince ne doit les céder que pour les mêmes raisons. Mais puisqu'il a reçu l'empire absolu, c'est à lui de juger du cas de nécessité, et de ce que demande le salut de l'Etat.

A l'occasion du même traité de *Madrid*, dont nous venons de parler, les notables du royaume de France, assemblés à *Cognac*, après le retour du roi, conclurent tous d'une voix, « que son autorité ne s'étendait « point jusqu'à démembrer la couronne (*a*). » Le traité fut déclaré nul, comme étant contraire à la loi fondamentale du royaume. Et véritablement il était fait sans pouvoirs suffisants; la loi refusait formellement au roi le pouvoir de démembrer le royaume; le concours de la nation y était nécessaire, et elle pouvait donner son consentement par l'organe des états-généraux. *Charles V* ne devait point relâcher son prisonnier avant que ces mêmes états-généraux eussent approuvé le traité; ou plutôt, usant de sa victoire avec plus de générosité, il devait imposer des conditions

(*a*) MÉZERAY, *ibid.*

moins dures, qui eussent été au pouvoir de François Ier, et dont ce prince n'eût pu se dédire sans honte. Mais aujourd'hui (*) que les états-généraux ne s'assemblent plus en France, le roi demeure le seul organe de l'Etat envers les autres puissances : elles sont en droit de prendre sa volonté pour celle de la France entière, et les cessions que le roi pourrait leur faire demeureraient valides, en vertu du consentement tacite par lequel la Nation a remis tout pouvoir entre les mains de son roi, pour traiter avec elles. S'il en était autrement, on ne pourrait contracter sûrement avec la couronne de France. Souvent, pour plus de précaution, les puissances ont demandé que leurs traités fussent enregistrés au parlement de Paris; mais aujourd'hui cette formalité même ne paraît plus en usage.

CHAPITRE XXII.

Des Fleuves, des Rivières et des Lacs.

§ 266. — *D'un fleuve qui sépare deux territoires.*

Lorsqu'une Nation s'empare d'un pays pour en faire sa demeure, elle occupe tout ce que le pays renferme, terres, lacs, rivières, etc. Mais il peut arriver que ce pays soit terminé, et séparé d'un autre, par un fleuve. On demande à qui ce fleuve appartiendra. Il est manifeste, par les principes que nous avons établis au chapitre XVIII, qu'il doit appartenir à la Nation qui s'en est emparée la première. On ne peut nier ce principe ; mais la difficulté est d'en faire l'application. Il n'est pas aisé de décider laquelle des deux Nations voisines a été la première à s'emparer d'un fleuve qui les sépare. Voici les règles que les principes du droit des gens fournissent, pour vider ces sortes de questions.

(*) 1758.

1° Quand une Nation s'empare d'un pays terminé par un fleuve, elle est censée s'approprier aussi le fleuve même; car un fleuve est d'un trop grand usage, pour que l'on puisse présumer que la Nation n'ait pas eu intention de se le réserver. Par conséquent le peuple qui le premier a établi sa domination sur l'un des bords du fleuve, est censé le premier occupant de toute la partie de ce fleuve qui termine son territoire. Cette présomption est indubitable, quand il s'agit d'un fleuve extrêmement large, au moins pour une partie de sa largeur; et la force de la présomption croît ou diminue, à l'égard du tout, en raison inverse de la largeur du fleuve; car plus le fleuve est resserré, plus la sûreté et la commodité de l'usage demande qu'il soit soumis tout entier à l'empire et à la propriété.

2° Si ce peuple a fait quelque usage du fleuve, comme pour leur navigation, ou pour la pêche, on présume d'autant plus sûrement qu'il a voulu se l'approprier.

3° Si ni l'un ni l'autre des deux voisins du fleuve ne peut prouver que lui-même, ou celui dont il a le droit, s'est établi le premier dans ces contrées, on suppose que tous les deux y sont venus en même temps, puisque aucun n'a des raisons de préférence, et en ce cas la domination de l'un et de l'autre s'étend jusqu'au milieu du fleuve.

4° Une longue possession, non contredite, établit le droit des nations; autrement il n'y aurait point de paix, ni rien de stable entre elles, et les faits notoires doivent prouver la possession. Ainsi, lorsque depuis un temps immémorial, une Nation exerce sans contradiction les droits de souveraineté sur un fleuve qui lui sert de limites, personne ne peut lui en disputer l'empire.

5° Enfin, si les traités définissent quelque chose sur la question, il faut les observer. La décider par des conventions bien expresses, est le parti le plus sûr; et c'est en effet celui que prennent aujourd'hui la plupart des puissances.

§ 267. — *Du lit d'une rivière qui tarit, ou qui prend son cours ailleurs.*

Si une rivière abandonne son lit, soit qu'elle tarisse, soit qu'elle prenne son cours ailleurs, le lit demeure au maître de la rivière ; car le lit fait partie de la rivière, et celui qui s'est approprié le tout, s'est nécessairement approprié ses parties.

§ 268. — *Du droit d'alluvion.*

Si le territoire qui aboutit à un fleuve limitrophe n'a point d'autres limites que le fleuve même, il est au nombre des territoires à limites naturelles, ou indéterminés (*territoria arcifinia*), et il jouit du droit; c'est-à-dire, que les atterrissements qui peuvent s'y former peu à peu par le cours du fleuve, les accroissements insensibles, font des accroissements de ce territoire, qui en suivent la condition et appartiennent au même maître. Car si je m'empare d'un terrein, en déclarant que je veux pour limites le fleuve qui le baigne, ou s'il m'est donné sur ce pied-là, j'occupe par cela même d'avance le droit d'*alluvion*, et par conséquent, je puis seul m'approprier tout ce que le courant de l'eau ajoutera insensiblement à mon terrain. Je dis *insensiblement*, parce que dans le cas très rare que l'on nomme *avulsion*, lorsque la violence de l'eau détache une portion considérable d'un fonds et la joint à une autre, en sorte qu'elle est encore reconnaissable, cette pièce de terre demeure naturellement à son premier maître. De particulier à particulier, les lois civiles ont prévu et décidé le cas; ils doivent combiner l'équité avec le bien de l'Etat et le soin de prévenir les procès.

En cas de doute, tout territoire aboutissant à un fleuve est présumé n'avoir d'autres limites que le fleuve même, parce que rien n'est plus naturel que de le prendre pour bornes, quand on s'établit sur ses bords; et dans le doute, on présume toujours ce qui est plus naturel et plus profitable.

§ 269. — *Si l'alluvion apporte quelque changement aux droits sur le fleuve.*

Dès qu'il est établi qu'un fleuve fait la séparation de deux territoires, soit qu'il demeure commun aux deux riverains opposés, soit qu'ils le partagent par moitié, soit enfin qu'il appartienne tout entier à l'un des deux, les divers droits sur le fleuve ne souffrent aucun changement par l'alluvion. S'il arrive donc que par un effet naturel du courant, l'un des deux territoires reçoive de l'accroissement, tandis que le fleuve gagne peu à peu sur la rive opposée, le fleuve demeure la borne naturelle des deux territoires, et chacun y conserve ses mêmes droits, malgré son déplacement successif; en sorte, par exemple, que s'il est partagé par le milieu entre les deux riverains, ce milieu, quoiqu'il ait changé de place, continuera à être la ligne de séparation des deux voisins. L'un perd, il est vrai, tandis que l'autre gagne; mais la nature seule fait ce changement : elle détruit le terrein de l'un, pendant qu'elle en forme un nouveau pour l'autre. La chose ne peut pas être autrement, dès qu'on a pris le fleuve seul pour limites.

§ 270. — *De ce qui arrive quand le fleuve change son cours.*

Mais si, au lieu d'un déplacement successif, le fleuve, par un accident purement naturel, se détourne entièrement de son cours, et se jette dans l'un des deux Etats voisins, le lit qu'il abandonne reste alors pour limites; il demeure au maître du fleuve (§ 267). Le fleuve périt dans toute cette partie, tandis qu'il naît dans son nouveau lit, et qu'il y naît uniquement pour l'Etat dans lequel il coule.

Ce cas est tout différent de celui d'une rivière qui change son cours sans sortir du même Etat. Celle-ci continue, dans son nouveau cours, à appartenir au même maître, soit à l'Etat, soit à celui à qui l'Etat l'a donnée, parce que les rivières appartiennent au public, en quelque lieu du pays qu'elles coulent. Le lit abandonné accroît par moitié aux terres contiguës de part et d'autre, si elles sont *arcifinies*, c'est-à-dire, à limites naturelles et avec droit d'alluvion. Ce lit n'est plus au public, malgré ce que nous avons dit au § 267, à cause du droit d'alluvion des voisins, et parce qu'ici le public ne possédait cet espace que par la raison seule qu'il était une rivière; mais il lui demeure, si les terres adjacentes ne sont point *arcifinies*. Le nouveau terrain sur lequel la rivière prend son cours, périt pour le propriétaire, parce que toutes les rivières du pays sont réservées au public.

§ 271. — *Des ouvrages tendants à détourner le courant.*

Il n'est pas permis de faire sur le bord de l'eau des ouvrages tendants à en détourner le cours et à le rejeter sur la rive opposée : ce serait vouloir gagner au préjudice d'autrui. Chacun peut seulement se garantir, et empêcher que le courant ne mine et n'entraîne son terrein.

§ 272. — *Ou en général préjudiciables aux droits d'autrui.*

En général, on ne peut construire sur un fleuve, non plus qu'ailleurs, aucun ouvrage préjudiciable aux droits d'autrui. Si une rivière appartient à une Nation, et qu'une autre y ait incontestablement le droit de navigation, la première ne peut y construire une digue, ou des moulins qui la feraient cesser d'être navigable : son droit, en ce cas, n'est qu'une propriété limitée, et elle ne peut l'exercer qu'en respectant les droits d'autrui.

§ 273. — *Règles au sujet de deux droits qui sont en contradiction.*

Mais lorsque deux droits différents sur une même chose se trouvent en contradiction, il n'est pas toujours aisé de décider lequel doit céder à l'autre. On ne peut y réussir qu'en considérant attentivement la nature des droits et leur origine. Par exemple, une rivière m'appartient, mais vous y avez droit de pêche : puis-je construire dans ma rivière des moulins qui rendraient la pêche plus difficile et moins fructueuse? L'affirmative semble suivre de la nature de nos droits. J'ai, comme propriétaire, un droit essentiel sur la chose même; vous n'y avez qu'un droit d'usage, accessoire et dépendant du mien; vous avez seulement en général le droit de pêcher, comme vous pourrez, dans ma rivière, telle qu'elle sera, en tel état qu'il me conviendra de la posséder. Je ne vous ôte point votre droit en construisant mes moulins; il subsiste dans sa généralité; et s'il vous devient moins utile, c'est par accident, et parce qu'il est dépendant de l'exercice du mien.

Il n'en est pas ainsi du droit de navigation, dont nous venons de parler. Ce droit suppose nécessairement que la rivière demeurera libre et navigable; il exclut tout ouvrage qui interromprait absolument la navigation.

L'ancienneté et l'origine des droits ne servent pas moins que leur nature à décider la question. Le droit le plus ancien, s'il est absolu, s'exerce dans toute son étendue, et l'autre seulement autant qu'il peut s'étendre sans préjudice du premier; car il n'a pu s'établir que sur ce pied-là, à moins que le possesseur du premier droit n'ait expressément consenti à sa limitation.

De même, les droits cédés par le propriétaire de la chose sont censés cédés sans préjudice des autres droits qui lui compètent, et seulement autant qu'ils pourront s'accorder avec ceux-ci, à moins qu'une déclaration expresse, ou que la nature même des droits n'en décide autrement. Si j'ai cédé à un autre le droit de pêche dans ma rivière, il est manifeste que je l'ai cédé sans préjudice de mes autres droits, et que je demeure le maître de construire dans cette rivière tels ouvrages que je trouverai à propos, quand même ils gêneraient la pêche, pourvu qu'ils ne la détruisent pas entièrement. Un ouvrage de cette dernière espèce, tel que serait une digue, qui empêcherait le poisson de remonter, ne pourrait se construire que dans un cas de nécessité, et selon les circonstances, en dédommageant celui qui a droit de pêche.

§ 274. — *Des lacs.*

Ce que nous avons dit des fleuves et des rivières, peut être facilement appliqué aux lacs. Tout lac entièrement renfermé dans un pays, appartient à la Nation maîtresse du pays, laquelle, en s'emparant d'un territoire, est censée s'être approprié tout ce qu'il renferme; et, comme il n'arrive guère que la propriété d'un lac un peu considérable tombe à des particuliers, il demeure commun à la Nation. Si ce lac est situé entre deux États, on le présume partagé entre eux par son milieu, tant qu'il n'y a ni titre, ni usage constant et manifeste pour en décider autrement.

§ 275. — *Des accroissements d'un lac.*

Ce qui a été dit du droit d'alluvion, en parlant des rivières, doit s'entendre aussi des lacs. Lorsqu'un lac qui termine un État lui appartient tout entier, les accroissements de ce lac suivent le sort du tout; mais il faut que ce soient des accroissements insensibles, comme ceux d'un terrein dans l'alluvion, et de plus des accroissements véritables, constants, et consommés; je m'explique : 1° Je parle d'accroissements insensibles. C'est ici les revers de l'alluvion; il s'agit des accroissements d'un lac, comme il s'agissait là de ceux d'un terrein. Si ces accroissements ne sont pas insensibles, si le lac, franchissant ses bords, inondait tout-à-coup un grand pays, cette nouvelle portion du lac, ce pays couvert d'eau appartiendrait encore à son ancien maître. Sur quoi en fonderait-on l'acquisition pour le maître du lac? L'espace est très reconnaissable, quoiqu'il ait changé de nature, et trop considérable pour présumer que le maître n'ait pas eu l'intention de se le conserver, malgré les changements qui pourraient y survenir.

Mais 2° si le lac mine insensiblement une portion

du territoire opposé, la détruit, la rend méconnaissable, en s'y établissant et l'ajoutant à son lit, cette portion de terrain périt pour son maître; elle n'existe plus, et le lac ainsi accru appartient toujours au même Etat, dans sa totalité.

3° Que si quelques terres voisines du lac sont seulement inondées par les grandes eaux, cet accident passager ne peut apporter aucun changement à leur dépendance. La raison pour laquelle le sol que le lac envahit peu à peu, appartient au maître du lac et périt pour l'ancien propriétaire, c'est, d'Etat à Etat, que ce propriétaire n'a d'autres limites que le lac, ni d'autres marques que ses bords pour reconnaître jusqu'où s'étend sa possession. Si l'eau avance insensiblement, il perd; si elle se retire de même, il gagne : telle a dû être l'intention des peuples qui se sont respectivement approprié le lac et les terres voisines; on ne peut guère leur en supposer d'autre. Mais un terrein inondé pour un temps n'est point confondu avec le reste du lac; il est encore reconnaissable, et le maître peut y conserver son droit de propriété. S'il en était autrement, une ville inondée par un lac changerait de domination pendant les grandes eaux, pour retourner à son ancien maître au temps de la sécheresse.

4° Par les mêmes raisons, si les eaux du lac, pénétrant par une ouverture dans le pays voisin, en forment une baie, ou en quelque façon un nouveau lac joint au premier par un canal, ce nouvel amas d'eau et le canal appartiennent au maître du pays dans lequel ils se sont formés. Car les limites sont fort reconnaissables; et on ne présume point l'intention d'abandonner un espace si considérable, s'il vient à être envahi par les eaux d'un lac voisin.

Observons encore ici, que nous traitons la question d'Etat à Etat : elle se décide par d'autres principes, entre les propriétaires membres d'un même Etat. Ici ce ne sont point les seules limites du sol qui en déterminent la possession; ce sont aussi sa nature et son usage. Le particulier qui possède un champ au bord d'un lac, ne peut plus en jouir comme d'un champ, lorsqu'il est inondé; celui qui a, par exemple, le droit de pêche dans ce lac, exerce son droit dans cette nouvelle étendue; si les eaux se retirent, le champ est rendu à l'usage de son maître. Si le lac pénétre par une ouverture dans les terres basses du voisinage, et les submerge pour toujours, ce nouveau lac appartient au public, parce que tous les lacs sont à ce public.

§ 276. — *Des atterrissements formés sur les bords d'un lac.*

Les mêmes principes font voir, que si le lac forme insensiblement des atterrissements sur ses bords, soit en se retirant, soit de quelque autre manière, ces accroissements appartiennent au pays auquel ils se joignent, lorsque ce pays n'a d'autres limites que le lac. C'est la même chose que l'alluvion sur les bords d'une rivière.

§ 277. — *Du lit d'un lac desséché.*

Mais si le lac venait à se dessécher subitement, dans la totalité, ou en grande partie, le lit demeurerait au souverain du lac, la nature si reconnaissable du fond marquant suffisamment les limites.

§ 278. — *De la juridiction sur les lacs et les rivières.*

L'empire, ou la juridiction sur les lacs et les rivières, suit les mêmes règles que la propriété, dans tous les cas que nous venons d'examiner. Elle appartient naturellement à chaque Etat, sur la portion ou sur le tout, dont il a le domaine. Nous avons vu (§ 245) que la Nation, ou son souverain, commande dans tous les lieux qu'elle possède.

CHAPITRE XXIII.

De la Mer.

§ 279. — *De la mer et de son usage.*

Pour achever d'exposer les principes du droit des gens à l'égard de ce qu'une Nation peut posséder, il nous reste à parler de la pleine mer. L'usage de la pleine mer consiste dans la navigation et dans la pêche; le long des côtes, elle sert de plus à la recherche des choses qui se trouvent près des côtes, ou sur le rivage, telles que les coquillages, les perles, l'ambre, etc., à faire du sel, et enfin à établir des retraites et des lieux de sûreté pour les vaisseaux.

§ 280. — *Si la mer peut être occupée et soumise à la domination.*

La pleine mer n'est point de nature à être occupée, personne ne pouvant s'y établir de manière à empêcher les autres d'y passer. Mais une Nation puissante sur mer pourrait défendre aux autres d'y pêcher et d'y naviguer, déclarant qu'elle s'en approprie le domaine, et qu'elle détruira les vaisseaux qui oseront y paraître sans sa permission. Voyons si elle serait en droit de le faire.

§ 281. — *Personne n'est en droit de s'approprier l'usage de la pleine mer.*

Il est manifeste que l'usage de la pleine mer, lequel consiste dans la navigation et dans la pêche, est innocent et inépuisable, c'est-à-dire, que celui qui navigue ou qui pêche en pleine mer, ne nuit à personne, et que la mer, à ces deux égards, peut fournir aux besoins de tous les hommes. Or, la nature ne donne point aux hommes le droit de s'approprier les choses dont l'usage est innocent, inépuisable, et suffisant à tous; puisque chacun pouvant y trouver, dans leur état de communion, de quoi satisfaire à ses besoins, entreprendre de s'en rendre seul maître, et d'en exclure les autres, ce serait vouloir les priver sans raison des bienfaits de la nature. La terre ne fournissant plus sans culture toutes les choses nécessaires et utiles au genre humain extrêmement multiplié, il devint convenable d'introduire le droit de propriété, afin que chacun pût s'appliquer avec plus de succès à cultiver ce qui lui était échu en partage, et à multiplier par son travail les diverses choses utiles à la vie. Voilà pourquoi la loi naturelle approuve les droits de domaine et de propriété qui ont mis fin à la communion primitive. Mais cette raison ne peut avoir lieu à l'égard des choses dont l'usage est inépuisable, ni par conséquent devenir un juste sujet de se les approprier. Si le libre et commun usage d'une chose de cette nature était nuisible ou dangereux à une Nation, le soin de sa propre sûreté l'autoriserait à soumettre, si elle le pouvait, cette chose-là à sa domination, afin de n'en permettre l'usage qu'avec les précautions que lui dicterait la prudence. Mais ce n'est point le cas de la pleine mer, dans laquelle on peut naviguer et pêcher, sans porter de préjudice à qui que ce soit, et sans mettre personne en péril. Aucune Nation n'a donc le droit de s'emparer de la pleine mer, ou de s'en attribuer l'usage à l'exception des autres. Les rois de Portugal ont voulu autrefois s'arroger l'empire des mers de Guinée et des Indes orientales (*a*), mais les autres puissances maritimes se sont peu mises en peine d'une pareille prétention.

§ 282. — *La Nation qui veut en exclure une autre lui fait injure.*

Le droit de naviguer et de pêcher en pleine mer étant donc un droit commun à tous les hommes, la Nation qui entreprend d'exclure une autre de cet avan-

---

(*a*) Voyez Grotius, *mare liberum;* et Selden, *mare clausum,* lib. I, chap. XVII, qui ont écrit pour et contre les prétentions de l'Angleterre à l'empire des mers.

tage, lui fait injure et lui donne un juste sujet de guerre; la nature autorisant une Nation à repousser l'injure, c'est-à-dire, à opposer la force à quiconque veut la priver de son droit.

§ 283. — *Elle fait même injure à toutes les Nations.*

Disons plus, une Nation qui veut s'arroger sans titre un droit exclusif sur la mer, et le soutenir par la force, fait injure à toutes les Nations, dont elle viole le droit commun; et toutes sont fondées à se réunir contre elle pour la réprimer. Les Nations ont le plus grand intérêt à faire universellement respecter le droit des gens, qui est la base de leur tranquillité. Si quelqu'un le foule ouvertement aux pieds, toutes peuvent et doivent s'élever contre lui; et en réunissant leurs forces pour châtier cet ennemi commun, elles s'acquitteront de leurs devoirs envers elles-mêmes et envers la société humaine, dont elles sont membres. (*Prél.*, § 22.)

§ 284. — *Elle peut acquérir un droit exclusif par des traités.*

Cependant, comme il est libre à un chacun de renoncer à son droit, une Nation peut acquérir des droits exclusifs de navigation et de pêche par des traités, dans lesquels d'autres Nations renoncent en sa faveur aux droits qu'elles tiennent de la nature. Celles-ci sont obligées d'observer leurs traités, et la Nation qu'ils favorisent est en droit de se maintenir par la force dans la possession de ses avantages. C'est ainsi que la maison d'Autriche a renoncé, en faveur des Anglais et des Hollandais, au droit d'envoyer des vaisseaux des Pays-Bas aux Indes orientales. On peut voir dans Grotius, *de Jure Belli ac Pacis*, *lib.* II, *cap.* III, § 15, plusieurs exemples de pareils traités.

§ 285. — *Mais non par prescription et par un long usage.*

Les droits de navigation, de pêche, et autres, que l'on peut exercer sur la mer, étant de ces droits de pure faculté (*jura meræ facultatis*) qui sont imprescriptibles (§ 95), ils ne peuvent se perdre par le non-usage. Par conséquent, quand même une Nation se trouverait seule, depuis un temps immémorial, en possession de naviguer ou de pêcher en certaines mers, elle ne pourrait, sur ce fondement, s'en attribuer le droit exclusif. Car de ce que les autres n'ont point fait usage du droit commun qu'elles avaient à la navigation et à la pêche dans ces temps-là, il ne s'ensuit point qu'elles aient voulu y renoncer, et elles sont les maîtresses d'en user toutes les fois qu'il leur plaira.

§ 286. — *Si ce n'est en vertu d'un pacte tacite.*

Mais il peut arriver que le non-usage revête la nature d'un consentement, ou d'un pacte tacite, et devienne ainsi un titre en faveur d'une Nation contre une autre. Qu'une Nation en possession de la navigation et de la pêche en certains parages, y prétende un droit exclusif, et défende à d'autres d'y prendre part, si celles-ci obéissent à cette défense, avec des marques suffisantes d'acquiescement, elles renoncent tacitement à leur droit en faveur de celle-là, et lui en établissent un, qu'elle peut légitimement soutenir contre elles dans la suite, surtout lorsqu'il est confirmé par un long usage.

§ 287. — *La mer près des côtes peut être soumise à la propriété.*

Les divers usages de la mer, près des côtes, la rendent très susceptible de propriété. On y pêche, on en tire des coquillages, des perles, de l'ambre, etc. Or, à tous ces égards, son usage n'est point inépuisable; en sorte que la Nation à qui les côtes appartiennent, peut s'approprier un bien dont elle est à portée de s'emparer, et en faire son profit, de même qu'elle a pu occuper le domaine des terres qu'elle habite. Qui doutera que les pêcheries des perles de *Bahrem* et de *Ceylan* ne puissent légitimement tomber en propriété? Et quoique la pêche du poisson paraisse d'un usage plus inépuisable, si un peuple a sur ses côtes une pêcherie particulière et fructueuse, dont il peut se rendre maître, ne lui sera-t-il pas permis de s'approprier ce bienfait de la nature comme une dépendance du pays qu'il occupe, et s'il y a assez de poisson pour en fournir aux Nations voisines, de se réserver les grands avantages qu'il en peut tirer pour le commerce? Mais si, loin de s'en emparer, il a une fois reconnu le droit commun des autres peuples d'y venir pêcher, il ne peut plus les en exclure; il a laissé cette pêche dans sa communion primitive, au moins à l'égard de ceux qui sont en possession d'en profiter. Les Anglais ne s'étant point emparés dès le commencement de la pêche du *hareng* sur leurs côtes, elle leur est devenue commune avec d'autres nations.

§ 288. — *Autre raison de s'approprier la mer voisine des côtes.*

Une Nation peut s'approprier les choses dont l'usage libre et commun lui serait nuisible ou dangereux. C'est une seconde raison pour laquelle les puissances étendent leur domination sur la mer, et le long des côtes, aussi loin qu'elles peuvent protéger leur droit. Il importe à la sûreté et au bien de leurs Etats, qu'il ne soit pas libre à tout le monde de venir si près de leurs possessions, surtout avec des vaisseaux de guerre, d'en empêcher l'accès aux Nations commerçantes, et d'y troubler leur navigation. Pendant les guerres des Espagnols avec les Provinces-Unies, Jacques Ier, roi d'Angleterre, fit désigner tout le long de ses côtes des limites, dans lesquelles il déclara qu'il ne souffrirait point qu'aucune des puissances en guerre poursuivît ses ennemis, ni même que ses vaisseaux armés s'y arrêtassent pour épier les navires qui voudraient entrer dans les ports, ou en sortir (*a*). Ces parties de la mer, ainsi soumises à une Nation, sont comprises dans son territoire; on ne peut y naviguer malgré elle. Mais elle ne peut en refuser l'accès à des vaisseaux non suspects, pour des usages innocents, sans pécher contre son devoir; tout propriétaire étant obligé d'accorder aux

---

(*a*) Selden, *mare clausum*, lib. II.

étrangers le passage, même sur terre, lorsqu'il est sans dommage et sans péril. Il est vrai que c'est à elle de juger de ce qu'elle peut faire, dans tout cas particulier qui se présente ; et si elle juge mal, elle pèche, mais les autres doivent le souffrir. Il n'en est pas de même des cas de nécessité, comme, par exemple, quand un vaisseau est obligé d'entrer dans une rade qui vous appartient, pour se mettre à couvert de la tempête. En ce cas, le droit d'entrer partout, en n'y causant point de dommage, ou en le réparant, est, comme nous le ferons voir plus au long, un reste de la communauté primitive, dont aucun homme n'a pu se dépouiller, et le vaisseau entrera légitimement malgré vous, si vous le refusez injustement.

§ 289. — *Jusqu'où cette possession peut s'étendre.*

Il n'est pas aisé de déterminer jusqu'à quelle distance une Nation peut étendre ses droits sur les mers qui l'environnent. Bodin (*a*) prétend que, suivant le droit commun de tous les peuples maritimes, la domination du prince s'étend jusqu'à trente lieues des côtes. Mais cette détermination précise ne pourrait être fondée que sur un consentement général des Nations, qu'il serait difficile de prouver. Chaque Etat peut ordonner à cet égard ce qu'il trouvera bon, pour ce qui concerne les citoyens entre eux, ou leurs affaires avec le souverain. Mais de Nation à Nation, tout ce que l'on peut dire de plus raionnable, c'est qu'en général la domination de l'Etat sur la mer voisine va aussi loin qu'il est nécessaire pour sa sûreté, et qu'il peut la faire respecter; puisque, d'un côté, il ne peut s'approprier une chose commune, telle que la mer, qu'autant qu'il en a besoin pour quelque fin légitime (§ 281); et que, d'un autre côté, ce serait une prétention vaine et ridicule de s'attribuer un droit que l'on ne serait aucunement en état de faire valoir. Les forces

---

(*a*) *De la République*, liv. I, chap. X.

navales de l'Angleterre ont donné lieu à ses rois de s'attribuer l'empire des mers qui l'environnent, jusque sur les côtes opposées (*a*). SELDEN rapporte un acte solennel (*b*), par lequel il paraît que cet empire, au temps d'EDOUARD Ier, était reconnu par la plus grande partie des peuples maritimes de l'Europe; et la république des Provinces-Unies le reconnut en quelque façon par le traité de *Breda*, en 1667, au moins quant aux honneurs du pavillon. Mais pour établir solidement un droit si étendu, il faudrait montrer bien clairement le consentement exprès ou tacite de toutes les puissances intéressées. Les Français n'ont jamais donné les mains à cette prétention de l'Angleterre, et dans ce même traité de *Breda*, dont nous venons de parler, LOUIS XIV ne voulut pas souffrir seulement que la *Manche* fût appelée *canal d'Angleterre*, ou mer *Britannique*. La république de Venise s'attribue (*) l'empire de la mer *Adriatique*, et chacun sait la cérémonie qui se pratique (**) tous les ans à ce sujet. On rapporte, pour confirmer ce droit, les exemples d'ULADISLAS, roi de Naples, de l'empereur FRÉDÉRIC III, et de quelques rois de Hongrie, qui demandèrent aux *Vénitiens* la permission de faire passer leurs vaisseaux dans cette mer (*c*). Que l'empire en appartienne à la République jusqu'à une certaine distance de ses côtes, dans les lieux dont elle peut s'emparer, et qu'il lui importe d'occuper et de garder pour sa sûreté, c'est ce qui me paraît incontestable; mais je doute fort qu'aujourd'hui aucune puissance fût disposée à reconnaître sa souveraineté sur la mer Adriatique tout entière. Ces prétendus empires sont respectés tandis que la Nation qui se les attribue est en état de les soutenir par la force; ils tombent avec sa puissance. Aujourd'hui tout l'es-

---

(*a*) Voyez le traité de SELDEN, *mare clausum*.
(*b*) *Ibid.*, lib. II, cap. XXVIII.
(*) S'attribuait. — (**) Se pratiquait.
(*c*) *Ibid.*, lib. I, cap. XVI.

pace de mer qui est à la portée du canon, le long des côtes, est regardé comme faisant partie du territoire; et pour cette raison, un vaisseau pris sous le canon d'une forteresse neutre n'est pas de bonne prise.

§ 290. — *Des rivages et des ports.*

Les rivages de la mer appartiennent incontestablement à la Nation maîtresse du pays dont ils font partie, et ils sont au nombre des choses publiques. Si les jurisconsultes romains les mettent au rang des choses communes à tout le monde (*res communes*), c'est à l'égard de leur usage seulement; et on n'en doit pas conclure qu'ils les regardassent comme indépendants de l'empire; le contraire paraît par un grand nombre de lois. Les ports et les havres sont encore manifestement une dépendance, et une partie même du pays, et par conséquent ils appartiennent en propre à la Nation. On peut leur appliquer, quant aux effets du domaine et de l'empire, tout ce qui se dit de la terre même.

§ 291. — *Des baies et des détroits.*

Tout ce que nous avons dit des parties de la mer voisines des côtes, se dit plus particulièrement et à plus forte raison des rades, des baies, et des détroits, comme plus capables encore d'être occupés, et plus importants à la sûreté du pays. Mais je parle des baies et détroits de peu d'étendue, et non de ces grands espaces de mer auxquels on donne quelquefois ces noms, tels que la baie de *Hudson* et le détroit de *Magellan*, sur lesquels l'empire ne saurait s'étendre, et moins encore la propriété. Une baie dont on peut défendre l'entrée, peut être occupée et soumise aux lois du souverain; il importe qu'elle le soit, puisque le pays pourrait être beaucoup plus aisément insulté en cet endroit que sur des côtes ouvertes aux vents et à l'impétuosité des flots.

§ 292. — *Des détroits en particulier.*

Il faut remarquer en particulier, à l'égard des détroits, que quand ils servent à la communication de deux mers dont la navigation est commune à toutes les nations, ou à plusieurs, celle qui possède le détroit ne peut y refuser passage aux autres; pourvu que ce passage soit innocent et sans danger pour elle. En le refusant sans juste raison, elle priverait cette nation d'un avantage qui leur est accordé par la nature; et encore un coup, le droit d'un tel passage est un reste de la communion primitive. Seulement le soin de sa propre sûreté autorise le maître du détroit à user de certaines précautions, à exiger des formalités, établies d'ordinaire par la coutume des Nations. Il est encore fondé à lever un droit modique sur les vaisseaux qui passent, soit pour l'incommodité qu'ils lui causent en l'obligeant d'être sur ses gardes, soit pour la sûreté qu'il leur procure en les protégeant contre leurs ennemis, en éloignant les pirates, et en se chargeant d'entretenir des fanaux, des balises, et autres choses nécessaires au salut des navigateurs. C'est ainsi que le roi de Danemarck exige un péage au détroit du *Sund*. Pareils droits doivent être fondés sur les mêmes raisons et soumis aux mêmes règles que les péages établis sur terre, ou sur une rivière. (Voyez les §§ 103 et 104.)

§ 203. — *Du droit de naufrage.*

Est-il nécessaire de parler du *droit de naufrage*, fruit malheureux de la barbarie, et qui a heureusement disparu presque partout avec elle? La justice et l'humanité ne peuvent lui donner lieu que dans le seul cas où les propriétaires des effets sauvés du naufrage ne pourraient absolument point être connus. Ces effets sont alors au premier occupant, ou au souverain, si la loi les lui réserve.

§ 204 — *D'une mer enclavée dans les terres d'une Nation.*

Si une mer se trouve entièrement enclavée dans les terres d'une Nation, communiquant seulement à l'océan par un canal, dont cette Nation peut s'emparer, il paraît qu'une pareille mer n'est pas moins susceptible d'occupation et de propriété que la terre; elle doit suivre le sort des pays qui l'environnent. La mer Méditerranée était autrefois absolument renfermée dans les terres du peuple romain. Ce peuple, en se rendant maître du détroit qui la joint à l'océan, pouvait la soumettre à son empire et s'en attribuer le domaine. Il ne blessait point par là les droits des autres Nations; une mer particulière étant manifestement destinée par la nature à l'usage des pays et des peuples qui l'environnent. D'ailleurs, en défendant l'entrée de la Méditerranée à tout vaisseau suspect, les Romains mettaient d'un seul coup en sûreté toute l'immense étendue de ses côtes; cette raison suffisait pour les autoriser à s'en emparer. Et comme elle ne communiquait absolument qu'avec leurs Etats, ils étaient les maîtres d'en permettre ou d'en défendre l'entrée, tout comme celle de leurs villes et de leurs provinces.

§ 295. — *Les parties de la mer occupées par une puissance sont de sa juridiction.*

Quand une Nation s'empare de certaines parties de la mer, elle y occupe l'empire, aussi bien que le domaine, par la même raison que nous avons alléguée en parlant des terres (§ 205). Ces parties de la mer sont de la juridiction du territoire de la Nation; le souverain y commande, il y donne des lois et peut réprimer ceux qui les violent; en un mot, il y a tous les mêmes droits qui lui appartiennent sur la terre, et en général tous ceux que la loi de l'Etat lui donne.

Il est vrai cependant que l'*empire*, et le *domaine* ou la *propriété*, ne sont pas inséparables de leur nature, même pour un état souverain (*a*). De même qu'une Nation pourrait posséder en propre le domaine d'un espace de terre ou de mer sans en avoir la souveraineté, il pourrait arriver aussi qu'elle eût l'empire d'un lieu dont la propriété, ou le domaine utile, serait à quelque autre peuple. Mais on présume toujours,

---

(*a*) Voyez ci-dessous, liv. II, § 83.

quand elle possède le domaine utile d'un lieu quelconque, qu'elle en a aussi le haut domaine et l'empire, ou la souveraineté (§ 205). On ne conclut pas si naturellement de l'empire au domaine utile; car une Nation peut avoir de bonnes raisons de s'attribuer l'empire dans une contrée et particulièrement dans un espace de mer, sans y prétendre aucune propriété, aucun domaine utile. Les Anglais n'ont jamais prétendu la propriété de toutes les mers, dont ils s'attribuaient l'empire.

Voilà tout ce que nous avions à dire dans ce premier livre. Un plus grand détail sur les devoirs et les droits d'une Nation considérée en elle-même, nous mènerait trop loin. Il faut, comme nous l'avons déjà dit, le chercher dans les traités particuliers de droit public et de politique. Nous sommes fort éloigné de nous flatter que nous n'avons omis aucun article important. C'est ici une légère esquisse d'un immense tableau. Mais un lecteur intelligent suppléera sans peine à toutes nos omissions, en faisant usage des principes généraux. Nous avons donné tous nos soins à établir solidement ces principes, et à les développer avec précision et netteté.

LIVRE SECOND.

DE LA NATION CONSIDÉRÉE DANS SES RELATIONS AVEC LES AUTRES.

CHAPITRE PREMIER.

Des devoirs communs d'une Nation envers les autres, ou des offices de l'humanité entre les Nations.

§ 1. — *Fondement des devoirs communs et mutuels des Nations.*

Nos maximes vont paraître bien étranges à la politique des cabinets; et le malheur du genre humain est tel, que plusieurs de ces raffinés conducteurs des peuples tourneront en ridicule la doctrine de ce chapitre. N'importe, proposons hardiment ce que la loi naturelle prescrit aux Nations. Craindrions-nous le ridicule, lorsque nous parlons après Cicéron? Ce grand homme a tenu les rênes du plus puissant empire qui fut jamais, et il n'y parut pas moins grand qu'il ne l'était dans la tribune. Il regardait l'observation exacte de la loi naturelle comme la loi politique la plus salutaire à l'État. J'ai déjà rapporté dans ma Préface ce beau passage : *Nihil esse quod adhuc de re publicâ dictum putemus, aut quo possimus longius progredi, nisi erit confirmatum non modo falsum illud esse, sine injuriâ non posse; sed hoc verissimum esse, sine summâ justitiâ rem publicam geri nullo modo posse* (a). Je pourrais dire avec fondement que par ces mots, *summa justitia*, Cicéron veut marquer cette justice universelle qui est l'entier accomplissement de la loi naturelle. Mais il s'explique ailleurs plus formellement à cet égard, et il fait assez

---

(a) *De Re publicâ.* Lib. II, XLII.

connaître qu'il ne borne pas les devoirs mutuels des hommes à l'observation de la justice proprement dite. « Rien, » dit-il, « n'est si conforme à la nature, si capa- « ble de donner une vraie satisfaction, que d'entre- « prendre, à l'exemple d'*Hercule*, les travaux même les « plus pénibles, pour la conservation et l'avantage de « toutes les Nations : » *Magis est secundum naturam, pro omnibus gentibus, si fieri possit, conservandis aut juvandis, maximos labores molestiasque suscipere, imitantem Herculem illum, quem hominum fama, beneficiorum memor, in concilio cœlestium collocavit, quam vivere in solitudine, non modo sine ullis molestiis, sed etiam in maximis voluptatibus, abundantem omnibus copiis, ut excellas etiam pulchritudine et viribus. Quocirca optimo quisque et splendidissimo ingenio longe illam vitam huic anteponit* (a). Cicéron réfute expressément, dans le même chapitre, ceux qui veulent excepter les étrangers des devoirs auxquels ils se reconnaissent obligés envers leurs concitoyens : *Qui autem civium rationem dicunt habendam, externorum negant, hi dirimunt communem humani generis societatem; qua sublata, beneficentia, liberalitas, bonitas, justitia funditus tollitur: quæ qui tollunt, etiam adversus Deos immortales impii judicandi sunt, ab iis enim constitutam inter homines societatem evertunt.*

Et pourquoi n'espèrerions-nous pas de trouver encore parmi ceux qui gouvernent, quelques sages convaincus de cette grande vérité, que la vertu, même pour les souverains, pour les corps politiques, est le chemin le plus assuré de la prospérité et du bonheur? Il est au moins un fruit que l'on peut attendre des saines maximes hautement publiées, c'est qu'elles contraignent ceux-là même qui les goûtent le moins, à garder quelque mesure, pour ne pas se perdre entièrement de réputation. Se flatter que des hommes, et surtout des hommes puissants, voudront suivre la rigueur des

---

(a) *De Officiis*, lib. III, cap. V.

lois naturelles, ce serait s'abuser grossièrement; perdre tout espoir de faire impression sur quelques-uns d'entre eux, c'est désespérer du genre humain.

Les Nations étant obligées par la nature à cultiver entre elles la société humaine (*Prélim.*, § 11), elles sont tenues les unes envers les autres à tous les devoirs que le salut et l'avantage de cette société exigent.

§ 2. — *Offices d'humanité et leur fondement.*

Les *offices de l'humanité* sont ces secours, ces devoirs, auxquels les hommes sont obligés les uns envers les autres, en qualité d'hommes, c'est-à-dire, en qualité d'êtres faits pour vivre en société, qui ont nécessairement besoin d'une assistance mutuelle, pour se conserver, pour être heureux, et pour vivre d'une manière convenable à leur nature. Or, les Nations n'étant pas moins soumises aux lois naturelles que les particuliers (*Prélim.*, § 5), ce qu'un homme doit aux autres hommes, une Nation le doit, à sa manière, aux autres Nations (*Prélim.*, § 10 *et suiv.*). Tel est le fondement de ces devoirs communs, de ces offices d'humanité, auxquels les Nations sont réciproquement obligées les unes envers les autres. Ils consistent en général à faire pour la conservation et le bonheur des autres tout ce qui est en notre pouvoir, autant que cela peut se concilier avec nos devoirs envers nous-mêmes.

§ 3. — *Principe général de tous les devoirs mutuels des Nations.*

La nature et l'essence de l'homme, incapable de se suffire à lui-même, de se perfectionner et de vivre heureux sans le secours de ses semblables, nous fait voir qu'il est destiné à vivre dans une société de secours mutuels, et par conséquent que tous les hommes sont obligés, par leur nature même et leur essence, de travailler conjointement et en commun à la perfection de leur être et à celle de leur Etat. Le plus sûr moyen d'y réussir, est que chacun travaille premièrement pour soi-même, et ensuite pour les autres. De là il suit que tout ce que nous nous devons à nous-mêmes, nous le devons aussi aux autres, autant qu'ils ont réellement besoin de secours, et que nous pouvons leur en accorder sans nous manquer à nous-mêmes. Puis donc qu'une Nation doit, à sa manière, à une autre Nation, ce qu'un homme doit à un autre homme, nous pouvons hardiment poser ce principe général : un Etat doit à tout autre Etat, ce qu'il se doit à soi-même, autant que cet autre a un véritable besoin de son secours, et qu'il peut le lui accorder sans négliger ses devoirs envers soi-même. Telle est la loi éternelle et immuable de la nature. Ceux qui pourraient trouver ici un renversement total de la saine politique, se rassureront par les deux considérations suivantes :

1° Les corps de société, ou les Etats souverains, sont beaucoup plus capables de se suffire à eux-mêmes que les individus humains; et l'assistance mutuelle n'est point si nécessaire entre eux, ni d'un usage si fréquent. Or, dans toutes les choses qu'une Nation peut faire elle-même, les autres ne lui doivent aucun secours.

2° Les devoirs d'une Nation envers elle-même, et principalement le soin de sa propre sûreté, exigent beaucoup plus de circonspection et de réserve qu'un particulier n'en doit observer dans l'assistance qu'il donne aux autres. Nous développerons bientôt cette remarque.

§ 4. — *Devoirs d'une Nation pour la conservation des autres.*

Tous les devoirs d'une Nation envers elle-même ont pour objet sa conservation et sa perfection, avec celle de son état. Le détail que nous en avons donné dans le premier Livre de cet ouvrage, peut servir à indiquer les différents objets à l'égard desquels un Etat peut et doit assister un autre Etat. Toute Nation doit travailler, dans l'occasion, à la conservation des autres, et à les garantir d'une ruine funeste, autant qu'elle peut le faire sans trop s'exposer elle-même. Ainsi, quand un Etat voisin est injustement attaqué par un ennemi puissant, qui menace de l'opprimer, si vous pouvez le défendre sans vous exposer à un grand danger, il n'est pas douteux que vous ne deviez le faire. N'objectez point qu'il n'est pas permis à un souverain d'exposer la vie de ses soldats pour le salut d'un étranger, avec qui il n'aura contracté aucune alliance défensive. Il peut lui-même se trouver dans le cas d'avoir besoin de secours ; et par conséquent, mettre en vigueur cet esprit d'assistance mutuelle, c'est travailler au salut de sa propre Nation. Aussi la politique vient-elle ici au secours de l'obligation et du devoir ; les princes sont intéressés à arrêter les progrès d'un ambitieux qui veut s'agrandir en subjuguant ses voisins. Une ligue puissante se forma en faveur des *Provinces-Unies,* menacées de subir le joug de Louis XIV (*a*). Quand les Turcs mirent le siége devant *Vienne*, le brave Sobieski, roi de Pologne, fut le libérateur de la maison d'Autriche (*b*), peut-être de l'Allemagne entière et de son propre royaume.

§ 5. — *Elle doit assister un peuple désolé par la famine et par d'autres calamités.*

Par la même raison, si un peuple est désolé par la famine, tous ceux qui ont des vivres de reste doivent l'assister dans son besoin, sans toutefois s'exposer eux-mêmes à la disette. Mais si ce peuple a de quoi payer les vivres qu'on lui fournit, il est très permis de les lui vendre à juste prix ; car on ne lui doit point ce qu'il peut se procurer lui-même, et par conséquent on n'est point obligé de lui donner pour rien des choses qu'il est en état d'acheter. L'assistance, dans cette dure extrémité, est si essentiellement conforme à l'humanité, qu'on ne voit guère de Nation un peu civilisée y manquer absolument. Le grand Henri IV ne put s'y refuser envers des rebelles obstinés qui voulaient sa perte (*c*).

(*a*) En 1672.

(*b*) Il battit les Turcs et leur fit lever le siége de Vienne, en 1683.

(*c*) Dans le temps du fameux siége de Paris.

De quelque calamité qu'un peuple soit affligé, la même assistance lui est due. Nous avons vu de petits États de la Suisse ordonner des collectes publiques en faveur de quelques villes ou villages des pays voisins, ruinés par un incendie, et leur donner des secours abondants, sans que la différence de religion les ait détournés d'une si bonne œuvre. Les calamités du Portugal ont fourni à l'Angleterre une occasion de remplir les devoirs de l'humanité avec cette noble générosité qui caractérise une grande Nation. A la première nouvelle du désastre de *Lisbonne*, le parlement assigna un fond de cent mille livres sterling, pour le soulagement d'un peuple infortuné; le roi y joignit des sommes considérables; des vaisseaux furent chargés en diligence de provisions, de secours de toute espèce, et vinrent convaincre les Portugais, que l'opposition de créance et de culte n'arrête point ceux qui savent ce qui est dû à l'humanité. Le roi d'Espagne a signalé, dans la même occasion, sa tendresse pour un proche allié, son humanité, et sa générosité.

§ 6. — *Contribuer à la perfection des autres.*

La Nation ne doit point se borner à la conservation des autres États, elle doit contribuer encore à leur perfection, selon qu'il est en son pouvoir et qu'ils ont besoin de son secours. Nous avons déjà fait voir (*Prélim.*, § 13) que la société naturelle lui impose cette obligation générale. C'est ici le lieu de la développer dans quelque détail. Un État est plus ou moins parfait, selon qu'il est plus ou moins propre à obtenir la fin de la société civile, laquelle consiste à procurer aux citoyens toutes les choses dont ils ont besoin pour les nécessités, la commodité, et les agréments de la vie, en général pour leur bonheur; à faire en sorte que chacun puisse jouir tranquillement du sien, et obtenir justice avec sûreté; enfin, à se défendre de toute violence étrangère (*Liv. I*, § 15). Toute Nation doit donc contribuer dans l'occasion, et suivant son pouvoir, non-seulement à faire jouir une autre Nation de ces avantages, mais encore à la rendre capable de se les procurer elle-même. C'est ainsi qu'une Nation savante ne doit point se refuser à une autre, qui, désirant de sortir de la barbarie, viendra lui demander des maîtres pour l'instruire. Celle qui a le bonheur de vivre sous de sages lois, doit se faire un devoir de les communiquer dans l'occasion. Ainsi lorsque la sage et vertueuse Rome envoya des ambassadeurs en Grèce, pour y chercher de bonnes lois, les Grecs ne se refusèrent point à une réquisition si raisonnable et si digne de louange.

§ 7. — *Mais non point par force.*

Mais si une Nation est obligée de contribuer de son mieux à la perfection des autres, elle n'a aucun droit de les contraindre à recevoir ce qu'elle veut faire dans cette vue. L'entreprendre, ce serait violer leur liberté naturelle. Pour contraindre quelqu'un à recevoir un bienfait, il faut avoir autorité sur lui, et les Nations sont absolument libres et indépendantes (*Prélim.*, § 4). Ces ambitieux Européens, qui attaquaient les Nations américaines et les soumettaient à leur avide domination, pour les civiliser, disaient-ils, et pour les faire instruire dans la véritable religion; ces usurpateurs, dis-je, se fondaient sur un prétexte également injuste et ridicule. On est surpris d'entendre le savant et judicieux GROTIUS nous dire, qu'un souverain peut justement prendre les armes pour châtier des Nations qui se rendent coupables de fautes énormes contre la loi naturelle, qui *traitent inhumainement leurs pères et leurs mères, comme faisaient les* Sogdiens, *qui mangeaient de la chair humaine, comme faisaient les anciens* Gaulois, *etc.* (*a*). Il est tombé dans cette erreur, parce qu'il attribue à tout homme indépendant, et par là même à tout souverain, je ne sais quel droit de punir les fautes qui renferment une violation énorme du

---

(*a*) *Droit de la guerre et de la paix*, liv. II, chap. XX, § XI.

droit de la nature, même celles qui n'intéressent ni ses droits ni sa sûreté. Mais nous avons fait voir (*Liv. I*, § 169) que le droit de punir dérive uniquement pour les hommes, du droit de sûreté, par conséquent il ne leur appartient que contre ceux qui les ont offensés (15). Grotius ne s'est-il point aperçu que, malgré toutes les précautions qu'il apporte dans les paragraphes suivants, son sentiment ouvre la porte à toutes les fureurs de l'enthousiasme et du fanatisme, et fournit aux ambitieux des prétextes sans nombre? Mahomet et ses successeurs ont ravagé et assujetti l'Asie, pour venger l'unité de Dieu offensée; tous ceux qu'ils traitaient d'*associateurs* ou d'idolâtres, étaient les victimes de leur sainte fureur.

§ 8. — *Du droit de demander les offices d'humanité.*

Puisque ces devoirs ou ces offices d'humanité doivent se rendre de Nation à Nation, suivant que l'une en a besoin et que l'autre peut raisonnablement les accorder, toute Nation étant libre, indépendante, et mo-

---

(15) J'ai fait voir à l'endroit cité que le droit de punir n'est autre que le droit de faire contracter à autrui l'habitude du bien, en lui infligeant des châtiments proportionnés à l'opiniâtreté avec laquelle il persiste dans la malice et dans l'injustice. C'est le droit, ou, pour parler plus juste, le devoir de tout supérieur envers ceux que la nature ou le consentement lui ont assujettis. De ce qu'une Nation a offensé une autre Nation, il n'en résulte pour cette dernière que le droit d'obtenir justice ou dédommagement complet et sûreté pour l'avenir, de gré ou de force. Si vous acquiescez aux sûretés que l'agresseur peut vous offrir, et qu'en conséquence vous le laissiez libre, vous le laissez par là même le maître de se corriger lui-même. Le mal que vous lui feriez, à titre de punition, ne le corrigerait pas : il dissimulerait, il temporiserait, pour vous le rendre avec usure, lorsqu'à son tour il se trouverait le plus fort. Si, au contraire, vous l'assujettissez, afin de n'avoir plus rien à craindre de lui, vous vous chargez de l'obligation de le rendre bon malgré lui s'il le faut. Une telle entreprise n'est pas l'ouvrage d'un moment ni d'un seul acte; et il faut bien se souvenir que dans les vraies punitions la vengeance n'y doit entrer pour rien. *D.*

dératrice de ses actions, c'est à chacune à voir si elle est dans le cas de demander ou d'accorder quelque chose à cet égard. Ainsi, 1° toute Nation a un droit parfait de demander à une autre l'assistance et les offices dont elle croit avoir besoin : l'en empêcher, c'est lui faire injure. Si elle les demande sans nécessité, elle pèche contre son devoir; mais elle ne dépend à cet égard du jugement de personne. Elle a droit de les demander, mais non pas de les exiger.

§ 9. — *Du droit de juger si on peut les accorder.*

Car, 2° ces offices n'étant dus que dans le besoin, et par celui qui peut les rendre sans se manquer à soi-même, il appartient d'un autre côté à la Nation à qui l'on s'adresse, de juger si le cas le demande réellement, et si les circonstances lui permettent de les accorder raisonnablement avec les égards qu'elle doit à son propre salut et à ses intérêts. Par exemple, une Nation manque de blé, et demande à en acheter d'une autre; c'est à celle-ci de juger si par cette complaisance elle ne s'exposera point à tomber elle-même dans la disette. Refuse-t-elle; on doit le souffrir patiemment. Nous avons vu la Russie s'acquitter de ces devoirs avec sagesse. Elle a généreusement assisté la Suède, menacée de la famine; mais elle a refusé à d'autres puissances la liberté d'acheter des blés en Livonie, parce qu'elle en avait besoin pour elle-même, et sans doute aussi par de grandes raisons de politique.

§ 10. — *Une Nation n'en peut contraindre une autre à lui rendre ces offices, dont le refus n'est pas une injure.*

La Nation n'a donc qu'un droit imparfait aux offices de l'humanité; elle ne peut contraindre une autre Nation à les lui accorder. Celle qui les lui refuse mal à propos pèche contre l'équité, qui consiste à agir conformément au droit imparfait d'autrui; mais elle ne lui fait point injure, l'injure ou l'injustice étant ce qui blesse le droit parfait d'autrui.

§ 11. — *De l'amour mutuel des Nations.*

Il est impossible que les Nations s'acquittent de tous ces devoirs les unes envers les autres, si elles ne s'aiment point. Les offices de l'humanité doivent procéder de cette source pure; ils en conserveront le caractère et la perfection. Alors on verra les Nations s'entre-aider sincèrement et de bon cœur, travailler avec empressement à leur félicité commune, cultiver la paix sans jalousie et sans défiance. On verra régner entre elles une véritable amitié. Cet heureux état consiste dans une affection mutuelle.

§ 12. — *Chacune doit cultiver l'amitié des autres.*

Toute Nation est obligée de cultiver l'amitié des autres, et d'éviter avec soin tout ce qui pourrait les lui rendre ennemies. L'intérêt présent et direct y invite souvent les Nations sages et prudentes; un intérêt plus noble, plus général, et moins direct, est trop rarement le motif des politiques. S'il est incontestable que les hommes doivent s'aimer les uns les autres, pour répondre aux vues de la nature, et pour s'acquitter des devoirs qu'elle leur impose, aussi bien que pour leur propre avantage, peut-on douter que les Nations ne soient entre elles dans la même obligation? Est-il au pouvoir des hommes, lorsqu'ils se divisent en différents corps politiques, de rompre les nœuds de la société universelle que la nature a établie entre eux?

§ 13. — *Se perfectionner en vue de l'utilité des autres, et leur donner de bons exemples.*

Si un homme doit se mettre en état d'être utile aux autres hommes, un citoyen, de servir utilement sa patrie et ses concitoyens, une Nation, en se perfectionnant elle-même, doit se proposer aussi de se rendre par-là plus capable d'avancer la perfection et le bonheur des autres peuples. Elle doit s'étudier à leur donner de bons exemples, et éviter de leur en présenter de mauvais. L'imitation est familière au genre humain;

on imite quelquefois les vertus d'une Nation célèbre, et plus souvent ses vices et ses travers.

§ 14. — *Prendre soin de leur gloire.*

Puisque la gloire est un bien précieux pour une Nation, comme nous l'avons fait voir dans un chapitre exprès (*a*), l'obligation d'un peuple s'étend jusqu'à prendre soin de la gloire des autres peuples. Il doit premièrement contribuer dans l'occasion à les mettre en état de mériter une véritable gloire; en second lieu, leur rendre à cet égard toute la justice qui leur est due, et faire en sorte, autant que cela dépend de lui, qu'elle leur soit rendue par tout le monde; enfin, il doit adoucir charitablement, bien loin de l'envenimer, le mauvais effet que peuvent produire quelques taches légères.

§ 15. — *La différence de religion ne doit pas empêcher de rendre les offices de l'humanité.*

Par la manière dont nous avons établi l'obligation de rendre les offices de l'humanité, on voit qu'elle est fondée uniquement sur la qualité d'homme. Aucune Nation ne peut donc les refuser à une autre, sous prétexte qu'elle professe une religion différente. Il suffit d'être homme pour les mériter. La conformité de croyance et de culte peut bien devenir un nouveau lien d'amitié entre les peuples; mais leur différence ne doit pas faire dépouiller la qualité d'homme, ni les sentiments qui y sont attachés. Nous avons déjà rapporté (§ 5) quelques exemples dignes d'être imités; rendons ici justice au pontife qui occupe aujourd'hui le siége de Rome (16); il vient de donner un exemple remarquable et bien digne de louange. Ce prince, apprenant qu'il se trouvait à *Civita-Vecchia* plusieurs vaisseaux Hollandais, que la crainte des corsaires algé-

---

(*a*) Liv. I, chap. XV.
(16) Il faut toujours se souvenir que l'auteur écrivait avant l'année 1758.

riens empêchait de mettre en mer, ordonna aux frégates de l'Eglise d'escorter ces vaisseaux, et son nonce à *Bruxelles* reçut ordre de déclarer aux ministres des états-généraux, que S. S. se faisait une loi de protéger le commerce et de rendre les devoirs de l'humanité, sans s'arrêter à la différence de religion. De si beaux sentiments ne peuvent manquer de rendre BENOIT XIV vénérable aux protestants mêmes.

§ 10. — *Règle et mesure des offices d'humanité.*

Quel serait le bonheur du genre humain, si ces aimables préceptes de la nature étaient partout observés! Les Nations se communiqueraient leurs biens et leurs lumières; une paix profonde règnerait sur la terre et l'enrichirait de ses fruits précieux; l'industrie, les sciences, et les arts, s'occuperaient de notre bonheur autant que de nos besoins. Plus de moyens violents pour décider les différends qui pourraient naître; ils seraient terminés par la modération, la justice, et l'équité. Le monde paraîtrait comme une grande république; les hommes vivraient partout en frères, et chacun d'eux serait citoyen de l'univers. Pourquoi cette idée n'est-elle qu'un beau songe? Elle découle cependant de la nature et de l'essence de l'homme (*a*). Mais les passions déréglées, l'intérêt particulier et mal entendu, ne

---

(*a*) Appuyons-nous encore ici de l'autorité de CICÉRON : «Tous les hommes, dit cet excellent philosophe, doivent con-«stamment se proposer de faire concourir l'utilité particulière «avec l'utilité commune. Celui qui veut tout tirer à lui rompt «et dissout la société humaine. Et si la nature nous prescrit «de vouloir le bien de tout homme, quel qu'il soit, par la seule «raison qu'il est homme, il faut nécessairement, selon cette «même nature, que l'utilité de tous les hommes soit com-«mune :» *Ergo unum debet esse omnibus propositum, ut eadem sit utilitas uniuscujusque et universorum : quam si ad se quisque rapiat, dissolvetur omnis humana consortio. Atque si etiam hoc natura præscribit, ut homo homini, quiscunque sit, ob eam ipsam causam, quod is homo sit, consultum velit, necesse est secundum eandem naturam omnium utilitatem esse communem.* De Offic., lib. III, cap. VI.

permettront jamais que l'on en voie la réalité. Voyons donc quelles limitations l'état actuel des hommes, les maximes et la conduite ordinaire des Nations, peuvent apporter à la pratique de ces préceptes de la nature, si beaux en eux-mêmes.

La loi naturelle ne peut condamner les bons à se rendre les dupes des méchants, les victimes de leur injustice et de leur ingratitude. Une funeste expérience nous fait voir que la plupart des Nations ne tendent qu'à se fortifier et à s'enrichir aux dépens des autres, à dominer sur elles, et mêmes à les opprimer, à les mettre sous le joug, si l'occasion s'en présente. La prudence ne nous permet point de fortifier un ennemi, ou un homme en qui nous découvrons le désir de nous dépouiller et de nous opprimer, et le soin de notre propre sûreté nous le défend. Nous avons vu (§ 3 *et suiv.*) qu'une Nation ne doit aux autres son assistance et tous les offices de l'humanité, qu'autant qu'elle peut les leur accorder sans manquer à ses devoirs envers elle-même. De là il suit évidemment que si l'amour universel du genre humain l'oblige d'accorder en tout temps et à tous, même à ses ennemis, ces offices qui ne peuvent tendre qu'à les rendre plus modérés et plus vertueux, parce qu'elle n'en doit craindre aucun inconvénient, elle n'est point obligée de leur donner des secours qui lui deviendraient probablement funestes à elle-même. C'est ainsi, 1° que l'extrême importance du commerce, non-seulement pour la nécessité et les commodités de la vie, mais encore pour les forces d'un État, pour lui fournir les moyens de se défendre contre ses ennemis, l'insatiable avidité des Nations, qui cherchent à se l'attirer tout entier, à s'en emparer exclusivement; c'est ainsi, dis-je, que ces circonstances autorisent une Nation, maîtresse d'une branche de commerce, du secret de quelque fabrication importante, à réserver pour elle des sources de richesses, et à prendre des mesures pour empêcher qu'elles ne passent aux étrangers, bien loin de les leur communiquer. Mais s'il s'agit de choses nécessaires à la vie, ou importantes à ses commodités, cette Nation doit les vendre aux autres à un juste prix, et ne point convertir son monopole en une vexation odieuse. Le commerce est la source principale de la grandeur, de la puissance, et de la sûreté de l'Angleterre ; et qui osera la blâmer, si elle travaille à en conserver les diverses branches dans sa main, par tous les moyens justes et honnêtes ?

2° A l'égard des choses qui sont directement et plus particulièrement utiles pour la guerre, rien n'oblige une Nation d'en faire part aux autres, pour peu qu'elles lui soient suspectes, et même la prudence le lui défend. Ainsi les lois romaines interdisaient avec justice de communiquer aux Nations barbares l'art de construire des galères. Ainsi les lois d'Angleterre ont pourvu à ce que la meilleure construction des vaisseaux ne fût pas portée aux étrangers.

La réserve doit être portée plus loin à l'égard des Nations plus justement suspectes. C'est ainsi que quand les Turcs étaient, pour ainsi dire, dans leur montant, dans le feu de leurs conquêtes, toutes les Nations chrétiennes, indépendamment de toute bigoterie, devaient les regarder comme leurs ennemis ; les plus éloignées, celles qui n'avaient actuellement rien à démêler avec eux, pouvaient rompre tout commerce avec une puissance qui faisait profession de soumettre par la force des armes tout ce qui ne reconnaissait pas l'autorité de son prophète.

§ 17. — *Limitation particulière à l'égard du prince.*

Observons encore, à l'égard du prince en particulier, qu'il ne peut point suivre ici sans réserve tous les mouvements d'un cœur magnanime et désintéressé, qui sacrifie ses intérêts à l'utilité d'autrui, ou à la générosité, parce qu'il ne s'agit pas de son intérêt propre, mais de celui de l'Etat, de celui de la Nation qui s'est confiée à ses soins. Cicéron dit qu'une âme grande et élevée méprise les plaisirs, les richesses, la vie même, et les compte pour rien, quand il s'agit de l'utilité commune (a). Il a raison, et de pareils sentiments sont dignes d'admiration dans un particulier. Mais la générosité ne s'exerce pas du bien d'autrui. Le conducteur de la Nation n'en doit faire usage, dans les affaires publiques, qu'avec mesure, et autant qu'elle tourne à la gloire et à l'avantage bien entendu de l'Etat. Quant au bien commun de la société humaine, il doit y avoir les mêmes égards auxquels la Nation qu'il représente serait obligée si elle gouvernait elle-même ses affaires.

§ 18. — *Aucune Nation ne doit léser les autres.*

Mais si les devoirs d'une Nation envers elle-même mettent des bornes à l'obligation de rendre les offices de l'humanité, ils n'en peuvent mettre aucune à la défense de faire tort aux autres, de leur causer du préjudice, en un mot de les *léser*, s'il m'est permis de rendre ainsi le mot latin *lædere* (*). Si tout homme est obligé par sa nature même de travailler à la perfection des autres, à plus forte raison lui est-il interdit de contribuer à leur imperfection et à celle de leur état. Les mêmes devoirs sont imposés aux Nations (*Prélim.*, §§ 5 et 6). Aucune d'entre elles ne doit donc commettre des actions tendantes à altérer la perfection des autres et celle de leur état, ou à en retarder les progrès, c'est-à-dire, les *léser*. Et puisque la perfection d'une Nation consiste dans son aptitude à obtenir la fin de la société civile, et celle de son état, à ne point manquer des choses nécessaires à cette même fin (l. I, § 14), il n'est permis à aucune d'empêcher qu'une

---

(a) *De Officiis*, lib. III, cap. V.
(*) Nuire, offenser, faire tort, porter dommage ou préjudice, blesser, ne disent pas précisément la même chose. *Léser* quelqu'un, c'est en général procurer son imperfection ou celle de son état, rendre sa personne ou son état plus imparfait.

autre ne puisse obtenir la fin de la société civile, ou de l'en rendre incapable. Ce principe général interdit aux Nations toutes mauvaises pratiques tendantes à porter le trouble dans un autre Etat, à y entretenir la discorde, à corrompre les citoyens, à lui débaucher ses alliés, à lui susciter des ennemis, à ternir sa gloire, à le priver de ses avantages naturels.

Au reste, on comprendra aisément que la négligence à remplir les devoirs communs de l'humanité, que le refus même de ces devoirs, ou de ces offices, n'est pas une *lésion*. Négliger, ou refuser de contribuer à la perfection, ce n'est point donner atteinte à cette perfection.

Il faut encore observer que, quand nous usons de notre droit, quand nous faisons ce que nous nous devons à nous-mêmes, ou aux autres, s'il résulte de notre action quelque préjudice à la perfection d'autrui, quelque dommage à son état externe, nous ne sommes point coupables de *lésion*. Nous faisons ce qui nous est permis, ou même ce que nous devons faire; le mal qui en résulte pour autrui n'est point dans notre intention : c'est un accident, dont les circonstances particulières doivent déterminer l'imputabilité. Dans le cas d'une légitime défense, par exemple, le mal que nous faisons à l'agresseur n'est point notre but; nous agissons en vue de notre salut, nous usons de notre droit; et l'agresseur est seul coupable du mal qu'il s'attire.

§ 19. — *Des offenses.*

Rien n'est plus opposé aux devoirs de l'humanité, ni plus contraire à la société qui doit être cultivée par les Nations, que les *offenses*, ou les actions dont une autre reçoit un juste déplaisir. Toute Nation doit donc s'abstenir avec soin d'en offenser véritablement aucune. Je dis véritablement; car s'il arrive que quelqu'un s'offense de notre conduite, quand nous ne faisons qu'user de nos droits, ou remplir nos devoirs, c'est sa faute et non la nôtre. Les offenses mettent tant d'aigreur entre les Nations, que l'on doit éviter de donner lieu même à des offenses mal fondées, lorsqu'on peut le faire sans inconvénient et sans manquer à ses devoirs. Quelques médailles, et de mauvaises plaisanteries, aigrirent, dit-on, Louis XIV contre les *Provinces-Unies*, au point de lui faire entreprendre, en 1672, la ruine de cette république.

§ 20. — *Mauvaise coutume des anciens.*

Les maximes établies dans ce chapitre, ces préceptes sacrés de la nature, ont été long-temps inconnus aux Nations. Les anciens ne se croyaient tenus à rien envers les peuples qui ne leur étaient point unis par un traité d'amitié (*). Les Juifs surtout mettaient une partie de leur ferveur à haïr toutes les Nations; aussi en étaient-ils réciproquement détestés et méprisés. Enfin, la voix de la nature se fit entendre aux peuples civilisés, ils reconnurent que tous les hommes sont frères (*a*); quand viendra l'heureux temps où ils agiront comme tels?

CHAPITRE II.

Du Commerce mutuel des Nations.

§ 21. — *Obligation générale des Nations de commercer ensemble.*

Tous les hommes doivent trouver sur la terre les choses dont ils ont besoin. Ils les prenaient, tant qu'a duré

(*) On peut citer l'exemple des Romains et celui des anciens Anglais, puisqu'à l'occasion d'un navigateur accusé d'avoir commis des brigandages chez les peuples des Indes, Grotius dit, «qu'une telle injustice ne manquait pas de par-«tisans, qui soutenaient que, par les anciennes lois d'Angle-«terre, on ne punissait point en ce royaume les outrages «commis contre les étrangers, quand il n'y avait point d'al-«liance publique contractée avec eux.» *Annales*, liv XVI.

(*a*) Voyez ci-dessus, § 1, un beau passage de Cicéron.

la communion primitive, partout où ils les rencontraient, pourvu qu'un autre ne s'en fût pas déjà emparé pour son usage. L'introduction du domaine et de la propriété n'a pu priver les hommes d'un droit essentiel, et par conséquent elle ne peut avoir lieu qu'en leur laissant en général quelque moyen de se procurer ce qui leur est utile ou nécessaire. Ce moyen est le commerce : par là tout homme peut encore pourvoir à ses besoins. Les choses étant passées sous la propriété, on ne peut plus s'en rendre maître sans le consentement du propriétaire, ni ordinairement les avoir pour rien; mais on peut les acheter, ou les échanger contre d'autres choses équivalentes. Les hommes sont donc obligés d'exercer entre eux ce commerce, pour ne pas s'écarter des vues de la nature, et cette obligation regarde aussi les Nations entières, ou les Etats (*Prélim.*, § 5). La nature ne produit guère en un même lieu tout ce qui est à l'usage des hommes : un pays abonde en blés; un autre, en pâturages et en bestiaux; un troisième, en bois et en métaux, etc. Si tous ces pays commercent ensemble, comme il convient à l'humanité, aucun ne manquera des choses utiles et nécessaires, et les vues de la nature, mère commune des hommes, seront remplies. Ajoutons qu'un pays est plus propre à un genre de productions qu'à un autre, plus, par exemple, aux vignes qu'au labourage : si le commerce et les échanges sont établis, chaque peuple, assuré de se procurer ce qui lui manque, emploie son terrein et son industrie de la manière la plus avantageuse, et le genre humain y gagne. Tels sont les fondements de l'obligation générale où se trouvent les Nations, de cultiver entre elles un commerce réciproque.

§ 22. — *Elles doivent favoriser le commerce.*

Chacune doit donc non-seulement se prêter à ce commerce, autant qu'elle le peut raisonnablement, mais même le protéger et le favoriser. Le soin des chemins publics, la sûreté des voyageurs, l'établissement des ports, des lieux de marché, des foires bien réglées et bien policées, tout cela tend à ce but ; et, s'il y a des frais à faire, on peut, comme nous l'avons déjà fait observer (l. I, § 103), s'en dédommager par des péages et autres droits équitablement proportionnés.

§ 23. — *De la liberté du commerce.*

La liberté étant très favorable au commerce, il est convenable aux devoirs des Nations de la maintenir autant qu'il est possible, et de ne point la gêner ou restreindre sans nécessité. Ces priviléges, ces droits particuliers, si onéreux au commerce, établis en bien des lieux, sont donc condamnables, à moins qu'ils ne soient fondés sur des raisons très importantes, prises du bien public.

§ 24. — *Du droit de commercer, qui appartient aux Nations.*

Toute Nation, en vertu de sa liberté naturelle, est en droit de faire le commerce avec celles qui voudront bien s'y prêter ; et quiconque entreprend de la troubler dans l'exercice de son droit, lui fait injure. Les Portugais ont voulu, dans le temps de leur puissance en Orient, interdire aux autres Nations de l'Europe tout commerce avec les peuples indiens ; mais on se moqua d'une prétention aussi injuste que chimérique, et on s'accorda à regarder les actes de violence destinés à la soutenir comme de justes sujets de leur faire la guerre. Ce droit commun à toutes les Nations est généralement reconnu aujourd'hui sous le nom de la liberté du commerce.

§ 25. — *C'est à chacune de juger si elle est dans le cas d'exercer le commerce.*

Mais s'il est en général du devoir d'une Nation de cultiver le commerce avec les autres, et si chacune a le droit de commercer avec toutes celles qui voudront l'y admettre, d'un autre côté une Nation doit éviter tout commerce désavantageux ou dangereux à l'Etat par quelque endroit (l. I, § 98) ; et puisque les devoirs envers soi-même prévalent, en cas de collision, sur les devoirs envers autrui, elle est en plein droit de se régler à cet égard sur ce qui lui est utile ou salutaire. Nous avons déjà vu (l. I, § 92) qu'il appartient à chaque Nation de juger s'il lui convient ou non de faire tel ou tel commerce. Elle acceptera donc, ou refusera, celui qui lui est proposé par des étrangers, sans qu'ils puissent l'accuser d'injustice, ou lui en demander raison, moins encore user de contrainte. Elle est libre dans l'administration de ses affaires, et n'en doit compte à personne. L'obligation de commercer avec les autres est imparfaite en soi (*Prélim.*, § 17), et ne leur donne qu'un droit imparfait; elle cesse entièrement dans les cas où le commerce nous serait préjudiciable. Quand l'Espagnol attaquait les Américains, sous prétexte que ces peuples refusaient de commercer avec lui, il couvrait d'une vaine couleur son insatiable cupidité.

§ 26. — *Nécessité des traités de commerce.*

Ce peu de mots, joint à ce que nous avons déjà dit sur cette matière dans le chapitre VIII du livre Ier, peut suffire pour établir les principes du droit des gens naturel sur le commerce mutuel des Nations. Il n'est pas difficile de marquer en général ce qui est du devoir des peuples à cet égard, ce que la loi naturelle leur prescrit, pour le bien de la grande société du genre humain. Mais comme chacun d'eux est seulement obligé de commercer avec les autres, autant qu'il peut le faire sans se manquer à soi-même, et que tout dépend enfin du jugement que chaque Etat portera de ce qu'il peut et doit faire dans les cas particuliers, les Nations ne peuvent compter que sur des généralités, comme la liberté qui appartient à chacune d'exercer le commerce, et du reste sur des droits imparfaits, dépendants du jugement d'autrui, et par conséquent toujours incertains. Si elles veulent donc s'assurer quelque chose de précis et de constant, il faut qu'elles se le procurent par des traités.

§ 27. — *Règle générale sur ces traités.*

Puisqu'une Nation est en plein droit de se régler à l'égard du commerce sur ce qui lui est utile ou salutaire, elle peut faire sur cette matière tels traités qu'elle jugera à propos, sans qu'aucune autre ait droit de s'en offenser, pourvu que ces traités ne donnent point atteinte aux droits parfaits d'autrui. Si, par les engagements qu'elle prend, la Nation se met sans nécessité, ou sans de puissantes raisons, hors d'état de se prêter au commerce général que la nature recommande entre les peuples, elle pèche contre son devoir. Mais comme c'est à elle seule d'en juger (*Prélim.*, § 16), les autres doivent le souffrir, en respectant sa liberté naturelle, et même supposer qu'elle agit par de bonnes raisons. Tout traité de commerce qui ne donne point atteinte au droit parfait d'autrui, est donc permis entre les Nations, et aucune ne peut s'opposer à son exécution ; mais celui-là seul est légitime et louable en soi, qui respecte l'intérêt général, autant qu'il est possible et raisonnable d'y avoir égard dans le cas particulier.

§ 28. — *Devoir des Nations qui font ces traités.*

Comme les promesses et les engagements exprès doivent être inviolables, toute Nation sage et vertueuse aura soin d'examiner, de peser mûrement un traité de commerce avant que de le conclure, et de prendre garde qu'il ne l'engage à rien de contraire à ses devoirs envers elle-même et envers les autres.

§ 29. — *Traités perpétuels, ou à temps, ou révocables à volonté.*

Les Nations peuvent mettre telles clauses et conditions qu'elles trouvent à propos dans leurs traités. Il leur est libre de les faire perpétuels, ou à temps, ou dépendants de certains événements. Le plus prudent est ordinairement de ne point s'engager pour toujours, parce qu'il peut survenir dans la suite des conjonctures qui rendraient le traité fort onéreux à une des parties contractantes. On peut aussi n'accorder par un traité qu'un droit précaire, en se réservant la liberté de le révoquer toutes les fois qu'on le voudra. Nous avons déjà fait observer (l. I, § 94) qu'une simple permision, non plus qu'un long usage (*ibid.*, § 95), ne donne aucun droit parfait à un commerce. Il ne faut donc pas confondre ces choses avec les traités, pas même avec ceux qui ne donnent qu'un droit précaire.

§ 30. — *On ne peut rien accorder à un tiers contre la teneur d'un traité.*

Dès qu'une Nation a pris des engagements par un traité, elle n'est plus en liberté de faire en faveur des autres, contre la teneur du traité, ce que d'ailleurs elle leur eût accordé conformément aux devoirs de l'humanité, ou à l'obligation générale de commercer ensemble. Car elle ne doit faire pour autrui que ce qui est en son pouvoir; et lorsqu'elle s'est ôté la liberté de disposer d'une chose, cette chose-là n'est plus en son pouvoir. Lors donc qu'une Nation s'est engagée envers une autre à lui vendre à elle seule certaines marchandises, ou denrées, des blés par exemple, elle ne peut plus les vendre ailleurs. Il en est de même si elle s'est astreinte à n'acheter certaines choses que de cette Nation seule.

§ 31. — *Comment il est permis de s'ôter par un traité la liberté de commercer avec d'autres peuples.*

Mais on demandera comment et en quelles occasions il est permis à une Nation de prendre des engagements qui lui ôtent la liberté de remplir ses devoirs envers les autres. Les devoirs envers soi-même prévalant sur les devoirs envers autrui, si une Nation trouve son salut et un avantage solide dans un traité de cette nature, il lui est sans doute permis de le faire; et d'autant plus, que par là elle ne rompt point le commerce en général des Nations; elle fait seulement passer une branche du sien par d'autres mains, ou elle assure à un peuple en particulier des choses dont il a besoin. Si un Etat qui manque de sel, peut s'en assurer auprès d'un autre, en s'engageant à ne vendre qu'à lui ses blés, ou ses bestiaux, est-il douteux qu'il ne puisse conclure un traité si salutaire ? Ses blés, ou ses bestiaux, sont alors des choses dont il dispose pour satisfaire à ses propres besoins. Mais en vertu de ce que nous avons fait observer au § 28, on ne doit point prendre des engagements de cette nature, sans de très bonnes raisons. Au reste, que les raisons soient bonnes ou mauvaises, le traité est valide, et les autres Nations ne sont point en droit de s'y opposer (§ 27).

§ 32. — *Une Nation peut restreindre son commerce en faveur d'une autre.*

Il est libre à un chacun de renoncer à son droit; une Nation peut restreindre son commerce en faveur d'une autre, s'engager à ne point trafiquer d'une certaine espèce de marchandises, à s'abstenir de commercer avec tel ou tel pays, etc. Si elle n'observe pas ses engagements, elle agit contre le droit parfait de la Nation avec qui elle a contracté, et celle-ci est en droit de la réprimer. La liberté naturelle du commerce n'est point blessée par des traités de cette nature, car cette liberté consiste seulement en ce qu'aucune Nation ne soit troublée dans son droit de commercer avec celles qui consentent à trafiquer avec elle, et chacune demeure libre de se prêter à un commerce particulier, ou de s'y refuser, suivant ce qu'elle juge être du plus grand bien de l'Etat.

§ 33. — *Elle peut s'approprier un commerce.*

Les Nations ne s'adonnent pas seulement au commerce pour se procurer les choses nécessaires ou utiles; elles en font encore une source de richesses. Or, quand il y a un gain à faire, il est également permis à tout le monde d'y prendre part; mais le plus diligent prévient légitimement les autres, en s'emparant d'un bien qui est au premier occupant; rien n'empêche même qu'il ne se l'assure tout entier, s'il a quelque moyen légitime de se l'approprier. Lors donc qu'une Nation possède seule certaines choses, une autre peut légitimement se procurer par un traité l'avantage de les acheter seule, pour les revendre à toute la terre. Et comme il est indifférent aux Nations de quelle main elles reçoivent les choses dont elles ont besoin, pourvu qu'on les leur donne à un juste prix, le monopole de cette Nation n'est point contraire aux devoirs généraux de l'humanité, si elle ne s'en prévaut point pour mettre ses marchandises à un prix injuste et déraisonnable. Que si elle en abuse pour faire un gain immodéré, elle pèche contre la loi naturelle, en privant les autres Nations d'une commodité ou d'un agrément que la nature destinait à tous les hommes, ou en le leur faisant acheter trop cher; mais elle ne leur fait point injure, parce qu'à la rigueur, et suivant le droit externe, le propriétaire d'une chose est le maître de la garder ou d'y mettre le prix qu'il veut. Ainsi les Hollandais se sont rendus maîtres du commerce de la cannelle par un traité avec le roi de Ceylan, et les autres Nations ne pourront s'en plaindre, tandis qu'ils contiendront leurs profits dans de justes bornes.

Mais s'il était question de choses nécessaires à la vie, et que le monopoleur voulût les porter à un prix excessif, les autres Nations seraient autorisées par le soin de leur propre salut, et pour l'avantage de la société humaine, à se réunir pour mettre à la raison un avide oppresseur. Le droit aux choses nécessaires est tout autre que celui que l'on a aux commodités et aux agréments dont on peut se passer s'ils sont à trop haut prix. Il serait absurde que la subsistance et le salut des peuples dépendissent de la cupidité ou du caprice d'un seul.

§ 34. — *Des consuls.*

Une des institutions modernes les plus utiles au commerce est celle des consuls. Ce sont des gens qui, dans les plus grandes places de commerce, et surtout dans les ports de mer, en pays étranger, ont la commission de veiller à la conservation des droits et des priviléges de leur Nation, et de terminer les difficultés qui peuvent naître entre ses marchands. Quand une Nation fait un grand commerce dans un pays, il lui convient d'y avoir un homme chargé d'une pareille commission ; et l'Etat qui lui permet ce commerce devant naturellement le favoriser, il doit aussi, par cette raison, admettre le consul. Mais comme il n'y est pas obligé absolument et d'une obligation parfaite, celui qui veut avoir un consul doit s'en procurer le droit par le traité même de commerce.

Le consul étant chargé des affaires de son souverain, et en recevant les ordres, il lui demeure sujet comptable de ses actions.

Le consul n'est pas ministre public, comme cela paraîtra par ce que nous dirons du caractère des ministres dans notre IVe liv., et il n'en peut prétendre les prérogatives. Cependant, comme il est chargé d'une commission de son souverain, et reçu en cette qualité par celui chez qui il réside, il doit jouir jusqu'à un certain point de la protection du droit des gens. Le souverain qui le reçoit s'engage tacitement, par cela même, à lui donner toute la liberté et toute la sûreté nécessaires pour remplir convenablement ses fonctions ; sans quoi l'admission du consul serait vaine et illusoire.

Ses fonctions exigent premièrement, qu'il ne soit point sujet de l'Etat où il réside ; car il serait obligé d'en suivre les ordres en toutes choses, et n'aurait pas la liberté de faire les fonctions de sa charge.

Elles paraissent même demander que le consul soit indépendant de la justice criminelle ordinaire du lieu où il réside, en sorte qu'il ne puisse être molesté, ou mis en prison, à moins qu'il ne viole lui-même le droit des gens par quelque attentat énorme.

Et bien que l'importance des fonctions consulaires ne soit point assez relevée pour procurer à la personne du consul l'inviolabilité et l'absolue indépendance dont jouissent les ministres publics, comme il est sous la protection particulière du souverain qui l'emploie, et chargé de veiller à ses intérêts, s'il tombe en faute, les égards dus à son maître demandent qu'il lui soit renvoyé pour être puni. C'est ainsi qu'en usent les Etats qui veulent vivre en bonne intelligence. Mais le plus sûr est de pourvoir, autant qu'on le peut, à toutes ces choses, par le traité de commerce.

Wicquefort, dans son *Traité de l'ambassadeur*, liv. I, section V, dit que les consuls *ne jouissent pas de la protection du droit des gens, et qu'ils sont sujets à la justice du lieu de leur résidence, tant pour le civil que pour le criminel.* Mais les exemples qu'il rapporte sont contraires à son sentiment. Les états-généraux des Provinces-Unies, dont le consul avait été *affronté et arrêté* par le gouverneur de Cadix, *en firent leurs plaintes à la cour de Madrid, comme d'une violence qui avait été faite au droit des gens. Et, en l'an* 1634, *la république de Venise pensa rompre avec le pape* Urbain VIII, *à cause de la violence que le gouverneur d'Ancône avait faite au consul vénitien.* Le gouverneur avait persécuté ce consul, qu'il soupçonnait d'avoir donné des avis préjudiciables au commerce d'Ancône, ensuite enlevé ses meubles et ses papiers, le faisant enfin ajourner, contumacer, et bannir, sous prétexte *d'avoir, en temps de contagion, fait décharger des marchandises, contre les défenses.* Il fit encore mettre en prison le successeur de ce consul. Le sénat de Venise demanda réparation avec beaucoup de chaleur, et, par l'entremise des ministres de France, qui craignaient une rupture ouverte, le pape contraignit le gouverneur d'Ancône à donner satisfaction à la république.

Au défaut des traités, la coutume doit servir de règle dans ces occasions; car celui qui reçoit un consul sans conditions expresses, est censé le recevoir sur le pied établi par l'usage.

CHAPITRE III.

De la dignité et de l'égalité des Nations, de leurs titres et autres marques d'honneur.

§ 35. — *De la dignité des Nations, ou États souverains.*

Toute Nation, tout Etat souverain et indépendant, mérite de la considération et du respect, parce qu'il figure immédiatement dans la grande société du genre humain, qu'il est indépendant de tout pouvoir sur la terre, et qu'il est un assemblage d'un grand nombre d'hommes, plus considérable sans doute qu'aucun individu. Le souverain représente sa Nation entière; il en réunit dans sa personne toute la majesté. Nul particulier, fût-il même libre et indépendant, ne peut faire comparaison avec un souverain : ce serait vouloir s'égaler seul à une multitude de ses égaux. Les Nations et les souverains sont donc en même temps et dans l'obligation et en droit de maintenir leur dignité, et de la faire respecter; comme une chose importante à leur sûreté et à leur tranquillité.

§ 36. — *De leur égalité.*

Nous avons déjà fait observer (*Prélim.*, § 18) que la nature a établi une parfaite égalité de droits entre les Nations indépendantes. Aucune, par conséquent, ne peut naturellement prétendre de prérogative. Tout ce que la qualité de Nation libre et souveraine donne à l'une, elle le donne aussi à l'autre.

§ 37. — *De la préséance.*

Et puisque la préséance ou la primauté de rang est une prérogative, aucun souverain ne peut se l'attribuer naturellement et de droit. Pourquoi des Nations qui ne dépendent point de lui, lui céderaient-elles quelque chose malgré elles? Cependant, comme un Etat puissant et vaste est beaucoup plus considérable dans la société universelle qu'un petit État, il est raisonnable que celui-ci lui cède, dans les occasions où il faut que l'un cède à l'autre, comme dans une assemblée, et lui témoigne ces déférences de pur cérémonial, qui n'ôtent point au fond l'égalité, et ne marquent qu'une priorité d'ordre, une première place entre égaux. Les autres attribueront naturellement cette première place au plus puissant, et il serait aussi inutile que ridicule au plus faible de vouloir s'opiniâtrer. L'ancienneté de l'État entre encore en considération dans ces rencontres; un nouveau venu ne peut déposséder personne des honneurs dont il jouit; il lui faut des raisons bien fortes pour se faire préférer.

§ 38. — *La forme du gouvernement n'y fait rien.*

La forme du gouvernement est naturellement étrangère à cette question. La dignité, la majesté, réside originairement dans le corps de l'État; celle du souverain lui vient de ce qu'il représente sa Nation. L'État aurait-il plus ou moins de dignité, selon qu'il sera gouverné par un seul ou par plusieurs? Aujourd'hui les rois s'attribuent une supériorité de rang sur les républiques; mais cette prétention n'a d'autre appui que la supériorité de leurs forces. Autrefois la république Romaine regardait tous les rois comme bien loin au-dessous d'elle. Les monarques de l'Europe ne trouvant en leur chemin que de faibles républiques, ont dédaigné de les admettre à l'égalité. La république de Venise et celle des Provinces-Unies ont obtenu les honneurs des têtes couronnées; mais leurs ambassadeurs cèdent le pas à ceux des rois.

§ 39. — *Un État doit garder son rang, malgré le changement dans la forme du gouvernement.*

En conséquence de ce que nous venons d'établir, si la forme du gouvernement vient à changer chez une Nation, elle n'en conservera pas moins le rang et les honneurs dont elle est en possession. Lorsque l'Angleterre eut chassé ses rois, CROMWELL ne souffrit pas que l'on rabattît rien des honneurs que l'on rendait à la couronne ou à la Nation, et il sut maintenir partout les ambassadeurs anglais dans le rang qu'ils avaient toujours occupé.

§ 40. — *Il faut observer à cet égard les traités et usages établis.*

Si les traités, ou un usage constant, fondé sur un consentement tacite, ont marqué les rangs, il faut s'y conformer. Disputer à un prince le rang qui lui est acquis de cette manière, c'est lui faire injure, puisque c'est lui donner une marque de mépris, ou violer des engagements qui lui assurent un droit. Ainsi les partages faits mal à propos dans la maison de CHARLEMAGNE, ayant donné l'empire à l'aîné, le cadet, qui eut le royaume de France, lui céda le pas, d'autant plus aisément qu'il restait encore dans ce temps-là une idée récente de la majesté du véritable empire romain. Ses successeurs suivirent ce qu'ils trouvèrent établi; ils furent imités par les autres rois de l'Europe, et c'est ainsi que la couronne impériale se trouve, sans contradiction, en possession du premier rang dans la chrétienté. La plupart des autres couronnes ne sont point d'accord entre elles sur le rang.

Quelques-uns voudraient faire envisager la préséance de l'empereur comme quelque chose de plus qu'une première place entre égaux, lui attribuer une supériorité sur tous les rois, en un mot, le faire un chef temporel de la chrétienté (*a*). Et il paraît en effet que plusieurs empereurs ont eu dans l'esprit des prétentions semblables; comme si en ressuscitant le nom de l'empire romain, on eût pu en faire revivre les droits. Les autres Etats ont été en garde contre ces prétentions. On peut voir dans MÉZERAY (*b*) les précautions que prit le

---

(*a*) BARTOLE est allé jusqu'à dire *que tous ceux-là sont hérétiques, qui ne croient pas que l'empereur soit seigneur de tout le monde.* Voyez BODIN, *de la République*, liv. I, chap. IX, p. m. 139.

(*b*) *Histoire de France, explication des médailles de* CHARLES V.

roi Charles V, quand l'empereur Charles IV vint en France, *crainte*, dit l'historien, *que ce prince et son fils, le roi des Romains, ne pussent fonder quelque droit de supériorité sur sa courtoisie*. Bodin (*a*) rapporte que l'on trouva fort mauvais en France que l'empereur Sigismond *eût pris séance en lieu royal, en plein parlement, et qu'il eût fait chevalier le sénéchal de Beaucaire*, ajoutant que *pour couvrir la faute notable* que l'on avait faite *de l'endurer*, on ne voulut point souffrir que le même empereur, étant à *Lyon*, y fît duc le comte de Savoie. Aujourd'hui un roi de France croirait sans doute se commettre, s'il marquait seulement la moindre pensée qu'un autre pourrait s'attribuer quelque autorité sur son royaume(*).

§ 41. — *Du nom et des honneurs attribués par la Nation à son conducteur.*

La Nation pouvant accorder à son conducteur le degré d'autorité et les droits qu'elle trouve à propos, elle n'est pas moins libre à l'égard du nom, des titres, et de tous les honneurs dont elle voudra le décorer. Mais il convient à sa sagesse, aux intérêts de sa réputation, de ne point trop s'écarter à cet égard des usages reçus généralement chez les peuples civilisés. Observons encore que la prudence doit ici la diriger, et l'engager à proportionner les titres et les honneurs à la puissance de son supérieur, et à l'autorité dont elle veut qu'il soit

---

(*a*) *De la Républ.*, p. 138.
(*) Pentherrieder, plénipotentiaire de l'empereur au congrès de Cambray, fit une tentative pour assurer à son maître une supériorité et une prééminence incontestable sur les autres têtes couronnées. Il engagea le comte de Provana, ministre du roi de Sardaigne, à signer un acte par lequel il déclarait que son maître ni aucun prince ne pouvait disputer la prééminence à l'empereur. Cet écrit étant devenu public, les rois en firent de si grandes plaintes que Provana fut rappelé, et l'empereur ordonna à son plénipotentiaire de supprimer cet écrit, feignant d'ailleurs d'ignorer ce qui s'était passé, et l'affaire tomba. *Mém. de M. de* Saint-Phillippe, t. IV, p. 194.

revêtu. Les titres, les honneurs, ne décident de rien, il est vrai : vains noms, vaines cérémonies, quand ils sont mal placés; mais qui ne sait combien ils influent dans les pensées des hommes? C'est donc ici une affaire plus sérieuse qu'elle ne le paraît au premier coup d'œil. La Nation doit prendre garde de ne point s'abaisser elle-même devant les autres peuples, de ne point avilir son conducteur par un titre trop bas; elle doit se garder plus encore de lui enfler le cœur par un vain nom, par des honneurs démesurés, de lui faire naître la pensée de s'arroger sur elle un pouvoir qui y réponde, ou d'acquérir, par d'injustes conquêtes, une puissance proportionnée. D'un autre côté, un titre relevé peut engager le conducteur à soutenir avec plus de fermeté la dignité de la Nation. Les conjonctures déterminent la prudence, et elle garde en toutes choses une juste mesure. *La royauté*, dit un auteur respectable, et qui peut en être cru sur la matière, *la royauté tira la maison de Brandebourg de ce joug de servitude où la maison d'Autriche tenait alors tous les princes d'Allemagne. C'était une amorce que Frédéric Ier jetait à toute sa postérité, et par laquelle il semblait lui dire : Je vous ai acquis un titre, rendez-vous-en digne; j'ai jeté les fondements de votre grandeur, c'est à vous d'achever l'ouvrage* (a).

§ 42. — *Si le souverain peut s'attribuer le titre et les honneurs qu'il veut.*

Si le conducteur de l'Etat est souverain, il a dans ses mains les droits et l'autorité de la société politique, et par conséquent il peut ordonner lui-même de son titre et des honneurs qui doivent lui être rendus, à moins que la loi fondamentale ne les ait déterminés, ou que les limitations apportées à son pouvoir ne s'opposent manifestement à ceux qu'il voudrait s'attribuer. Ses sujets sont obligés de lui obéir en cela, comme dans tout ce

---

(a) *Mémoires pour servir à l'histoire du Brandebourg.*

qu'il commande en vertu d'une autorité légitime. C'est ainsi que le tzar P1ERRE Ier, fondé sur la vaste étendue de ses Etats, se décerna lui-même le titre d'empereur.

§ 43. — *Du droit des autres Nations à cet égard.*

Mais les Nations étrangères ne sont point obligées de déférer aux volontés du souverain qui prend un titre nouveau, ou du peuple qui appelle son conducteur de tel nom qu'il lui plait (*).

§ 44. — *De leur devoir.*

Cependant, si ce titre n'a rien que de raisonnable, conformément aux usages reçus, il est tout-à-fait convenable aux devoirs naturels qui lient les Nations, de donner à un souverain, ou au conducteur quelconque d'un Etat, le même titre que lui donne son peuple. Que si ce titre est contre l'usage, s'il désigne des choses qui ne se trouvent point dans celui qui l'affecte, les étrangers peuvent le lui refuser, sans qu'il ait raison de se plaindre. Le titre de *majesté* est consacré par l'usage aux monarques qui commandent à de grandes Nations. Les empereurs d'Allemagne ont long-temps prétendu se le réserver, comme appartenant uniquement à leur couronne impériale; mais les rois prétendirent avec raison qu'il n'y avait rien sur la terre de plus éminent, de plus auguste que leur dignité; ils refusèrent la *majesté* à qui la leur refusait (*a*), et aujourd'hui, à quel-

---

(*) Cromwell écrivant à Louis XIV usa de cette formule : *Olivarius dominus protector Angliæ, Scotiæ, et Hiberniæ, Ludovico XIV, Francorum regi. Christianissime rex.* Et la souscription : *In aula nostra alba, vester bonus amicus.* La cour de France fut fort offensée de ce formulaire. L'ambassadeur Boréel, dans une lettre au pensionnaire de Witt, du 25 mai 1655, dit que cette lettre de Cromwell n'avait pas été présentée, et que ceux qui en étaient chargés l'avaient retenue, de crainte qu'elle ne fût cause de quelque brouillerie.

(*a*) Dans le temps du fameux traité de *Westphalie*, les plénipotentiaires de France convinrent avec ceux de l'empereur, *que le roi et la reine écrivant de leur main propre à l'empereur, et lui donnant de la* majesté, *il ferait réponse aussi de sa main*

ques exceptions près, fondées sur des raisons particulières, le titre de *majesté* est un attribut propre à la qualité de roi.

Comme il serait ridicule à un petit prince de prendre le nom de roi et de se faire donner de la *majesté*, les Nations étrangères, en se refusant à cette fantaisie, ne feront rien que de conforme à la raison et à leurs devoirs. Cependant, s'il se trouve quelque part un souverain qui, malgré le peu d'étendue de sa puissance, soit en possession de recevoir de ses voisins le titre de roi, les Nations éloignées qui veulent commercer avec lui ne peuvent lui refuser ce titre. Ce n'est point à elles de réformer les usages de ces régions lointaines.

§ 45. — *Comment on peut s'assurer les titres et les honneurs.*

Le souverain qui veut recevoir constamment certains titres et honneurs de la part des autres puissances, doit se les assurer par des traités. Ceux qui ont pris des engagements par cette voie sont désormais obligés envers lui, et ils ne pourraient s'écarter du traité sans lui faire injure. Ainsi, dans les exemples que nous avons rapportés tout à l'heure, le tzar et le roi de Prusse eurent soin de négocier d'avance avec les cours amies, pour s'assurer d'en être reconnus dans la nouvelle qualité qu'ils voulaient prendre.

Les papes ont prétendu autrefois qu'il appartenait à la tiare seule de créer de nouvelles couronnes; ils osèrent espérer de la superstition des princes et des peuples, une prérogative si sublime. Elle s'est éclipsée à la renaissance des lettres (*a*). Les empereurs d'Allemagne, qui ont formé la même prétention, avaient au moins

---

avec le même titre. Lettre des plénipotentiaires à M. de Brienne, 15 oct. 1646.

(*a*) Les princes catholiques reçoivent encore aujourd'hui du pape des titres qui ont rapport à la religion. BENOIT XIV a donné celui de *très fidèle* au roi de Portugal, et on a bien voulu ne point s'arrêter au style impératif dans lequel la bulle est conçue. Elle est datée du 23 décembre 1748.

pour eux l'exemple des anciens empereurs romains. Il ne leur manque que la même puissance, pour avoir le même droit.

§ 46. — *On doit se conformer à l'usage général.*

Au défaut de traités, on doit se conformer pour les titres, et en général pour toutes les marques d'honneur, à ce qui est établi par un usage généralement reçu. Vouloir s'en écarter à l'égard d'une Nation, ou d'un souverain, quand on n'en a aucune raison particulière, c'est lui témoigner ou du mépris, ou une mauvaise volonté; conduite également contraire à la saine politique, et à ce que les Nations se doivent les unes aux autres.

§ 47. — *Des égards mutuels que les souverains se doivent.*

Le plus grand monarque doit respecter dans tout souverain le caractère éminent dont il est revêtu. L'indépendance, l'égalité des Nations, les devoirs réciproques de l'humanité, tout l'invite à marquer au conducteur même d'un petit peuple, les égards qui sont dus à la qualité. Le plus faible Etat est composé d'hommes, aussi bien que le plus puissant, et nos devoirs sont les mêmes envers tous ceux qui ne dépendent point de nous.

Mais ce précepte de la loi naturelle ne s'étend point au-delà de ce qui est essentiel aux égards que les Nations indépendantes se doivent les unes aux autres; en un mot, de ce qui marque que l'on reconnaît un Etat, ou son souverain, pour être véritablement indépendant et souverain, digne par conséquent de tout ce qui est dû à cette qualité. Du reste, un grand monarque étant, comme nous l'avons déjà fait observer, un personnage très important dans la société humaine, il est naturel qu'on lui rende, en tout ce qui n'est que pur cérémonial, sans blesser en aucune manière l'égalité des droits des Nations, qu'on lui rende, dis-je, des honneurs auxquels un petit prince ne saurait prétendre, et celui-ci ne peut refuser au monarque toutes les déférences qui n'intéressent point son indépendance et sa souveraineté.

§ 48. — *Comment un souverain doit maintenir sa dignité.*

Toute Nation, tout souverain doit maintenir sa dignité (§ 35) en se faisant rendre ce qui lui est dû, et surtout ne pas souffrir qu'on y donne atteinte. S'il est donc des titres, des honneurs, qui lui appartiennent suivant un usage constant, il peut les exiger, et il le doit, dans les occasions où sa gloire se trouve intéressée.

Mais il faut bien distinguer entre la négligence ou l'omission de ce qui aurait dû se faire suivant l'usage communément reçu, et les actes positifs contraires au respect et à la considération, les insultes. On peut se plaindre de la négligence, et, si elle n'est pas réparée, la considérer comme une marque de mauvaise disposition : on est en droit de poursuivre, même par la force des armes, la réparation d'une insulte. Le tzar PIERRE Ier se plaignit, dans son manifeste contre la Suède, de ce qu'on n'avait pas tiré le canon lors de son passage à *Riga*. Il pouvait trouver étrange qu'on ne lui eût point rendu cet honneur, il pouvait s'en plaindre, mais en faire le sujet d'une guerre, ce serait prodiguer étrangement le sang humain.

CHAPITRE IV.

Du droit de sûreté, et des effets de la souveraineté et de l'indépendance des Nations.

§ 49. — *Du droit de sûreté.*

C'est en vain que la nature prescrit aux Nations comme aux particuliers le soin de se conserver, celui d'avancer leur propre perfection et celle de leur État, si elle ne leur donne pas le droit de se garantir de tout ce qui peut rendre ce même soin inutile. Le *droit* n'est autre chose qu'*une faculté morale d'agir*, c'est-à-dire, de faire ce qui est moralement possible, ce qui est bien et conforme à nos devoirs. Nous avons donc en général le droit de faire tout ce qui est nécessaire à l'accomplissement de nos devoirs. Toute Nation, comme tout homme, a donc le droit de ne point souffrir qu'une autre donne atteinte à sa conservation, à sa perfection, et à celle de son Etat, c'est-à-dire, de se garantir de toute lésion (§ 18); et ce droit est parfait, puisqu'il est donné pour satisfaire à une obligation naturelle et indispensable. Lorsqu'on ne peut user de contrainte pour faire respecter son droit, l'effet en est très incertain. C'est ce droit de se garantir de toute lésion, que l'on appelle *droit de sûreté*.

§ 50. — *Il produit le droit de résister.*

Le plus sûr est de prévenir le mal, quand on le peut. Une Nation est en droit de résister au mal qu'on veut lui faire, d'opposer la force, et tout moyen honnête, à celle qui agit actuellement contre elle, et même d'aller au-devant des machinations, en observant toutefois de ne point attaquer sur des soupçons vagues et incertains, pour ne pas s'exposer à devenir elle-même un injuste agresseur.

§ 51. — *Et celui de poursuivre la réparation.*

Quand le mal est fait, le même droit de sûreté autorise l'offensé à poursuivre une réparation complète, et à y employer la force, s'il est nécessaire.

§ 52. — *Et le droit de punir.*

Enfin l'offensé est en droit de pourvoir à sa sûreté pour l'avenir, de punir l'offenseur (17), en lui infligeant une peine capable de le détourner dans la suite de pareils attentats, et d'intimider ceux qui seraient tentés de l'imiter. Il peut même, suivant le besoin, mettre l'agresseur hors d'état de nuire. Il use de son droit dans

---

(17) Voyez la remarque 15, au § 9 de ce livre II. *D.*

toutes ces mesures, qu'il prend avec raison; et s'il en résulte du mal pour celui qui l'a mis dans la nécessité d'agir ainsi, celui-ci ne peut en accuser que sa propre injustice.

§ 53. *Droit de tous les peuples, contre une Nation malfaisante.*

Si donc il était quelque part une Nation inquiète et malfaisante, toujours prête à nuire aux autres, à les traverser, à leur susciter des troubles domestiques; il n'est pas douteux que toutes ne fussent en droit de se joindre pour la réprimer, pour la châtier (18), et même pour la mettre à jamais hors d'état de nuire. Tels seraient les justes fruits de la politique que MACHIAVEL loue dans CÉSAR BORGIA. Celle que suivait PHILIPPE II, roi d'Espagne, était toute propre à réunir l'Europe entière contre lui, et c'était avec raison que HENRI-LE-GRAND avait formé le dessein d'abattre une puissance formidable par ses forces et pernicieuse par ses maximes.

Les trois propositions précédentes sont tout autant de principes qui fournissent les divers fondements d'une guerre juste, comme nous le verrons en son lieu.

§ 54. — *Aucune Nation n'est en droit de se mêler du gouvernement d'une autre.*

C'est une conséquence manifeste de la liberté et de l'indépendance des Nations, que toutes sont en droit de se gouverner comme elles le jugent à propos, et qu'aucune n'a le moindre droit de se mêler du gouvernement d'une autre. De tous les droits qui peuvent appartenir à une Nation, la souveraineté est sans doute le plus précieux, et celui que les autres doivent respecter le plus scrupuleusement, si elles ne veulent pas lui faire injure.

---

(18) *Châtier* est de trop ici. *Réprimer et mettre hors d'état de nuire*, dit tout ce qu'il faut. HENRI IV n'était pas le supérieur de PHILIPPE II; ainsi ce n'était pas pour le *châtier*, mais pour se garantir *des forces et des pernicieuses maximes* de ce prince, qu'il avait *formé le dessein d'en abattre la puissance formidable.* D.

§ 55. — *Un souverain ne peut s'ériger en juge de la conduite d'un autre.*

Le souverain est celui à qui la Nation a confié l'empire et le soin du gouvernement; elle l'a revêtu de ses droits; elle seule est intéressée directement dans la manière dont le conducteur qu'elle s'est donné use de son pouvoir. Il n'appartient donc à aucune puissance étrangère de prendre connaissance de l'administration de ce souverain, de s'ériger en juge de sa conduite, et de l'obliger à y rien changer. S'il accable ses sujets d'impôts, s'il les traite durement, c'est l'affaire de la Nation; nul autre n'est appelé à le redresser, à l'obliger de suivre des maximes plus équitables et plus sages. C'est à la prudence de marquer les occasions où l'on peut lui faire des représentations officieuses et amicales. Les Espagnols violèrent toutes les règles, quand ils s'érigèrent en juges de l'inca ATHUALPA. Si ce prince eût violé le droit des gens à leur égard, ils auraient été en droit de le punir. Mais ils l'accusèrent d'avoir fait mourir quelques-uns de ses sujets, d'avoir eu plusieurs femmes, etc.: choses dont il n'avait aucun compte à leur rendre; et ce qui met le comble à leur extravagante injustice, ils le condamnèrent par les lois d'Espagne (*a*).

§ 56. — *Comment il est permis d'entrer dans la querelle d'un souverain avec son peuple.*

Mais si le prince, attaquant les lois fondamentales, donne à son peuple un légitime sujet de lui résister, si la tyrannie, devenue insupportable, soulève la Nation, toute puissance étrangère est en droit de secourir un peuple opprimé, qui lui demande son assistance. La Nation anglaise se plaignait avec justice de JACQUES II. Les grands, les meilleurs patriotes, résolus de mettre un frein à des entreprises qui tendaient manifestement à renverser la constitution, à opprimer la liberté publique et la religion, se ménagèrent le secours des

---

(*a*) *Garcillasso de la Véga.*

Provinces-Unies. L'autorité du prince d'Orange influa sans doute dans les délibérations des Etats-Généraux; mais elle ne leur fit point commettre une injustice. Quand un peuple prend avec raison les armes contre un oppresseur, il n'y a que justice et générosité à secourir de braves gens, qui défendent leur liberté. Toutes les fois donc que les choses en viennent à une guerre civile, les puissances étrangères peuvent assister celui des deux partis qui leur paraît fondé en justice. Celle qui assiste un tyran odieux, celle qui se déclare pour un peuple injuste et rebelle, pèche sans doute contre son devoir. Mais les liens de la société politique sont rompus, ou au moins suspendus, entre le souverain et son peuple; on peut les considérer comme deux puissances distinctes; et puisque l'une et l'autre sont indépendantes de toute autorité étrangère, personne n'est en droit de les juger. Chacune d'elles peut avoir raison, et chacun de ceux qui les assistent peut croire qu'il soutient la bonne cause. Il faut donc, en vertu du droit des gens volontaire (voyez *Prélim.*, § 21), que les deux partis puissent agir comme ayant un droit égal, et qu'ils se traitent en conséquence, jusqu'à la décision.

Mais on ne doit point abuser de cette maxime pour autoriser d'odieuses manœuvres contre la tranquillité des Etats. C'est violer le droit des gens que d'inviter à la révolte, des sujets qui obéissent actuellement à leur souverain, quoiqu'ils se plaignent de son gouvernement.

La pratique des Nations est conforme à nos maximes. Lorsque les protestants d'Allemagne venaient au secours des réformés de France, la cour n'entreprit jamais de les traiter autrement que comme des ennemis en règle, et suivant les lois de la guerre. La France, dans le même temps, assistait les Pays-Bas, soulevés contre l'Espagne, et ne prétendait pas que ses troupes fussent considérées sur un autre pied, que comme auxiliaires, dans une guerre en forme. Mais aucune puissance ne manque de se plaindre, comme d'une injure atroce, si quelqu'un tente par des émissaires d'exciter ses sujets à la révolte.

Pour ce qui est de ces monstres qui, sous le titre de souverains, se rendent les fléaux et l'horreur de l'humanité, ce sont des bêtes féroces, dont tout homme de cœur peut avec justice purger la terre. Toute l'antiquité a loué HERCULE de ce qu'il délivra le monde d'un ANTÉE, d'un BUSIRIS, d'un DIOMÈDE.

§ 57. — *Droit de ne pas souffrir que des puissances étrangères se mêlent des affaires du gouvernement.*

Après avoir établi que les Nations étrangères n'ont aucun droit de s'ingérer dans le gouvernement d'un Etat indépendant, il n'est pas difficile de prouver que celui-ci est fondé à ne le point souffrir. Se gouverner soi-même à son gré, c'est l'apanage de l'indépendance. Un Etat souverain ne peut être gêné à cet égard, si ce n'est par des droits particuliers, qu'il aura lui-même donnés à d'autres dans ses traités, et qui, par la nature même d'une matière aussi jalouse que le gouvernement, ne peuvent s'étendre au-delà des termes clairs et formels des traités. Hors ce cas, un souverain est en droit de traiter en ennemis ceux qui entreprennent de se mêler autrement que par leurs bons offices, de ses affaires domestiques.

§ 58. — *De ces mêmes droits, à l'égard de la religion.*

La religion est, dans tous les sens, un objet très intéressant pour une Nation; c'est une des matières les plus importantes qui puissent occuper le gouvernement. Un peuple indépendant n'a de compte à rendre qu'à Dieu au sujet de sa religion; il est en droit de se conduire, à cet égard, comme en toute autre chose, suivant les lumières de sa conscience, et de ne point souffrir qu'aucun étranger s'ingère dans une affaire si délicate (*). L'usage long-temps maintenu dans la chré-

---

(*) Cependant quand on voit un parti acharné contre la religion que l'on professe, et un prince voisin persécuter en

tienté, de faire juger et régler dans un concile général toutes les affaires de religion, n'avait pu s'introduire que par la circonstance singulière de la soumission de l'Eglise entière au même gouvernement civil, à l'empire romain. Lorsque l'empire renversé eut fait place à plusieurs royaumes indépendants, ce même usage se trouva contraire aux premiers éléments du gouvernement, à l'idée même d'Etat, de société politique. Long-temps soutenu cependant par le préjugé, l'ignorance du clergé, il était respecté encore dans les temps de la réformation. Les Etats qui l'avaient embrassée offraient de se soumettre aux décisions d'un concile impartial et légitimement assemblé. Aujourd'hui, ils oseraient dire nettement qu'ils ne dépendent d'aucun pouvoir sur la terre, non plus en fait de religion qu'en matière de gouvernement civil. L'autorité générale et absolue du pape et du concile est absurde dans tout autre système que celui de ces papes, qui voulaient faire de toute la chrétienté un seul corps, dont ils se disaient les monarques suprêmes (*a*). Aussi les souverains même catholiques ont-ils cherché à resserrer cette autorité dans les limites compatibles avec leur pouvoir suprême : ils ne reçoivent les décrets des conciles et les bulles des papes qu'après les avoir fait examiner, et ces lois ecclésiastiques n'ont de force dans leurs Etats que par l'attache du prince. Nous avons suffisamment établi, dans le 1er liv. de cet ouvrage (*chap. XII*), les droits de l'Etat en matière de religion, et nous ne les rappelons ici que pour en tirer de justes conséquences, dans la conduite que les Nations doivent tenir entre elles.

---

conséquence les sujets de cette religion, il est permis de les secourir, comme sut bien le dire le roi d'Angleterre Jacques Ier à Barillon, ambassadeur de la régente de France, Marie de Médicis : *Quand mes voisins sont attaqués pour une querelle qui me regarde, le droit naturel veut que je prévienne le mal qui m'en peut arriver.* LE VASSOR, Hist. de Louis XIII.

(*a*) Voyez ci-dessus, § 146; et BODIN, *de la République*, liv. I, chap. IX, avec ses citations, p. m. 139.

§ 59. — *Aucune Nation ne peut être contrainte à l'égard de la religion.*

Il est donc certain que l'on ne peut se mêler malgré une Nation de ses affaires de religion, sans blesser ses droits et lui faire injure. Beaucoup moins est-il permis d'employer la force des armes pour l'obliger à recevoir une doctrine et un culte que l'on regarde comme divins. De quel droit des hommes s'érigent-ils en défenseurs, en protecteurs de la cause de Dieu? Il saura toujours, quand il lui plaira, amener les peuples à sa connaissance, par des moyens plus sûrs que la violence. Les persécuteurs ne font point de vraies conversions. La monstrueuse maxime, d'étendre la religion par l'épée, est un renversement du droit des gens, et le fléau le plus terrible des Nations. Chaque furieux croira combattre pour la cause de Dieu, chaque ambitieux se couvrira de ce prétexte. Tandis que CHARLEMAGNE mettait la Saxe à feu et à sang pour y planter le christianisme, les successeurs de MAHOMET ravageaient l'Asie et l'Afrique pour y établir l'Alcoran.

§ 60 — *Des offices d'humanité en cette matière; des missionnaires.*

Mais c'est un office d'humanité, de travailler, par des moyens doux et légitimes, à persuader une Nation de recevoir la religion que l'on croit seule véritable et salutaire. On peut lui envoyer des gens pour l'instruire, des missionnaires, et ce soin est tout-à-fait conforme à l'attention que tout peuple doit à la perfection et au bonheur des autres. Mais il faut observer que, pour ne point donner atteinte aux droits du souverain, les missionnaires doivent s'abstenir de prêcher clandestinement, et sans permission, une doctrine nouvelle à ses peuples. Il peut refuser leurs offices, et s'il les renvoie, ils doivent obéir. On a besoin d'un ordre bien exprès du roi des rois, pour désobéir légitimement à un souverain qui commande suivant l'étendue de son pouvoir, et le souverain qui ne sera point convaincu de cet ordre extraordinaire de la Divinité, ne sera qu'user de ses droits, en punissant le missionnaire désobéissant. Mais si la nation, ou une partie considérable du peuple, veut retenir le missionnaire et suivre sa doctrine ? Nous avons établi ailleurs les droits de la Nation et ceux des citoyens (liv. I, §§ 128-136) : on trouvera là de quoi répondre à cette question.

§ 61. — *Circonspection dont on doit user.*

La matière est très délicate; et l'on ne peut autoriser un zèle inconsidéré de faire des prosélytes, sans mettre en danger la tranquillité de toutes les Nations, sans exposer même les convertisseurs à pécher contre leur devoir, dans le temps qu'ils croiront faire l'œuvre la plus méritoire. Car enfin, c'est assurément rendre un mauvais office à une Nation, c'est lui nuire essentiellement, que de répandre dans son sein une religion fausse et dangereuse. Or, il n'est personne qui ne croie la sienne seule et véritable et salutaire. Recommandez, allumez dans tous les cœurs le zèle ardent des missionnaires, et vous verrez l'Europe inondée de *lamas*, de *bonzes*, de *derviches*, tandis que les moines de toute espèce parcourront l'Asie et l'Afrique. Les *ministres* iront braver l'inquisition en Espagne et en Italie, pendant que les *jésuites* se répandront chez les protestants, pour les ramener dans le giron de l'Eglise. Que les catholiques reprochent tant qu'ils voudront aux protestants leur tiédeur; la conduite de ceux-ci est assurément plus conforme au droit des gens et à la raison. Le véritable zèle s'applique à faire fleurir une religion sainte, dans les pays où elle est reçue, à la rendre utile aux mœurs et à l'Etat; et, en attendant les dispositions de la Providence, une invitation des peuples étrangers, ou une mission divine bien certaine, pour la prêcher au dehors, il trouve assez d'occupation dans la patrie. Ajoutons enfin que, pour entreprendre légitimement d'annoncer une religion aux divers peuples du monde, il faut premièrement s'être assuré de sa vérité par le plus sérieux examen. Mais quoi! des chrétiens douteront-ils de leur religion? Eh bien! un mahométan ne doute pas davantage de la sienne. Soyez toujours prêt à faire part de vos lumières; exposez nûment, avec sincérité, les principes de votre créance, à ceux qui désirent de vous entendre; instruisez, persuadez par l'évidence; mais ne cherchez point à entraîner par le feu de l'enthousiame. C'est assez pour chacun de nous d'avoir à répondre de sa propre conscience. La lumière ne sera refusée à personne, et un zèle turbulent ne troublera point la paix des Nations.

§ 62. — *Ce que peut faire un souverain en faveur de ceux qui professent sa religion dans un autre État.*

Lorsqu'une religion est persécutée dans un pays, les Nations étrangères qui la professent peuvent intercéder pour leurs frères; mais c'est là tout ce qu'elles peuvent faire légitimement, à moins que la persécution ne soit portée jusqu'à des excès intolérables. Alors elle tombe dans le cas de la tyrannie manifeste, contre laquelle il est permis à toutes les Nations de secourir un peuple malheureux (§ 56). L'intérêt de leur sûreté peut encore les autoriser à prendre la défense des persécutés. Un roi de France répondit aux ambassadeurs qui le sollicitaient de laisser en paix ses sujets réformés, qu'il était le maître dans son royaume. Mais les souverains protestants, qui voyaient une conjuration de tous les catholiques acharnés à leur perte, étaient les maîtres aussi de secourir des gens qui pouvaient fortifier leur parti et leur aider à se garantir de la ruine dont ils étaient menacés. Il n'est plus question de distinction d'État et de Nation, quand il s'agit de se réunir contre des furieux, qui veulent exterminer tout ce qui ne reçoit pas aveuglément leur doctrine.

CHAPITRE V.

De l'observation de la justice entre les Nations.

§ 63. — *Nécessité de l'observation de la justice dans la société humaine.*

La justice est la base de toute société, le bien assuré de tout commerce. La société humaine, bien loin d'être une communication de secours et de bons offices, ne sera plus qu'un vaste brigandage, si l'on n'y respecte pas cette vertu qui rend à chacun le sien. Elle est plus nécessaire encore entre les Nations qu'entre les particuliers, parce que l'injustice a des suites plus terribles dans les démêlés de ces puissants corps politiques, et qu'il est plus difficile d'en avoir raison. L'obligation imposée à tous les hommes d'être justes, se démontre aisément en droit naturel. Nous la supposons ici comme assez connue, et nous nous contentons de faire observer, que non-seulement les Nations n'en peuvent être exemptes (*Prélim.*, § 5), mais qu'elle est plus sacrée encore pour elles, par l'importance de ses suites.

§ 64. — *Obligation de toutes les Nations, de cultiver et d'observer la justice.*

Toutes les Nations sont donc étroitement obligées à cultiver la justice entre elles, à l'observer scrupuleusement, à s'abstenir avec soin de tout ce qui peut y donner atteinte. Chacune doit rendre aux autres ce qui leur appartient, respecter leurs droits, et leur en laisser la paisible jouissance (*).

(*) Ne pourrait-on point étendre ce devoir jusqu'à l'exécution des sentences rendues dans un autre pays, selon les formes nécessaires et usitées? Voici ce qu'écrivait à ce sujet M. Van Beuningen à M. de Wit, le 15 octobre 1666. «Je vois, «par ce que la cour de Hollande a décrété dans l'affaire d'un «certain de Koningh de Roterdam, qu'elle suppose que tous «les arrêts rendus par les parlements de France contre les

§ 65. — *Droit de ne pas souffrir l'injustice.*

De cette obligation indispensable, que la nature impose aux Nations, aussi bien que de celles dont chacune est liée envers elle-même, il résulte pour tout État le droit de ne pas souffrir qu'on lui enlève aucun de ses droits, rien de ce qui lui appartient légitimement ; car en s'y opposant, il ne fait rien que de conforme à tous ses devoirs, et c'est en quoi consiste le droit (§ 49).

§ 66. — *Ce droit est parfait.*

Ce droit est parfait, c'est-à-dire, accompagné de celui d'user de force pour le faire valoir. En vain la nature nous donnerait-elle le droit de ne pas souffrir l'injustice, en vain obligerait-elle les autres à être justes à notre égard, si nous ne pouvions légitimement user de contrainte, quand ils refusent de s'acquitter de ce devoir. Le juste se verrait à la merci de la cupidité et de l'injustice ; tous ses droits lui deviendraient bientôt inutiles.

§ 67. — *Il produit, 1° le droit de défense.*

De là naissent, comme autant de branches, 1° le droit d'une juste défense, qui appartient à toute Nation, ou le droit d'opposer la force à quiconque l'attaque elle et ses droits. C'est le fondement de la guerre défensive.

§ 68. — *2° Celui de se faire rendre justice.*

2° Le droit de se faire rendre justice par la force, si on ne peut l'obtenir autrement, ou de poursuivre son

---

« habitants de Hollande *in judicio contradictorio*, doivent être
« exécutés sur les lettres réquisitoriales de ses parlements.
« Mais je ne sais pas si les tribunaux de ce pays-ci font la
« même chose sur les sentences rendues en Hollande ; et au
« cas qu'ils ne le fassent pas, on pourrait convenir que les
« sentences de part et d'autre, contre les sujets des deux États,
« ne sortiront leur effet que sur les biens et effets qui se
« trouveront appartenir au condamné dans l'État où la sen-
« tence aura été rendue. »

droit à main armée. C'est le fondement de la guerre offensive.

§ 69. — *Droit de punir une injustice.*

L'injustice faite sciemment, est sans doute une espèce de *lésion*. On est donc en droit de la punir, comme nous l'avons fait voir ci-dessus en parlant de la lésion en général (§ 52). Le droit de ne pas souffrir l'injustice est une branche du droit de sûreté (19).

§ 70. — *Droit de toutes les Nations contre celle qui méprise ouvertement la justice.*

Appliquons encore aux injustices, ce que nous avons dit ci-dessus (§ 53) d'une Nation malfaisante. S'il en était une qui fît ouvertement profession de fouler aux pieds la justice, méprisant et violant les droits d'autrui, toutes les fois qu'elle en trouverait l'occasion, l'intérêt de la société humaine autoriserait toutes les autres à s'unir pour la réprimer et la châtier. Nous n'oublions point ici la maxime établie dans nos Préliminaires, qu'il n'appartient pas aux Nations de s'ériger en juges les unes des autres. Dans les cas particuliers, et susceptibles du moindre doute, on doit supposer que chacune des parties peut avoir quelque droit; l'injustice de celle

---

(10) Nous ne pouvons pas punir l'injustice commise, parce qu'on ne peut pas faire que ce qui est fait ne soit pas fait. Mais nous pouvons *punir*, c'est-à-dire, tâcher de corriger, de fléchir vers le bien, par des moyens efficaces, la mauvaise volonté de l'agent injuste qui nous est assujetti. Nous avons *droit de ne pas souffrir* l'injustice qu'on voudrait nous faire ; c'est le fondement de la guerre défensive : si l'on nous en a fait une, il faut bien que nous souffrions que ce qui est fait soit fait; mais nous avons le droit d'en exiger par force la réparation ; c'est le fondement de la guerre offensive. Outre la réparation, nous avons encore le droit, non de nous venger, c'est-à-dire, de faire du mal à l'ennemi pour notre plaisir, mais de pourvoir à notre sûreté, en lui ôtant les moyens de nuire à l'avenir : cela peut aller jusqu'à nous rendre maîtres de lui, et alors seulement commence le droit ou le devoir de le punir tant qu'il le faudra. Voyez les remarques précédentes de l'éditeur sur ce sujet. *D.*

qui a tort peut venir de son erreur, et non d'un mépris général pour la justice. Mais si par des maximes constantes, par une conduite soutenue, une Nation se montre évidemment dans cette disposition pernicieuse, si aucun droit n'est sacré pour elle, le salut du genre humain exige qu'elle soit réprimée (20). Former et soutenir une prétention injuste, c'est faire tort seulement à celui que cette prétention intéresse ; se moquer en général de la justice, c'est blesser toutes les Nations.

CHAPITRE VI.

De la part que la Nation peut avoir aux actions de ses citoyens.

§ 71. — *Le souverain doit venger les injures de l'État, et protéger les citoyens.*

Nous avons vu, dans les chapitres précédents, quels sont les devoirs communs des Nations les unes envers les autres ; comment elles doivent se respecter mutuellement et s'abstenir de toute injure, de toute offense ; comment la justice et l'équité doivent régner entre elles dans toute leur conduite. Mais nous n'avons considéré jusqu'ici que les actions du corps même de la Nation, de l'État, du souverain. Les particuliers, membres d'une

---

(20) C'est peu de *réprimer*, il faudrait tuer un tel peuple. Mais entendons-nous. Tuer un homme, c'est le perdre sans le corriger, ni réparer le mal qu'il a fait. Mais on peut tuer un peuple après l'avoir vaincu, sans en tuer un seul individu : c'est qu'on ne tue qu'une personne morale, un nom collectif, en faisant cesser ces gens d'être un peuple, en leur ôtant leur autonomie, en les assujettissant, en réduisant, s'il le faut, à l'esclavage ceux d'entre eux qui se montrent indociles. Tels sont les peuples pirates de la Barbarie. Il y a trop longtemps que l'Europe souffre leur existence comme corps politiques. *D.*

Nation, peuvent offenser et maltraiter les citoyens d'une autre, ils peuvent faire injure à un souverain étranger. Il nous reste à examiner quelle part l'Etat peut avoir aux actions des citoyens, quels sont les droits et les obligations des souverains à cet égard.

Quiconque offense l'Etat, blesse ses droits, trouble sa tranquillité, ou lui fait injure en quelque manière que ce soit, se déclare ennemi, et se met dans le cas d'en être justement puni. Quiconque maltraite un citoyen offense indirectement l'Etat, qui doit protéger ce citoyen. Le souverain de celui-ci doit (21) venger son injure, obliger, s'il le peut, l'agresseur à une entière réparation ou le punir, puisque autrement le citoyen n'obtiendrait point la grande fin de l'association civile, qui est la sûreté.

§ 72. — *Il ne doit point souffrir que ses sujets offensent les autres Nations ou leurs citoyens.*

Mais d'un autre côté, la Nation ou le souverain ne doit point souffrir que les citoyens fassent injure aux sujets d'un autre Etat, moins encore qu'ils offensent cet Etat lui-même; et cela non-seulement parce qu'aucun souverain ne doit permettre que ceux qui sont sous ses ordres violent les préceptes de la loi naturelle, qui interdit toute injure, mais encore parce que les Nations doivent se respecter mutuellement, s'abstenir de toute offense, de toute lésion, de toute injure, en un mot, de tout ce qui peut faire tort aux autres. Si un souverain, qui pourrait retenir ses sujets dans les règles de la justice et de la paix, souffre qu'ils maltraitent une Nation étrangère dans son corps ou dans ses membres, il ne fait pas moins de tort à toute la Nation que s'il la maltraitait lui-même. Enfin, le salut même de l'Etat, et celui de la société humaine, exige

---

(21) Si c'était mon ouvrage, je raierais ce terme. Voyez mes remarques précédentes sur la vraie notion de *punir*. Le souverain d'un tel offenseur doit en agir envers lui comme s'il l'avait offensé lui-même ou un de ses sujets. *D.*

cette attention de tout souverain. Si vous lâchez la bride à vos sujets contre les Nations étrangères, celles-ci en useront de même envers vous; et au lieu de cette société fraternelle, que la nature a établie entre tous les hommes, on ne verra plus qu'un affreux brigandage de Nation à Nation.

§ 73. — *On ne peut imputer à la Nation les actions des particuliers.*

Cependant, comme il est impossible à l'Etat le mieux réglé, au souverain le plus vigilant et le plus absolu, de modérer à sa volonté toutes les actions de ses sujets, de les contenir en toute occasion dans la plus exacte obéissance, il serait injuste d'imputer à la Nation ou au souverain toutes les fautes des citoyens. On ne peut donc dire, en général, que l'on a reçu une injure d'une Nation, parce qu'on l'aura reçue de quelqu'un de ses membres.

§ 74. — *A moins qu'elle ne les approuve, ou qu'elle ne les ratifie.*

Mais si la Nation ou son conducteur approuve et ratifie le fait du citoyen, elle en fait sa propre affaire : l'offensé doit alors regarder la Nation comme le véritable auteur de l'injure, dont peut-être le citoyen n'a été que l'instrument.

§ 75. — *Conduite que doit tenir l'offensé.*

Si l'Etat offensé tient en sa main le coupable, il peut sans difficulté en faire justice et le punir. Si le coupable est échappé et retourné dans sa patrie, on doit demander justice à son souverain.

§ 76. — *Devoir du souverain de l'agresseur.*

Et puisque celui-ci ne doit point souffrir que ses sujets molestent les sujets d'autrui, ou leur fassent injure, beaucoup moins qu'ils offensent audacieusement les puissances étrangères, il doit obliger le coupable à réparer le dommage ou l'injure, si cela se peut, ou le punir exemplairement, ou enfin, selon le cas et les circonstances, le livrer à l'Etat offensé, pour en faire justice. C'est ce qui s'observe assez généralement à l'égard des grands crimes, qui sont également contraires aux lois de sûreté de toutes les Nations. Les assassins, les incendiaires, les voleurs, sont saisis partout, à la réquisition du souverain dans les terres de qui le crime a été commis, et livrés à sa justice. On va plus loin dans les Etats qui ont des relations plus étroites d'amitié et de bon voisinage. Dans les cas même de délits communs, qui sont poursuivis civilement, soit en réparation du dommage, soit pour une peine légère et civile, les sujets de deux Etats voisins sont réciproquement obligés de paraître devant le magistrat du lieu où ils sont accusés d'avoir failli. Sur une réquisition de ce magistrat, que l'on appelle lettre rogatoire, ils sont cités juridiquement, et contraints à comparaître par leur propre magistrat. Admirable institution, par laquelle plusieurs Etats voisins vivent ensemble en paix, et semblent ne former qu'une même république ! Elle est en vigueur dans toute la Suisse. Dès que les lettres rogatoires sont adressées en forme, le supérieur de l'accusé doit y donner effet. Ce n'est point à lui de connaître si l'accusation est vraie ou fausse ; il doit bien présumer de la justice de son voisin, et ne point rompre par sa défiance une institution si propre à conserver la bonne harmonie. Cependant, si une expérience soutenue lui faisait voir que ses sujets sont vexés par les magistrats voisins qui les appellent devant leur tribunal, il lui serait permis sans doute de penser à la protection qu'il doit à son peuple, et de refuser les rogatoires, jusqu'à ce qu'on lui eût fait raison de l'abus et qu'on y eût mis ordre. Mais ce serait à lui d'alléguer ses raisons et de les mettre dans tout leur jour.

§ 77. — *S'il refuse justice, il prend part à la faute et à l'offense.*

Le souverain qui refuse de faire réparer le dommage causé par son sujet, ou de punir le coupable, ou enfin de le livrer, se rend en quelque façon complice de l'injure, et en devient responsable. Mais s'il livre, ou les biens du coupable en dédommagement dans les cas susceptibles de cette réparation, ou la personne pour lui faire subir la peine de son crime, l'offensé n'a plus rien à lui demander. Le roi Démétrius ayant livré aux Romains ceux qui avaient tué leur ambassadeur, le sénat les renvoya, voulant se réserver la liberté de punir, dans l'occasion, un pareil attentat, en le vengeant sur le roi lui-même ou sur ses États (a). Si la chose était ainsi, si le roi n'avait aucune part à l'assassinat de l'ambassadeur romain, la conduite du sénat était très injuste, et digne de gens qui ne cherchent qu'un prétexte à leurs entreprises ambitieuses.

§ 78. — *Autre cas où la Nation est tenue des faits des citoyens.*

Enfin, il est un autre cas où la Nation est coupable en général des attentats de ses membres. C'est lorsque par ses mœurs, par les maximes de son gouvernement, elle accoutume et autorise les citoyens à piller et maltraiter indifféremment les étrangers, à faire des courses dans les pays voisins, etc. Ainsi la Nation des *Usbecks* est coupable de tous les brigandages des individus qui la composent. Les princes dont les sujets sont volés et massacrés, dont les terres sont infestées par ces brigands, peuvent s'en prendre justement à la Nation entière. Que dis-je? toutes les Nations ont droit de se liguer contre elle, de la réprimer, de la traiter en ennemie commune du genre humain. Les Nations chrétiennes ne seraient pas moins fondées à se réunir contre les républiques Barbaresques, pour détruire ces repaires d'écumeurs de mer, chez qui l'amour du pillage, ou la crainte d'un juste châtiment, sont les seules règles de la paix ou de la guerre. Mais les corsaires ont la prudence de respecter ceux qui seraient le plus en état de les châtier, et les Nations qui savent se conserver libres les routes d'un riche commerce, ne sont point fâchées que ces routes demeurent fermées pour les autres.

(a) Voyez Polybe, cité par Barbeyrac, dans ses notes sur Grotius, liv. III, chap. XXIV, § VII.

CHAPITRE VII.

Des effets du domaine entre les Nations.

§ 79. — *Effet général du domaine.*

Nous avons expliqué dans le chapitre XVIII du livre 1er comment une Nation s'empare d'un pays et y occupe le domaine et l'empire. Ce pays, avec tout ce qu'il renferme, devient le bien propre de la Nation en général. Voyons quels sont les effets de cette propriété envers les autres Nations. Le domaine plein est nécessairement un droit propre et exclusif. Car de cela même que j'ai un plein droit de disposer d'une chose à ma volonté, il s'ensuit que les autres n'y ont absolument aucun droit; s'ils y en avaient quelqu'un, je ne pourrais plus disposer librement de cette chose-là. Le domaine particulier des citoyens peut être limité et restreint en diverses manières par les lois de l'État, et il l'est toujours par le domaine éminent du souverain; mais le domaine général de la Nation est plein et absolu, puisqu'il n'existe aucune autorité sur la terre, de laquelle il puisse recevoir des limitations; il exclut donc tout droit de la part des étrangers. Et comme les droits d'une Nation doivent être respectés de toutes les autres (§ 64), aucune ne peut rien prétendre sur le pays qui appartient à cette Nation, ni ne doit en disposer sans son aveu, non plus que de tout ce que le pays contient.

§ 80. — *De ce qui est compris dans le domaine d'une Nation.*

Le domaine de la Nation s'étend à tout ce qu'elle possède à juste titre. Il comprend ses possessions anciennes et originaires, et toutes ses acquisitions, faites par des moyens justes en eux-mêmes, ou reçus comme tels entre les Nations; concessions, achats, conquêtes dans une guerre en forme, etc. Et par ses possessions, il ne faut pas seulement entendre ses terres, mais tous les droits dont elle jouit.

§ 81. — *Les biens des citoyens sont biens de la Nation, à l'égard des Nations étrangères.*

Les biens mêmes des particuliers, dans leur totalité, doivent être regardés comme les biens de la Nation, à l'égard des autres Etats. Ils lui appartiennent réellement en quelque sorte, par les droits qu'elle a sur les biens de ses citoyens, parce qu'ils font partie de ses richesses totales et augmentent sa puissance. Ils l'intéressent, par la protection qu'elle doit à ses membres. Enfin, la chose ne peut pas être autrement, puisque les Nations agissent et traitent ensemble en corps, dans leur qualité de sociétés politiques, et sont regardées comme autant de personnes morales. Tous ceux qui forment une société, une Nation, étant considérés par les Nations étrangères comme ne faisant qu'un tout, comme une seule personne, tous leurs biens ensemble ne peuvent être envisagés que comme les biens de cette même personne. Et cela est si vrai, qu'il dépend de chaque société politique d'établir chez elle la communauté des biens, ainsi que l'a fait CAMPANELLA dans la république du Soleil. Les autres ne s'enquièrent point de ce qu'elle fait à cet égard; ses règlements domestiques ne changent rien au droit envers les étrangers, ni à la manière dont ils doivent envisager la totalité de ses biens, de quelque façon qu'ils soient possédés.

§ 82. — *Conséquence de ce principe.*

Par une conséquence immédiate de ce principe, si une Nation a droit à quelque partie des biens d'une autre, elle a droit indifféremment aux biens des citoyens de celle-ci, jusqu'à concurrence de la dette. Cette maxime est d'un grand usage, comme on le verra dans la suite.

§ 83. — *Connexion du domaine de la Nation avec l'empire.*

Le domaine général de la Nation sur les terres qu'elle habite, est naturellement lié avec l'empire; car en s'établissant dans un pays vacant, la nation ne prétend pas sans doute y dépendre d'aucune autre puissance; et comment une Nation indépendante ne commanderait-elle pas chez elle? Aussi avons-nous déjà fait observer (l. 1, § 205) qu'en occupant un pays, la Nation est présumée y occuper en même temps l'empire. Nous allons plus loin ici, et nous faisons voir la connexion naturelle de ces deux droits, pour une Nation indépendante. Comment se gouvernerait-elle à son gré, dans le pays qu'elle habite, si elle ne pouvait en disposer pleinement et absolument? Et comment aurait-elle le domaine plein et absolu d'un lieu dans lequel elle ne commanderait pas? L'empire d'autrui, et les droits qu'il comprend, lui en ôteraient la libre disposition. Joignez à cela le domaine éminent qui fait partie de la souveraineté (l. I, § 244), et vous sentirez d'autant mieux l'intime liaison du domaine de la Nation avec l'empire. Aussi ce qu'on appelle le *haut domaine*, qui n'est autre chose que le domaine du corps de la Nation, ou du souverain qui la représente, est-il considéré partout comme inséparable de la souveraineté. Le *domaine utile*, ou le domaine réduit aux droits qui peuvent appartenir à un particulier dans l'Etat, peut être séparé de l'empire, et rien n'empêche qu'il n'appartienne à une Nation, dans des lieux qui ne sont pas de son obéissance. Ainsi plusieurs souverains ont des fiefs et d'autres biens dans les terres d'un autre prince : ils les possèdent alors à la manière des particuliers.

§ 84. — *Juridiction.*

L'empire uni au domaine établit la *juridiction* de la Nation dans le pays qui lui appartient, dans son territoire. C'est à elle, ou à son souverain, de rendre la justice dans tous les lieux de son obéissance, de prendre connaissance des crimes qui se commettent et des différends qui s'élèvent dans le pays.

Les autres Nations doivent respecter ce droit. Et comme l'administration de la justice exige nécessairement que toute sentence définive, prononcée régulièrement, soit tenue pour juste et exécutée comme telle, dès qu'une cause dans laquelle des étrangers se trouvent intéressés, a été jugée dans les formes, le souverain de ces plaideurs ne peut écouter leurs plaintes. Entreprendre d'examiner la justice d'une sentence définitive, c'est attaquer la juridiction de celui qui l'a rendue. Le prince ne doit donc intervenir dans les causes de ses sujets en pays étranger, et leur accorder sa protection, que dans les cas d'un déni de justice, ou d'une injustice évidente et palpable, ou d'une violation manifeste des règles et des formes, ou enfin d'une distinction odieuse, faite au préjudice de ses sujets, ou des étrangers en général. La cour d'Angleterre a établi cette maxime avec beaucoup d'évidence, à l'occasion des vaisseaux *prussiens* saisis et déclarés de bonne prise pendant la dernière guerre (a). Ce qui soit dit sans toucher au mérite de la cause particulière, en tant qu'il dépend des faits.

§ 85. — *Effets de la juridiction pour les étrangers.*

En conséquence de ces droits de la juridiction, les dispositions faites par le juge du domicile, dans l'étendue de son pouvoir, doivent être respectées et obtenir leur effet même chez l'étranger. C'est, par exemple, au juge du domicile de nommer les tuteurs et les curateurs des mineurs et des imbéciles. Le droit des gens, qui veille au commun avantage et à la bonne harmonie des Nations, veut donc que cette nomination d'un tuteur ou d'un curateur soit valable et reconnue dans tous les pays où le pupille peut avoir des affaires. On fit usage de cette maxime en l'année 1672, même à l'égard d'un souverain. L'abbé d'Orléans, prince souverain de Neufchâtel en Suisse, étant incapable de gérer ses propres affaires, le roi de France lui donna pour

---

(a) Voyez le *rapport fait au roi de la Grande-Bretagne, par le chev.* LEE, *le docteur* PAUL, *le chev.* RYDER, *et M.* MURRAY. C'est un excellent morceau de droit des gens.

curatrice la duchesse douairière de Longueville, sa mère. La duchesse de Nemours, sœur de ce prince, prétendit à la curatelle pour la principauté de Neufchâtel; mais la duchesse de Longueville fut reconnue par les trois Etats du pays. Son avocat se fondait sur ce que la princesse était établie curatrice par le juge du domicile (a). C'était appliquer fort mal un principe très solide, le domicile du prince ne pouvant être que dans son Etat. L'autorité de la duchesse de Longueville ne devint légitime et ferme à Neufchâtel, que par l'arrêt des trois Etats, à qui seuls il appartenait de donner un curateur à leur souverain.

De même, la validité d'un testament, quant à la forme, ne peut être jugée que par le juge du domicile, dont la sentence, rendue dans les formes, doit être reconnue partout. Mais sans toucher à la validité du testament en lui-même, les dispositions qu'il renferme peuvent être contestées devant le juge du lieu où les biens sont situés, parce qu'on ne peut disposer de ces biens que conformément aux lois du pays. C'est ainsi que le même abbé d'Orléans, dont nous venons de parler, ayant institué le prince de Conti pour son légataire universel, les trois Etats de Neufchâtel donnèrent l'investiture de la principauté à la duchesse de Nemours, sans attendre que le parlement de Paris eût prononcé sur la question des deux testaments opposés de l'abbé d'Orléans, déclarant que la souveraineté était inaliénable. D'ailleurs, on pouvait dire encore en cette occasion, que le domicile du prince ne peut être ailleurs que dans l'Etat.

§ 80. — *Des lieux déserts et incultes.*

Tout ce que le pays renferme appartenant à la Nation, et personne autre qu'elle-même, ou celui à qui elle a remis son droit, ne pouvant en disposer (§ 79), si elle a laissé dans le pays des lieux incultes et déserts,

---

(a) *Mémoires pour mad. la duchesse de Longueville*, 1672.

qui que ce soit n'est en droit de s'en emparer sans son aveu. Quoiqu'elle n'en fasse pas actuellement usage, ces lieux lui appartiennent; elle a intérêt à les conserver, pour des usages à venir, et elle ne doit compte à personne de la manière dont elle use de son bien. Toutefois, il faut rappeler ici ce que nous avons fait observer ci-dessus (l. I, § 81) : Aucune Nation ne peut légitimement s'approprier une étendue de pays trop disproportionnée, et réduire ainsi les autres peuples à manquer de demeure et de subsistance. Un chef *Germain*, du temps de Néron, disait aux Romains : *Comme le ciel appartient aux dieux, de même la terre est donnée au genre humain; les pays déserts sont communs à tous* (a); voulant donner à entendre à ces fiers conquérants, qu'ils n'avaient aucun droit de retenir et de s'approprier un pays qu'ils laissaient désert. Les Romains avaient dévasté une lisière le long du Rhin, pour couvrir leurs provinces contre les incursions des Barbares. La remontrance du Germain eût été fondée, si les Romains avaient prétendu retenir sans raison un vaste pays, inutile pour eux; mais ces terres, qu'ils ne voulaient pas laisser habiter, servant de rempart contre des peuples féroces, étaient très utiles à l'empire.

§ 87. — *Devoir de la Nation à cet égard.*

Hors cette circonstance singulière, il convient également aux devoirs de l'humanité et à l'avantage particulier de l'Etat, de donner ces lieux déserts à des étrangers, qui veulent les défricher et les mettre en valeur. La bénéficence de l'Etat tourne ainsi à son profit; il acquiert de nouveaux sujets, il augmente ses richesses et sa puissance; c'est ainsi que l'on en use en Amérique. Par une méthode si sage, les Anglais ont porté leurs établissements dans le Nouveau-Monde à un degré de puissance, qui a augmenté considérablement celle de

---

(a) *Sicut cœlum diis, ita terras generi mortalium datas : quæque vacilæ, eas publicas esse.* Tacit.

la Nation. Ainsi encore le roi de Prusse a travaillé à repeupler ses Etats, dévastés par les calamités des anciennes guerres.

§ 88. — *Du droit d'occuper les choses qui n'appartiennent à personne.*

Il est libre à la Nation qui possède un pays, d'y laisser dans la communion primitive certaines choses qui n'ont point encore de maître, ou de s'approprier le droit de s'emparer de ces choses-là, aussi bien que tout autre usage auquel ce pays est propre. Et comme un pareil droit est utile, on présume, dans le doute, que la Nation se l'est réservé. Il lui appartient donc à l'exclusion des étrangers, à moins que ses lois n'y dérogent expressément, comme celles des Romains, qui laissaient dans la communion primitive les bêtes sauvages, les poissons, etc. Nul étranger n'a donc naturellement le droit de chasser ou de pêcher dans le territoire d'un Etat, de s'approprier un trésor qu'il y trouve, etc.

§ 89. — *Droits accordés à une autre Nation.*

Rien n'empêche que la Nation ou le souverain, si les lois le lui permettent, ne puisse accorder divers droits dans son territoire à une Nation, ou en général à des étrangers, chacun pouvant disposer de son bien comme il le juge à propos. C'est ainsi que divers souverains des Indes ont accordé aux Nations commerçantes de l'Europe, le droit d'avoir des comptoirs, des ports, des forteresses même, et des garnisons, dans certains lieux de leurs Etats. On peut donner de même le droit de pêche dans une rivière, ou sur les côtes, celui de chasse dans les forêts, etc. Et quand une fois ces droits ont été validement cédés, ils font partie des biens de l'acquéreur, et doivent être respectés de même que ses anciennes possessions.

§ 90. — *Il n'est pas permis de chasser une Nation du pays qu'elle habite.*

A quiconque conviendra que le vol est un crime, qu'il n'est pas permis de ravir le bien d'autrui, nous dirons sans autre preuve, qu'aucune Nation n'est en droit d'en chasser une autre du pays qu'elle habite, pour s'y établir elle-même. Malgré l'extrême inégalité du climat et du terroir, chacune doit se contenter de ce qui lui est échu en partage. Les conducteurs des Nations mépriseront-ils une règle qui fait toute leur sûreté dans la société civile? Faites tomber dans l'oubli cette règle sacrée, le paysan quittera sa chaumière pour envahir le palais du grand ou les possessions délicieuses du riche. Les anciens Helvétiens, mécontents de leur sol natal, brûlèrent toutes leurs habitations, et se mirent en marche pour aller s'établir, l'épée à la main, dans les fertiles contrées de la Gaule méridionale. Mais ils reçurent une terrible leçon d'un conquérant plus habile qu'eux, et moins juste encore. César les battit, et les renvoya dans leur pays. Leur postérité, plus sage, se borne à conserver les terres et l'indépendance qu'elle tient de la nature, et vit contente; le travail de mains libres supplée à l'ingratitude du terroir.

§ 91. — *Ni d'étendre par la violence les bornes de son empire.*

Il est des conquérants qui, n'aspirant qu'à reculer les bornes de leur empire, sans chasser les habitants d'un pays, se contentent de les soumettre. Violence moins barbare, mais non plus juste : en épargnant les biens des particuliers, elle ravit tous les droits de la Nation et du souverain.

§ 92. — *Il faut délimiter soigneusement les territoires.*

Puisque la moindre usurpation sur le territoire d'autrui est une injustice, pour éviter d'y tomber et pour éloigner tout sujet de discorde, toute occasion de querelle, on doit marquer avec clarté et précision les limites des territoires. Si ceux qui dressèrent le traité d'*Utrecht* avaient donné à une matière si importante toute l'attention qu'elle mérite, nous n'aurions pas vu la France et l'Angleterre en armes pour décider, par une guerre sanglante, quelles seraient les bornes de leurs possessions en Amérique. Mais souvent on laisse à dessein quelque obscurité, quelque incertitude dans les conventions, pour se ménager un sujet de rupture. Indigne artifice dans une opération où la bonne foi doit régner! On a vu aussi des commissaires travailler à surprendre ou à corrompre ceux d'un Etat voisin, pour faire injustement gagner à leur maître quelques lieues de terrain. Comment des princes ou leurs ministres se permettent-ils des manœuvres qui déshonoreraient un particulier?

§ 93. — *De la violation du territoire.*

Non-seulement on ne doit point usurper le territoire d'autrui, il faut encore le respecter et s'abstenir de tout acte contraire aux droits du souverain; car une Nation étrangère ne peut s'y attribuer aucun droit (§ 79). On ne peut donc, sans faire injure à l'Etat, entrer à main armée dans son territoire, pour y poursuivre un coupable et l'enlever. C'est en même temps donner atteinte à la sûreté de l'Etat, et blesser le droit d'empire ou de commandement suprême, qui appartient au souverain. C'est ce qu'on appelle violer le territoire; et rien n'est plus généralement reconnu entre les Nations pour une injure, qui doit être repoussée avec vigueur par tout Etat qui ne voudra pas se laisser opprimer. Nous ferons usage de ce principe en parlant de la guerre, qui donne lieu à plusieurs questions sur les droits du territoire.

§ 94. — *De la défense d'entrer dans le territoire.*

Le souverain peut défendre l'entrée de son territoire, soit en général à tout étranger, soit en certains cas, ou à certaines personnes, ou pour quelques affaires en particulier, selon qu'il le trouve convenable au bien de l'Etat. Il n'y a rien là qui ne découle des droits de domaine et d'empire; tout le monde est obligé de respecter la défense, et celui qui ose la violer encourt la peine décernée pour la rendre efficace. Mais la défense doit être connue, de même que la peine attachée à la désobéissance; ceux qui l'ignorent doivent être avertis lorsqu'ils se présentent pour entrer dans le pays. Autrefois les Chinois, craignant que le commerce des étrangers ne corrompît les mœurs de la Nation, et n'altérât les maximes d'un gouvernement sage, mais singulier, interdisaient à tous les peuples l'entrée de l'empire, et cette défense n'avait rien que de juste, pourvu que l'on ne refusât point les secours de l'humanité à ceux que la tempête ou quelque nécessité contraignait de se présenter à la frontière. Elle était salutaire à la Nation, sans blesser les droits de personne, ni même les devoirs de l'humanité, qui permettent, en cas de collision, de se préférer soi-même aux autres.

§ 95. — *D'une terre occupée en même temps par plusieurs Nations.*

Si deux ou plusieurs Nations découvrent et occupent en même temps une île, ou toute autre terre déserte et sans maître, elles doivent convenir entre elles, et faire un partage équitable. Mais si elles ne peuvent convenir, chacune aura de droit l'empire et le domaine des portions dans lesquelles elle se sera établie la première.

§ 96. — *D'une terre occupée par un particulier.*

Un particulier indépendant, soit qu'il ait été chassé de sa patrie, soit qu'il l'ait quittée de lui-même légitimement, peut s'établir dans un pays qu'il trouve sans maître, et y occuper un domaine indépendant. Quiconque voudra ensuite s'emparer de ce pays entier, ne pourra le faire avec justice, sans respecter les droits et l'indépendance de ce particulier. Que si lui-même trouve un nombre d'hommes suffisant, qui veuillent vivre sous ses lois, il pourra fonder un nouvel État dans sa découverte, y occuper le domaine et l'empire. Mais si ce particulier prétendait seul s'arroger un droit exclusif sur un pays, pour y être monarque sans sujets, on se moquerait avec justice de ses vaines prétentions : une occupation téméraire et ridicule ne produit aucun effet en droit.

Il est encore d'autres moyens par lesquels un particulier peut fonder un nouvel État. Ainsi, dans le onzième siècle, des gentilshommes normands fondèrent un nouvel empire dans la Sicile, après en avoir fait la conquête sur les ennemis communs des chrétiens. L'usage de la Nation permettait aux citoyens de quitter la patrie pour chercher fortune ailleurs.

§ 97. — *Familles indépendantes dans un pays.*

Lorsque plusieurs familles indépendantes sont établies dans une contrée, elles en occupent le domaine libre, mais sans empire, puisqu'elles ne forment point une société politique. Personne ne peut s'emparer de l'empire dans ce pays-là; ce serait assujettir ces familles malgré elles, et nul homme n'est en droit de commander à des gens nés libres, s'ils ne se soumettent volontairement à lui.

Si ces familles ont des établissements fixes, le lieu que chacun occupe lui appartient en propre; le reste du pays, dont elles ne font point usage, laissé dans la communion primitive, est au premier occupant. Quiconque voudra s'y établir peut s'en emparer légitimement.

Des familles errantes dans un pays, comme les peuples pasteurs, et qui le parcourent suivant leurs besoins, le possèdent en commun. Il leur appartient exclusivement aux autres peuples, et on ne peut sans injustice les priver des contrées qui sont à leur usage. Mais rappelons encore ici ce que nous avons dit plus d'une fois (liv. I, §§ 81, 209; liv. II, § 86) : Les sauvages de l'Amérique septentrionale n'avaient point droit de s'approprier tout ce vaste continent, et pourvu qu'on ne les réduisît pas à manquer de terres, on pouvait sans injustice s'établir dans quelques parties d'une région qu'ils n'étaient pas en état d'habiter tout entière. Si les Arabes pasteurs voulaient cultiver soigneusement la terre, un moindre espace pourrait leur suffire. Cependant aucune autre Nation n'est en droit de les resserrer, à moins qu'elle ne manquât absolument de terres. Car enfin ils possèdent leur pays, ils s'en servent à leur manière, ils en tirent un usage convenable à leur genre de vie, sur lequel ils ne reçoivent la loi de personne. Dans un cas de nécessité pressante, je pense que l'on pourrait, sans injustice, s'établir dans une partie de ce pays, en enseignant aux Arabes les moyens de le rendre, par la culture des terres, suffisant à leurs besoins et à ceux des nouveaux venus.

§ 98. — *Occupation de certains lieux seulement, ou de certains droits dans un pays vacant.*

Il peut arriver qu'une Nation se contente d'occuper seulement certains lieux, ou de s'approprier certains droits dans un pays qui n'a point de maître, peu curieuse de s'emparer du pays tout entier. Une autre pourra se saisir de ce qu'elle a négligé; mais elle ne pourra le faire, qu'en laissant subsister dans leur entier, et dans leur absolue indépendance, tous les droits qui sont déjà acquis à la première. Dans ces cas-là, il convient de se mettre en règle par une convention, et on n'y manque guère entre Nations policées.

CHAPITRE VIII.

Règles à l'égard des étrangers.

§ 99. — *Idée générale de la conduite que l'État doit tenir envers les étrangers.*

Nous avons parlé ailleurs (l. I, § 213) des *habitants*, ou des gens qui ont leur domicile dans un pays dont ils ne sont pas citoyens. Il n'est question ici que des étrangers qui passent, ou séjournent dans le pays, soit pour leurs affaires, soit en qualité de simples voyageurs. Les relations qu'ils soutiennent avec la société, dans le sein de laquelle ils se trouvent, le but de leur voyage et de leur séjour, les devoirs de l'humanité, les droits, l'intérêt, et le salut de l'Etat qui les reçoit, les droits de celui auquel ils appartiennent; tous ces principes, combinés et appliqués suivant les cas et les circonstances, servent à déterminer la conduite que l'on doit tenir avec eux, ce qui est de droit et de devoir à leur égard. Mais le but de ce chapitre n'est pas tant de faire voir ce que l'humanité et la justice prescrivent envers les étrangers, que d'établir les règles du droit des gens sur cette matière, règles tendantes à assurer les droits d'un chacun, et à empêcher que le repos des Nations ne soit troublé par les différends des particuliers.

§ 100. — *De l'entrée dans le territoire.*

Puisque le seigneur du territoire peut en défendre l'entrée quand il le juge à propos (§ 94), il est sans doute le maître des conditions auxquelles il veut la permettre. C'est comme nous l'avons déjà dit, une conséquence du droit de domaine. Est-il nécessaire d'avertir que le maître du territoire doit respecter ici les devoirs de l'humanité? Il en est de même de tous les droits; le propriétaire peut en user librement, et il ne fait injure à personne en usant de son droit; mais s'il veut être exempt de faute et garder sa conscience pure, il n'en fera jamais que l'usage le plus conforme à ses devoirs. Nous parlons ici en général du droit qui appartient au seigneur du pays, réservant au chapitre suivant l'examen des cas dans lesquels il ne peut refuser l'entrée de ses terres, et nous verrons dans le chapitre X, comment ses devoirs envers tous les hommes l'obligent, en d'autres occasions, à permettre le passage et le séjour dans ses Etats.

Si le souverain attache quelque condition particulière à la permission d'entrer dans ses terres, il doit faire en sorte que les étrangers en soient avertis lorsqu'ils se présentent à la frontière. Il est des Etats, comme la Chine et le Japon, dans lesquels il est défendu, à tout étranger, de pénétrer sans une permission expresse. En Europe, l'accès est libre partout à quiconque n'est point ennemi de l'Etat, si ce n'est, en quelques pays, aux vagabonds et aux gens sans aveu.

§ 101. — *Les étrangers sont soumis aux lois.*

Mais dans les pays même où tout étranger entre librement, le souverain est supposé ne lui donner accès que sous cette condition tacite, qu'il sera soumis aux lois, j'entends aux lois générales, faites pour maintenir le bon ordre, et qui ne se rapportent pas à la qualité de citoyen ou de sujet de l'Etat. La sûreté publique, les droits de la Nation et du prince, exigent nécessairement cette condition; et l'étranger s'y soumet tacitement dès qu'il entre dans le pays, ne pouvant présumer d'y avoir accès sur un autre pied. L'empire est le droit de commander dans tout le pays, et les lois ne se bornent pas à régler la conduite des citoyens entre eux, elles déterminent ce qui doit être observé dans toute l'étendue du territoire, par tout ordre de personnes.

§ 102. — *Et punissables suivant les lois.*

En vertu de cette soumission, les étrangers qui tombent en faute doivent être punis suivant les lois du pays. Le but des peines est de faire respecter les lois, et de maintenir l'ordre et la sûreté.

§ 103. — *Quel est le juge de leurs différends.*

Par la même raison, les différends qui peuvent s'élever entre les étrangers, ou entre un étranger et un citoyen, doivent être terminés par le juge du lieu, et suivant les lois du lieu. Et comme le différend naît proprement par le refus du défendeur, qui prétend ne point devoir ce qu'on lui demande, il suit du même principe que tout défendeur doit être poursuivi par-devant son juge, qui seul a le droit de le condamner et de le contraindre. Les Suisses ont sagement fait de cette règle un des articles de leur alliance, pour prévenir les querelles qui pouvaient naître des abus très fréquents autrefois sur cette matière. Le juge du défendeur est le juge du lieu où ce défendeur a son domicile, ou celui du lieu où le défendeur se trouve à la naissance d'une difficulté soudaine, pourvu qu'il ne s'agisse point d'un fonds de terre, ou d'un droit attaché à un fonds. En ce dernier cas, comme ces sortes de biens doivent être possédés suivant les lois du pays où ils sont situés, et comme c'est au supérieur du pays qu'il appartient d'en accorder la possession, les différends qui les concernent ne peuvent être jugés ailleurs que dans l'État dont ils dépendent.

Nous avons déjà fait voir (§ 84) comment la juridiction d'une Nation doit être respectée par les autres souverains, et en quels cas seulement ils peuvent intervenir dans les causes de leurs sujets en pays étrangers.

§ 104. — *Protection due aux étrangers.*

Le souverain ne peut accorder l'entrée de ses États pour faire tomber les étrangers dans un piège. Dès qu'il les reçoit, il s'engage à les protéger comme ses propres sujets, à les faire jouir, autant qu'il dépend de lui, d'une entière sûreté. Aussi voyons-nous que tout souverain qui a donné asile à un étranger, ne se tient pas moins offensé du mal qu'on peut lui faire, qu'il le serait d'une violence faite à ses sujets. L'hospitalité était en grand honneur chez les anciens, et même chez des peuples barbares, tels que les Germains. Ces Nations féroces, qui maltraitaient les étrangers, ce peuple Scythe, qui les immolait à Diane (*a*), étaient en horreur à toutes les Nations; et GROTIUS (*b*) dit avec raison, que leur extrême férocité les retranchait de la société humaine. Tous les autres peuples étaient en droit de s'unir pour les châtier.

§ 105. — *Leurs devoirs.*

En reconnaissance de la protection qui lui est accordée, et des autres avantages dont il jouit, l'étranger ne

---

(*a*) Les *Tauriens*; voyez la note 7 sur le § XL, *chap.* XX, *liv.* II de GROTIUS, *Droit de la guerre et de la paix.*

(*b*) *Ibid.*

doit point se borner à respecter les lois du pays, il doit l'assister dans l'occasion, et contribuer à sa défense, autant que sa qualité de citoyen d'un autre Etat peut le lui permettre. Nous verrons ailleurs ce qu'il peut et doit faire, quand le pays se trouve engagé dans une guerre. Mais rien ne l'empêche de le défendre contre des pirates ou des brigands, contre les ravages d'une inondation ou d'un incendie. Et prétendrait-il vivre sous la protection d'un Etat, y participer à une multitude d'avantages, sans rien faire pour sa défense, tranquille spectateur du péril des citoyens !

§ 106. — *A quelles charges ils sont sujets.*

A la vérité, il ne peut être assujetti aux charges qui ont uniquement rapport à la qualité de citoyen; mais il doit supporter sa part de toutes les autres. Exempt de la milice, et des tributs destinés à soutenir les droits de la Nation, il paiera les droits imposés sur les vivres, sur les marchandises, etc., en un mot, tout ce qui a rapport seulement au séjour dans le pays, ou aux affaires qui l'y amènent.

§ 107. — *Les étrangers demeurent membres de leur Nation.*

Le citoyen, ou le sujet d'un Etat, qui s'absente pour un temps, sans intention d'abandonner la société dont il est membre, ne perd point sa qualité par son absence, il conserve ses droits, et demeure lié des mêmes obligations. Reçu dans un pays étranger, en vertu de la société naturelle, de la communication et du commerce que les Nations sont obligées de cultiver entre elles (*Prélim.*, §§ 11 et 12; liv. II, § 21), il doit y être considéré comme un membre de sa Nation, et traité comme tel.

§ 108. — *L'État n'a aucun droit sur la personne d'un étranger.*

L'Etat, qui doit respecter les droits des autres Nations, et généralement ceux de tout homme, quel qu'il soit, ne peut donc s'arroger aucun droit sur la personne d'un étranger, qui, pour être entré dans son territoire, ne s'est point rendu son sujet. L'étranger ne peut prétendre la liberté de vivre dans le pays sans en respecter les lois; s'il les viole, il est punissable, comme perturbateur du repos public, et coupable envers la société; mais il n'est point soumis comme les sujets à tous les commandements du souverain; et si l'on exige de lui des choses qu'il ne veut point faire, il peut quitter le pays. Libre en tout temps de s'en aller, on n'est point en droit de le retenir, si ce n'est pour un temps, et pour des raisons très particulières, comme serait, en temps de guerre, la crainte qu'étant instruit de l'état du pays et des places fortes, un étranger ne portât ses lumières à l'ennemi. Les voyages des Hollandais aux Indes orientales nous apprennent que les rois de la *Corée* retiennent par force les étrangers qui font naufrage sur leurs côtes. Bodin (*a*) assure qu'un usage si contraire au droit des gens se pratiquait de son temps en Ethiopie et même en Moscovie. C'est blesser tout ensemble les droits du particulier et ceux de l'Etat auquel il appartient. Les choses ont bien changé en Russie; un seul règne, celui de Pierre-le-Grand, a mis ce vaste empire au rang des Etats civilisés.

§ 109. — *Ni sur ses biens.*

Les biens d'un particulier ne cessent pas d'être à lui parce qu'il se trouve en pays étranger, et ils font encore partie de la totalité des biens de sa Nation (§ 81). Les prétentions que le seigneur du territoire voudrait former sur les biens d'un étranger, seraient donc également contraires aux droits du propriétaire et à ceux de la Nation dont il est membre.

§ 110. — *Quels sont les héritiers d'un étranger.*

Puisque l'étranger demeure citoyen de son pays, et membre de sa Nation (§ 107), les biens qu'il délaisse en mourant dans un pays étranger, doivent naturellement passer à ceux qui sont ses héritiers, suivant les

---

(*a*) *De la République*, liv. I, chap. VI.

lois de l'Etat dont il est membre. Mais cette règle générale n'empêche point que les biens immeubles ne doivent suivre les dispositions des lois du pays où ils sont situés. (Voyez § 103.)

§ 111. — *Du testament d'un étranger.*

Comme le droit de tester, ou de disposer de ses biens à cause de mort, est un droit résultant de la propriété, il ne peut sans injustice être ôté à un étranger. L'étranger a donc de droit naturel la liberté de faire un testament. Mais on demande à quelles lois il est obligé de se conformer, soit dans la forme de son testament, soit dans ses dispositions mêmes. 1° Quant à la forme, ou aux solennités destinées à constater la vérité d'un testament, il paraît que le testateur doit observer celles qui sont établies dans le pays où il teste, à moins que la loi de l'Etat dont il est membre n'en ordonne autrement, auquel cas il sera obligé de suivre les formalités qu'elle lui prescrit, s'il veut disposer validement des biens qu'il possède dans sa patrie. Je parle d'un testament qui doit être ouvert dans le lieu du décès ; car si un voyageur fait son testament et l'envoie cacheté dans son pays, c'est la même chose que si ce testament eût été écrit dans le pays même ; il en doit suivre les lois. 2° Pour ce qui est des dispositions en elles-mêmes, nous avons déjà fait observer, que celles qui concernent les immeubles se doivent conformer aux lois des pays où ces immeubles sont situés. Le testateur étranger ne peut point non plus disposer des biens mobiliers ou meubles, qu'il possède dans sa patrie, autrement que d'une manière conforme aux lois de cette même patrie. Mais quant aux biens mobiliers, argent, et autres effets, qu'il possède ailleurs, qu'il a auprès de lui, ou qui suivent sa personne, il faut distinguer entre les lois locales, dont l'effet ne peut s'étendre au dehors du territoire, et les lois qui affectent proprement la qualité de citoyen. L'étranger demeurant citoyen de sa patrie, il est toujours lié par ces dernières lois, en quelque lieu qu'il se trouve, et il doit s'y conformer dans la disposition de ses biens libres, de ses biens mobiliers quelconques. Les lois de cette espèce, du pays où il se trouve, et dont il n'est pas citoyen, ne l'obligent point. Ainsi un homme qui teste et meurt en pays étranger, ne peut ôter à sa veuve la portion de ses biens mobiliers assignée à cette veuve par les lois de la patrie. Ainsi un *Genevois*, obligé par la loi de *Genève* de laisser une légitime à ses frères, ou à ses cousins, s'ils sont ses plus proches héritiers, ne peut les en priver en testant dans un pays étranger, tant qu'il demeure citoyen de Genève; et un étranger mourant à Genève, n'est point tenu de se conformer à cet égard aux lois de la république. C'est tout le contraire pour les lois locales; elles règlent ce qui peut se faire dans le territoire, et ne s'étendent point au dehors. Le testateur n'y est plus soumis, dès qu'il est hors du territoire, et elles n'affectent point ceux de ses biens qui en sont pareillement dehors. L'étranger se trouve obligé d'observer ces lois dans le pays où il teste, pour les biens qu'il y possède. Ainsi un *Neufchâtelois* à qui les substitutions sont interdites dans sa patrie, pour les biens qu'il y possède, substitue librement aux biens qu'il a auprès de lui, qui ne sont pas sous la juridiction de sa patrie, s'il meurt dans un pays où les substitutions sont permises; et un étranger testant à *Neufchâtel*, n'y pourra substituer aux biens, même mobiliers, qu'il y possède, si toutefois on ne peut pas dire que ses biens mobiliers sont exceptés par l'esprit de la loi.

§ 112. — *Du droit d'aubaine.*

Ce que nous avons établi dans les trois paragraphes précédents, suffit pour faire voir avec combien peu de justice le fisc s'attribue, dans quelques Etats, les biens qu'un étranger y délaisse en mourant. Cette pratique est fondée sur ce qu'on appelle le *droit d'aubaine*, par lequel les étrangers sont exclus de toute succession dans l'Etat, soit aux biens d'un citoyen, soit à ceux d'un étranger, et par conséquent ne peuvent être institués héritiers par testament, ni recevoir aucuns legs. Grotius dit avec raison, *que cette loi vient des siècles où les étrangers étaient presque regardés comme ennemis* (a). Lors même que les Romains furent devenus un peuple très poli et très éclairé, ils ne pouvaient s'accoutumer à regarder les étrangers comme des hommes avec lesquels ils eussent un droit commun. « Les peuples, » dit le jurisconsulte Pomponius, « avec lesquels nous « n'avons ni amitié, ni hospitalité, ni alliance, ne sont « point nos ennemis; cependant si une chose qui nous « appartient tombe entre leurs mains, ils en sont pro- « priétaires; les hommes libres deviennent leurs escla- « ves, et ils sont dans les mêmes termes à notre égard (b). » Il faut croire qu'un peuple si sage ne retenait des lois si inhumaines, que par une rétorsion nécessaire, ne pouvant avoir autrement raison des Nations barbares avec lesquelles il n'avait aucune liaison, ni aucun traité. Bodin (c) fait voir que le *droit d'aubaine* est dérivé de ces dignes sources. Il a été successivement adouci, ou même aboli, dans la plupart des Etats civilisés. L'empereur Frédéric II y dérogea le premier, par un édit qui permet *à tous étrangers mourants aux enclaves de l'empire, de disposer de leurs biens par testament, ou s'ils meurent sans tester, de laisser leurs proches parents héritiers* (d). Mais Bodin se plaint que cet édit est bien mal exécuté. Comment reste-t-il quelque chose d'un droit si barbare dans notre Europe, si éclairée, si pleine d'humanité? La loi naturelle ne peut en souffrir l'exercice, que par manière de rétorsion. C'est ainsi qu'en use le roi de Pologne, dans ses Etats

---

(a) *Droit de la guerre et de la paix*, lib. II. chap. VI, § 14.
(b) Digest., *lib.* XLIX, *tit.* XV. *De captivis et postlimin.* — Je me sers de la traduction du président de Montesquieu dans l'*Esprit des Lois*.
(c) *De la République*, liv. I, chap. VI.
(d) *Ibid.*

héréditaires (22). Le *droit d'aubaine* est établi en Saxe; mais le souverain juste et équitable n'en fait usage que contre les Nations qui assujettissent les Saxons.

§ 113. — *Du droit de* traite-foraine.

Le droit de *traite-foraine*, que l'on appelle en latin *jus detractûs*, est plus conforme à la justice et aux devoirs mutuels des Nations. C'est ce droit en vertu duquel le souverain retient une portion modique des biens, soit de citoyens, soit d'étrangers, qui sortent de son territoire pour passer en des mains étrangères. Comme la sortie de ces biens est une perte pour l'Etat, il peut bien en recevoir un équitable dédommagement.

§ 114. — *Des immeubles possédés par un étranger.*

Tout Etat est le maître d'accorder ou de refuser aux étrangers la faculté de posséder des terres ou d'autres biens immeubles de son territoire. S'il la leur accorde, ces biens étrangers demeurent soumis à la juridiction et aux lois du pays, sujets aux taxes comme les autres. L'empire du souverain s'étend dans tout le territoire, et il serait absurde d'en excepter quelques parties, par la raison qu'elles sont possédées par des étrangers. Si le souverain ne permet point aux étrangers de posséder des immeubles, personne n'est en droit de s'en plaindre; car il peut avoir de très bonnes raisons d'en user ainsi; et les étrangers ne pouvant s'attribuer aucun droit dans son territoire (§ 79), ils ne doivent pas même trouver mauvais qu'il use de son pouvoir et de ses droits, de la manière qu'il croit la plus salutaire à l'Etat. Et puisque

---

(22) L'auteur écrivait du vivant du roi Auguste III, électeur de Saxe, auquel il était attaché. — Autrefois, en France, cette portion de biens que l'étranger laisse, en mourant, dans un pays où il ne jouit pas du droit de cité, appartenait au roi par *droit d'aubaine*. Aujourd'hui le *droit d'aubaine* y est aboli par la loi du 14 Juillet 1819, qui accorde aux étrangers la faculté de succéder, de disposer, et de recevoir, de la même manière que les Français, dans toute l'étendue du Royaume.

le souverain peut refuser aux étrangers la faculté de posséder des immeubles, il est le maître sans doute de ne l'accorder qu'à certaines conditions.

§ 115. — *Mariage des étrangers.*

Rien n'empêche naturellement que des étrangers ne puissent contracter mariage dans l'Etat. Mais s'il se trouve que ces mariages soient nuisibles ou dangereux à une Nation, elle est en droit, et même dans l'obligation de les défendre, et d'en attacher la permission à certaines conditions. Et comme c'est à elle, ou à son souverain, de déterminer ce qu'il croit être du bien de l'Etat, les autres Nations doivent acquiescer à ce qui est statué à cet égard dans un Etat souverain. Il est défendu presque partout aux citoyens d'épouser une étrangère de religion différente. En plusieurs lieux de la Suisse, un citoyen ne peut épouser une étrangère, s'il ne fournit la preuve qu'elle lui apporte en mariage une somme déterminée par la loi.

CHAPITRE IX.

Des droits qui restent à toutes les Nations, après l'introduction du domaine et de la propriété.

§ 116. — *Quels sont les droits dont les hommes ne peuvent être privés.*

Si l'obligation, comme nous l'avons fait observer, donne le droit aux choses sans lesquelles elle ne peut être remplie, toute obligation absolue, nécessaire, et indispensable, produit de cette manière des droits également absolus, nécessaires, et que rien ne peut ôter. La nature n'impose point aux hommes des obligations sans leur donner les moyens d'y satisfaire. Ils ont un droit absolu à l'usage nécessaire de ces moyens; rien ne peut les priver de ce droit, comme rien ne peut les dispenser de leurs obligations naturelles.

§ 117. — *Du droit qui reste de la communion primitive.*

Dans la communion primitive, les hommes avaient droit indistinctement à l'usage de toutes choses, autant qu'il leur était nécessaire pour satisfaire à leurs obligations naturelles. Et comme rien ne peut les priver de ce droit, l'introduction du *domaine* et de la *propriété* n'a pu se faire qu'en laissant à tout homme l'usage nécessaire des choses, c'est-à-dire, l'usage absolument requis pour l'accroissement de ses obligations naturelles. On ne peut donc les supposer introduites qu'avec cette restriction tacite, que tout homme conserve quelques droits sur les choses soumises à la propriété, dans les cas où sans ce droit il demeurerait absolument privé de l'usage nécessaire des choses de cette nature. Ce droit est un reste nécessaire de la communion primitive.

§ 118. — *Du droit qui reste à chaque Nation sur ce qui appartient aux autres.*

Le domaine des Nations n'empêche donc point que chacune n'ait encore quelque droit sur ce qui appartient aux autres, dans les cas où elle se trouverait privée de l'usage nécessaire de certaines choses, si la propriété d'autrui l'en excluait absolument. Il faut peser soigneusement toutes les circonstances, pour faire une juste application de ce principe.

§ 119. — *Du droit de nécessité.*

J'en dis autant du *droit de nécessité*. On appelle ainsi le droit que la nécessité seule donne à certains actes, d'ailleurs illicites, lorsque sans ces actes il est impossible de satisfaire à une obligation indispensable. Il faut bien prendre garde que l'obligation doit être véritablement indispensable dans le cas, et l'acte dont il s'agit, l'unique moyen de satisfaire à cette obligation. Si l'une ou l'autre de ces deux conditions manque, il n'y a point de droit de nécessité. On peut voir ces matières développées dans les traités du droit naturel, et particulièrement dans celui de M. Wolff. Je me borne à rappeler ici en peu de mots les principes dont nous avons besoin pour expliquer les droits des Nations.

§ 120. — *Du droit de se procurer des vivres par la force.*

La terre doit nourrir ses habitants; la propriété des uns ne peut réduire celui qui manque de tout à mourir de faim. Lors donc qu'une Nation manque absolument de vivres, elle peut contraindre ses voisins qui en ont de reste, à lui en céder à juste prix, ou même en enlever de force, si on ne veut pas lui en vendre. L'extrême nécessité fait renaître la communion primitive, dont l'abolition ne doit priver personne du nécessaire (§ 117). Le même droit appartient à des particuliers, quand une Nation étrangère leur refuse une assistance. Le capitaine hollandais *Bontekoe*, ayant perdu son vaisseau en pleine mer, se sauva dans la chaloupe avec une partie de l'équipage et aborda à une côte indienne, dont les barbares habitants lui refusèrent des vivres. Les Hollandais s'en procurèrent l'épée à la main (*a*).

§ 121. — *Du droit de se servir de choses appartenantes à autrui.*

De même, si une Nation a un besoin pressant de vaisseaux, de chariots, de chevaux, ou du travail même des étrangers, elle peut s'en servir, de gré ou de force, pourvu que les propriétaires ne soient pas dans la même nécessité qu'elle. Mais comme elle n'a pas plus de droit à ces choses que la nécessité ne lui en donne, elle doit payer l'usage qu'elle en fait, si elle a de quoi le payer. La pratique de l'Europe est conforme à cette maxime. On retient, dans un besoin pressant, les vaisseaux étrangers qui se trouvent dans le port; mais on paie le service que l'on en tire.

§ 122. — *Du droit d'enlever des femmes.*

Disons un mot d'un cas plus singulier, puisque les auteurs en ont parlé, d'un cas où il n'arrive plus aujourd'hui que l'on soit réduit à employer la force. Une

---

(*a*) *Voyages des Hollandais aux Indes orientales.* Voyage de Bontekoe.

Nation ne peut se conserver et se perpétuer que par la propagation. Un peuple d'hommes est donc en droit de se procurer des femmes, absolument nécessaires à sa conservation; et si ses voisins qui en ont de reste lui en refusent, il peut justement recourir à la force. Nous en avons un exemple fameux dans l'enlèvement des *Sabines* (*a*). Mais s'il est permis à une Nation de se procurer, même à main armée, la liberté de rechercher des filles en mariage, aucune fille en particulier ne peut être contrainte dans son choix, ni devenir de droit la femme d'un ravisseur. C'est à quoi n'ont pas fait attention ceux qui ont décidé sans restriction, que les Romains ne firent rien d'injuste dans cette occasion (*b*). Il est vrai que les Sabines se soumirent de bonne grâce à leur sort; et quand leur Nation prit les armes pour les venger, il parut assez, au zèle avec lequel elles se précipitèrent entre les combattants, qu'elles reconnaissaient volontiers dans les Romains de légitimes époux.

Disons encore que si les Romains, comme plusieurs le prétendent, n'étaient au commencement qu'un amas de brigands réunis sous Romulus, ils ne formaient point une vraie Nation, un juste État; les peuples voisins étaient fort en droit de leur refuser des femmes; et la loi naturelle, qui n'approuve que les justes sociétés civiles, n'exigeait pas que l'on fournît à cette société de vagabonds et de voleurs les moyens de se perpétuer. Bien moins l'autorisait-elle à se procurer ces moyens par la force. De même, aucune Nation n'était obligée de fournir des mâles aux *Amazones*. Ce peuple de femmes, si jamais il a existé, se mettait par sa faute hors d'état de se soutenir sans secours étrangers.

§ 123. — *Du droit de passage.*

Le droit de passage est encore un reste de la communion primitive, dans laquelle la terre entière était

---

(*a*) Tit. Livius, lib. I.
(*b*) *Vide* Wolfii, *Jus gent.*, § 34.

commune aux hommes, et l'accès libre partout à chacun, suivant ses besoins. Personne ne peut être entièrement privé de ce droit (§ 117); mais l'exercice en est restreint par l'introduction du *domaine* et de la *propriété*. Depuis cette introduction, on ne peut en faire usage qu'en respectant les droits propres d'autrui. L'effet de la propriété est de faire prévaloir l'utilité du propriétaire sur celle de tout autre. Lors donc que le maître d'un territoire juge à propos de vous en refuser l'accès, il faut que vous ayez quelque raison, plus forte que toutes les siennes, pour y entrer malgré lui. Tel est le *droit de nécessité:* il vous permet une action, illicite en d'autres rencontres, celle de ne pas respecter le droit de domaine. Quand une vraie nécessité vous oblige à entrer dans le pays d'autrui, par exemple, si vous ne pouvez autrement vous soustraire à un péril éminent, si vous n'avez point d'autre passage pour vous procurer les moyens de vivre, ou ceux de satisfaire à quelque autre obligation indispensable, vous pouvez forcer le passage qu'on vous refuse injustement. Mais si une égale nécessité oblige le propriétaire à vous refuser l'accès, il le refuse justement, et son droit prévaut sur le vôtre. Ainsi un vaisseau battu de la tempête a droit d'entrer, même de force, dans un port étranger. Mais si ce vaisseau est infecté de la peste, le maître du port l'éloignera à coups de canon, et ne péchera ni contre la justice ni même contre la charité, laquelle, en pareil cas, doit sans doute commencer par soi-même.

§ 124. — *Et de se procurer les choses dont on a besoin.*

Le droit de passage dans un pays serait le plus souvent inutile, si l'on n'avait celui de se procurer à juste prix les choses dont on a besoin; et nous avons déjà fait voir (§ 120) que l'on peut, dans la nécessité, prendre des vivres, même par force.

§ 125. — *Du droit d'habiter un pays étranger.*

En parlant des exilés et des bannis, nous avons

fait observer (l. I, §§ 229, 231) que tout homme a droit d'habiter quelque part sur la terre. Ce que nous avons démontré à l'égard des particuliers, peut s'appliquer aux Nations entières. Si un peuple se trouve chassé de sa demeure, il est en droit de chercher une retraite. La Nation à laquelle il s'adresse, doit donc lui accorder l'habitation, au moins pour un temps, si elle n'a des raisons très graves de la refuser. Mais si le pays qu'elle habite est à peine suffisant pour elle-même, rien ne peut l'obliger à y admettre pour toujours des étrangers. Et même, lorsqu'il ne lui convient pas de leur accorder l'habitation perpétuelle, elle peut les renvoyer. Comme ils ont la ressource de chercher un établissement ailleurs, ils ne peuvent s'autoriser du *droit de nécessité*, pour demeurer malgré le maître du pays. Mais il faut enfin que ces fugitifs trouvent une retraite, et si tout le monde les refuse, ils pourront avec justice se fixer dans le premier pays où ils trouveront assez de terres, sans en priver les habitants. Toutefois, en ce cas même, la nécessité ne leur donne que le droit d'habitation; et ils devront se soumettre à toutes les conditions supportables, qui leur seront imposées par le maître du pays; comme de lui payer un tribut, de devenir ses sujets, ou au moins de vivre sous sa protection, et dépendre de lui à certains égards. Ce droit, aussi bien que les deux précédents, est un reste de la communion primitive.

§ 126. — *Des choses d'un usage inépuisable.*

Nous avons été quelquefois obligés d'anticiper sur le présent chapitre, pour suivre l'ordre des matières. C'est ainsi qu'en parlant de la pleine mer, nous avons fait remarquer (l. I, § 281) que les choses d'un usage inépuisable n'ont pu tomber dans le domaine ou la propriété de personne, parce qu'en cet état libre et indépendant où la nature les a produites, elles peuvent être également utiles à tous les hommes. Les choses mêmes qui, à d'autres égards, sont assujetties au domaine, si elles ont un usage inépuisable, elles demeurent communes quant à cet usage. Ainsi un fleuve peut être soumis au domaine et à l'empire, mais dans sa qualité d'eau courante il demeure commun; c'est-à-dire, que le maître du fleuve ne peut empêcher personne d'y boire et d'y puiser de l'eau. Ainsi la mer, même dans ses parties occupé s, suffit à la navigation de tout le monde; celui qui en a le domaine ne peut donc y refuser passage à un vaisseau dont il n'a rien à craindre. Mais il peut arriver par accident que cet usage inépuisable sera refusé avec justice par le maître de la chose, et c'est lorsqu'on ne pourrait en profiter, sans l'incommoder ou lui porter du préjudice. Par exemple, si vous ne pouvez parvenir à ma rivière pour y puiser de l'eau, sans passer sur mes terres et nuire aux fruits qu'elles portent, je vous exclus, par cette raison, de l'usage inépuisable de l'eau courante; vous le perdrez par accident. Ceci nous conduit à parler d'un autre droit, qui a beaucoup de connexion avec celui-ci, et même qui en dérive; c'est le droit d'*usage innocent*.

§ 127. — *Du droit d'usage innocent.*

On appelle *usage innocent*, ou *utilité innocente*, celle que l'on peut tirer d'une chose, sans causer ni perte ni incommodité au propriétaire; et le *droit d'usage innocent* est celui que l'on a à cette utilité, ou à cet usage, que l'on peut tirer des choses appartenantes à autrui, sans lui causer ni perte ni incommodité. J'ai dit que ce droit dérive du droit aux choses d'un usage inépuisable. En effet, une chose qui peut être utile à quelqu'un, sans perte ni incommodité pour le maître, est à cet égard d'un usage inépuisable, et c'est pour cette raison que la loi naturelle y réserve un droit à tous les hommes, malgré l'introduction du domaine et de la propriété. La nature, qui destine ses présents à l'avantage commun des hommes, ne souffre point qu'on les soustraie à un usage qu'ils peuvent fournir sans aucun préjudice du propriétaire, et en laissant subsister toute l'utilité et les avantages qu'il peut retirer de ses droits.

§ 128. — *De la nature de ce droit en général.*

Ce droit d'usage innocent n'est point un droit parfait comme celui de nécessité; car c'est au maître de juger, si l'usage que l'on veut faire d'une chose qui lui appartient, ne lui causera ni dommage ni incommodité. Si d'autres prétendent en juger, et contraindre le propriétrire en cas de refus, il ne sera plus le maître de son bien. Souvent l'usage d'une chose paraîtra innocent à celui qui veut en profiter, quoique en effet il ne le soit point : entreprendre de forcer le propriétaire, c'est s'exposer à commettre une injustice, ou plutôt c'est la commettre actuellement, puisque c'est violer le droit qui lui appartient de juger de ce qu'il a à faire. Dans tous les cas susceptibles de doute, l'on n'a donc qu'un droit imparfait à l'usage innocent des choses qui appartiennent à autrui.

§ 129. — *Et dans les cas non douteux.*

Mais lorsque l'innocence de l'usage est évidente, et absolument indubitable, le refus est une injure. Car outre qu'il prive manifestement de son droit celui qui demande l'usage innocent, il témoigne envers lui d'injurieuses dispositions de haine ou de mépris. Refuser à un vaisseau marchand le passage dans un détroit, à des pêcheurs la liberté de sécher leurs filets sur le rivage de la mer, ou celle de puiser de l'eau dans une rivière, c'est visiblement blesser leur droit à une utilité innocente. Mais dans tous les cas, si l'on n'est pressé d'aucune nécessité, on peut demander au maître les raisons de son refus ; et s'il n'en rend aucune, le regarder comme un injuste ou comme un ennemi avec lequel on agira suivant les règles de la prudence. En général, on règlera ses sentiments et sa conduite envers lui, sur le plus ou le moins de poids des raisons dont il s'autorisera.

§ 130. — *De l'exercice de ce droit entre les Nations.*

Il reste donc à toutes les Nations un droit général à l'usage innocent des choses qui sont du domaine de quelqu'une. Mais dans l'application particulière de ce droit, c'est à la Nation propriétaire de voir si l'usage que l'on veut faire de ce qui lui appartient, est véritablement innocent; et si elle le refuse, elle doit alléguer ses raisons, ne pouvant priver les autres de leur droit par pur caprice. Tout cela est de droit; car il faut bien se souvenir que l'utilité innocente des choses n'est point comprise dans le domaine ou la propriété exclusive. Le domaine donne seulement le droit de juger, dans le cas particulier, si l'utilité est véritablement innocente. Or, celui qui juge doit avoir des raisons, et il faut qu'il les dise, s'il veut paraître juger, et non point agir par caprice ou par mauvaise volonté : tout cela, dis-je, est de droit. Nous allons voir, dans le chapitre suivant, ce que prescrivent à la Nation ses devoirs envers les autres, dans l'usage qu'elle fait de ses droits.

CHAPITRE X.

Comment une Nation doit user de son droit de domaine, pour s'acquitter de ses devoirs envers les autres, à l'égard de l'utilité innocente.

§ 131. — *Devoir général du propriétaire.*

Puisque le droit des gens traite aussi bien des devoirs des Nations que de leurs droits, il ne suffit pas d'avoir exposé sur la matière de *l'usage innocent*, ce que toutes les Nations sont en droit d'exiger du propriétaire, nous devons considérer maintenant l'influence des devoirs envers les autres dans la conduite de ce même propriétaire. Comme il lui appartient de juger si l'usage est véritablement innocent, s'il ne lui cause ni dommage ni incommodité, non-seulement il ne doit fonder un refus que sur des raisons vraies et solides, c'est une maxime d'équité; il ne doit pas même s'arrêter à des minuties, à une perte légère, à quelque petite incommodité : l'humanité le lui défend, et l'amour mutuel que les hommes se doivent exige de plus grands sacrifices. Certes, ce serait trop s'écarter de cette bienveillance universelle qui doit unir le genre humain, que de refuser un avantage considérable à un particulier ou à tout une Nation, dès qu'il en peut résulter une perte minime, ou la moindre incommodité pour nous. Une Nation doit donc, à cet égard, se régler en toute rencontre sur des raisons proportionnées aux avantages et aux besoins des autres, et compter pour rien une petite dépense, une incommodité supportable, quand il en résulte un grand bien pour quelque autre. Mais rien ne l'oblige à se mettre en frais, ou dans l'embarras, pour accorder à d'autres un usage qui ne leur sera ni nécessaire ni fort utile. Le sacrifice que nous exigeons ici, n'est point contraire aux intérêts de la Nation. Il est naturel de penser que les autres useront du réciproque; et quels avantages n'en résultera-t-il pas pour tous les Etats?

§ 132. — *Du passage innocent.*

La propriété n'a pu ôter aux Nations le droit général de parcourir la terre, pour communiquer ensemble, pour commercer entre elles, et pour d'autres justes raisons. Le maître d'un pays peut seulement refuser le passage, dans les occasions particulières, où il se trouve préjudiciable ou dangereux. Il doit donc l'accorder pour des causes légitimes, toutes les fois qu'il est sans inconvénient pour lui. Et il ne peut légitimement attacher des conditions onéreuses à une concession qui est d'obligation pour lui, qu'il ne peut refuser s'il veut remplir ses devoirs et ne point abuser de son droit de propriété. Le comte de *Lupfen* ayant arrêté mal à propos quelques marchandises en Alsace, sur les plaintes qui en furent portées à l'empereur Sigismond, qui se trouvait pour lors au concile de Constance, ce prince assembla les électeurs, les princes, et les députés des villes, pour examiner l'affaire. L'opinion du burgrave de Nuremberg mérite d'être rapportée : *Dieu*, dit-il, *a créé le ciel pour lui et ses saints, et il a donné la terre aux hommes, afin qu'elle fût utile au pauvre et au riche. Les chemins sont pour leur usage, et Dieu ne les a assujettis à aucun impôt*. Il condamna le comte de *Lupfen* à restituer les marchandises et à payer les frais et le dommage, parce qu'il ne pouvait justifier sa saisie par aucun droit particulier. L'empereur approuva cette opinion, et prononça en conséquence (*a*).

§ 133. — *Des sûretés que l'on peut exiger.*

Mais si le passage menace de quelque danger, l'État est en droit d'exiger des sûretés ; celui qui veut passer ne peut les refuser, le passage ne lui étant dû qu'autant qu'il est sans inconvénient.

§ 134. — *Du passage des marchandises.*

On doit de même accorder le passage pour les marchandises, et comme il est pour l'ordinaire sans inconvénient, le refuser sans de justes raisons, c'est blesser une Nation et vouloir lui ôter les moyens de commercer avec les autres. Si ce passage cause quelque incommodité, quelques frais pour l'entretien des canaux et des grands chemins, on s'en dédommage par les droits de péage (liv. I, § 103).

§ 135. — *Du séjour dans le pays.*

En expliquant les effets du domaine, nous avons dit ci-dessus (§§ 94 et 100) que le maître du territoire peut en défendre l'entrée, ou la permettre à telles conditions qu'il juge à propos : il s'agissait alors de son droit externe, de ce droit que les étrangers sont obligés de respecter. Maintenant que nous considérons

---

(*a*) Stettler, tom. I, p. 114. Tschudi, tom. II, p. 27, 28.

la chose sous une autre face, et relativement aux devoirs du maître, à son droit interne, disons qu'il ne peut, sans des raisons particulières et importantes, refuser ni le passage ni même le séjour aux étrangers qui le demandent pour de justes causes. Car le passage ou le séjour étant, en ce cas, d'une utilité innocente, la loi naturelle ne lui donne point le droit de le refuser; et quoique les autres Nations, les autres hommes en général soient obligés de déférer à son jugement (§§ 128 et 130), il n'en pèche pas moins contre son devoir s'il refuse mal à propos : il agit sans aucun droit véritable, il abuse seulement de son droit externe. On ne peut donc, sans quelque raison particulière et pressante, refuser le séjour à un étranger, que l'espérance de recouvrer la santé attire dans le pays, ou qui vient chercher des lumières dans les écoles et les académies. La différence de religion n'est point une raison de l'exclure, pourvu qu'il s'abstienne de dogmatiser; cette différence ne lui ôtant point les droits de l'humanité.

§ 136. — *Comment on doit agir envers les étrangers qui demandent une habitation perpétuelle.*

Nous avons vu (§ 125) comment le droit de nécessité peut autoriser, en certains cas, un peuple chassé de sa demeure, à s'établir dans le territoire d'autrui. Tout Etat doit sans doute à un peuple si malheureux l'assistance et les secours qu'il peut lui donner sans se manquer à soi-même. Mais lui accorder un établissement dans les terres de la Nation, est une démarche très délicate, dont le conducteur de l'Etat doit peser mûrement les conséquences. Les empereurs PROBUS et VALENS se trouvèrent mal d'avoir reçu, dans les terres de l'empire, des bandes nombreuses de *Gépides*, de *Vandales*, de *Goths*, et d'autres barbares (a). Si le souverain y voit trop d'inconvénients et de danger, il est en droit de refuser un établissement à ces peuples

---

(a) VOPISCUS, *Prob.* c. XVIII. AMMIAN. MARCELL., *lib.* XXXI. SOCRAT., *Hist. eccles.*, lib. IV, c. 28.

fugitifs, ou de prendre, en les recevant, toutes les précautions que lui dictera la prudence. Une des plus sûres sera de ne point permettre que ces étrangers habitent tous ensemble dans une même contrée, et s'y maintiennent en forme de peuple. Des gens qui n'ont point su défendre leurs foyers, ne peuvent prétendre aucun droit de s'établir dans le territoire d'autrui, pour s'y maintenir en corps de Nation (*a*). Le souverain qui les reçoit, peut les disperser, les distribuer dans les villes et provinces qui manquent d'habitants. De cette manière sa charité tournera à son avantage, à l'accroissement de sa puissance, et au plus grand bien de l'Etat. Quelle différence dans le *Brandebourg*, depuis l'arrivée des réfugiés français! Le grand électeur Frédéric-Guillaume offrit un asile à ces infortunés, et fournit aux frais de leur voyage; il les établit dans ses Etats avec une dépense royale ; ce prince bienfaisant et généreux mérita le nom de sage et habile politique.

§ 137. — *Du droit provenant d'une permission générale.*

Lorsque, par les lois ou la coutume d'un Etat, certains actes sont généralement permis aux étrangers, comme, par exemple, de voyager librement et sans permission expresse dans le pays, de s'y marier, d'y acheter ou d'y vendre certaines marchandises, d'y chasser, d'y pêcher, etc., on ne peut exclure une Nation de la permission générale, sans lui faire injure, à moins que l'on n'ait quelque raison particulière et légitime de lui refuser ce que l'on accorde aux autres indifféremment. Il s'agit ici, comme on voit, d'actes qui peuvent être d'une utilité innocente. Et par cela même que la Nation les permet indistinctement aux étrangers, elle fait assez

---

(*a*) César répondit aux *Teuctères* et aux *Usipètes*, qui voulaient garder les terres dont ils s'étaient emparés, qu'il n'était pas juste qu'ils envahissent le bien d'autrui, après qu'ils n'avaient pu défendre le leur : *Neque verum esse, qui suos fines tueri non potuerint, alienos occupare.* De Bello Gallico, lib. IV, cap. VIII.

connaître qu'elle les juge en effet innocents par rapport à elle; c'est déclarer que les étrangers y ont droit (§ 127) : l'innocence est manifeste, par l'aveu de l'Etat; et le refus d'une utilité manifestement innocente, est une injure (§ 129). D'ailleurs, défendre sans aucun sujet à un peuple, ce que l'on permet indifféremment à tous, c'est une distinction injurieuse, puisqu'elle ne peut procéder que de haine ou de mépris. Si l'on a quelque raison particulière et bien fondée de l'excepter, la chose n'est plus d'une utilité innocente par rapport à ce peuple, et on ne lui fait aucune injure. L'Etat peut encore, par forme de punition, excepter de la permission générale un peuple qui lui aura donné de justes sujets de plainte.

§ 138. — *Du droit accordé en forme de bienfait.*

Quant aux droits de cette nature, accordés à une ou à plusieurs Nations pour des raisons particulières, ils leur sont donnés en forme de bienfait, ou par convention, ou en reconnaissance de quelque service; ceux à qui on refuse les mêmes droits ne peuvent se tenir offensés. La Nation ne juge pas que les actes dont il s'agit soient d'une utilité innocente, puisqu'elle ne les permet pas à tout le monde indifféremment; et elle peut, selon son bon plaisir, céder des droits sur ce qui lui appartient en propre, sans que personne soit fondé à s'en plaindre, ou à prétendre la même faveur.

§ 139. — *La Nation doit être officieuse.*

L'humanité ne se borne pas à permettre aux Nations étrangères l'utilité innocente qu'elles peuvent tirer de ce qui nous appartient, elle exige que nous leur facilitions même les moyens d'en profiter, autant que nous pouvons le faire sans nous nuire à nous-mêmes. Ainsi il est d'un Etat bien policé, de faire en sorte qu'il y ait partout des hôtelleries, où les voyageurs puissent être logés et nourris à un juste prix, de veiller à leur sûreté, à ce qu'ils soient traités avec équité et avec humanité. Il est d'une Nation polie de bien accueillir les étrangers, de les recevoir avec politesse, de leur montrer en toutes choses un caractère officieux. Par là, chaque citoyen, en s'acquittant de ses devoirs envers tous les hommes, servira utilement sa patrie. La gloire est la récompense assurée de la vertu, et la bienveillance que s'attire un caractère aimable, a souvent des suites très importantes pour l'Etat. Nul peuple n'est plus digne de louange à cet égard, que la Nation française : les étrangers ne reçoivent point ailleurs un accueil plus gracieux, plus propre à les empêcher de regretter les sommes immenses qu'ils versent chaque année dans Paris.

CHAPITRE XI.

*De l'*usucapion *et de la* prescription *entre les Nations.*

§ 140. — *Définition de l'usucapion et de la prescription.*

Finissons ce qui regarde le domaine et la propriété, par l'examen d'une question célèbre, sur laquelle les savants se sont fort partagés. On demande si l'*usucapion* et la *prescription* peuvent avoir lieu entre les peuples ou les Etat indépendants.

L'*usucapion* (*) est l'acquisition du domaine, fondée sur une longue possession non interrompue et non contestée; c'est-à-dire, une acquisition qui se prouve par cette seule possession. M. WOLFF la définit, *une acquisition de domaine fondée sur l'abandon présumé.* Sa définition explique la manière dont une longue et paisible possession peut servir à établir l'acquisition du domaine. MODESTINUS, *Digest.*, l. 3, *de Usurp. et Usucap.*, dit, conformément aux principes du droit romain, que l'*usucapion* est l'acquisition du domaine par une possession continuée pendant un temps défini par la loi. Ces trois définitions n'ont rien d'in-

---

(*) De *usu capere*, prendre, acquérir par l'usage.

compatible, et il est aisé de les concilier, en faisant abstraction de ce qui se rapporte au droit civil dans la dernière : nous avons cherché à exprimer clairement dans la première, l'idée que l'on attache communément au terme d'*usucapion*.

La *prescription* est l'exclusion de toute prétention à quelque droit, fondée sur la longeur du temps pendant lequel on l'a négligé; ou, comme l'a défini M. Wolff, c'est la perte d'un droit propre, en vertu d'un consentement présumé. Cette définition encore est *réelle*, c'est-à-dire, qu'elle explique comment une longue négligence d'un droit en opère la perte, et elle s'accorde avec la définition *nominale* que nous donnons de la *prescription,* et dans laquelle nous nous bornons à exposer ce que l'on entend communément par ce terme. Au reste, le terme d'*usucapion* est peu usité en français, et dans cette langue, celui de *prescription* réunit tout ce que désignent en latin les mots *usucapio* et *præscriptio*. Nous nous servirons donc du terme de prescription, toutes les fois que nous n'aurons point de raison particulière d'employer l'autre.

§ 141. — *Que l'usucapion et la prescription sont de droit naturel.*

Pour décider maintenant la question que nous nous sommes proposée, il faut voir d'abord si l'usucapion et la prescription sont de droit naturel. Plusieurs illustres auteurs l'ont dit et prouvé (*a*). Quoique dans ce traité nous supposions souvent au lecteur la connaissance du droit naturel, il convient d'en établir ici la décision, puisque la matière est controversée.

La nature n'a point elle-même établi la propriété des biens, et en particulier celle des terres; elle approuve seulement cette introduction, pour l'avantage du genre humain. Dès-lors il serait absurde de dire que le domaine et la propriété une fois établis, la loi

---

(*a*) Voyez Grotius, *de Jure bell. ac pac.,* lib. II, cap. IV. Puffendorff, *Jus nat. et gent.,* lib. IV, cap. XII, et surtout Wolff, *Jus nat.,* part. III, cap. VII.—Vattel se trompe : Grotius et Puffendorff disent précisément le contraire.

naturelle puisse assurer au propriétaire quelque droit capable de porter le trouble dans la société humaine. Tel serait le droit de négliger entièrement une chose qui lui appartient, de la laisser, pendant un long espace de temps, sous toutes les apparences d'un bien abandonné, ou qui n'est point à lui, et d'en venir enfin dépouiller un possesseur de bonne foi, qui l'aura peut-être acquise à titre onéreux, qui l'aura reçue en héritage de ses pères, ou comme la dot de son épouse, et qui aurait fait d'autres acquisitions s'il eût pu connaître que celle-là n'était ni légitime ni solide. Loin de donner un pareil droit, la loi naturelle prescrit au propriétaire le soin de ce qui lui appartient, et lui impose l'obligation de faire connaître ses droits pour ne point induire les autres en erreur : elle n'approuve sa propriété, elle ne la lui assure qu'à ces conditions. S'il la néglige pendant un temps assez long pour qu'il ne puisse être admis à la réclamer, sans mettre en péril les droits d'autrui, la loi naturelle ne l'admet point à la revendiquer. Il ne faut donc point concevoir la propriété comme un droit si étendu, et tellement inadmissible, qu'on puisse le négliger absolument pendant long-temps, au risque de tous les inconvénients qui en pourront résulter dans la société humaine, pour le faire valoir ensuite, suivant son caprice. Pourquoi la loi naturelle ordonne-t-elle à tous de respecter ce droit de propriété dans celui qui s'en sert, si ce n'est pour le repos, le salut, et l'avantage de la société humaine ? Elle veut donc, par la même raison, que tout propriétaire qui néglige son droit pendant long-temps, et sans aucune juste raison, soit présumé l'abandonner entièrement et y renoncer. Voilà ce qui forme la présomption absolue, ou *juris et de jure*, et de l'abandonnement, et sur laquelle un autre se fonde légitimement pour s'approprier la chose abandonnée. La présomption absolue ne signifie pas ici une conjecture de la volonté secrète du propriétaire, mais une position, que la loi naturelle ordonne de prendre pour vraie et stable, et cela en vue de maintenir l'ordre et la paix parmi les hommes; elle fait donc un titre aussi ferme et aussi juste que celui de la propriété même, établi et soutenu par les mêmes raisons. Le possesseur de bonne foi, fondé sur une présomption de cette nature, a donc un droit approuvé de la loi naturelle; et cette même loi, qui veut que les droits d'un chacun soient fermes et certains, ne permet point qu'on le trouble dans sa possession.

Le droit d'*usucapion* signifie proprement que le possesseur de bonne foi n'est point obligé, après une longue et paisible possession, de mettre sa propriété en compromis; il la prouve par sa possession même, et il repousse la demande du prétendu propriétaire par la prescription. Rien n'est plus équitable que cette règle. Si le demandeur était admis à prouver sa propriété, il pourrait arriver qu'il administrerait des preuves très évidentes en apparence, mais qui ne seraient telles que par la perte de quelque document, de quelque témoignage qui eût fait voir comment il avait perdu ou transporté son droit. Serait-il raisonnable qu'il pût mettre les droits du possesseur en compromis, lorsque, par sa faute, il a laissé venir les choses en tel état, que la vérité courrait risque d'être méconnue? S'il faut que l'un des deux soit exposé à perdre le sien, il est juste que ce soit celui qui est en faute.

Il est vrai que si le possesseur de bonne foi vient à découvrir, avec une entière certitude, que le demandeur est vrai propriétaire et qu'il n'a jamais abandonné son droit, il doit alors en conscience, et par le droit interne, restituer tout ce dont il se trouvera plus riche du bien du demandeur. Mais cette estimation n'est pas aisée à faire, et elle dépend des circonstances.

§ 142. — *De ce qui est requis pour fonder la prescription ordinaire.*

La prescription ne pouvant être fondée que sur une présomption absolue ou sur une présomption légitime, elle n'a point lieu si le propriétaire n'a pas véritablement négligé son droit. Cette condition emporte trois choses : 1° que le propriétaire n'ait point à alléguer une ignorance invincible, soit de sa part, soit de celle de ses auteurs; 2° qu'il ne puisse justifier son silence par des raisons légitimes et solides; 3° qu'on ait négligé son droit ou gardé silence pendant un nombre considérable d'années ; car une négligence de peu d'années, incapable de produire la confusion et de mettre dans l'incertitude les droits respectifs des parties, ne suffit pas pour fonder ou autoriser une présomption d'abandonnement. Il est impossible de déterminer en droit naturel le nombre d'années requis pour fonder la prescription. Cela dépend de la nature de la chose dont la propriété est disputée, et des circonstances.

§ 143. — *De la prescription immémoriale.*

Ce que nous venons de remarquer dans le paragraphe précédent, regarde la prescription ordinaire. Il en est une autre que l'on appelle *immémoriale*, parce qu'elle est fondée sur une possession immémoriale, c'est-à-dire, sur une possession dont l'origine est inconnue, ou tellement chargée d'obscurité, que l'on ne saurait prouver si le possesseur tient véritablement son droit du propriétaire, ou s'il a reçu la possession d'un autre. Cette prescription *immémoriale* met le droit du possesseur à couvert de toute éviction ; car il est de droit présumé propriétaire, tant qu'on n'a point de raisons solides à lui opposer; et où prendrait-on ces raisons, lorsque l'origine de sa possession se perd dans l'obscurité des temps ? Elle doit même le mettre à couvert de toute prétention contraire à son droit. Où en serait-on, s'il était permis de révoquer en doute un droit reconnu pendant un temps immémorial, et lorsque les moyens de le prouver sont détruits par le temps ? La possession immémoriale est donc un titre inexpugnable, et la prescription immémoriale, un moyen qui ne souffre aucune exception. L'une et l'autre sont fondées sur une présomption que la loi naturelle nous prescrit de prendre pour une vérité incontestable.

§ 144. — *De celui qui allègue les raisons de son silence.*

Dans les cas de prescription ordinaire, on ne peut opposer ce moyen à celui qui allègue de justes raisons de son silence, comme l'impossibilité de parler, une crainte bien fondée, etc., parce qu'alors il n'y a plus de lieu de présomption qu'il a abandonné son droit. Ce n'est pas sa faute si on a cru pouvoir le présumer, et il n'en doit pas souffrir. On ne peut refuser de l'admettre à prouver clairement sa propriété. Ce moyen de défense contre la prescription a été souvent employé contre des princes dont les forces redoutables avaient long-temps réduit au silence les faibles victimes de leurs usurpations.

§ 145. — *De celui qui témoigne suffisamment qu'il ne veut pas abandonner son droit.*

Il est bien évident aussi que l'on ne peut opposer la prescription au propriétaire, qui, ne pouvant poursuivre actuellement son droit, se borne à marquer suffisamment, par quelque signe que ce soit, qu'il ne veut pas l'abandonner. C'est à quoi servent les protestations. Entre souverains, on conserve le titre et les armes d'une souveraineté, d'une province, pour marquer que l'on n'abandonne pas ses droits.

§ 146. — *Prescription fondée sur les actions du propriétaire.*

Tout propriétaire qui fait ou qui omet expressément des choses qu'il ne peut faire ou omettre, s'il ne renonce à son droit, indique suffisamment par là qu'il ne veut pas le conserver, à moins qu'il n'en fasse la réserve expresse. On est sans doute en droit de prendre pour vrai ce qu'il indique suffisamment dans les occasions où il doit dire la vérité; par conséquent, on présume légitimement qu'il abandonne son droit, et s'il veut un jour y revenir, on est fondé à lui opposer la prescription.

§ 147. — *L'usucapion et la prescription ont lieu entre Nations.*

Après avoir démontré que *l'usucapion* et la *prescription* sont de droit naturel, il est aisé de prouver qu'elles sont pareillement de droit des gens, et qu'elles doivent avoir lieu entre Nations; car le droit des gens n'est autre chose que l'application du droit de la nature aux Nations, faite d'une manière convenable aux sujets (*Prélim.*, § 6). Et bien loin que la nature des sujets apporte ici quelque exemption, l'usucapion et la prescription sont d'un usage beaucoup plus nécessaire entre les États souverains qu'entre les particuliers. Leurs querelles sont d'une tout autre importance; leurs différends ne se terminent d'ordinaire que par des guerres sanglantes, et par conséquent la paix et le bonheur du genre humain exigent bien plus fortement encore que la possession des souverains ne soit pas troublée facilement, et qu'après un grand nombre d'années, si elle n'a point été contestée, elle soit réputée juste et inébranlable. S'il était permis de remonter toujours aux temps anciens, il est peu de souverains qui fussent assurés de leurs droits; il n'y aurait point de paix à espérer sur la terre.

§ 148. — *Il est plus difficile de les fonder entre Nations, sur un abandon présumé.*

Il faut avouer cependant que l'usucapion et la prescription sont souvent d'une application plus difficile entre Nations, en tant que ces droits sont fondés sur une présomption tirée d'un long silence. Personne n'ignore combien il est dangereux pour l'ordinaire à un État faible de laisser entrevoir seulement quelque prétention sur les possessions d'un monarque puissant. Il est donc difficile de fonder une légitime présomption d'abandonnement sur un long silence. Ajoutez que le conducteur de la société n'ayant pas ordinairement le pouvoir d'aliéner ce qui appartient à l'État, son silence ne peut faire préjudice à la Nation, ou à ses successeurs, quand même il suffirait à faire présumer un abandonnement de sa part. Il sera question alors de voir si la Nation a négligé de suppléer au silence de son conducteur, si elle y a participé, par une approbation tacite.

§ 149. — *Autres principes qui en font la force.*

Mais il est d'autres principes, qui établissent l'usage et la force de la prescription entre Nations. La tranquillité des peuples, le salut des Etats, le bonheur du genre humain, ne souffrent point que les possessions, l'empire, et les autres droits des Nations, demeurent incertains, sujets à contestation, et toujours en état d'exciter des guerres sanglantes. Il faut donc admettre entre les peuples la prescription fondée sur un long espace de temps, comme un moyen solide et incontestable. Si quelqu'un a gardé le silence par crainte, par une espèce de nécessité, la perte de son droit est un malheur, qu'il doit souffrir patiemment, puisqu'il n'a pu l'éviter. Et pourquoi ne le supporterait-il pas aussi bien que celui de se voir enlever des villes et des provinces par un conquérant injuste, et forcé de les lui céder par un traité ? Ces raisons, au reste, n'établissent l'usage de la prescription que dans le cas d'une très longue possession, non contestée et non interrompue, parce qu'il faut bien enfin que les affaires se terminent et prennent une assiette ferme et stable. Tout cela n'a point lieu quand il s'agit d'une possession de peu d'années, pendant lesquelles la prudence peut engager à garder le silence, sans que l'on puisse être accusé de laisser tomber les choses dans l'incertitude, et de renouveler des querelles sans fin.

Quant à la prescription immémoriale, ce que nous en avons dit (§ 143) suffit pour convaincre tout le monde qu'elle doit nécessairement avoir lieu entre Nations.

§ 150. — *Effet du droit des gens volontaire, en cette matière.*

L'usucapion et la prescription étant d'un usage si nécessaire à la tranquillité et au bonheur de la société humaine, on présume de droit que toutes les Nations ont consenti à en admettre l'usage légitime et raisonnable, en vue du bien commun, et même de l'avantage particulier de chaque Nation.

La prescription de longues années, de même que l'usucapion, sont donc établies encore par le droit des gens *volontaire* (*Prélim.*, § 21).

Bien plus, comme en vertu de ce même droit, les Nations, dans tous les cas susceptibles de doute, sont réputées agir entre elles avec un droit égal (*ibid.*), la prescription doit avoir son effet entre Nations, dès qu'elle est fondée sur une longue possession non contestée, sans qu'il soit permis, à moins d'une évidence palpable, d'opposer que la possession est de mauvaise foi. Car hors ce cas de l'évidence, toute Nation est censée posséder de bonne foi. Tel est le droit qu'un Etat souverain doit accorder aux autres; mais il ne peut se permettre à lui-même que l'usage du droit interne nécessaire (*Prélim.*, § 28). La prescription n'est légitime au tribunal de la conscience que pour le possesseur de bonne foi.

§ 151. — *Du droit des traités, ou de la coutume, en cette matière.*

Puisque la prescription est sujette à tant de difficultés, il serait très convenable que les Nations voisines se missent en règle à cet égard par des traités, principalement sur le nombre d'années requis pour fonder une légitime prescription, puisque ce dernier point ne peut être déterminé en général par le droit naturel seul. Si, au défaut de traités, la coutume a déterminé quelque chose en cette matière, les Nations entre lesquelles cette coutume est en vigueur, doivent s'y conformer (*Prélim.*, § 26).

CHAPITRE XII.

Des Traités d'alliance et autres traités publics.

§ 152. — *Ce que c'est qu'un traité.*

La matière des traités est sans doute une des plus importantes que les relations mutuelles et les affaires des Nations puissent nous présenter. Trop convaincues du peu de fonds qu'il y a à faire sur les obligations naturelles des corps politiques, sur les devoirs réciproques que l'humanité leur impose, les plus prudentes cherchent à se procurer par des traités les secours et les avantages que la loi naturelle leur assurerait, si les pernicieux conseils d'une fausse politique ne la rendaient inefficace.

Un traité, en latin *Fœdus*, est un pacte fait en vue du bien public par des puissances supérieures, soit à perpétuité, soit pour un temps considérable.

§ 153. — *Des pactions, accords, ou conventions.*

Les pactes qui ont pour objet des affaires transitoires, s'appellent accords, conventions, pactions. Ils s'accomplissent par un acte unique, et non point par des prestations réitérées. Ces pactes se consomment, dans leur exécution, une fois pour toutes. Les traités reçoivent une exécution successive, dont la durée égale celle du traité.

§ 154. — *Qui sont ceux qui font les traités.*

Les traités publics ne peuvent se faire que par les puissances supérieures, par les souverains, qui contractent au nom de l'Etat. Ainsi les conventions que les souverains font entre eux pour leurs affaires particulières, et celles d'un souverain avec un particulier, ne sont pas des traités publics.

Le souverain qui possède l'empire plein et absolu, est sans doute en droit de traiter au nom de l'Etat qu'il représente, et ses engagements lient toute la Nation. Mais tous les conducteurs des peuples n'ont pas le pouvoir de faire seuls des traités publics: quelques-uns sont astreints à prendre l'avis du sénat, ou des représentants de la Nation. C'est dans les lois fondamentales de chaque Etat, qu'il faut voir quelle est la puissance capable de contracter validement au nom de l'Etat.

Ce que nous disons ici, que les traités publics ne se font que par les puissances supérieures, n'empêche point que des traités de cette nature ne puissent être faits par des princes, ou des communautés, qui en auront le droit, soit par la concession du souverain, soit par la loi fondamentale de l'Etat, par des réserves, ou par la coutume. C'est ainsi que les princes, et les villes libres d'Allemagne, ont le droit de faire des alliances avec les puissances étrangères, quoiqu'ils relèvent de l'empereur et de l'empire. Les constitutions de l'empire leur donnent, à cet égard comme à plusieurs autres, les droits de la souveraineté. Quelques villes de Suisse, quoique sujettes d'un prince, ont fait des alliances avec les cantons. La permission, ou la tolérance du souverain, a donné naissance à ces traités, et un long usage en a établi le droit.

§ 155. — *Si un État protégé peut faire des traités.*

Un Etat qui s'est mis sous la protection d'un autre, ne perdant pas pour cela sa qualité d'Etat souverain (l. I, § 192), il peut faire des traités et contracter des alliances, à moins qu'il n'ait expressément renoncé à ce droit dans le traité de protection. Mais ce même traité de protection le lie pour toute la suite des temps, en sorte qu'il ne peut prendre aucun engagement qui y soit contraire; c'est-à-dire, qui donne atteinte aux conditions expresses de la protection, ou qui répugne en soi à tout traité de protection. Ainsi le protégé ne peut promettre du secours aux ennemis de son protecteur, ni leur accorder le passage.

§ 156. — *Traités conclus par les mandataires ou plénipotentiaires des souverains.*

Les souverains traitent ensemble par le ministère de leurs procureurs ou mandataires, revêtus de pouvoirs suffisants, que l'on appelle communément plénipotentiaires. On peut appliquer ici toutes les règles du droit naturel sur les choses qui se font par commission. Les droits du mandataire se définissent par le mandement qui lui est donné. Il ne doit point s'en écarter; mais tout ce qu'il promet dans les termes de sa commission, et suivant l'étendue de ses pouvoirs, lie son constituant.

Aujourd'hui, pour éviter tout danger et toute difficulté, les princes se réservent de ratifier ce qui a été conclu en leur nom par leurs ministres. Le *plein pouvoir* n'est autre chose qu'une procuration *cum libera*. Si cette procuration devait avoir son plein effet, on ne saurait être trop circonspect à la donner. Mais les princes ne pouvant être contraints, autrement que par les armes, à remplir leurs engagements, on s'est accoutumé à ne faire fonds sur leurs traités, qu'autant qu'ils les ont agréés et ratifiés. Tout ce qu'a conclu le ministre, demeurant sans force jusqu'à la ratification du prince, il y a moins de danger à lui donner un plein pouvoir. Mais pour refuser avec honneur de ratifier ce qui a été conclu en vertu d'un plein pouvoir, il faut que le souverain en ait de fortes et solides raisons, et qu'il fasse voir en particulier que son ministre s'est écarté de ses instructions.

§ 157. — *De la validité des traités.*

Un traité est valide, s'il n'y a point de vice dans la manière en laquelle il a été conclu; et pour cela, on ne peut exiger autre chose qu'un pouvoir suffisant dans les parties contractantes, et leur consentement mutuel, suffisamment déclaré.

§ 158. — *La lésion ne les rend pas nuls.*

La lésion ne peut donc rendre un traité invalide. C'est à celui qui prend des engagements, de bien peser toutes choses avant que de conclure; il peut faire de son bien ce qui lui plait, relâcher de ses droits, renoncer à ses avantages, comme il le juge à propos; l'acceptant n'est point obligé de s'informer de ses motifs et d'en peser la juste valeur. Si l'on pouvait revenir d'un traité, parce qu'on s'y trouverait lésé, il n'y aurait rien de stable dans les contrats des Nations. Les lois civiles peuvent bien mettre des bornes à la lésion, et en déterminer le point capable d'opérer la nullité d'un contrat; mais les souverains ne reconnaissent point de juge. Comment faire conster entre eux de la lésion? Qui en déterminera le degré suffisant pour invalider un traité? Le bonheur et la paix des Nations exigent manifestement, que leurs traités ne dépendent point d'un moyen de nullité vague si dangereux.

§ 159. — *Devoir des Nations en cette matière.*

Mais un souverain n'en est pas moins obligé en conscience de respecter l'équité, de l'observer autant qu'il est possible dans tous ses traités. Et s'il arrive qu'un traité conclu de bonne foi, sans y apercevoir aucune iniquité, tourne par la suite au dommage d'un allié, rien n'est plus beau, plus louable, plus conforme aux devoirs réciproques des Nations, que de s'en relâcher, autant qu'on peut le faire sans se manquer à soi-même, sans se mettre en danger, ou sans souffrir une perte considérable.

§ 160. — *Nullité des traités pernicieux à l'État.*

Si la simple lésion, ou quelque désavantage dans un traité, ne suffit pas pour le rendre invalide, il n'en est pas de même des inconvénients qui iraient à la ruine de la Nation. Puisque tout traité doit être fait avec un pouvoir suffisant, un traité pernicieux à l'Etat est nul et point du tout obligatoire; aucun conducteur de Nation n'ayant le pouvoir de s'engager à des choses capables de détruire l'Etat, pour le salut duquel l'empire lui est confié. La Nation elle-même, obligée nécessairement à tout ce qu'exigent sa conservation et son salut (l. I, § 16 *et suiv.*), ne peut prendre des engagements contraires à ces obligations indispensables. L'an 1506, les Etats-Généraux du royaume de France, assemblés à *Tours*, engagèrent Louis XII à rompre le traité qu'il avait fait avec l'empereur Maximilien et l'archiduc Philippe, son fils, parce que ce traité était pernicieux au royaume. On trouva aussi que ni le traité, ni le serment qui l'avait accompagné, ne pouvait obliger le roi, qui n'était pas en droit d'aliéner le bien de la couronne (*a*). Nous avons parlé de ce dernier moyen de nullité dans le chapitre XXI du livre I.

§ 161. — *Nullité des traités faits pour cause injuste ou déshonnête.*

Par la même raison, par le défaut de pouvoir, un traité fait pour cause injuste ou déshonnête est absolument nul, personne ne pouvant s'engager à faire des choses contraires à la loi naturelle. Ainsi une ligue offensive, faite pour dépouiller une Nation de qui on n'a reçu aucune injure, peut ou plutôt doit être rompue.

§ 162. — *S'il est permis de faire alliance avec ceux qui ne professent pas la même religion.*

On demande s'il est permis de faire alliance avec une Nation qui ne professe pas la même religion; si les traités faits avec les ennemis de la foi sont valides. Grotius (*b*) a traité la question assez au long. Cette discussion pouvait être nécessaire dans un temps où la fureur des partis obscurcissait encore des principes qu'elle avait long-temps fait oublier; osons croire qu'elle serait superflue dans notre siècle. La loi naturelle seule régit les traités des Nations; la différence de religion y est absolument étrangère. Les peuples traitent ensemble en qualité d'hommes, et non en qualité de chré-

---

(*a*) Voyez les historiens de France.
(*b*) *Droit de la guerre et de la paix*, liv. II, chap. XV, § VIII et suiv.

tiens ou de musulmans. Leur salut commun exige qu'ils puissent traiter entre eux, et traiter avec sûreté. Toute religion qui heurterait en ceci la loi naturelle, porterait un caractère de réprobation; elle ne saurait venir de l'auteur de la nature, toujours constant, toujours fidèle à lui-même. Mais si les maximes d'une religion vont à s'établir par la violence, à opprimer tous ceux qui ne la reçoivent pas, la loi naturelle défend de favoriser cette religion, de s'unir sans nécessité à ses inhumains sectateurs; et le salut commun des peuples les invite plutôt à se liguer contre des furieux, à réprimer des fanatiques qui troublent le repos public et menacent toutes les Nations.

§ 163. — *Obligation d'observer les traités.*

On démontre en droit naturel, que celui qui promet à quelqu'un, lui confère un véritable droit d'exiger la chose promise; et que, par conséquent, ne point garder une promesse parfaite, c'est violer le droit d'autrui, c'est une injustice aussi manifeste que celle de dépouiller quelqu'un de son bien. Toute la tranquillité, le bonheur, et la sûreté du genre humain, reposent sur la justice, sur l'obligation de respecter les droits d'autrui. Le respect des autres pour nos droits de domaine et de propriété, fait la sûreté de nos possessions actuelles; la foi des promesses est notre garant pour les choses qui ne peuvent être livrées ou exécutées sur-le-champ. Plus de sûreté, plus de commerce entre les hommes, s'ils ne se croient point obligés de garder la foi, de tenir leur parole. Cette obligation est donc aussi nécessaire, qu'elle est naturelle et indubitable, entre les Nations qui vivent ensemble dans l'état de nature, et qui ne connaissent point de supérieur sur la terre, pour maintenir l'ordre et la paix dans leur société. Les Nations et leurs conducteurs doivent donc garder inviolablement leurs promesses et leurs traités. Cette grande vérité, quoique trop souvent négligée dans la pratique, est généralement reconnue de toutes les Nations (*a*). Le reproche de perfidie est une injure atroce parmi les souverains; or, celui qui n'observe pas un traité, est assurément perfide, puisqu'il viole la foi. Au contraire, rien n'est si glorieux à un prince et à sa Nation, que la réputation d'une fidélité inviolable à sa parole. Par là, autant et plus encore que par sa bravoure, la Nation suisse s'est rendue respectable dans l'Europe, et a mérité d'être recherchée des plus grands monarques, qui lui confient même la garde de leurs personnes. Le parlement d'Angleterre a plus d'une fois remercié le roi de sa fidélité et de son zèle à secourir les alliés de la couronne. Cette grandeur d'âme nationale est la source d'une gloire immortelle; elle fonde la confiance des Nations, et devient ainsi un sûr instrument de puissance et de splendeur.

§ 164. — *La violation d'un traité est une injure.*

Si les engagements d'un traité imposent d'un côté une obligation parfaite, ils produisent de l'autre un droit parfait. Violer un traité, c'est donc violer le droit parfait de celui avec qui on a contracté; c'est lui faire injure.

§ 165. — *On ne peut faire des traités contraires à ceux qui subsistent.*

Un souverain déjà lié par un traité, ne peut en faire d'autres contraires au premier. Les choses sur lesquelles il a pris des engagements, ne sont plus en sa disposition. S'il arrive qu'un traité postérieur se trouve, dans quelque point, en contradiction avec un traité plus ancien, le nouveau est nul quant à ce point-là, comme disposant d'une chose qui n'est plus au pouvoir de celui qui paraît en disposer. (Il s'agit ici de traités faits avec différentes puissances.) Si l'ancien traité est secret, il y aurait une insigne mauvaise foi à

(*a*) MAHOMET recommandait fortement à ses disciples l'observation des traités. OCKLEY, *Histoire des Sarrasins*, t. 1.

en conclure un contraire, qui se trouverait nul au besoin; et même il n'est pas permis de prendre des engagements, qui, dans les occurrences, pourraient se trouver en opposition avec ce traité secret, et nuls par cela même; à moins que l'on ne soit en état de dédommager pleinement son nouvel allié: autrement, ce serait l'abuser que de lui promettre quelque chose, sans l'avertir qu'il pourra se présenter des cas, dans lesquels on n'aura pas la liberté de réaliser cette promesse. L'allié ainsi abusé, est sans doute le maître de renoncer au traité; mais s'il aime mieux le conserver, le traité subsiste dans tous les points qui ne sont pas en contradiction avec un traité plus ancien.

§ 166. — *Comment on peut contracter avec plusieurs dans le même objet.*

Rien n'empêche qu'un souverain ne puisse prendre des engagements de même nature, avec deux ou plusieurs Nations, s'il est en état de les remplir en même temps envers tous les alliés. Par exemple, un traité de commerce avec une Nation, n'empêche point que dans la suite on ne puisse en faire de pareils avec d'autres; à moins que l'on n'ait promis dans le premier traité, de n'accorder à personne les mêmes avantages. On peut même promettre des secours de troupes à deux alliés différents, si l'on est en état de les fournir, ou s'il n'y a pas d'apparence qu'ils en aient besoin l'un et l'autre dans le même temps.

§ 167. — *Le plus ancien allié doit être préféré.*

Si néanmoins le contraire arrive, le plus ancien allié doit être préféré; car l'engagement était pur et absolu envers lui, au lieu qu'il n'a pu se contracter avec le second, qu'en réservant le droit du premier. La réserve est de droit et tacite, si on ne l'a pas faite expressément.

§ 168. — *On ne doit aucun secours pour une guerre injuste.*

La justice de la cause est une autre raison de préférence entre deux alliés. Et même on ne doit point assister celui dont la cause est injuste, soit qu'il ait guerre avec un de nos alliés, soit qu'il la fasse à un autre Etat. Car ce serait la même chose que si l'on contractait une alliance pour une cause injuste, ce qui n'est point permis (§ 161). Nul ne peut être validement engagé à soutenir l'injustice.

§ 169. — *Division générale des traités.* 1° *De ceux qui concernent des choses déjà dues par le droit naturel.*

Grotius divise d'abord les traités en deux classes générales; la première, de *ceux qui roulent simplement sur des choses auxquelles on était déjà tenu par le droit naturel;* et la seconde, de *ceux par lesquels on s'engage à quelque chose de plus* (a). Les premiers servent à se procurer un droit parfait à des choses auxquelles on n'avait qu'un droit imparfait, en sorte qu'on peut exiger désormais ce qu'auparavant on était seulement fondé à demander comme un office d'humanité. De pareils traités devenaient fort nécessaires parmi les anciens peuples, lesquels, comme nous l'avons fait observer, ne se croyaient tenus à rien envers les Nations qui n'étaient pas au nombre de leurs alliés. Ils sont utiles même entre les Nations les plus policées, pour assurer d'autant mieux les secours qu'elles peuvent attendre, pour déterminer ces secours et savoir sur quoi compter, pour régler ce qui ne peut être déterminé en général par le droit naturel, et aller ainsi au devant des difficultés, et des diverses interprétations de la loi naturelle. Enfin, comme le fonds d'assistance n'est inépuisable chez aucune Nation, il est prudent de se ménager un droit propre à des secours qui ne pourraient suffire à tout le monde.

De cette première classe sont tous les traités simples de paix et d'amitié, lorsque les engagements que l'on y contracte n'ajoutent rien à ce que les hommes

---

(a) *Droit de la guerre et de la paix*, liv. II, chap. XV, § V.

se doivent comme frères et comme membres de la société humaine; ceux qui permettent le commerce, le passage, etc.

§ 170. — *De la collision de ses traités avec les devoirs envers soi-même.*

Si l'assistance et les offices qui sont dus en vertu d'un pareil traité, se trouvent, dans quelque rencontre, incompatibles avec les devoirs d'une Nation envers elle-même, ou avec ce que le souverain doit à sa propre Nation, le cas est tacitement et nécessairement excepté dans le traité. Car, ni la Nation ni le souverain n'ont pu s'engager à abandonner le soin de leur propre salut, du salut de l'Etat, pour contribuer à celui de leur allié. Si le souverain a besoin, pour la conservation de sa Nation, des choses qu'il a promises par le traité; si, par exemple, il s'est engagé à fournir des blés, et qu'en un temps de disette il en ait à peine pour la nourriture de son peuple, il doit sans difficulté préférer sa Nation. Car il ne doit naturellement l'assistance à un peuple étranger, qu'autant que cette assistance est en son pouvoir; et il n'a pu la promettre par un traité que sur le même pied. Or, il n'est pas en son pouvoir d'ôter la subsistance à sa Nation, pour en assister une autre. La nécessité forme ici une exception, et il ne viole point le traité parce qu'il ne peut y satisfaire.

§ 171. — *Des traités où l'on promet simplement de ne point léser.*

Les traités par lesquels on s'engage simplement à ne point faire de mal à son allié, à s'abstenir envers lui de toute lésion, de toute offense, de toute injure, ne sont pas nécessaires et ne produisent aucun nouveau droit; chacun ayant déjà naturellement le droit parfait de ne souffrir ni lésion, ni injure, ni véritable offense. Cependant ces traités deviennent très utiles, et accidentellement nécessaires, parmi ces Nations barbares qui se croient en droit de tout oser contre les étrangers. Ils ne sont pas inutiles avec des peuples moins féroces, qui, sans dépouiller à ce point l'humanité, sont cependant beaucoup moins touchés d'une obligation naturelle, que de celle qu'ils ont eux-mêmes contractée par des engagements solennels; et plût au ciel que cette façon de penser fût absolument reléguée chez les barbares! On en voit des effets trop fréquents, parmi ceux qui se vantent d'une perfection bien supérieure à la loi naturelle. Mais le nom de perfide est nuisible aux conducteurs des peuples, et il devient par là redoutable à ceux-là mêmes qui sont peu curieux de mériter celui d'hommes vertueux, et qui savent se débarrasser des reproches de la conscience.

§ 172. — *Traités concernant des choses qui ne sont pas dues naturellement. Des traités égaux.*

Les traités dans lesquels on s'engage à des choses auxquelles on n'était pas tenu par la loi naturelle, sont ou *égaux*, ou *inégaux*.

Les traités égaux sont ceux dans lesquels les contractants se promettent les mêmes choses, ou des choses équivalentes, ou enfin des choses équitablement proportionnées; en sorte que leur condition est égale. Telle est, par exemple, une alliance défensive, dans laquelle on stipule les mêmes secours réciproques. Telle est une alliance offensive, dans laquelle on convient que chacun des alliés fournira le même nombre de vaisseaux, de troupes de cavalerie et d'infanterie, ou l'équivalent en vaisseaux, en troupes, en artillerie, en argent. Telle est encore une ligue dans laquelle le contingent de chacun des alliés est réglé à proportion de l'intérêt qu'il prend ou qu'il peut avoir au but de la ligue. C'est ainsi que l'empereur et le roi d'Angleterre, pour engager les états-généraux des Provinces-Unies à accéder au traité de Vienne, du 16 mars 1731, consentirent à ce que la république ne promît à ses alliés qu'un secours de 4000 fantassins et 1000 chevaux, quoiqu'ils s'engageassent à lui fournir, au cas qu'elle fût attaquée, chacun 8000 hommes de pied et

4000 chevaux. On doit mettre enfin au nombre des traités égaux, ceux qui portent que les alliés feront cause commune et agiront de toutes leurs forces. Quoiqu'en effet leurs forces ne soient pas égales, ils vulent bien les considérer comme égales.

Les traités égaux peuvent se subdiviser en autant d'espèces que les souverains ont de différentes affaires entre eux. Ainsi ils traitent des conditions du commerce, de leur défense mutuelle, d'une société de guerre, du passage qu'ils s'accordent réciproquement, ou qu'ils refusent aux ennemis de leur allié; ils s'engagent à ne point bâtir de forteresses en certains lieux, etc. Mais il serait inutile d'entrer dans ce détail. Les généralités suffisent et s'appliquent aisément aux espèces particulières.

§ 173. — *Obligations de garder l'égalité dans les traités.*

Les Nations n'étant pas moins obligées que les particuliers de respecter l'équité, elles doivent garder l'égalité dans leurs traités, autant qu'il est possible. Lors donc que les parties sont en état de se faire les mêmes avantages réciproques, la loi naturelle demande que leur traité soit égal, à moins qu'il n'y ait quelque raison particulière de s'écarter de l'égalité; telle serait, par exemple, la reconnaissance d'un bienfait précédent, l'espérance de s'attacher inviolablement une Nation, quelque motif particulier, qui ferait singulièrement désirer à un des contractants de conclure le traité, etc. Et même, à le bien prendre, la considération de cette raison particulière remet dans le traité l'égalité, qui semble en être ôtée par la différence des choses promises.

Je vois rire de prétendus grands politiques, qui mettent toute leur subtilité à circonvenir ceux avec qui ils traitent, à ménager de telle sorte les conditions du traité, que tout l'avantage en revienne à leur maître. Loin de rougir d'une conduite si contraire à l'équité, à la droiture, à l'honnêteté naturelle, ils s'en font gloire, et prétendent mériter le nom de grands négociateurs. Jusques à quand les hommes publics se glorifieront-ils de ce qui déshonorerait un particulier? L'homme privé, s'il est sans conscience, rit aussi des règles de la morale et du droit; mais il en rit sous cape : il lui serait dangereux et préjudiciable de paraître s'en moquer. Les puissants abandonnent plus ouvertement l'honnête pour l'utile. Mais il arrive souvent, pour le bonheur du genre humain, que cette prétendue utilité leur devient funeste; et même entre souverains, la candeur et la droiture se trouvent être la politique la plus sûre. Toutes les subtilités, toutes les tergiversations d'un fameux ministre, à l'occasion d'un traité fort intéressant pour l'Espagne, tournèrent enfin à sa confusion et au dommage de son maître; tandis que la bonne foi, la générosité de l'Angleterre envers ses alliés, lui a procuré un crédit immense, et l'a élevée au plus haut état d'influence et de considération.

§ 174. — *Différence des traités égaux et des alliances égales.*

Lorsqu'on parle de traités égaux, on a ordinairement dans l'esprit une double idée d'égalité dans les engagements, et d'égalité dans la dignité des contractants. Il est nécessaire d'ôter toute équivoque, et pour cet effet on peut distinguer entre les *traités égaux* et les *alliances égales*. Les *traités égaux* seront ceux où l'égalité est gardée dans les promesses, comme nous venons de l'expliquer (§ 172); et les *alliances égales*, celles où l'on traite d'égal à égal, ne mettant aucune différence dans la dignité des contractants, ou au moins n'admettant aucune supériorité trop marquée, mais seulement quelque prééminence d'honneur et de rang. Ainsi les rois traitent avec l'empereur d'égal à égal, quoiqu'ils lui cèdent le pas sans difficulté. Ainsi les grandes républiques traitent avec les rois d'égal à égal, malgré la prééminence qu'elles leur cèdent aujourd'hui. Ainsi tout vrai souverain devrait-il traiter avec le plus puissant monarque, puisqu'il est aussi bien souverain et indépendant que lui. (Voyez ci-dessus le § 37 de ce livre.)

§ 175. — *Des traités inégaux et des alliances inégales.*

Les *traités inégaux* sont ceux dans lesquels les alliés ne se promettent pas les mêmes choses, ou l'équivalent; et l'*alliance* est *inégale*, en tant qu'elle met de la différence dans la dignité des parties contractantes. Il est vrai que le plus souvent un traité inégal sera en même temps une alliance inégale, les grands potentats n'ayant guère accoutumé de donner plus qu'on ne leur donne, de promettre plus qu'on ne leur promet, s'ils n'en sont récompensés du côté de la gloire et des honneurs; ou au contraire, un Etat plus faible ne se soumettant point à des conditions onéreuses, sans être obligé de reconnaître aussi la supériorité de son allié.

Ces traités inégaux, qui sont en même temps des alliances inégales, se divisent en deux espèces : la première de ceux *où l'inégalité se trouve du côté de la puissance la plus considérable;* la seconde comprend les traités *dont l'inégalité est du côté de la puissance inférieure.*

Dans la première espèce, sans attribuer au plus puissant aucun droit sur le plus faible, on lui donne seulement une supériorité d'honneurs et de considération. Nous en avons parlé dans le livre I, § 5. Souvent un grand monarque, voulant attacher à ses intérêts un Etat plus faible, lui fait des conditions avantageuses, lui promet des secours gratuits, ou plus grands que ceux qu'il stipule pour lui-même; mais il s'attribue en même temps une supériorité de dignité, il exige des respects de son allié. C'est ce dernier point qui fait l'*alliance inégale*. C'est à quoi il faut bien prendre garde; car on ne doit pas confondre avec ces alliances, celles dans lesquelles on traite d'égal à égal, quoique le plus puissant des alliés, par des raisons particulières, donne plus qu'il ne reçoit, promette des secours gratuits, sans les exiger tels, des secours plus considérables, ou même l'assistance de toutes ses forces : ici l'alliance est *égale*, mais le traité est *inégal;* si toutefois il n'est pas vrai de dire, que celui qui donne le plus ayant un plus grand intérêt à conclure le traité, cette considération y ramène l'égalité. C'est ainsi que la France se trouvant embarrassée dans une grande guerre avec la maison d'Autriche, et le cardinal de RICHELIEU voulant abaisser cette puissance formidable, en ministre habile, il fit avec GUSTAVE-ADOLPHE un traité dont tout l'avantage paraissait être du côté de la Suède. A ne regarder qu'aux stipulations, on eût dit le traité *inégal;* mais les fruits qu'en tira la France compensèrent largement cette inégalité. L'alliance de la France avec les Suisses est encore un traité *inégal*, si l'on s'arrête aux stipulations. Mais la valeur des troupes suisses y a remis dès long-temps l'égalité. La différence des intérêts et des besoins l'y rappelle encore. La France, souvent impliquée dans des guerres sanglantes, a reçu des Suisses des services essentiels : le corps helvétique, sans ambition, sans esprit de conquêtes, peut vivre en paix avec tout le monde ; il n'a rien à craindre, depuis qu'il a fait sentir aux ambitieux que l'amour de la liberté donne à la Nation des forces suffisantes pour la défense de ses frontières. Cette alliance a pu, en certains temps, paraître *inégale*. Nos aïeux étudiaient peu le cérémonial. Mais dans la réalité, et surtout depuis que l'absolue indépendance des Suisses est reconnue de l'empire même, l'alliance est certainement *égale;* quoique le corps helvétique défère sans difficulté au roi de France toute la prééminence que l'usage moderne de l'Europe attribue aux têtes couronnées, et surtout aux grands monarques.

Les traités où *l'inégalité se trouve du côté de la puissance inférieure*, c'est-à-dire, ceux qui imposent au plus faible des obligations plus étendues, de plus grandes charges, ou qui l'astreignent à des choses pesantes et désagréables ; ces *traités inégaux*, dis-je, sont toujours en même temps des *alliances inégales*. Car il n'arrive point que le plus faible se soumette à des conditions onéreuses, sans qu'il soit obligé aussi de reconnaître la supériorité de son allié. Ces conditions sont d'ordinaire imposées par le vainqueur ou dictées par la nécessité, qui oblige un Etat faible à rechercher la protection ou l'assistance d'un autre puissant ; et par là même il reconnaît son infériorité. D'ailleurs, cette inégalité forcée, dans un traité d'alliance, le ravale et déprime sa dignité, en même temps qu'elle relève celle de l'allié plus puissant. Il arrive encore que le plus faible ne pouvant promettre les mêmes secours que le plus puissant, il faut qu'il en fasse la compensation par des engagements, qui l'abaissent au-dessous de son allié, souvent même qui le soumettent, à divers égards, à sa volonté. De cette espèce sont tous les traités où le plus faible s'engage seul à ne point faire la guerre sans le consentement du plus fort, à avoir les mêmes amis et les mêmes ennemis que lui, à maintenir et respecter sa majesté, à n'avoir point de places fortes en certains lieux, à ne point commercer ni lever des soldats en certains pays libres, à livrer ses vaisseaux de guerre et à n'en point construire d'autres, comme firent les Carthaginois envers les Romains ; à n'entretenir qu'un certain nombre de troupes, etc.

Ces *alliances inégales* se subdivisent encore en deux espèces : ou *elles donnent quelque atteinte à la souveraineté*, ou *elles n'y donnent aucune atteinte*. Nous en avons touché quelque chose aux chapitres I et XVI du liv. I.

La souveraineté subsiste en son entier, lorsque aucun des droits qui la constituent n'est transporté à l'allié supérieur, ou rendu dépendant de sa volonté, dans l'exercice qui s'en peut faire. Mais la souveraineté reçoit une atteinte, quand quelqu'un de ses droits est cédé à un allié, ou même si l'exercice en est simplement rendu dépendant de la volonté de cet allié. Par exemple, le traité ne donne aucune atteinte à la souveraineté, si l'Etat plus faible promet seulement de ne point attaquer une certaine Nation sans le consentement de son allié. Par là il ne se dépouille point de son droit, il n'en soumet pas non plus l'exercice, il consent seulement à une restriction en faveur de son allié ; et de cette manière il ne diminue pas plus sa liberté qu'on ne la diminue nécessairement dans toute sorte de promesses. Tous les jours on s'engage à de pareilles réserves dans des alliances parfaitement égales. Mais s'engager à ne faire la guerre à qui que ce soit sans le consentement ou la permission d'un allié, qui, de son côté, ne fait pas la même promesse, c'est contracter une alliance inégale, avec diminution de la souveraineté ; car c'est se priver d'une des parties les plus importantes du souverain pouvoir, ou en soumettre l'exercice à la volonté d'autrui. Les Carthaginois ayant promis, dans le traité qui termina la seconde guerre punique, de ne faire la guerre à personne sans le consentement du peuple romain, dèslors, et par cette raison, ils furent considérés comme dépendants des Romains.

§ 176. — *Comment une alliance avec diminution de souveraineté peut annuler des traités précédents.*

Lorsqu'un peuple est forcé de recevoir la loi, il peut légitimement renoncer à ses traités précédents, si celui à qui il est contraint de s'allier l'exige de lui. Comme il perd alors une partie de sa souveraineté, ses traités anciens tombent avec la puissance qui les avait conclus. C'est une nécessité qui ne peut lui être imputée ; et, puisqu'il aurait bien le droit de se soumettre absolument lui-même, de renoncer à son souverain s'il le fallait pour se sauver, à plus forte raison a-t-il, dans la même nécessité, celui d'abandonner ses alliés. Mais un peuple généreux épuisera toutes ses ressources avant que de subir une loi si dure et si humiliante.

§ 177. — *On doit éviter autant qu'il se peut de faire de pareilles alliances.*

En général, toute Nation devant être jalouse de sa gloire, soigneuse de maintenir sa dignité et de conserver son indépendance, elle ne doit se porter qu'à l'extrémité, ou par les raisons les plus importantes, à contracter une alliance inégale. Ceci regarde surtout les traités où l'inégalité se trouve du côté de l'allié le plus faible, et plus encore ces alliances inégales, qui donnent atteinte à la souveraineté. Les gens de cœur ne les reçoivent que des mains de la nécessité.

§ 178. — *Devoirs mutuels des Nations à l'égard des alliances inégales.*

Quoi qu'en dise une politique intéressée, il faut ou soustraire absolument les souverains à l'autorité de la loi naturelle, ou convenir qu'il ne leur est pas permis d'obliger, sans de justes raisons, les Etats plus faibles à compromettre leur dignité, moins encore leur liberté, dans une alliance inégale. Les Nations se doivent les mêmes secours, les mêmes égards, la même amitié que les particuliers vivant dans l'état de nature. Loin de chercher à avilir les faibles, à les dépouiller de leurs avantages les plus précieux, elles respecteront, elles maintiendront leur dignité et leur liberté, si la vertu les inspire plutôt que l'orgueil, si elles sont plus touchées de l'honnêteté que d'un grossier intérêt; que dis-je? si elles sont assez éclairées pour connaître leurs véritables intérêts. Rien n'affermit plus sûrement la puissance d'un grand monarque que ses égards pour tous les souverains. Plus il ménage les faibles et plus il leur témoigne d'estime, plus ils le révèrent; ils aiment une puissance qui ne leur fait sentir sa supériorité que par ses bienfaits; ils s'attachent à elle comme à leur soutien : le monarque devient l'arbitre des Nations. Il eût été l'objet de leur jalousie et de leurs craintes, s'il se fût comporté orgueilleusement, et peut-être eût-il un jour succombé sous leurs efforts réunis.

§ 179. — *Dans celles qui sont inégales du côté le plus haut.*

Mais comme le faible doit accepter avec reconnaissance, dans le besoin, l'assistance du plus puissant, et ne point lui refuser des honneurs, des déférences qui flattent celui qui les reçoit sans avilir celui qui les rend, rien aussi n'est plus conforme à la loi naturelle qu'une assistance donnée généreusement par l'Etat le plus puissant, sans exiger de retour, ou au moins sans en exiger d'équivalent. Et il arrive encore ici, que l'utile se trouve dans la pratique du devoir. La bonne politique ne permet point qu'une grande puissance souffre l'oppression des petits Etats de son voisinage. Si elle les abandonne à l'ambition d'un conquérant, celui-ci lui deviendra bientôt formidable à elle-même. Aussi les souverains, pour l'ordinaire assez fidèles à leurs intérêts, ne manquent-ils guère à cette maxime. De là ces ligues, tantôt contre la maison d'Autriche, tantôt contre sa rivale, suivant que la puissance de l'une ou de l'autre devient prédominante; de là cet équilibre, objet perpétuel de négociation et de guerre.

Lorsqu'une Nation faible et pauvre a besoin d'une autre espèce d'assistance, lorsqu'elle est dans la disette, nous avons vu (§ 5) que celles qui ont des vivres doivent lui en fournir à juste prix. Il sera beau de les lui donner à vil prix, de lui en faire présent si elle n'a pas de quoi les payer. Les lui faire acheter par une *alliance inégale*, et surtout aux dépens de sa liberté, la traiter comme Joseph traita autrefois les Egyptiens, ce serait une dureté presque aussi révoltante que de la laisser périr de faim.

§ 180. — *Comment l'inégalité des traités et des alliances peut se trouver conforme à la loi naturelle.*

Mais il est des cas où l'inégalité des traités et des alliances, dictée par quelque raison particulière, n'est point contraire à l'équité, ni par conséquent à la loi naturelle. Ces cas sont en général tous ceux dans lesquels les devoirs d'une Nation envers elle-même, ou ses devoirs envers les autres, l'invitent à s'écarter de l'égalité. Par exemple, un Etat faible veut, sans nécessité, construire une forteresse, qu'il ne sera pas capable de défendre, dans un lieu où elle deviendrait très dangereuse à son voisin, si jamais elle tombait entre les mains d'un ennemi puissant. Ce voisin peut s'opposer à la construction de la forteresse; et s'il ne lui convient pas de payer la complaisance qu'il demande, il peut l'obtenir en menaçant de rompre, de son côté, les chemins de communication, d'interdire tout commerce, de bâtir des forteresses, ou de tenir une armée sur la frontière, de regarder ce petit Etat comme suspect, etc. Il impose aussi une condition inégale, mais le soin de sa propre sûreté l'y autorise. De même il peut s'opposer à la construction d'un grand chemin, qui ouvrirait à l'ennemi l'entrée de ses Etats. La guerre pourrait nous fournir quantité d'autres exemples. Mais on abuse souvent d'un droit de cette nature; il faut autant de modération que de prudence, pour éviter de le tourner en oppression.

Les devoirs envers autrui conseillent aussi quelquefois et autorisent l'inégalité dans un sens contraire, sans que pour cela le souverain puisse être accusé de se manquer à soi-même ou à son peuple. Ainsi la reconnaissance, le désir de marquer sa sensibilité pour un bienfait, portera un souverain généreux à s'allier avec joie, et à donner dans le traité plus qu'il ne reçoit.

§ 181. — *De l'inégalité imposée par forme de peine.*

On peut encore avec justice imposer les conditions d'un traité inégal ou même d'une alliance inégale, par forme de peine, pour punir un injuste agresseur, et le mettre hors d'état (23) de nuire aisément dans la suite. Tel fut le traité auquel Scipion, le premier

---

(23) Cette raison est la seule vraie et la seule juste. Aussi suffit-elle. La *forme de peine* ne ferait que la gâter. *D.*

Africain, força les Carthaginois, après qu'il eut vaincu Hannibal. Le vainqueur donne souvent des lois pareilles; par là il ne blesse ni la justice, ni l'équité, s'il demeure dans les bornes de la modération après qu'il a triomphé dans une guerre juste et nécessaire.

§ 182. — *Autres espèces, dont on a parlé ailleurs.*

Les différents traités de protection, ceux par lesquels un Etat se rend tributaire ou feudataire d'un autre, tous ces traités, dis-je, forment autant d'espèces d'alliances inégales. Mais nous ne répèterons point ici ce que nous en avons dit aux chap. I et XVI du liv. I.

§ 183. — *Des traités personnels, et des traités réels.*

Par une autre division générale des traités ou des alliances, on les distingue en *alliances personnelles* et *alliances réelles*. Les premières sont celles qui se rapportent à la personne des contractants, qui y sont restreintes et pour ainsi dire attachées. Les alliances *réelles* se rapportent uniquement aux choses dont on traite, sans dépendance de la personne des contractants.

L'*alliance personnelle* expire avec celui qui l'a contractée.

L'*alliance réelle* est attachée au corps même de l'Etat, et subsiste autant que l'Etat, si on n'a pas marqué le temps de sa durée.

Il est très important de ne pas confondre ces deux sortes d'alliances. Aussi les souverains ont-ils assez accoutumé aujourd'hui de s'expliquer dans leurs traités de manière à ne laisser aucune incertitude à cet égard; et c'est sans doute le meilleur et le plus sûr. Au défaut de cette précaution, la matière même du traité, ou les expressions dans lesquelles il est conçu, peuvent fournir les moyens de reconnaître s'il est *réel*, ou *personnel*. Donnons là-dessus quelques règles générales.

§ 184. — *Le nom des contractants, inséré dans le traité, ne le rend pas personnel.*

Premièrement, de ce que les souverains qui contractent sont nommés dans le traité, il n'en faut pas conclure que le traité soit personnel. Car souvent on y insère le nom du souverain qui gouverne actuellement, dans la seule vue de montrer avec qui on l'a conclu, et non point pour donner à entendre qu'on ait traité avec lui personnellement. C'est une observation des jurisconsultes Pedius et Ulpien (a), répétée par tous les auteurs.

§ 185. — *Une alliance faite par une république est* réelle.

Toute alliance faite par une république est *réelle* de sa nature; car elle se rapporte uniquement au corps de l'Etat. Quand un peuple libre, un Etat populaire, ou une république aristocratique, fait un traité, c'est l'Etat même qui contracte; ses engagements ne dépendent point de la vie de ceux qui n'en ont été que les instruments : les membres du peuple, ou de la régence, changent et se succèdent; l'Etat est toujours le même.

Puis donc qu'un pareil traité regarde directement le corps de l'Etat, il subsiste, quoique la forme de la république vienne à changer; quand même elle se transformerait en monarchie. Car l'Etat et la Nation sont toujours les mêmes, quelque changement qui se fasse dans la forme du gouvernement; et le traité fait avec la Nation demeure en force, tant que la Nation existe. Mais il est manifeste qu'il faut excepter de la règle tous les traités qui se rapportent à la forme du gouvernement. Ainsi deux Etats populaires, qui ont traité expressément, ou qui paraissent évidemment avoir traité dans la vue de se maintenir de concert dans leur état de liberté et de gouvernement populaire, cessent d'être alliés, au moment que l'un des deux s'est soumis à l'empire d'un seul.

§ 186. — *Des traités conclus par des rois ou d'autres monarques.*

Tout traité public conclu par un roi, ou par tout autre monarque, est un traité de l'Etat; il oblige l'Etat

---

(a) Digest., lib. II, tit. XIV. *De Pactis*, leg. VII, § 8.

entier, la Nation, que le roi représente et dont il exerce le pouvoir et les droits. Il semble donc d'abord que tout traité public doive être présumé réel, comme concernant l'Etat lui-même. Il n'y a pas de doute sur l'obligation d'observer le traité, il s'agit seulement de sa durée. Or, il y a souvent lieu de douter si les contractants ont prétendu étendre les engagements réciproques au-delà de leur vie, et lier leurs successeurs. Les conjonctures changent; une charge, aujourd'hui légère, peut devenir insupportable, ou trop onéreuse, en d'autres circonstances; la façon de penser des souverains ne varie pas moins; et il est des choses dont il convient que chaque prince puisse disposer librement, suivant son système. Il en est d'autres que l'on accordera volontiers à un roi, et que l'on ne voudrait pas permettre à son successeur. Il faut donc chercher dans les termes du traité, ou dans la matière qui en fait l'objet, de quoi découvrir l'intention des contractants.

§ 187. — *Traités perpétuels, ou pour un temps certain.*

Les traités perpétuels, ou faits pour un temps déterminé, sont des traités réels, puisque leur durée ne peut dépendre de la vie des contractants.

§ 188. — *Traités faits pour un roi et ses successeurs.*

De même, lorsqu'un roi déclare dans le traité, qu'il le fait *pour lui et ses successeurs*, il est manifeste que le traité est *réel*. Il est attaché à l'Etat, et fait pour durer autant que le royaume même.

§ 189. — *Traité fait pour le bien du royaume.*

Lorsqu'un traité porte expressément, qu'il est fait *pour le bien du royaume*, c'est un indice manifeste que les contractants n'ont point prétendu en faire dépendre la durée du royaume même; le traité est donc *réel*.

Indépendamment même de cette déclaration expresse, lorsqu'un traité est fait pour procurer à l'Etat un avantage toujours subsistant, il n'y a aucune raison de croire que le prince qui l'a conclu ait voulu en limiter la durée à celle de sa vie. Un pareil traité doit donc passer pour réel, à moins que des raisons très fortes ne fassent voir que celui avec qui on l'a conclu n'a accordé ce même avantage dont il s'agit, qu'en considération de la personne du prince alors régnant, et comme une faveur personnelle; auquel cas le traité finit avec la vie de ce prince, la raison de la concession expirant avec lui. Mais cette réserve ne se présume pas aisément; car il semble que si on l'eût eue dans l'esprit, on devait l'exprimer dans le traité.

§ 190. — *Comment se forme la présomption, dans les cas douteux.*

En cas de doute, lorsque rien n'établit clairement ou la personnalité, ou la réalité d'un traité, on doit le présumer réel s'il roule sur des choses favorables, et personnel en matières odieuses. Les choses favorables sont ici celles qui tendent à la commune utilité des contractants, et qui favorisent également les deux parties; les choses odieuses sont celles qui chargent une partie seule, ou qui la chargent beaucoup plus que l'autre. Nous en parlerons plus au long dans le chapitre de l'interprétation des traités. Rien n'est plus conforme que cette règle à la raison et à l'équité. Dès que la certitude manque dans les affaires des hommes, il faut avoir recours aux présomptions. Or, si les contractants ne se sont pas expliqués, il est naturel, quand il s'agit de choses favorables également avantageuses aux deux alliés, de penser que leur intention a été de faire un traité *réel*, comme plus utile à leurs royaumes, et si l'on se trompe en le présumant ainsi, on ne fait tort ni à l'un ni à l'autre. Mais si les engagements ont quelque chose d'odieux, si un des Etats contractants s'en trouve surchargé, comment présumer que le prince qui a pris de pareils engagements, ait voulu imposer ce fardeau à perpétuité sur son royaume? Tout souverain est présumé vouloir le salut et l'avantage de l'Etat qui lui est confié; on ne peut donc supposer qu'il ait consenti à le charger pour toujours d'une obligation onéreuse. Si la nécessité lui en faisait une loi, c'était à son allié de le faire expliquer clairement; et il est probable que celui-ci n'y eût pas manqué, sachant que les hommes, et particulièrement les souverains, ne se soumettent guère à des charges pesantes et désagréables, s'ils n'y sont formellement obligés. S'il arrive donc que la présomption trompe et lui fasse perdre quelque chose de son droit, c'est par une suite de sa négligence. Ajoutons que si l'un ou l'autre doit perdre de son droit, l'équité sera moins blessée par la perte que celui-ci fera d'un gain, qu'elle ne le serait par le dommage que l'on causerait à l'autre : c'est la fameuse distinction, *de lucro captando, et de damno vitando*.

On met sans difficulté les traités égaux de commerce au nombre des matières favorables, puisqu'ils sont en général avantageux et très conformes à la loi naturelle. Pour ce qui est des alliances faites pour la guerre, GROTIUS dit avec raison, que *les alliances défensives tiennent plus du favorable; et que les alliances offensives ont quelque chose qui approche davantage de l'onéreux ou de l'odieux* (a).

Nous ne pouvons nous dispenser de toucher en peu de mots ces discussions, pour ne point laisser ici un vide choquant. Au reste, elles ne sont plus guère d'usage dans la pratique; les souverains observent généralement aujourd'hui la sage précaution de déterminer clairement la durée de leurs traités. Ils traitent *pour eux et leurs successeurs, pour eux et leurs royaumes, à perpétuité, pour un certain nombre d'années, etc.* Ou bien ils traitent pour le temps de leur règne seulement, pour une affaire qui leur est propre, pour leur famille, etc.

(a) *Droit de la guerre et de la paix*, liv. II, chap. XVI, § XVI.

§ 191. — *Que l'obligation et le droit résultant d'un traité réel passent aux successeurs.*

Puisque les traités publics, même personnels, conclus par un roi, ou par tout autre souverain qui en a le pouvoir, sont traités de l'Etat, et obligent la Nation entière (§ 186), les traités réels, faits pour subsister indépendamment de la personne qui les a conclus, obligent sans doute les successeurs. L'obligation qu'ils imposent à l'Etat passe successivement à tous ses conducteurs, à mesure qu'ils prennent en main l'autorité publique. Il en est de même des droits acquis par ces traités. Ils sont acquis à l'Etat, et passent à ses conducteurs successifs.

C'est aujourd'hui une coutume assez générale, que le successeur confirme ou renouvelle les alliances même *réelles*, conclues par ses prédécesseurs : et la prudence veut que l'on ne néglige pas cette précaution; puisque enfin les hommes font plus de cas d'une obligation qu'ils ont eux-mêmes contractée expressément, que de celle qui leur est imposée d'ailleurs, ou dont ils ne sont chargés que tacitement. C'est qu'ils croient leur parole engagée dans la première, et leur conscience seulement dans les autres.

§ 192. — *Des traités accomplis une fois pour toutes, et consommés.*

Les traités qui ne concernent point des prestations réitérées, mais des actes transitoires, uniques, et qui se consomment tout-d'un-coup; ces traités, si toutefois on n'aime mieux les appeler d'un autre nom (*voyez le* § 153), ces conventions, ces pactes, qui s'accomplissent une fois pour toutes, et non par des actes successifs, dès qu'ils ont reçu leur exécution, sont des choses consommées et finies. S'ils sont valides, ils ont de leur nature un effet perpétuel et irrévocable; on ne les a point en vue quand on recherche si un traité est réel ou personnel. PUFFENDORFF (a) nous donne

---

(a) *Droit de la nature et des gens*, liv. VIII, chap. IX, § VIII.

pour règles dans cette recherche : 1° *Que les successeurs doivent garder les traités de paix faits par leurs prédécesseurs.* 2° *Qu'un successeur doit garder toutes les conventions légitimes par lesquelles son prédécesseur a transféré quelque droit à un tiers.* C'est visiblement sortir de la question : c'est dire seulement que ce qui est fait validement par un prince, ne peut être annulé par son successeur. Qui en doute? Le traité de paix est, de sa nature, fait pour durer perpétuellement : dès qu'une fois il est dûment conclu et ratifié, c'est une affaire consommée, il faut l'accomplir de part et d'autre, et l'observer selon sa teneur. S'il s'exécute sur-le-champ, tout est fini. Que si le traité contient des engagements à quelques prestations successives et réitérées, il sera toujours question d'examiner, suivant les règles que nous venons de donner, s'il est, à cet égard, *réel* ou *personnel*, si les contractants ont prétendu obliger leurs successeurs à ces prestations, ou s'ils ne les ont promises que pour le temps de leur règne seulement. De même, aussitôt qu'un droit est transféré par une convention légitime, il n'appartient plus à l'Etat qui l'a cédé : l'affaire est conclue et terminée. Que si le successeur trouve quelque vice dans l'acte, et le prouve, ce n'est pas prétendre que la convention ne l'oblige pas, et refuser de l'accomplir; c'est montrer qu'elle n'a point été faite, car un acte vicieux est invalide et nul, et comme non avenu.

§ 193. — *Des traités déjà accomplis d'une part.*

La troisième règle de PUFFENDORFF n'est pas moins inutile à la question. Elle porte : *Que si l'autre allié ayant déjà exécuté quelque chose à quoi il était tenu en vertu du traité, le roi vient à mourir avant que d'avoir effectué à son tour ce à quoi il s'était engagé, son successeur doit indispensablement y suppléer. Car ce que l'autre allié a exécuté sous condition de recevoir l'équivalent, ayant tourné à l'avantage de l'Etat, ou du moins ayant été fait dans cette vue, il est clair que si l'on n'effectue pas ce qu'il avait stipulé, il acquiert alors le même droit qu'un homme qui a payé ce qu'il ne devait pas, et qu'ainsi le successeur est tenu ou de le dédommager entièrement de ce qu'il a fait ou donné, ou de tenir lui-même ce à quoi son prédécesseur s'était engagé.* Tout cela, dis-je, est étranger à notre question. Si l'alliance est réelle, elle subsiste malgré la mort de l'un des contractants; si elle est personnelle, elle expire avec eux ou avec l'un des deux (§ 183). Mais lorsqu'une alliance personnelle vient à finir de cette manière, de savoir à quoi l'un des Etats alliés est tenu au cas que l'autre ait déjà exécuté quelque chose en vertu du traité, c'est une autre question qui se décide par d'autres principes. Il faut distinguer la nature de ce qui a été fait en accomplissement du traité. Si ce sont de ces prestations déterminées et certaines, que l'on se promet réciproquement par manière d'échange, ou d'équivalent, il est hors de doute que celui qui a reçu doit donner ce qui avait été promis en retour, s'il veut tenir l'accord, et s'il est obligé à le tenir; s'il n'y est pas obligé, et s'il ne veut pas le tenir, il doit restituer ce qu'il a reçu, remettre les choses dans leur premier état, ou dédommager l'allié qui a donné. En user autrement, ce serait retenir le bien d'autrui. C'est le cas d'un homme, non qui a payé ce qu'il ne devait pas, mais qui a payé d'avance une chose, laquelle ne lui a pas été livrée. Mais s'il s'agissait, dans le traité personnel, de prestations incertaines et contingentes, qui s'accomplissent dans l'occasion, de ces promesses qui n'obligent à rien si le cas de les remplir ne se présente pas, le réciproque, le retour de semblables prestations, n'est dû que pareillement aussi dans l'occasion; et le terme de l'alliance arrivé, personne n'est plus tenu à rien. Dans une alliance défensive, par exemple, deux rois se seront promis réciproquement un secours gratuit, pour le temps de leur vie. L'un se trouve attaqué; il est secouru par son allié, et meurt avant que d'avoir eu occasion de le secourir à son tour. L'alliance est finie, et le successeur du mort n'est tenu à rien, si ce n'est qu'il doit assurément de la reconnaissance au souverain qui a donné à son Etat un secours salutaire. Et il ne faut pas croire que, de cette manière, l'allié qui a donné du secours, sans en recevoir, se trouve lésé dans l'alliance. Son traité était un de ces contrats aventuriers, dont les avantages ou les désavantages, dépendent de la fortune : il pouvait y gagner, comme il y a perdu.

On pourrait faire ici une autre question. L'alliance personnelle expirant à la mort de l'un des alliés, si le survivant, dans l'idée qu'elle doit subsister avec le successeur, remplit le traité à son égard, défend son pays, sauve quelqu'une de ses places, ou fournit des vivres à son armée, que fera le souverain ainsi secouru? Il doit, sans doute, ou laisser en effet subsister l'alliance, comme l'allié de son prédécesseur a cru qu'elle devait subsister, et ce sera un renouvellement tacite, une extension du traité ; ou il doit payer le service réel qu'il a reçu, suivant une juste estimation de son importance, s'il ne veut pas continuer dans cette alliance. Ce serait alors le cas de dire avec PUFFENDORFF, que celui qui a rendu un pareil service aquiert le droit d'un homme qui a payé ce qu'il ne devait pas.

§ 194. — *L'alliance personnelle expire, si l'un des contractants cesse de régner.*

La durée d'une alliance personnelle étant restreinte à la personne des souverains contractants, si l'un des deux cesse de régner, par quelque cause que ce puisse être, l'alliance expire. Car ils ont contracté en qualité de souverains ; et celui qui cesse de régner, n'existe plus comme souverain, quoiqu'il vive encore en sa qualité d'homme.

§ 195. — *Traités personnels de leur nature.*

Les rois ne traitent pas toujours uniquement et directement pour leur royaume ; quelquefois, en vertu du pouvoir qu'ils ont en main, ils font des traités relatifs à leur personne, ou à leur famille; ils peuvent les faire légitimement, la sûreté et l'avantage bien entendu du souverain étant du bien de l'Etat. Ces traités sont personnels de leur nature, et s'éteignent avec le roi ou avec sa famille. Telle est une alliance faite pour la défense d'un roi et de sa famille.

§ 196. — *D'une alliance faite pour la défense du roi et de la famille royale.*

On demande si cette alliance subsiste avec le roi et la famille royale, lorsque par quelque révolution, ils sont privés de la couronne? Nous avons fait remarquer tout à l'heure (§ 194), qu'une alliance personnelle expire avec le règne de celui qui l'a contractée. Mais cela s'entend d'une alliance avec l'Etat, limitée, quant à sa durée, au règne du roi contractant. Celle dont il s'agit ici est d'une autre nature. Quoiqu'elle lie l'Etat, puisque tous les actes publics du souverain le lient, elle est faite directement en faveur du roi et de sa famille; il serait absurde qu'elle finît au moment qu'ils en ont besoin, et par l'événement contre lequel elle a été faite. D'ailleurs, un roi ne perd pas sa qualité, par cela seul qu'il perd la possession de son royaume. S'il en est dépouillé injustement par un usurpateur, ou par des rebelles, il conserve ses droits, au nombre desquels sont ses alliances.

Mais qui jugera si un roi est dépouillé légitimement, ou par violence? Une Nation indépendante ne reconnaît point de juge. Si le corps de la Nation déclare le roi déchu de son droit par l'abus qu'il en a voulu faire, et le dépose, il peut le faire avec justice, lorsque ses griefs sont fondés; et il n'appartient à aucune autre puissance d'en juger. L'allié personnel de ce roi ne doit donc point l'assister contre la Nation, qui a usé de son droit en le déposant: s'il l'entreprend, il fait injure à cette Nation. L'Angleterre déclara la guerre à Louis XIV, en 1688, parce qu'il soutenait les intérêts de Jacques II, déposé dans les formes par la Nation.

Elle la lui déclara une seconde fois, au commencement du siècle, parce que ce prince reconnut sous le nom de Jacques III, le fils du roi déposé. Dans les cas douteux, et lorsque le corps de la Nation n'a pas prononcé, ou n'a pu prononcer librement, on doit naturellement soutenir et défendre un allié ; et c'est alors que le droit des gens *volontaire* règne entre les Nations. Le parti qui a chassé le roi, prétend avoir le droit de son côté ; ce roi malheureux et ses alliés se flattent du même avantage ; et comme ils n'ont point de commun juge sur la terre, il ne leur reste que la voie des armes pour terminer leur différend ; ils se font une guerre en forme.

Enfin, lorsque la puissance étrangère a rempli de bonne foi ses engagements envers un monarque infortuné, lorsqu'elle a fait pour sa défense, ou pour son établissement, tout ce à quoi elle était obligée en vertu de l'alliance, si ses efforts sont infructueux, le prince dépouillé ne peut exiger qu'elle soutienne en sa faveur une guerre sans fin, qu'elle demeure éternellement ennemie de la Nation ou du souverain qui l'a privé du trône. Il faut un jour penser à la paix, abandonner un allié, et le considérer comme ayant lui-même abandonné son droit par nécessité. Ainsi Louis XIV fut obligé d'abandonner Jacques II et de reconnaître le roi Guillaume, quoiqu'il l'eût d'abord traité d'usurpateur.

§ 197. — *A quoi oblige une alliance réelle, quand le roi allié est chassé du trône.*

La même question se présente dans les alliances *réelles*, et en général dans toute alliance faite avec un Etat, et non en particulier avec un roi, pour la défense de sa personne. On doit sans doute défendre son allié contre toute invasion, contre toute violence étrangère, et même contre des sujets rebelles ; on doit de même défendre une république contre les entreprises d'un oppresseur de la liberté publique. Mais on doit se souvenir qu'on est allié de l'Etat, ou de la Nation, et non pas son juge. Si la Nation a déposé son roi dans les formes; si le peuple d'une république a chassé des magistrats et s'est mis en liberté, ou s'il a reconnu l'autorité d'un usurpateur, soit expressément, soit tacitement, s'opposer à ces dispositions domestiques, en contester la justice ou la validité, ce serait s'ingérer dans le gouvernement de la Nation, et lui faire injure. (*Voy. les §§ 54 et suivants de ce livre.*) L'allié demeure allié de l'Etat, malgré le changement qui y est arrivé. Toutefois si ce changement lui rend l'alliance inutile, dangereuse, ou désagréable, il est le maître d'y renoncer. Car il peut dire avec fondement, qu'il ne se serait pas allié à cette Nation, si elle eût été sous la forme présente de son gouvernement.

Disons encore ici ce que nous venons de dire d'un allié personnel. Quelque juste que fût la cause d'un roi chassé du trône, soit par ses sujets, soit par un usurpateur étranger, ses alliés ne sont point obligés de soutenir en sa faveur une guerre éternelle. Après d'inutiles efforts pour le rétablir, il faut enfin qu'ils donnent la paix à leurs peuples, qu'ils s'accommodent avec l'usurpateur, et pour cet effet qu'ils traitent avec lui, comme avec un souverain légitime. Louis XIV épuisé par une guerre sanglante et malheureuse, offrit à Gertruidenberg d'abandonner son petit-fils, qu'il avait placé sur le trône d'Espagne; et quand les affaires eurent changé de face, CHARLES d'Autriche, rival de PHILIPPE, se vit à son tour abandonné de ses alliés. Ils se lassèrent d'épuiser leurs Etats pour le mettre en possession d'une couronne qu'ils croyaient lui être due, mais qu'il n'y avait plus d'apparence de pouvoir lui procurer.

CHAPITRE XIII.

De la dissolution et du renouvellement des traités.

§ 198. — *Extinction des alliances à terme.*

L'alliance prend fin, aussitôt que son terme est arrivé. Ce terme est quelquefois fixe, comme lorsqu'on s'allie pour un certain nombre d'années, et quelquefois incertain, comme dans les alliances personnelles, dont la durée dépend de la vie des contractants. Le terme est incertain encore, lorsque deux ou plusieurs souverains forment une alliance en vue de quelque affaire particulière; par exemple, pour chasser une Nation barbare d'un pays qu'elle aura envahi dans le voisinage, pour rétablir un souverain sur son trône, etc. Le terme de cette alliance est attaché à la consommation de l'entreprise pour laquelle elle a été formée. Ainsi, dans le dernier exemple, lorsque le souverain est rétabli, et si bien raffermi sur son trône qu'il peut y demeurer tranquille, l'alliance formée uniquement pour son rétablissement est finie. Mais si l'entreprise ne réussit point au moment où l'on reconnaît l'impossibilité de l'exécuter, l'alliance finit de même; car il faut bien renoncer à une entreprise, quand elle est reconnue impossible.

§ 199. — *Du renouvellement des traités.*

Un traité fait pour un temps peut se renouveler par le commun consentement des alliés, et ce consentement se manifeste, ou d'une manière expresse, ou tacitement. Lorsqu'on renouvelle expressément le traité, c'est comme si on en faisait un nouveau tout semblable.

Le renouvellement tacite ne se présume pas aisément; car des engagements de cette importance méritent bien un consentement exprès. On ne peut donc fonder le renouvellement tacite que sur des actes de telle nature, qu'ils ne peuvent être faits qu'en vertu du traité. Encore la chose n'est-elle pas alors sans difficulté; car, suivant les circonstances, et selon la nature des actes dont il s'agit, ils peuvent ne fonder qu'une simple continuation, qu'une extension du traité : ce qui est bien différent du renouvellement, quant au terme surtout. Par exemple, l'Angleterre a un traité de subsides avec un prince d'Allemagne, qui doit maintenir pendant dix ans un certain nombre de troupes à la disposition de cette couronne, à condition d'en recevoir chaque année une somme convenue. Les dix ans écoulés, le roi d'Angleterre fait compter la somme stipulée pour une année : son allié la reçoit. Le traité est bien continué tacitement pour une année; mais on ne peut pas dire qu'il soit renouvelé; car ce qui s'est passé cette année n'impose point d'obligation d'en faire autant pendant dix années de suite. Mais supposons qu'un souverain soit convenu avec un État voisin de lui donner un million, pour avoir droit de tenir garnison dans une de ses places pendant dix ans; le terme expiré, au lieu de retirer sa garnison, il délivre un nouveau million, et son allié l'accepte : le traité, en ce cas-là, est renouvelé tacitement.

Lorsque le terme du traité arrive, chacun des alliés est parfaitement libre, et peut accepter ou refuser le renouvellement, comme il le trouve à propos. Cependant il faut avouer qu'après avoir recueilli presque seul les fruits d'un traité, refuser, sans de grandes et justes raisons, de le renouveler, lorsqu'on croit n'en avoir plus besoin, et quand on prévoit que le temps est venu pour son allié d'en profiter à son tour, ce serait une conduite peu honnête, indigne de la générosité qui sied si bien aux souverains, et fort éloignée des sentiments de reconnaissance et d'amitié qui sont dus à un ancien et fidèle allié. Il n'est que trop ordinaire de voir les grandes puissances négliger dans leur élévation, ceux qui les ont aidées à y parvenir.

§ 200. — *Comment un traité se rompt quand il est violé par un des contractants.*

Les traités contiennent des promesses parfaites et réciproques. Si l'un des alliés manque à ses engagements, l'autre peut le contraindre à les remplir; c'est le droit que donne une promesse parfaite. Mais s'il n'a d'autre voie que celle des armes pour contraindre un allié à garder sa parole, il lui est quelquefois plus expédient de se dégager aussi de ses promesses, de rompre le traité ; et il est indubitablement en droit de le faire, n'ayant rien promis que sous la condition que son allié accomplirait de son côté toutes les choses auxquelles il s'est obligé. L'allié offensé, ou lésé dans ce qui fait l'objet du traité, peut donc choisir, ou de contraindre un infidèle à remplir ses engagements, ou de déclarer le traité rompu, par l'atteinte qui y a été donnée. C'est à la prudence, à une sage politique, de lui dicter dans l'occasion ce qu'il aura à faire.

§ 201. — *La violation d'un traité n'en rompt pas un autre.*

Mais lorsque des alliés ont ensemble deux ou plusieurs traités différents et indépendants l'un de l'autre, la violation de l'un des traités ne dégage point directement la partie lésée de l'obligation qu'elle a contractée dans les autres. Car les promesses contenues dans ceux-ci ne dépendent point de celles que renfermait le traité violé. Mais l'allié offensé peut menacer celui qui manque à un traité, de renoncer de son côté à tous les autres qui les lient ensemble, et effectuer sa menace, si l'autre n'en tient compte. Car si quelqu'un me ravit ou me refuse mon droit, je puis, dans l'état de nature, pour l'obliger à me faire justice (24), pour le punir, ou pour m'indemniser, le priver aussi de quelques-uns de ses droits, ou m'en saisir et le retenir, jusqu'à une entière satisfaction. Que si l'on vient à prendre les

---

(24) *Pour l'obliger à me faire justice, ou pour m'indemniser* suffit de reste, et autorise à tout. *Punir* est de trop ici, et n'aboutit à rien de bon. *D.*

armes, pour se faire raison de ce traité violé, l'offensé commence par dépouiller son ennemi de tous les droits qui lui étaient acquis par leurs traités, et nous verrons en parlant de la guerre, qu'il peut le faire avec justice.

§ 202. — *Que la violation du traité dans un article peut en opérer la rupture dans tous.*

Quelques-uns (*a*) veulent étendre ce que nous venons de dire, aux divers articles d'un traité qui n'ont point de liaison avec l'article qui a été violé, disant que l'on doit envisager ces différents articles comme autant de traités particuliers, conclus en même temps. Ils prétendent donc, que si l'un des alliés manque à un article du traité, l'autre n'est pas tout de suite en droit de rompre le traité entier; mais qu'il peut, ou refuser à son tour ce qu'il avait promis en vue de l'article violé, ou obliger son allié à remplir ses promesses, si cela se peut encore, sinon, à réparer le dommage ; et qu'à cette fin, il lui est permis de menacer de renoncer au traité entier, menace qu'il effectuera légitimement, si elle est méprisée. Telle est sans doute la conduite que la prudence, la modération, l'amour de la paix, et la charité, prescriront pour l'ordinaire aux Nations. Qui voudrait le nier, et avancer en furieux qu'il est permis aux souverains de courir tout de suite aux armes, ou seulement de rompre tout traité d'alliance et d'amitié pour le moindre sujet de plainte? Mais il s'agit ici du droit, et non de la marche qu'on doit tenir pour se faire rendre justice, et je trouve le principe sur lequel on fonde une pareille décision, absolument insoutenable. On ne peut envisager comme autant de traités particuliers et indépendants, les divers articles d'un même traité. Quoiqu'on ne voie point de liaison immédiate entre quelques-uns de ces articles, ils sont tous liés par ce rapport commun, que les contractants les passent en vue les uns des autres, par manière de compensation. Je n'aurais peut-être jamais

---

(*a*) Voyez Wolff. *Jus gent.*, § 432.

passé cet article, si mon allié n'en eût accordé un autre, qui, par sa matière, n'y a nul rapport. Tout ce qui est compris dans un même traité, a donc la force et la nature des promesses réciproques, à moins qu'il n'en soit formellement excepté. GROTIUS dit fort bien, que *tous les articles du traité ont force de condition, dont le défaut le rend nul* (a). Il ajoute, que *l'on met quelquefois cette clause, que la violation de quelqu'un des articles du traité ne le rompra point, afin qu'une des parties ne puisse pas se dédire de ses engagements pour la moindre offense.* La précaution est très sage et très conforme au soin que doivent avoir les Nations d'entretenir la paix et de rendre leurs alliances durables.

§ 203. — *Le traité périt avec un des contractants.*

De même qu'un traité personnel expire à la mort du roi, le traité réel s'évanouit si une des Nations alliées est détruite, c'est-à-dire, non-seulement si les hommes qui la composent viennent tous à périr, mais encore si elle perd, par quelque cause que ce soit, sa qualité de Nation ou de société politique indépendante. Ainsi quand un Etat est détruit, et le peuple, dispersé, ou quand il est subjugué par un conquérant, toutes ses alliances, tous ses traités périssent avec la puissance publique qui les avait contractés. Mais il ne faut point confondre ici les traités ou les alliances qui, portant l'obligation de prestations réciproques, ne peuvent subsister que par la conservation des puissances contractantes, avec ces contrats qui donnent un droit acquis et consommé, indépendant de toute prestation mutuelle. Si, par exemple, une Nation avait cédé à perpétuité à un prince voisin le droit de pêche dans une rivière, ou celui de tenir garnison dans une forteresse, ce prince ne perdrait point ses droits, quand même la Nation de qui il les a reçus viendrait à être subjuguée, ou à passer de quelque autre manière sous

---

(a) *Droit de la guerre et de la paix*, liv. II, chap. XV, § XV.

une domination étrangère. Ses droits ne dépendent point de la conservation de cette Nation; elle les avait aliénés, et celui qui l'a conquise n'a pu prendre que ce qui était à elle. De même les dettes d'une Nation, ou celles pour lesquelles un souverain a hypothéqué quelqu'une de ses villes ou de ses provinces, ne sont point anéanties par la conquête. Le roi de Prusse, en acquérant la Silésie par conquête et par le traité de *Breslau*, s'est chargé des dettes pour lesquelles cette province était engagée à des marchands anglais. En effet, il ne pouvait y conquérir que les droits de la maison d'Autriche, il ne pouvait prendre la Silésie que telle qu'elle se trouvait au moment de la conquête, avec ses droits et ses charges. Refuser de payer les dettes d'un pays que l'on subjugue, ce serait dépouiller les créanciers avec lesquels on n'est point en guerre.

§ 204. — *Des alliances d'un État qui a passé ensuite sous la protection d'un autre.*

Une Nation, ou un Etat quelconque, ne pouvant faire aucun traité contraire à ceux qui les lient actuellement (§ 165), il ne peut se mettre sous la protection d'un autre sans réserver toutes ses alliances, tous ses traités subsistants. Car la convention par laquelle un Etat se met sous la protection d'un autre souverain, est un traité (§ 175); s'il le fait librement, il doit le faire de manière que ce nouveau traité ne donne aucune atteinte aux anciens. Nous avons vu (§ 176) quel droit le soin de sa conservation lui donne, en cas de nécessité.

Les alliances d'une Nation ne sont donc point détruites, lorsqu'elle se met sous la protection d'une autre; à moins qu'elles ne soient incompatibles avec les conditions de cette protection : ses obligations subsistent envers ses anciens alliés; et ceux-ci lui demeurent obligés, tant qu'elle ne s'est pas mise hors d'état de remplir ses engagements envers eux.

Lorsque la nécessité contraint un peuple à se mettre

sous la protection d'une puissance étrangère, et à lui promettre l'assistance de toutes ses forces envers et contre tous, sans excepter ses alliés, ses anciennes alliances subsistent, autant qu'elles ne sont point incompatibles avec le nouveau traité de protection. Mais si le cas arrive qu'un ancien allié entre en guerre avec le protecteur, l'Etat protégé sera obligé de se déclarer pour ce dernier, auquel il est lié par des nœuds plus étroits, et par un traité qui déroge à tous les autres en cas de collision. C'est ainsi que les *Népésiniens* ayant été contraints de se rendre aux *Etruriens*, se crurent obligés dans la suite à tenir le traité de leur soumission, ou de leur capitulation, préférablement à l'alliance qu'ils avaient avec les Romains : *postquàm deditionis, quam societatis, fides sanctior erat*, dit TITE-LIVE (*a*).

§ 205. — *Traités rompus d'un commun accord.*

Enfin, comme les traités se font par le commun consentement des parties, ils peuvent se rompre aussi d'un commun accord par la volonté libre des contractants. Et quand même un tiers se trouverait intéressé à la conservation du traité, et souffrirait de sa rupture, s'il n'y est point intervenu, si on ne lui a rien promis directement, ceux qui se sont fait réciproquement des promesses qui tournent à l'avantage de ce tiers, peuvent s'en décharger réciproquement aussi, sans le consulter, et sans qu'il soit en droit de s'y opposer. Deux monarques se sont réciproquement promis de joindre leurs forces pour la défense d'une ville voisine ; cette ville profite de leurs secours, mais elle n'y a aucun droit ; et aussitôt que les deux monarques voudront s'en dispenser mutuellement, elle en sera privée, sans avoir aucun sujet de se plaindre, puisqu'on ne lui avait rien promis.

(*a*) Lib. VI, cap. X.

CHAPITRE XIV.

Des autres conventions publiques, de celles qui sont faites par les puissances inférieures, en particulier de l'accord appelé en latin sponsio, *et des conventions du souverain avec les particuliers.*

§ 206. — *Des conventions faites par les souverains.*

Les pactes publics, que l'on appelle conventions, accords, etc., quand ils sont faits entre souverains, ne diffèrent des traités que dans leur objet (§ 153). Tout ce que nous avons dit de la validité des traités, de leur exécution, de leur rupture, des obligations et des droits qu'ils font naître, etc., tout cela est applicable aux diverses conventions que les souverains peuvent faire entre eux. Traités, conventions, accords, ce sont tous engagements publics, à l'égard desquels il n'y a qu'un même droit et les mêmes règles. Nous ne tomberons point ici dans de fastidieuses répétitions. Il serait également inutile d'entrer dans le détail des diverses espèces de ces conventions, dont la nature est toujours la même, et qui ne diffèrent que dans la matière qui en fait l'objet.

§ 207. — *De celles qui se font par des puissances subalternes.*

Mais il est des conventions publiques, qui se font par les puissances subalternes, soit en vertu d'un mandement exprès du souverain, soit par le pouvoir de leur charge, dans les termes de leur commission, et suivant que le comporte ou l'exige la nature des affaires qui leur sont commises.

On appelle *puissances inférieures* ou *subalternes*, des personnes publiques, qui exercent quelque partie de l'empire, au nom et sous l'autorité du souverain; tels sont les magistrats préposés pour l'administration de la justice, les généraux d'armée, et les ministres.

Quand ces personnes font une convention, par l'ordre exprès du souverain dans le cas particulier, et munies de ses pouvoirs, la convention est faite au nom du souverain lui-même, qui contracte par l'entremise et le ministère du mandataire, ou procureur; c'est le cas dont nous avons parlé (§ 156).

Mais les personnes publiques, en vertu de leur charge ou de la commission qui leur est donnée, ont aussi le pouvoir de faire elles-mêmes des conventions sur les affaires publiques, exerçant en cela le droit et l'autorité de la puissance supérieure, qui les a établies. Ce pouvoir leur vient de deux manières; ou il leur est attribué en termes exprès par le souverain, ou il découle naturellement de leur commission même; la nature des affaires dont ces personnes sont chargées exigeant qu'elles aient le pouvoir de faire de pareilles conventions, surtout dans les cas où elles ne pourraient attendre les ordres du souverain. C'est ainsi que le gouverneur d'une place et le général qui l'assiége, ont le pouvoir de convenir de la capitulation. Tout ce qu'ils ont ainsi conclu dans les termes de leur commission, est obligatoire pour l'Etat ou le souverain qui leur en a commis le pouvoir. Ces sortes de conventions ayant lieu principalement dans la guerre, nous en traiterons plus au long dans le livre III.

§ 208. — *Des traités faits par une personne publique, sans ordre du souverain, ou sans pouvoir suffisant.*

Si une personne publique, un ambassadeur, ou un général d'armée, fait un traité ou une convention, sans ordre du souverain, ou sans y être autorisé par le pouvoir de sa charge, et en sortant des bornes de sa commission, le traité est nul, comme fait sans pouvoir suffisant (§ 157) : il ne peut prendre force que par la ratification du souverain, expresse ou tacite. La ratification expresse est un acte par lequel le souverain approuve le traité et s'engage à l'observer.

La ratification tacite se tire de certaines démarches, que le souverain est justement présumé ne faire qu'en vertu du traité, et qu'il ne pourrait pas faire s'il ne le tenait pour conclu et arrêté. C'est ainsi que la paix étant signée par les ministres publics, qui auront même passé les ordres de leurs souverains, si un de ceux-ci fait passer des troupes sur le pied d'amies, par les terres de son ennemi réconcilié, il ratifie tacitement le traité de paix. Mais si la ratification du souverain a été réservée, comme cela s'entend d'une ratification expresse, il est nécessaire qu'elle intervienne de cette manière, pour donner au traité toute sa force.

§ 209. — *De l'accord appelé* sponsio.

On appelle en latin *sponsio*, un accord touchant les affaires de l'Etat, fait par une personne publique, hors des termes de sa commission, et sans ordre ou mandement du souverain. Celui qui traite ainsi pour l'Etat, sans en avoir la commission, promet, par cela même, de faire en sorte que l'Etat ou le souverain ratifie l'accord et le tienne pour bien fait; autrement son engagement serait vain et illusoire. Le fondement de cet accord ne peut être, de part et d'autre, que dans l'espérance de la ratification.

L'histoire romaine nous fournit des exemples de cette espèce d'accords. Arrêtons-nous au plus fameux, à celui des *fourches caudines;* il a été discuté par les plus illustres auteurs. Les consuls T. Veturius Calvinus et Sp. Postumius, se voyant engagés avec l'armée romaine dans le défilé des *fourches caudines*, sans espérance d'échapper, firent avec les Samnites un accord honteux, les avertissant toutefois, qu'ils ne pouvaient faire un véritable traité public (*fœdus*), sans ordre du peuple romain, sans les *féciaux* et les cérémonies consacrées par l'usage. Le général samnite se contenta d'exiger la parole des consuls et des principaux officiers de l'armée, et de se faire donner six cents otages. Il fit poser les armes à l'armée romaine, et la renvoya, en la faisant passer sous le joug. Le sénat ne voulut point accepter le traité, il livra ceux qui l'avaient conclu aux Samnites, qui refusèrent de les recevoir, et Rome se crut libre de tout engagement, et à couvert de tout reproche (*a*). Les auteurs pensent différemment sur cette conduite. Quelques-uns soutiennent, que si Rome ne voulait pas ratifier le traité, elle devait remettre les choses dans l'état où elles étaient avant l'accord, renvoyer l'armée entière dans son camp aux *fourches caudines;* et c'était aussi la prétention des Samnites. J'avoue que je ne suis pas absolument satisfait des raisonnements que je trouve sur cette question, dans les auteurs mêmes dont je reconnais d'ailleurs l'entière supériorité. Essayons, en profitant de leurs lumières, de mettre la matière dans un nouveau jour.

§ 210. — *L'État n'est point lié par un semblable accord.*

Elle présente deux questions. 1° A quoi est tenu celui qui a fait l'accord (*sponsor*), si l'Etat le désavoue ? 2° A quoi est tenu l'Etat lui-même ? Mais avant toutes choses, il faut observer avec GROTIUS (*b*), que l'Etat n'est point lié par un accord de cette nature. Cela est manifeste par la définition même de l'accord appelé *sponsio*. L'Etat n'a point donné ordre de le faire, et il n'en a conféré le pouvoir en aucune manière, ni expressément, par un mandement, ou par des pleins pouvoirs, ni tacitement, par une suite naturelle ou nécessaire de l'autorité confiée à celui qui fait l'accord (*sponsori*). Un général d'armée a bien, en vertu de sa charge, le pouvoir de faire des conventions particulières dans les cas qui se présentent, des pactes relatifs à lui-même, à ses troupes, et aux occurrences de la guerre, mais non celui de conclure un traité de paix. Il peut se lier lui-même et les troupes qui sont sous son commandement, dans toutes les rencontres où ses fonctions exigent

---

(*a*) TITE-LIVE, liv. IX, au commencement.
(*b*) *Droit de la guerre et de la paix*, liv. II, chap. XV, § XVI.

qu'il ait le pouvoir de traiter; mais il ne peut lier l'Etat au-delà des termes de sa commission.

§ 211. — *A quoi est tenu le promettant, quand il est désavoué.*

Voyons maintenant à quoi est tenu le promettant (*sponsor*) quand l'Etat le désavoue. Il ne faut point ici raisonner d'après ce qui a lieu en droit naturel, entre particuliers; la nature des choses et la condition des contractants y mettent nécessairement de la différence. Il est certain qu'entre particuliers, celui qui promet purement et simplement le fait d'autrui, sans en avoir la commission, est obligé, si on le désavoue, d'accomplir lui-même ce qu'il a promis, ou de faire l'équivalent, ou de remettre les choses dans leur premier état, ou enfin de dédommager pleinement celui avec qui il a traité, selon les diverses circonstances : sa promesse (*sponsio*) ne peut être entendue autrement. Mais il n'en est pas ainsi de l'homme public, qui promet sans ordre et sans pouvoir le fait de son souverain. Il s'agit de choses qui passent infiniment sa puissance et toutes ses facultés, de choses qu'il ne peut exécuter lui-même, ni faire exécuter, et pour lesquelles il ne saurait offrir ni équivalent, ni dédommagement proportionné; il n'est pas même en liberté de donner à l'ennemi ce qu'il aurait promis sans y être autorisé; enfin, il n'est pas plus en son pouvoir de remettre les choses dans leur entier, dans leur premier état. Celui qui traite avec lui ne peut rien espérer de semblable. Si le promettant l'a trompé, en se disant suffisamment autorisé, il est en droit de le punir. Mais si, comme les consuls romains aux *fourches caudines*, le promettant a agi de bonne foi, avertissant lui-même qu'il n'est pas en pouvoir de lier l'Etat par un traité, on ne peut présumer autre chose, sinon que l'autre partie a bien voulu courir le risque de faire un traité qui deviendra nul s'il n'est pas ratifié; espérant que la considération de celui qui promet, et celle des otages, s'il en exige, portera le souverain à ratifier ce qui aura été ainsi conclu. Si l'événement trompe ses espérances, il ne peut s'en prendre qu'à sa propre imprudence. Un désir précipité d'avoir la paix à des conditions avantageuses, l'appât de quelques avantages présents, peuvent seuls l'avoir porté à faire un accord si hasardé. C'est ce qu'observa judicieusement le consul Postumius lui-même après son retour à Rome. On peut voir le discours que Tite-Live lui fait tenir en sénat. «Vos généraux, dit-il, et ceux « des ennemis, ont également perdu la tête : nous, en « nous engageant imprudemment dans un mauvais pas; « eux, en laissant échapper une victoire que la nature « des lieux leur donnait, se défiant encore de leurs « avantages, et se hâtant, à quelque prix que ce fût, « de désarmer des gens toujours redoutables les armes « à la main. Que ne nous retenaient-ils enfermés dans « notre camp? Que n'envoyaient-ils à Rome, afin de « traiter sûrement de la paix avec le sénat et le peu-« ple? »

Il est manifeste que les Samnites se contentèrent de l'espérance, que l'engagement des consuls et des principaux officiers, et le désir de sauver six cents chevaliers laissés en otages, porteraient les Romains à ratifier l'accord; considérant que, quoi qu'il en arrivât, ils auraient toujours ces six cents otages, avec les armes et les bagages de l'armée; et la gloire vaine, ou plutôt funeste par les suites, de l'avoir fait passer sous le joug.

A quoi donc étaient tenus les consuls et tous les promettants (*sponsores*)? Ils jugèrent eux-mêmes qu'ils devaient être livrés aux Samnites. Ce n'est point une conséquence naturelle de l'accord (*sponsionis*); et suivant les observations que nous venons de faire, il ne paraît point que le promettant, ayant promis des choses que l'acceptant savait bien n'être pas en son pouvoir, soit obligé, étant désavoué, de se livrer lui-même par forme de dédommagement. Mais comme il peut s'y engager expressément, cela étant dans les termes de ses pouvoirs, ou de sa commission, l'usage de ces temps-là avait sans doute fait de cet engagement une clause tacite de l'accord appellé *sponsio*, puisque les Romains livrèrent tous les *sponsores*, tous ceux qui avaient promis : c'était une maxime de leur *droit fécial* (a).

Si le *sponsor* ne s'est point engagé expressément à se livrer, et si la coutume reçue ne lui en impose pas la loi, tout ce à quoi il semble que sa parole l'oblige, c'est de faire de bonne foi tout ce qu'il peut faire légitimement, pour engager le souverain à ratifier ce qu'il a promis : et il n'y a pas de doute, pour peu que le traité soit équitable, avantageux à l'Etat, ou supportable en considération du malheur dont il l'a préservé. Se proposer d'épargner à l'Etat un échec considérable par le moyen d'un traité que l'on conseillera bientôt au souverain de ne point ratifier, non parce qu'il est insupportable, mais en se prévalant de ce qu'il est fait sans pouvoir, ce serait sans doute un procédé frauduleux, ce serait abuser honteusement de la foi des traités. Mais que fera le général, qui, pour sauver son armée, a été forcé de conclure un traité pernicieux, ou honteux à l'Etat ? Conseillera-t-il au souverain de le ratifier ? Il se contentera d'exposer les motifs de sa conduite, la nécessité qui l'a contraint à traiter ; il remontrera, comme fit Postumius, que lui seul est lié, et qu'il veut bien être désavoué et livré pour le salut public. Si l'ennemi est abusé, c'est par sa propre sottise. Le général devait-il l'avertir, que selon toute apparence ses promesses ne seraient point ratifiées ? Ce serait trop exiger. Il suffit qu'il ne lui en impose point, en se vantant de pouvoirs plus étendus qu'il n'en a en effet, et qu'il se borne à profiter de ses

---

(a) J'ai déjà dit dans ma préface, que le *droit fécial* des Romains était leur droit de la guerre, le collége des *féciaux* était consulté sur les causes qui pouvaient autoriser à entreprendre la guerre, sur les questions qu'elle faisait naître ; il était chargé aussi des cérémonies de la déclaration de guerre et du traité de paix. On consultait aussi les *féciaux*, et on se servait de leur ministère dans tous les traités publics.

propositions, sans l'induire à traiter par de trompeuses espérances. C'est à l'ennemi à prendre toutes ses sûretés ; s'il les néglige, pourquoi ne profiterait-on pas de son imprudence, comme d'un bienfait de la fortune? « C'est elle, disait Postumius, qui a sauvé notre ar-« mée, après l'avoir mise dans le danger. La tête a « tourné à l'ennemi dans sa prospérité, et ses avantages « n'ont été pour lui qu'un beau songe. »

Si les Samnites n'avaient exigé des généraux et de l'armée romaine que des engagements qu'ils fussent en pouvoir de prendre, par la nature même de leur état et de leur commission, s'ils les eussent obligés à se rendre prisonniers de guere, ou si, ne pouvant les garder tous, ils les eussent renvoyés sur leur parole de ne point porter les armes contre eux de quelques années, au cas que Rome refusât de ratifier la paix, l'accord était valide, comme fait avec pouvoir suffisant ; l'armée entière était liée à l'observer ; car il faut bien que les troupes, ou leurs officiers, puissent contracter dans ces occasions et sur ce pied-là. C'est le cas des capitulations, dont nous parlerons en traitant de la guerre.

Si le promettant a fait une convention équitable et honorable, sur une matière telle de sa nature, qu'il soit en son pouvoir de dédommager celui avec qui il a traité, en cas que la convention soit désavouée, il est présumé s'être engagé à ce dédommagement, et il doit l'effectuer pour dégager sa parole, comme fit Fabius Maximus, dans l'exemple rapporté par Grotius (a). Mais il est des occasions, où le souverain pourrait lui défendre d'en user ainsi, et de rien donner aux ennemis de l'Etat.

(a) Liv. II, chap. XV, § XVI, à la fin : Fabius Maximus *ayant fait, avec les ennemis, un accord que le sénat désapprouva, vendit une terre dont il tira deux cent mille sesterces, pour dégager sa parole.* Il s'agissait de la rançon des prisonniers. Aurel. Victor., *de Viris illustr* Plutarque, vie de *Fabius Maximus.*

§ 212. — *A quoi est tenu le souverain.*

Nous avons fait voir que l'Etat ne peut être lié par un accord fait sans son ordre et sans pouvoir de sa part. Mais n'est-il absolument tenu à rien? C'est ce qui nous reste à examiner. Si les choses sont encore dans leur entier, l'Etat, ou le souverain, peut tout simplement désavouer le traité, lequel tombe par ce désaveu, et se trouve parfaitement comme non avenu. Mais le souverain doit manifester sa volonté, aussitôt que le traité est parvenu à sa connaissance; non à la vérité que son silence seul puisse donner force à une convention, qui n'en doit avoir aucune sans son approbation; mais il y aurait de la mauvaise foi à laisser le temps à l'autre partie d'exécuter, de son côté, un accord que l'on ne veut pas ratifier.

S'il s'est déjà fait quelque chose en vertu de l'accord, si la partie qui a traité avec le *sponsor* a rempli de son côté ses engagements en tout ou en partie, doit-on la dédommager, ou remettre les choses dans leur entier, en désavouant le traité, ou sera-t-il permis d'en recueillir les fruits en même temps qu'on refuse de le ratifier? Il faut distinguer ici la nature des choses qui ont été exécutées, celle des avantages qui en sont revenus à l'Etat. Celui qui, ayant traité avec une personne publique non munie de pouvoirs suffisants, exécute l'accord de son côté, sans en attendre la ratification, commet une imprudence et une faute insigne, à laquelle l'Etat avec lequel il croit avoir contracté ne l'a point induit. S'il a donné du sien, on ne peut le retenir en profitant de sa sottise. Ainsi lorsqu'un Etat, croyant avoir fait la paix avec le général ennemi, a livré en conséquence une de ses places ou donné une somme d'argent, le souverain de ce général doit sans doute restituer ce qu'il a reçu, s'il ne veut pas ratifier l'accord. En user autrement, ce serait vouloir s'enrichir du bien d'autrui, et retenir ce bien sans titre.

Mais si l'accord n'a rien donné à l'Etat qu'il n'eût

déjà auparavant ; si, comme dans celui des *fourches caudines*, tout l'avantage consiste à l'avoir tiré d'un danger, préservé d'une perte, c'est un bienfait de la fortune, dont on profite sans scrupule. Qui refusera d'être sauvé par la sottise de son ennemi? Et qui se croira obligé d'indemniser cet ennemi de l'avantage qu'il a laissé échapper, quand on ne l'a pas induit frauduleusement à le perdre ? Les Samnites prétendaient que, si les Romains ne voulaient pas tenir le traité fait par leurs consuls, ils devaient renvoyer l'armée aux *fourches caudines*, et remettre toutes choses en état. Deux tribuns du peuple, qui avaient été au nombre des *sponsores*, pour éviter d'être livrés, osèrent soutenir la même chose; et quelques auteurs se déclarent de leur sentiment. Quoi! les Samnites veulent se prévaloir des conjonctures pour donner la loi aux Romains, pour leur arracher un traité honteux; ils ont l'imprudence de traiter avec les consuls, qui déclarent eux-mêmes n'être pas en pouvoir de contracter pour l'Etat; ils laissent échapper l'armée romaine, après l'avoir couverte d'ignominie; et les Romains ne profiteront pas de la folie d'un ennemi si peu généreux! Il faudra ou qu'ils ratifient un traité honteux, ou qu'ils rendent à cet ennemi des avantages que la situation des lieux lui donnait, et qu'il a perdus par sa propre et pure faute! Sur quel principe peut-on fonder une pareille décision? Rome avait-elle promis quelque chose aux Samnites? Les avait-elle engagés à laisser aller son armée, en attendant la ratification de l'accord fait par les consuls? Si elle eût reçu quelque chose en vertu de cet accord, elle aurait été obligée de le rendre, comme nous l'avons dit, parce qu'elle l'eût possédé sans titre, en déclarant le traité nul. Mais elle n'avait point de part au fait de ses ennemis, à leur faute grossière, et elle en profiterait aussi justement que l'on profite à la guerre de toutes les bévues d'un général malhabile. Supposons qu'un conquérant, après avoir fait un traité avec des ministres, qui auront expressément réservé la ratification de leur maître, ait l'imprudence d'abandonner toutes ses conquêtes sans attendre cette ratification, faudra-t-il bonnement l'y rappeler et l'en remettre en possession, au cas que le traité ne soit pas ratifié.

J'avoue cependant, je reconnais volontiers, que si l'ennemi qui laisse échapper une armée entière sur la foi d'un accord qu'il a conclu avec le général, dénué de pouvoirs suffisants et simple *sponsor*; j'avoue, dis-je, que si cet ennemi en a usé généreusement, s'il ne s'est point prévalu de ses avantages pour dicter des conditions honteuses ou trop dures, l'équité veut ou que l'Etat ratifie l'accord ou qu'il fasse un nouveau traité, à des conditions justes et raisonnables, se relâchant même de ses prétentions, autant que le bien public pourra le permettre; car il ne faut jamais abuser de la générosité et de la noble confiance même d'un ennemi. PUFFENDORFF (*a*) trouve que le traité des *fourches caudines* ne renfermait rien de trop dur ou d'insupportable. Cet auteur ne paraît pas faire grand cas de la honte et de l'ignominie qui en eût rejailli sur la république entière. Il n'a pas vu toute l'étendue de la politique des Romains, qui n'ont jamais voulu, dans leurs plus grandes détresses, accepter un traité honteux ni même faire la paix comme vaincus : politique sublime, à laquelle Rome fut redevable de toute sa grandeur.

Remarquons enfin que la puissance inférieure ayant fait, sans ordre et sans pouvoir, un traité équitable et honorable pour tirer l'Etat d'un péril éminent, le souverain qui, se voyant délivré du danger, refuserait de ratifier le traité, non qu'il le trouvât désavantageux, mais seulement pour épargner ce qui devait faire le prix de sa délivrance, agirait certainement contre toutes les règles de l'honneur et de l'équité. Ce serait là le cas d'appliquer la maxime *summum jus, summa injuria*.

A l'exemple que nous avons tiré de l'histoire ro-

(*a*) *Droit de la nature et des gens*, liv. VIII, chap. IX, § XII.

maine, ajoutons-en un fameux, pris de l'histoire moderne. Les Suisses, mécontents de la France, se liguèrent avec l'empereur contre Louis XII, et firent une irruption en Bourgogne, l'an 1513. Ils assiégèrent Dijon. La Trimouille, qui commandait dans la place, craignant de ne pouvoir la sauver, traita avec les Suisses, et sans attendre aucune commission du roi, fit un accord en vertu duquel le roi de France devait renoncer à ses prétentions sur le duché de Milan, et payer aux Suisses, en certains termes, la somme de six cent mille écus; les Suisses, de leur côté, ne s'obligeant à autre chose qu'à s'en retourner chez eux; en sorte qu'ils étaient libres d'attaquer de nouveau la France, s'ils le jugeaient à propos. Ils reçurent des otages et partirent. Le roi fut très mécontent du traité, quoiqu'il eût sauvé Dijon et préservé le royaume d'un très grand danger; il refusa de le ratifier (*a*). Il est certain que La Trimouille avait passé le pouvoir de sa charge, surtout en promettant que le roi renoncerait au duché de Milan. Aussi ne se proposait-il vraisemblablement que d'éloigner un ennemi plus aisé à surprendre dans une négociation qu'à vaincre les armes à la main. Louis n'était point obligé de ratifier et d'exécuter un traité fait sans ordre et sans pouvoirs; et si les Suisses furent trompés, ils durent s'en prendre à leur propre imprudence. Mais comme il paraît manifestement que La Trimouille n'agit point avec eux de bonne foi, puisqu'il usa de supercherie au sujet des otages, donnant en cette qualité des gens de la plus basse condition, au lieu de quatre citoyens distingués qu'il avait promis (*b*); les Suisses auraient eu un juste sujet de ne point faire la paix, à moins qu'on ne leur fît raison de cette perfidie, soit en leur livrant celui qui en était l'auteur, soit de quelque autre manière.

(*a*) Guichardin, liv. XII, chap. II, *Hist. de la Confédér. helvétique*, par A.-L. de Watteville, part. II, p. 185 et suivantes.
(*b*) A.-L. de Watteville, *ibid.*, p. 190.

§ 213. — *Des contrats privés du souverain.*

Les promesses, les conventions, tous les contrats privés du souverain, sont naturellement soumis aux mêmes règles que ceux des particuliers. S'il s'élève quelques difficultés à ce sujet, il est également conforme à la bienséance, à la délicatesse des sentiments, qui doit briller particulièrement dans un souverain, et à l'amour de la justice, de les faire décider par les tribunaux de l'Etat. C'est aussi la pratique de tous les Etats policés, et gouvernés par les lois.

§ 214. — *De ceux qu'il fait au nom de l'État avec des particuliers.*

Les conventions, les contrats, que le souverain fait avec des particuliers étrangers, en sa qualité de souverain et au nom de l'Etat, suivent les règles que nous avons données pour les traités publics. En effet, quand un souverain contracte avec des gens qui ne dépendent point de lui ni de l'Etat, que ce soit avec un particulier, ou avec une Nation ou un souverain, cela ne produit aucune différence de droit. Si le particulier qui a traité avec un souverain est son sujet, le droit est bien le même aussi, mais il y a de la différence dans la manière de décider les controverses auxquelles le contrat peut donner lieu. Ce particulier étant sujet de l'Etat, est obligé de soumettre ses prétentions aux tribunaux établis pour rendre la justice. Les auteurs ajoutent que le souverain peut rescinder ces contrats, s'il se trouve qu'ils soient contraires au bien public. Il le peut sans doute; mais ce n'est point par aucune raison prise de la nature particulière de ces contrats : ce sera, ou par la même raison qui rend invalide un traité public même, quand il est funeste à l'Etat et contraire au salut public, ou en vertu du *domaine éminent*, qui met le souverain en droit de disposer des biens des citoyens, en vue du salut commun. Au reste, nous parlons ici d'un souverain absolu. Il faut voir dans la constitution de chaque Etat, qui sont les personnes, quelle est la puissance qui a le droit de contracter au nom de l'Etat, d'exercer l'empire suprême, de prononcer sur ce que demande le bien public.

§ 215. — *Ils obligent la Nation et les successeurs.*

Dès qu'une puissance légitime contracte au nom de l'Etat, elle oblige la Nation elle-même, et par conséquent tous les conducteurs futurs de la société. Lors donc qu'un prince a le pouvoir de contracter au nom de l'Etat, il oblige tous ses successeurs; et ceux-ci ne sont pas moins tenus que lui-même à remplir ses engagements.

§ 216. — *Des dettes du souverain et de l'État.*

Le conducteur de la Nation peut avoir ses affaires privées, ses dettes particulières. Ses biens propres sont seuls obligés pour cette espèce de dettes. Mais les emprunts faits pour le service de l'Etat, les dettes créées dans l'administration des affaires publiques, sont des contrats de droit étroit, obligatoires pour l'Etat et la Nation entière. Rien ne peut la dispenser d'acquitter ces dettes-là (*). Dès qu'elles ont été contractées par une puissance légitime, le droit du créancier est inébranlable. Que l'argent emprunté ait tourné au profit de l'Etat, ou qu'il ait été dissipé en folles dépenses, ce n'est pas l'affaire de celui qui a prêté. Il a confié son bien à la Nation ; elle doit le lui rendre. Tant pis pour elle, si elle a remis le soin de ses affaires en mauvaises mains.

Cependant cette maxime a ses bornes, prises de la nature même de la chose. Le souverain n'a en général

---

(*) En 1596, Philippe II fit banqueroute à ses créanciers, sous prétexte de lésion. Ceux-ci se plaignirent hautement, disant qu'on ne pouvait plus se fier à sa parole ni à ses traités, puisqu'il y mêlait l'autorité royale. Personne ne voulut plus lui avancer de l'argent ; et ses affaires en souffrirent si fort, qu'il fut obligé de rétablir les choses dans leur premier état, en réparant la brèche qu'il avait faite à la foi publique. GROTIUS, *Annales*, liv. V.

le pouvoir d'obliger le corps de l'Etat par les dettes qu'il contracte, que pour le bien de la Nation, pour se mettre en état de pourvoir aux occurrences; et s'il est absolu, c'est bien à lui de juger, dans tous les cas susceptibles de doute, de ce qui convient au bien et au salut de l'Etat. Mais s'il contractait, sans nécessité, des dettes immenses, capables de ruiner à jamais la Nation, il n'y aurait plus de doute : le souverain agirait manifestement sans droit; et ceux qui lui auraient prêté, auraient mal confié. Personne ne peut présumer qu'une Nation ait voulu se soumettre à se laisser ruiner absolument, par les caprices et les folles dissipations de son conducteur.

Comme les dettes d'une Nation ne se peuvent payer que par des contributions, par des impôts, le conducteur, le souverain à qui elle n'a point confié le droit de lui imposer des taxes, des contributions, de faire, en un mot, de son autorité des levées de deniers, n'a point non plus le droit de l'obliger par ses emprunts, de créer des dettes à l'Etat. Ainsi le roi d'Angleterre, qui a le droit de faire la guerre et la paix, n'a point celui de contracter des dettes nationales, sans le concours du parlement; parce qu'il ne peut sans le même concours lever aucun argent sur son peuple.

§ 217. — *Des donations du souverain.*

Il n'en est pas des donations du souverain comme de ses dettes. Lorsqu'un souverain a emprunté sans nécessité, ou pour un usage peu raisonnable, le créancier a confié son bien à l'Etat; il est juste que l'Etat le lui rende, si ce créancier a pu raisonnablement présumer qu'il prêtait à l'Etat. Mais quand le souverain donne le bien de l'Etat, quelque portion du domaine, un fief considérable, il n'est en droit de le faire qu'en vue du bien public, pour des services rendus à l'Etat, ou pour quelque autre sujet raisonnable et qui intéresse la Nation : s'il a donné sans raison, sans cause légitime, il a donné sans pouvoir. Le successeur ou l'Etat peut toujours révoquer une pareille donation; et par là on ne fait aucun tort au donataire, puisqu'il n'y a rien mis du sien. Ce que nous disons ici est vrai de tout souverain à qui la loi ne donne pas expressément la libre et absolue disposition des biens de l'Etat : un pouvoir si dangereux ne se présume jamais.

Les immunités, les priviléges concédés par la pure libéralité du souverain, sont des espèces de donations, et peuvent être révoqués de même, surtout s'ils tournent au préjudice de l'Etat. Mais un souverain ne peut les révoquer de sa pure autorité, s'il n'est souverain absolu; et en ce cas même, il ne doit user de son pouvoir que sobrement, et avec autant de prudence que d'équité. Les immunités accordées pour causes, ou en vue de quelque retour, tiennent du contrat onéreux, et ne peuvent être révoquées qu'en cas d'abus, ou lorsqu'elles deviennent contraires au salut de l'Etat. Et si on ne les supprime pour cette dernière raison, on doit dédommager ceux qui en jouissaient.

CHAPITRE XV.

De la foi des traités.

§ 218. — *De ce qui est sacré parmi les Nations.*

Quoique nous ayons suffisamment établi (§§ 163 et 164) la nécessité et l'obligation indispensable de garder sa parole et d'observer les traités, la matière est si importante, que nous ne pouvons nous dispenser de la considérer ici dans une vue plus générale, comme intéressant non-seulement les parties contractantes, mais encore toutes les Nations, la société universelle du genre humain.

Tout ce que le salut public rend inviolable, est *sacré* dans la société. Ainsi la personne du souverain est sacrée, parce que le salut de l'Etat exige qu'elle soit dans une parfaite sûreté, inaccessible à la violence : ainsi le peuple de Rome avait déclaré sacrée la personne de ses tribuns, regardant comme essentiel à son salut, de mettre ses défenseurs à couvert de toute violence, et de leur épargner jusqu'à la crainte. Toute chose donc, qui pour le salut commun des peuples, pour la tranquillité et le salut du genre humain, doit être inviolable, est une chose sacrée entre les Nations.

§ 219. — *Les traités sont sacrés entre les Nations.*

Qui doutera que les traités ne soient au nombre de ces choses sacrées entre les Nations? Ils décident des matières les plus importantes; ils mettent en règle les prétentions des souverains; ils doivent faire reconnaître les droits des Nations, assurer leurs intérêts les plus précieux. Entre des corps politiques, des souverains, qui ne reconnaissent aucun supérieur sur la terre, les traités sont l'unique moyen d'ajuster les prétentions diverses, de se mettre en règle, de savoir sur quoi compter et à quoi s'en tenir. Mais les traités ne sont que de vaines paroles, si les Nations ne les considèrent pas comme des engagements respectables, comme des règles inviolables pour les souverains, et sacrées dans toute la terre.

§ 220. — *La foi des traités est sacrée.*

La *foi des traités*, cette volonté ferme et sincère, cette constance invariable à remplir ses engagements, dont on fait la déclaration dans un traité, est donc *sainte et sacrée* entre les Nations, dont elle assure le salut et le repos : et si les peuples ne veulent pas se manquer à eux-mêmes, l'infamie doit être le partage de quiconque viole sa foi.

§ 221. — *Celui qui viole ses traités viole le droit des gens.*

Celui qui viole ses traités viole en même temps le droit des gens, car il méprise la foi des traités, cette foi que la loi des Nations déclare sacrée; et il la rend vaine, autant qu'il est en son pouvoir. Doublement coupable, il fait injure à son allié, il fait injure à toutes les Nations, et blesse le genre humain. *De l'observation et de l'exécution des traités*, disait un souverain respectable, *dépend toute la sûreté que les princes et les États ont les uns à l'égard des autres; et on ne pourrait plus compter sur des conventions à faire, si celles qui sont faites n'étaient point maintenues* (a).

§ 222. — *Droit des Nations contre celui qui méprise la foi des traités.*

Ainsi que toutes les Nations sont intéressées à maintenir la foi des traités, à la faire envisager partout comme inviolable et sacrée, elles sont de même en droit de se réunir pour réprimer celui qui témoigne la mépriser, qui s'en joue ouvertement, qui la viole et la foule aux pieds. C'est un ennemi public, qui sape les fondements du repos des peuples, de leur sûreté commune. Mais il faut prendre garde de ne pas étendre cette maxime au préjudice de la liberté, de l'indépendance qui appartient à toutes les Nations. Quand un souverain rompt ses traités, refuse de les remplir, cela ne veut pas dire tout de suite qu'il les regarde comme de vains noms, qu'il en méprise la foi. Il peut avoir de bonnes raisons pour se croire déchargé de ses engagements; et les autres souverains ne sont pas en droit de le juger. C'est celui qui manque à ses engagements sur des prétextes manifestement frivoles, ou qui ne se met pas seulement en peine d'alléguer des prétextes, de colorer sa conduite, et de couvrir sa mauvaise foi; c'est un tel souverain qui mérite d'être traité comme l'ennemi du genre humain.

§ 223. — *Atteintes données par les papes au droit des gens.*

En traitant de la religion au livre I de cet ouvrage, nous n'avons pu nous dispenser de marquer plusieurs abus énormes que les papes ont faits autrefois de leur

---

(a) Résolution des états-généraux, du 16 mars 1726, en réponse au Mémoire du marquis de Saint-Philippe, ambassadeur d'Espagne.

autorité. Il en était un qui blessait également toutes les Nations et renversait le droit des gens. Divers papes ont entrepris de rompre les traités des souverains; ils osaient délier un contractant de ses engagements, et l'absoudre des serments par lesquels il les avait confirmés. CESARINI, légat du pape EUGÈNE IV, voulant rompre le traité d'ULADISLAS, roi de Pologne et de Hongrie, avec le sultan AMURATH, déclara le roi absous de ses serments, au nom du pape (*a*). Dans ces temps d'ignorance on ne se croyait véritablement lié que par le serment, et on attribuait au pape la puissance d'absoudre de toute espèce de serment. ULADISLAS reprit les armes contre le Turc, mais ce prince, digne d'ailleurs d'un meilleur sort, paya cher sa perfidie, ou plutôt sa superstitieuse facilité; il périt avec son armée auprès de *Varna;* perte funeste à la chrétienté, et qui lui fut attirée par son chef spirituel. On fit à ULADISLAS cette épitaphe :

> *Romulidæ Cannas, ego Varnam clade notavi.*
> *Discite, mortales, non temerare fidem.*
> *Me nisi pontifices jussissent rumpere fœdus,*
> *Non ferret Scythicum Pannonis ora jugum.*

Le pape JEAN XXII déclara nul le serment que s'étaient prêté mutuellement l'empereur LOUIS DE BAVIÈRE et son concurrent FRÉDÉRIC d'AUTRICHE, lorsque l'empereur mit celui-ci en liberté. PHILIPPE, duc de Bourgogne, abandonnant l'alliance des Anglais, se fit absoudre de son serment par le pape et par le concile de *Basle*. Et dans un temps où le retour des lettres et l'établissement de la réformation auraient dû rendre les papes plus circonspects, le légat CARAFFE, pour obliger HENRI II, roi de France, à recommencer la guerre, osa bien l'absoudre, en 1556, du serment qu'il

---

(*a*) *Histoire de Pologne*, par le chevalier de SOLIGNAC, tom. IV, p. 112. Il cite *Flugoss, Neugebauer, Sarnicki, Herburt, de Fulstin*, etc.

avait fait d'observer la trève de *Vaucelles* (*a*). La fameuse paix de *Westphalie* déplaisant au pape par bien des endroits, il ne se borna pas à protester contre les dispositions d'un traité qui intéressait toute l'Europe; il publia une *bulle*, dans laquelle, *de sa certaine science et pleine puissance ecclésiastique*, il déclare certains articles du traité *nuls, vains, invalides, iniques, injustes, condamnés, réprouvés, frivoles, sans force et effet, et que personne n'est tenu de les observer, en aucun d'iceux, encore qu'ils soient fortifiés par un serment....* Ce n'est pas tout; le pape prend le ton de maître absolu, et poursuit ainsi : *et néanmoins, pour une plus grande précaution, et autant qu'il est besoin, des mêmes mouvements, science, délibération, et plénitude de puissance, nous condamnons, réprouvons, cassons, annulons, et privons de toute force et effet lesdits articles et toutes les autres choses préjudiciables à ce que dessus, etc.* (*b*). Qui ne voit que ses entreprises des papes, très fréquentes autrefois, étaient des attentats contre le droit des gens, et allaient directement à détruire tous les liens qui peuvent unir les peuples, à saper les fondements de leur tranquillité, ou à rendre le pape seul arbitre de leurs affaires?

§ 224. — *Cet abus autorisé par les princes.*

Mais qui ne serait indigné de voir cet abus étrange autorisé par les princes eux-mêmes? En l'année 1371, dans le traité fait à *Vincennes* entre Charles V, roi de France, et Robert Stuart, roi d'Écosse, il fut con-

---

(*a*) Voyez sur ces faits les historiens de France et d'Allemagne.

« Ainsi la guerre fut résolue en faveur du pape, après que « le cardinal Caraffe, en vertu du pouvoir qu'il avait du saint « Père, eut absous le roi des serments qu'il avait faits en rati- « fiant la trève; il lui permit même d'attaquer l'empereur et « son fils, sans leur déclarer auparavant la guerre. » De Thou, liv. XVII.

(*b*) *Histoire du traité de Westphalie*, par le P. Bougeant, *in*-12. T. VI, p. 413, 414.

venu *que le pape déchargerait les Écossais de tous les serments qu'ils avaient pu faire en jurant la trêve avec les Anglais, et qu'il promettrait de ne jamais décharger les Français et les Écossais des serments qu'ils allaient faire en jurant le nouveau traité* (*a*).

§ 225. — *Usage du serment dans les traités. Il n'en constitue point l'obligation.*

L'usage, autrefois généralement reçu, de jurer l'observation des traités, avait fourni aux papes le prétexte de s'attribuer le pouvoir de les rompre, en déliant les contractants de leurs serments. Les enfants mêmes savent aujourd'hui que le serment ne constitue point l'obligation de garder une promesse ou un traité : il prête seulement une nouvelle force à cette obligation, en y faisant intervenir le nom de Dieu. Un homme sensé, un honnête homme ne se croit pas moins lié par sa parole seule, par sa foi donnée, que s'il y avait ajouté la religion du serment. CICÉRON ne voulait point que l'on mît beaucoup de différence entre un parjure et un menteur. « L'habitude de mentir, dit ce grand
« homme, est volontiers accompagnée de la facilité à
« se parjurer. Si l'on peut engager quelqu'un à man-
« quer à sa parole, sera-t-il bien difficile d'obtenir de
« lui un parjure? Dès qu'une fois on s'écarte de la vé-
« rité, la religion du serment n'est plus un frein suffi-
« sant. Quel est l'homme qui sera retenu par l'invoca-
« tion des dieux, s'il ne respecte point sa foi et sa con-
« science? C'est pourquoi les dieux réservent la même
« peine au menteur et au parjure; car il ne faut pas
« croire que ce soit en vertu de la formule du serment
« que les dieux immortels s'irritent contre le parjure,
« c'est plutôt à cause de la perfidie et de la malice de
« celui qui dresse un piége à la bonne foi d'autrui (*b*). »

(*a*) CHOISY, *Histoire de Charles V*, p. 282, 283.
(*b*) *At quid interest inter perjurum et mendacem. Qui mentiri solet, pejerare consuevit. Quem ego ut mentiatur inducere possum, ut pejeret exorare facile potero; nam qui semel a veritate deflexit,*

Le serment ne produit donc point une obligation nouvelle; il fortifie seulement celle que le traité impose, et il suit en tout le sort de cette obligation : réel et obligatoire par surabondance, quand le traité l'était déjà, il devient nul avec le traité même.

§ 226. — *Il n'en change point la nature.*

Le serment est un acte personnel; il ne peut regarder que la personne même de celui qui jure, soit qu'il jure lui-même, soit qu'il donne charge de jurer en son nom. Cependant, comme cet acte ne produit point une obligation nouvelle, il ne change rien à la nature d'un traité. Ainsi une alliance jurée n'est juste que pour celui qui l'a faite; mais si elle est *réelle*, elle subsiste après lui et passe à ses successeurs comme alliance non jurée.

§ 127. — *Il ne donne point de prérogative à un traité sur les autres.*

Par la même raison, puisque le serment ne peut imposer d'autre obligation que celle qui résulte du traité même, il ne donne point de prérogative à un traité au préjudice de ceux qui ne sont pas jurés. Et comme, en cas de collision entre deux traités, le plus ancien allié doit être préféré (§ 167), il faut garder la même règle, quand même ce dernier traité aurait été confirmé par serment. De même, puisqu'il n'est pas permis de s'engager dans des traités contraires à ceux qui subsistent (§ 165), le serment ne justifiera point de pareils traités, et ne les fera point prévaloir sur ceux qui leur sont contraires : ce serait un moyen commode de se délier de ses engagements.

---

hic non majore religione ad perjurium quam ad mendacium perduci consuevit. Quis enim deprecatione deorum, non conscientiæ fide commovetur? Propterea quæ pœna ab diis immortalibus perjuro, hæc eadem mendaci constituta est. Non enim ex pactione verborum, quibus jusjurandum comprehenditur, sed ex perfidia et malitia, per quam insidiæ tenduntur alicui, dii immortales hominibus irasci et succensere consueverunt. Cicer. Orat. pro Q. Roscio Comœdo.

§ 228. — *Il ne peut donner force à un traité invalide.*

C'est ainsi encore que le serment ne peut rendre valide un traité qui ne l'est pas, ni justifier un traité injuste en lui-même, ni obliger à remplir un traité conclu légitimement, lorsqu'il se présente un cas où son observation serait illégitime, comme, par exemple, si l'allié à qui on a promis secours entreprend une guerre manifestement injuste. Enfin, tout traité fait pour cause déshonnête (§ 161), tout traité pernicieux à l'État (§ 160) ou contraire à ses lois fondamentales (l. I, § 265), étant nul en soi, le serment qui pourrait avoir accompagné un traité de cette nature est absolument nul aussi, et tombe avec l'acte qu'il devait fortifier.

§ 229. — *Des assévérations.*

Les assévérations dont on use en prenant des engagements, sont des formules d'expressions destinées à donner plus de force aux promesses. C'est ainsi que les rois promettent *saintement, de bonne foi, solennellement, irrévocablement,* qu'ils engagent leur *parole royale,* etc. Un honnête homme se croit suffisamment obligé par sa seule parole. Cependant ces assévérations ne sont pas inutiles : elles servent à marquer que l'on s'engage avec réflexion et connaissance de cause. De là vient qu'elles rendent l'infidélité plus honteuse. Il faut tirer parti de tout parmi les hommes, dont la foi est si incertaine ; et puisque la honte agit plus fortement sur eux que le sentiment de leur devoir, il serait imprudent de négliger ce moyen.

§ 230. — *La foi des traités ne dépend point de la différence de religion.*

Après ce que nous avons dit ci-dessus (§ 162), nous pouvons nous dispenser de prouver que la foi des traités n'a aucun rapport à la différence de religion, et ne peut en dépendre en aucune manière. La monstrueuse maxime *que l'on ne doit point garder la foi aux hérétiques,* a pu lever la tête autrefois entre la fureur de parti et la superstition ; elle est généralement détestée aujourd'hui.

§ 231. — *Précautions à prendre en dressant les traités.*

Si la sûreté de celui qui stipule quelque chose en sa faveur l'invite à exiger la précision, la netteté, la plus grande clarté dans les expressions, la bonne foi demande, d'un autre côté, que chacun énonce ses promesses clairement et sans aucune ambiguité. C'est se jouer indignement de la foi des traités que de chercher à les dresser en termes vagues ou équivoques, à y glisser des expressions louches, à se réserver des sujets de chicane, à surprendre celui avec qui l'on traite, et faire assaut de finesse et de mauvaise foi. Laissons un habile en ce genre se glorifier de ses heureux talents, s'estimer comme un fin négociateur ; la raison et la loi sacrée de la nature le mettront autant au-dessous d'un fripon vulgaire, que la majesté des rois est élevée au-dessus des particuliers. La vraie habileté consiste à se garder des surprises, jamais à en faire.

§ 232. — *Des subterfuges dans les traités.*

Les subterfuges dans un traité ne sont pas moins contraires à la bonne foi. FERDINAND, roi *catholique*, ayant fait un traité avec l'archiduc son gendre, crut se tirer d'affaire par des protestations secrètes contre ce même traité; finesse puérile, qui, sans donner aucun droit à ce prince, manifestait seulement sa faiblesse et sa mauvaise foi.

§ 233. — *Combien une interprétation manifestement fausse est contraire à la foi des traités.*

Les règles qui établissent une interprétation légitime des traités, sont assez importantes pour faire la matière d'un chapitre. Observons seulement ici, qu'une interprétation manifestement fausse est tout ce qu'on peut imaginer de plus contraire à la foi des traités. Celui qui en use, ou se joue impudemment de cette foi sacrée, ou témoigne assez qu'il n'ignore pas combien il est honteux d'y manquer; il voudrait agir en malhonnête homme, et garder la réputation d'un homme de bien; c'est le cafard, qui ajoute à son crime l'odieuse hypocrisie. Grotius rapporte divers exemples d'une interprétation manifestement fausse (a) : les *Platéens* ayant promis aux *Thébains* de rendre les prisonniers, les rendirent après leur avoir ôté la vie. Périclès avait promis la vie à ceux des ennemis *qui poseraient le fer;* il fit tuer ceux qui avaient des agrafes de fer à leurs manteaux. Un général romain (b) était convenu avec Antiochus de lui rendre la moitié de ses vaisseaux; il les fit tous scier par le milieu : toutes interprétations aussi frauduleuses que celle de Rhadamiste, qui, suivant que Tacite le raconte (c), ayant juré à Mithridate qu'il n'userait contre lui ni du fer, ni du poison, le fit étouffer sous un tas de vêtements.

§ 234. — *De la foi tacite.*

On peut engager sa foi tacitement, aussi bien qu'expressément : il suffit qu'elle soit donnée, pour devenir obligatoire; la manière n'y peut mettre aucune différence : la foi *tacite* est fondée sur un consentement tacite, et le consentement tacite est celui qui se déduit, par une juste conséquence, des démarches de quelqu'un. Ainsi tout ce qui est renfermé, comme le dit Grotius (d), dans la nature de certains actes dont on est convenu, est *tacitement* compris dans la convention; ou, en d'autres termes, toutes les choses sans lesquelles ce dont on est convenu ne peut avoir lieu, sont accordées tacitement. Si, par exemple, on promet à une armée ennemie, engagée bien avant dans le pays, un retour assuré chez elle, il est manifeste qu'on ne

---

(a) *Droit de la guerre et de la paix,* liv. II, chap. XVI, § V.
(b) *Q. Fabius Labeo,* au rapport de Valère-Maxime. Tite-Live ne parle point de ce fait.
(c) *Annal.,* lib. XII.
(d) Liv. III, chap. XXIV, § I.

peut lui refuser des vivres, car elle ne saurait s'en retourner sans cela. De même, en demandant ou en acceptant une entrevue, on promet tacitement toute sûreté. TITE-LIVE dit avec raison, que les *Gallogrecs* violèrent le droit des gens en attaquant le consul MANLIUS, dans le temps qu'il se rendait au lieu de l'entrevue à laquelle ils l'avaient invité (*a*). L'empereur VALÉRIEN ayant perdu une bataille contre SAPOR, roi des Perses, lui fit demander la paix. Sapor déclara qu'il voulait traiter avec l'empereur en personne; et Valérien s'étant prêté à l'entrevue sans défiance, fut enlevé par un ennemi perfide, qui le retint prisonnier jusqu'à la mort, et le traita avec la plus brutale cruauté (*b*).

GROTIUS, en traitant des conventions tacites, parle de celles où l'on s'engage par des *signes muets* (*c*). Il ne faut point confondre ces deux espèces. Le consentement suffisamment déclaré par un signe, est un consentement *exprès* aussi bien que s'il eût été signifié de vive voix. Les paroles elles-mêmes ne sont autre chose que des signes d'institution. Il est des signes muets, que l'usage reçu rend aussi clairs et aussi exprès que les paroles. C'est ainsi aujourd'hui qu'en arborant un drapeau blanc, on demande à parlementer, tout aussi *expressément* qu'on pourrait le faire de vive voix. La sûreté de l'ennemi, qui s'avance sur cette invitation, est *tacitement promise.*

(*a*) TITE-LIVE, lib. XXXVIII, cap. 25.
(*b*) *Histoire des Empereurs*, par CREVIER, *vie de* VALÉRIEN.
(*c*) *Ubi supra*, § V.

CHAPITRE XVI.

Des sûretés données pour l'observation des traités.

§ 235. — *De la garantie.*

Une malheureuse expérience n'ayant que trop appris aux hommes que la foi des traités, si sainte et si sacrée, n'est pas toujours un sûr garant de leur observation, on a cherché des sûretés contre la perfidie, des moyens dont l'efficacité ne dépendît pas de la bonne foi des contractants. La *garantie* est un de ces moyens. Quand ceux qui font un traité de paix, ou tout autre traité, ne sont point absolument tranquilles sur son observation, ils recherchent la garantie d'un souverain puissant. Le *garant* promet de maintenir les conditions du traité, d'en procurer l'observation. Comme il peut se trouver obligé d'employer la force contre celui des contractants qui voudrait manquer à ses promesses, c'est un engagement qu'aucun souverain ne doit prendre légèrement et sans de bonnes raisons. Les princes ne s'y prêtent guère que quand ils ont un intérêt indirect à l'observation du traité, ou sur des relations particulières d'amitié. La garantie peut se promettre également à toutes les parties contractantes, à quelques-unes seulement, ou même à une seule ; ordinairement elle se promet à toutes en général. Il peut arriver aussi que plusieurs souverains entrant dans une alliance commune, ils se rendent réciproquement garants de son observation, les uns envers les autres. La *garantie* est une espèce de traité, par lequel on promet assistance et secours à quelqu'un, au cas qu'il en ait besoin pour contraindre un infidèle à remplir ses engagements.

§ 236. — *Elle ne donne aucun droit au garant d'intervenir dans l'exécution du traité sans en être requis.*

La garantie étant donnée en faveur des contractants, ou de l'un d'eux, elle n'autorise point le garant à intervenir dans l'exécution du traité, à en presser l'observation de lui-même et sans en être requis. Si les parties, d'un commun accord, jugent à propos de s'écarter de la teneur du traité, d'en changer quelques dispositions, de l'annuler même entièrement; si l'une veut bien se relâcher de quelque chose en faveur de l'autre, elles sont en droit de le faire, et le garant ne peut s'y opposer. Obligé, par sa promesse, de soutenir celle qui aurait à se plaindre de quelque infraction, il n'a acquis aucun droit pour lui-même. Le traité n'a pas été fait pour lui; autrement il ne serait pas simple garant, mais aussi partie principale contractante. Cette observation est importante. Il faut prendre garde que, sous prétexte de garantie, un souverain puissant ne s'érige en arbitre des affaires de ses voisins, et ne prétende leur donner des lois.

Mais il est vrai que si les parties apportent du changement aux dispositions du traité, sans l'aveu et le concours du garant, celui-ci n'est plus tenu à la garantie; car le traité ainsi changé, n'est plus celui qu'il a garanti.

§ 237. — *Nature de l'obligation qu'elle impose.*

Aucune Nation n'étant obligée de faire pour une autre ce que celle-ci peut faire elle-même, naturellement le garant n'est tenu à donner du secours, que dans le cas où celui à qui il a accordé sa garantie n'est pas en état de se procurer lui-même justice.

S'il s'élève des contestations entre les contractants sur le sens de quelque article du traité, le garant n'est point obligé tout de suite à assister celui en faveur de qui il a donné toute sa garantie. Comme il ne peut s'engager à soutenir l'injustice, c'est à lui d'examiner, de chercher le vrai sens du traité, de peser les prétentions de celui qui réclame sa garantie, et s'il les trouve mal fondées, il refuse de les soutenir, sans manquer à ses engagements.

§ 238. — *La garantie ne peut nuire au droit d'un tiers.*

Il n'est pas moins évident que la garantie ne peut nuire au droit d'un tiers. S'il arrive donc que le traité garanti se trouve contraire au droit d'un tiers, ce traité étant injuste en ce point, le garant n'est aucunement tenu à en procurer l'accomplissement; car il ne peut jamais, comme nous venons de le dire, s'être obligé à soutenir l'injustice. C'est la raison que la France a alléguée, lorsqu'elle s'est déclarée pour la maison de Bavière contre l'héritière de Charles VI, quoiqu'elle eût garanti la fameuse *sanction pragmatique* de cet empereur. La raison est incontestable dans sa généralité : il ne s'agissait donc que de voir si la cour de France en faisait une juste application. *Non nostrum inter vos tantas componere lites.*

Je ferai observer à cette occasion, que dans l'usage ordinaire on prend souvent le terme de *garantie* dans un sens un peu différent du sens précis que nous avons donné à ce mot. La plupart des puissances de l'Europe *garantirent* l'acte par lequel Charles VI avait réglé la succession aux Etats de sa maison ; les souverains se *garantissent* quelquefois réciproquement leurs Etats respectifs. Nous appellerions plutôt cela des traités d'alliance pour maintenir cette loi de succession, pour soutenir la possession de ces Etats.

§ 239. — *Durée de la garantie.*

La garantie subsiste naturellement autant que le traité qui en fait l'objet; et, en cas de doute, on doit toujours le présumer ainsi, puisqu'elle est recherchée et donnée pour la sûreté du traité. Mais rien n'empêche qu'elle ne puisse être restreinte à un certain temps, à la vie des contractants, à celle du garant, etc. En un mot, on peut appliquer à un traité de garantie tout ce que nous avons dit des traités en général.

§ 240. — *Des traités de cautionnement.*

Lorsqu'il s'agit de choses qu'un autre peut faire, ou donner, aussi bien que celui qui promet, comme par exemple de payer une somme d'argent, il est plus sûr de demander une *caution* qu'un *garant*. Car la *caution* doit accomplir la promesse, au défaut de la partie principale; au lieu que le garant est seulement obligé à faire ce qui dépend de lui pour que la promesse soit remplie par celui qui l'a faite.

§ 241. — *Des gages, des engagements, des hypothèques.*

Une Nation peut remettre quelques-uns de ses biens entre les mains d'une autre pour la sûreté de sa parole, de ses dettes, ou de ses engagements. Si elle remet aussi des choses mobiliaires, elle donne des *gages*. La Pologne a mis autrefois en gage une couronne et d'autres joyaux entre les mains des souverains de la Prusse. Mais on donne quelquefois des villes et des provinces en *engagement*. Si elles sont engagées seulement par un acte qui les assigne pour sûreté d'une dette, elles servent proprement d'*hypothèque*. Si on les remet entre les mains du créancier, ou de celui avec qui l'on a traité, il les tient à titre d'*engagement;* et si on lui en cède les revenus, en équivalent de l'intérêt de la dette, c'est le pacte qu'on appelle d'*antichrèse*.

§ 242. — *Des droits d'une Nation sur ce qu'elle tient en engagement.*

Tout le droit de celui qui tient une ville ou une province en engagement, se rapporte à la sûreté de ce qui lui est dû, ou de la promesse qui lui a été faite. Il peut donc garder la ville ou la province en sa main, jusqu'à ce qu'il soit satisfait; mais il n'est point en droit d'y faire aucun changement, car cette ville ou ce pays ne lui appartient point en propre. Il ne peut même se mêler du gouvernement, au-delà de ce qu'exige sa sûreté, à moins que l'empire ou l'exercice de la souveraineté ne lui ait été expressément engagé. Ce dernier point ne se présume pas, puisqu'il suffit à la sûreté de l'engagiste, que le pays soit mis en ses mains et sous sa puissance. Il est encore obligé, comme tout engagiste en général, à conserver le pays qu'il tient par engagement, à en prévenir, autant qu'il est en lui, la détérioration : il en est responsable, et si ce pays vient à se perdre par sa faute, il doit indemniser l'Etat qui le lui a remis. Si l'empire lui est engagé avec le pays même, il doit le gouverner suivant ses constitutions, et précisément comme le souverain de ce pays était obligé de le gouverner; car ce dernier n'a pu lui engager que son droit légitime.

§ 243. — *Comment elle est obligée de restituer.*

Aussitôt que la dette est payée, ou que le traité est accompli, l'engagement finit; et celui qui tient une ville ou une province à ce titre, doit la restituer fidèlement, dans le même état où il l'a reçue, autant que cela dépend de lui.

Mais parmi ceux qui n'ont de règle que leur avarice ou leur ambition, qui, comme ACHILLE, mettent tout le droit à la pointe de leur épée (*a*), la tentation est délicate : ils ont recours à mille chicanes, à mille prétextes, pour retenir une place importante, un pays à leur bienséance. La matière est trop odieuse pour alléguer des exemples; ils sont assez communs, et en assez grand nombre pour convaincre toute Nation sensée, qu'il est très imprudent de donner de pareils engagements.

§ 244. — *Comment elle peut se l'approprier.*

Mais si la dette n'est point payée dans le temps convenu, si le traité n'est point accompli, on peut retenir et s'approprier ce qui a été donné en engagement, ou s'emparer de la chose hypothéquée, au moins jusqu'à concurrence de la dette, ou d'un juste dédommagement. La maison de Savoie avait hypothéqué le *pays de Vaud* aux deux cantons de Berne et de Fribourg. Comme elle ne payait point, ces deux cantons prirent les armes et s'emparèrent du pays. Le duc de Savoie leur opposa la force, au lieu de les satisfaire prompte-

---

(*a*) *Jura negat sibi nata, nihil non arrogat armis.* HORAT.

ment; il leur donna d'autres sujets de plaintes encore : les cantons victorieux ont retenu ce beau pays, tant pour se payer de la dette, que pour les frais de la guerre, et pour une juste indemnité.

§ 245. — *Des otages.*

Enfin, une précaution de sûreté, très ancienne et très usitée parmi les Nations, est d'exiger des *otages*. Ce sont des personnes considérables que le promettant livre à celui envers qui il s'engage, pour les retenir jusqu'à l'accomplissement de ce qui lui est promis. C'est encore ici un contrat d'engagement, dans lequel on livre des personnes libres, au lieu de livrer des villes, des pays, ou des joyaux précieux. Nous pouvons donc nous borner à faire sur ce contrat les observations particulières que la différence des choses engagées rend nécessaires.

§ 246. — *Quel droit on a sur les otages.*

Le souverain qui reçoit des otages n'a d'autre droit sur eux que celui de s'assurer de leur personne, pour les retenir jusqu'à l'entier accomplissement des promesses dont ils sont le gage. Il peut donc prendre des précautions pour éviter qu'ils ne lui échappent; mais il faut que ces précautions soient modérées par l'humanité envers des gens à qui on n'est point en droit de faire souffrir aucun mauvais traitement, et elles ne doivent point s'étendre au-delà de ce qu'exige la prudence.

Il est beau de voir aujourd'hui les Nations européennes se contenter entre elles de la parole des otages. Les seigneurs anglais, remis à la France en cette qualité, suivant le traité d'*Aix-la-Chapelle* en 1748, jusqu'à la restitution du *Cap-Breton*, liés par leur seule parole, vivaient à la cour et dans Paris, plutôt en ministres de leur Nation qu'en otages.

§ 247. — *La liberté seule des otages est engagée.*

La liberté seule des otages est engagée; et si celui qui les a donnés manque à sa parole, on peut les retenir en captivité. Autrefois on les mettait à mort en pareil cas : cruauté barbare, fondée sur l'erreur. On croyait que le souverain pouvait disposer arbitrairement de la vie de ses sujets, ou que chaque homme était le maître de sa propre vie, et en droit de l'engager lorsqu'il donnait un otage.

§ 248. — *Quand on doit les renvoyer.*

Dès que les engagements sont remplis, le sujet pour lequel les otages avaient été livrés ne subsiste plus ; ils sont libres, et on doit les rendre sans délai. Ils doivent être rendus même, si la raison pour laquelle on les avait demandés n'a pas lieu. Les retenir alors, ce serait abuser de la foi sacrée sous laquelle ils ont été livrés. Le perfide CHRISTIERN II, roi de Danemarck, se trouvant arrêté par les vents contraires devant *Stockholm,* et près de périr de faim avec toute son armée navale, fit des propositions de paix. L'administrateur STENON se fia imprudemment à lui, fournit des vivres aux Danois, et même donna GUSTAVE et six autres seigneurs en otage pour la sûreté du roi, qui feignait de vouloir descendre à terre. CHRISTIERN leva l'ancre au premier bon vent, et emmena les otages, répondant à la générosité de son ennemi par une infâme trahison (*a*).

§ 249. — *S'ils peuvent être retenus pour un autre sujet.*

Les otages étant livrés sur la foi des traités, et celui qui les reçoit promettant de les rendre aussitôt que la promesse dont ils font la sûreté aura été effectuée, de pareils engagements doivent s'accomplir à la lettre. Il faut que les otages soient réellement et fidèlement rendus à leur premier état, dès que l'accomplissement de la promesse les dégage. Il n'est donc point permis de les retenir pour un autre sujet. Je suis surpris de voir que d'habiles gens (*b*) enseignent le contraire. Ils se

---

(*a*) *Histoire des révolutions de Suède.*
(*b*) GROTIUS, liv. III, cap. XX, § LV; WOLFF, *Jus gent.*, § 503.

fondent sur ce qu'un souverain peut saisir et retenir les sujets d'un autre, pour l'obliger à lui rendre justice. Le principe est vrai ; mais l'application n'est pas juste. Ces auteurs ne font pas attention qu'un otage ne serait pas sous la main de ce souverain, sans la foi du traité en vertu duquel il a été livré, ni exposé à être saisi si facilement ; et que la foi d'un pareil traité ne souffre pas qu'on en fasse aucun autre usage que celui auquel il est destiné, ni qu'on s'en prévale au-delà de ce qui a été précisément convenu. L'otage est livré pour sûreté d'une promesse, et pour cela uniquement ; dès que la promesse est remplie, l'otage, comme nous venons de le dire, doit être remis en son premier état. Lui dire qu'on le relâche comme otage, mais qu'on le retient pour gage, pour sûreté de quelque autre prétention, ce serait profiter de son état d'otage, contre l'esprit manifeste, et même contre la lettre de la convention, suivant laquelle, dès que la promesse est accomplie, l'otage doit être rendu à lui-même et à sa partie, et remis dans l'état où il était, comme s'il n'eût jamais été donné en otage. Si l'on ne se tient rigoureusement à ce principe, il n'y aura plus de sûreté à donner des otages ; il serait facile aux princes de trouver toujours quelque prétexte pour les retenir. ALBERT-LE-SAGE, duc d'Autriche, faisant la guerre à la ville de Zurich, en l'année 1351, les deux parties remirent à des arbitres la décision de leurs différends, et Zurich donna des otages. Les arbitres rendirent une sentence injuste, dictée par la partialité. Cependant Zurich, après de justes plaintes, prenait le parti de s'y soumettre. Mais le duc forma de nouvelles prétentions, et retint les otages (*a*), certainement contre la foi du compromis, et au mépris du droit des gens.

§ 250. — *Ils peuvent l'être pour leurs propres faits.*

Mais on peut retenir un ôtage pour ses propres faits, pour des attentats commis, ou pour des dettes con-

---

(*a*) TSCHUDI, *tom. I, p.* 421.

tractées dans le pays, pendant qu'il est en otage. Ce n'est point donner atteinte à la foi du traité. Pour être assuré de recouvrer sa liberté aux termes du traité, l'otage ne doit point être en droit de commettre impunément des attentats contre la Nation qui le garde; et lorsqu'il doit partir, il est juste qu'il paie ses dettes.

§ 251. — *De l'entretien des otages.*

C'est à celui qui donne des otages de pourvoir à leur entretien; car ils sont là par son ordre et pour son service. Celui qui les reçoit pour sa sûreté ne doit point faire les frais de leur subsistance, mais seulement ceux de leur garde, s'il juge à propos de les faire garder.

§ 252. — *Un sujet ne peut refuser d'aller en otage.*

Le souverain peut disposer de ses sujets pour le service de l'Etat; il peut donc aussi les donner en otage, et celui qui est nommé doit obéir, comme en toute autre occasion où il est commandé pour le service de la patrie. Mais comme les charges doivent être portées avec égalité par les citoyens, l'otage doit être défrayé et indemnisé aux dépens du public.

Le sujet seul, comme on voit, peut être donné en otage malgré lui. Le vassal n'est point dans le cas. Ce qu'il doit au souverain est déterminé par les conditions du fief; et il n'est tenu à rien de plus. Aussi est-il décidé que le vassal ne peut être contraint d'aller en otage, s'il n'est en même temps sujet.

Quiconque peut faire un traité ou une convention, peut donner et recevoir des otages. Par cette raison, non-seulement le souverain est en droit d'en donner, mais aussi les puissances subalternes, dans les accords qu'elles font, suivant le pouvoir de leur charge et l'étendue de leur commission. Le commandant d'une place et le général assiégeant, donnent et reçoivent des otages, pour sûreté de la capitulation; quiconque est sous leur commandement, doit obéir, s'il est nommé.

§ 253. — *De la qualité des otages.*

Les otages doivent être naturellement des personnes considérables, puisqu'ils sont exigés comme une sûreté. Des personnes viles formeraient une faible assurance, à moins qu'elles ne fussent en grand nombre. On a soin ordinairement de convenir de la qualité des otages qui doivent être livrés; et c'est une insigne mauvaise foi que de manquer à cet égard aux conventions. Ce fut une honteuse perfidie à LA TRIMOUILLE, que de donner aux Suisses quatre otages de la lie du peuple, au lieu de quatre des principaux citoyens de Dijon, comme on en était convenu dans le fameux traité dont nous avons parlé ci-dessus (§ 212). On donne quelquefois des principaux de l'État, et des princes même en otage. FRANÇOIS Ier donna ses propres fils, pour la sûreté du traité de *Madrid*.

§ 254. — *Ils ne doivent point s'enfuir.*

Le souverain qui donne des otages doit les donner de bonne foi, comme des gages de sa parole, et par conséquent dans l'intention qu'ils soient gardés jusqu'à l'entier accomplissement de sa promesse. Il ne peut donc approuver qu'ils s'enfuient; et s'ils le font, bien loin de les recevoir, il doit les livrer de nouveau. L'otage, de son côté, répondant à l'intention qui est à présumer dans son souverain, doit demeurer fidèlement chez celui à qui il est remis, sans chercher à s'évader. CLÉLIE s'échappa des mains de PORSENNA, à qui elle avait été donnée en otage : les Romains la rendirent, pour ne pas rompre le traité (*a*).

§ 255. — *Si l'otage qui meurt doit être remplacé.*

Si l'otage vient à mourir, celui qui l'a donné n'est point obligé de le remplacer, à moins qu'il n'en soit convenu. C'est une sûreté que l'on avait exigée de lui:

(*a*) *Et Romani pignus pacis ex fœdere restituerunt.* TIT.-LIV., lib. II, cap. XIII.

on la perd sans qu'il y ait de sa faute ; aucune raison ne l'oblige à en donner une autre.

§ 256. — *De celui qui prend la place d'un otage.*

Si quelqu'un se met pour quelque temps à la place d'un otage, et que celui-ci vienne à mourir de mort naturelle, celui qui avait pris la place de l'otage est libre ; car les choses doivent être mises au même état où elles seraient, si l'on n'eût point permis à l'otage de s'absenter en se faisant remplacer. Et par la même raison, l'otage n'est point délivré par la mort de celui qui avait pris sa place, seulement pour un temps. Ce serait tout le contraire, si l'otage avait été échangé pour un autre : le premier serait absolument libre de tout engagement, et celui qui l'aurait remplacé, serait seul lié.

§ 257. — *D'un otage qui parvient à la couronne.*

Un prince donné en otage parvenant à la couronne, il doit être délivré, en fournissant un autre otage recevable, ou plusieurs, qui puissent faire ensemble une sûreté équivalente à celle qu'il formait lorsqu'il fut livré. Cela est manifeste par le traité même, lequel ne portait point que le roi serait en otage. Que la personne du souverain soit entre les mains d'une puissance étrangère, c'est une chose de trop grande conséquence, pour que l'on puisse présumer que l'Etat ait voulu s'y exposer. La bonne foi doit régner en toute convention, et on doit suivre l'intention manifeste, ou justement présumée, des contractants. Si FRANÇOIS Ier fût mort après avoir donné ses fils en otage, certainement le dauphin aurait dû être relâché. Car il n'avait été livré qu'en vue de rendre le roi à son royaume ; et si l'empereur l'eût retenu, cette vue se trouvait frustrée, le roi de France eût encore été captif. Je suppose, comme il est aisé de le voir, que le traité ne soit pas violé par l'Etat qui a donné le prince en otage. En cas que cet Etat eût manqué à sa parole, on profiterait avec raison d'un événement qui lui rendrait l'otage beaucoup plus précieux, et sa délivrance plus nécessaire.

§ 258. — *L'engagement de l'otage finit avec le traité.*

L'engagement d'un otage, comme celui d'une ville, ou d'un pays, finit avec le traité dont il doit faire la sûreté (§ 245). Et par conséquent, si le traité est personnel, l'otage est libre au moment qu'un des contractants vient à mourir.

§ 259. — *La violation du traité fait injure aux otages.*

Le souverain qui manque à sa parole, après avoir donné des otages, fait injure non-seulement à l'autre partie contractante, mais aussi aux otages eux-mêmes. Car les sujets sont bien obligés d'obéir à leur souverain qui les donne en otage ; mais ce souverain n'est point en droit de sacrifier mal à propos leur liberté, et de mettre, sans juste raison, leur vie en péril. Livrés pour servir d'assurance à la parole du souverain, et non pour souffrir aucun mal, s'il les précipite dans l'infortune en violant sa foi, il se couvre d'une double infamie. Les gages et les engagements servent de sûreté pour ce qui est dû, leur acquisition dédommage celui à qui on manque de parole. Les otages sont plutôt des gages de la foi de celui qui les donne ; on suppose qu'il aurait horreur de sacrifier des innocents. Que si des conjectures particulières obligent un souverain à abandonner des otages; si, par exemple, celui qui les a reçus manquant le premier à ses engagements, on ne pouvait plus accomplir le traité sans mettre l'Etat en péril, on ne doit rien négliger pour délivrer ces otages infortunés, et l'Etat ne peut refuser de les dédommager de leurs souffrances, de les récompenser, soit en leur personne, soit en celle de leurs proches.

§ 260. — *Sort de l'otage, quand celui qui l'a donné manque à ses engagements.*

Du moment que le souverain qui a donné l'otage a violé sa foi, l'otage perd cette qualité, et devient le prisonnier de celui qui l'a reçu. Celui-ci est en droit de le retenir dans une captivité perpétuelle. Mais il est d'un prince généreux de ne pas user de ses droits, pour le malheur d'un innocent. Et comme l'otage n'est plus tenu à rien envers le souverain qui l'a abandonné par une perfidie, s'il veut se donner à celui qui est devenu le maître de sa destinée, celui-ci pourra acquérir un sujet utile, au lieu d'un prisonnier misérable, objet importun de sa commisération. Ou bien, il peut le renvoyer libre, en convenant avec lui des conditions.

§ 261. — *Du droit fondé sur la coutume.*

Nous avons déjà fait observer qu'on ne peut légitimement ôter la vie à un otage, pour la perfidie de celui qui l'a livré. La coutume des Nations, l'usage le plus constant, ne saurait justifier une cruauté barbare, contraire à la loi naturelle. Dans un temps même où cette affreuse coutume n'était que trop autorisée, le grand Scipion déclara hautement qu'il ne ferait point tomber sa vengeance sur d'innocents otages, mais sur les perfides eux-mêmes, et qu'il ne savait punir que des ennemis armés (a). L'empereur Julien fit la même déclaration (b). Tout ce qu'une pareille coutume peut opérer, c'est l'impunité entre les Nations qui la pratiquent. Quiconque la suit, ne peut se plaindre qu'un autre en fasse autant. Mais toute Nation peut et doit déclarer, qu'elle la regarde comme une barbarie injurieuse à la nature humaine.

(a) Tit. Liv., lib. XXVIII, cap. XXXIV.
(b) Voyez Grotius, lib. III, chap. XI, § XVIII, *not.* 2.

FIN DU TOME PREMIER.

TABLE

DES LIVRES, CHAPITRES, ET PARAGRAPHES,

Ou analyse du tome premier.

INTRODUCTION.

Pages.

Discours sur l'étude du Droit de la Nature et des Gens, par Sir James Mackintosh, traduit par M. P. Royer-Collard. 1

(Note sur Sir James Mackintosh.) ib.

I. L'être dont le droit naturel a pour objet de régler les actions, c'est l'homme. 25

II. La première partie de la morale, et la plus simple, est celle qui a pour objet les devoirs des individus entre eux, abstraction faite de la sanction des lois positives. 30

III. Après avoir établi les principes des devoirs privés, je considèrerai l'homme sous les rapports importants qui lient le sujet et le souverain, ou, en d'autres termes, le citoyen et le magistrat. 33

IV. Je tâcherai ensuite de développer les principes généraux des lois civiles et criminelles. 43

V. La grande division de mon cours qui m'occupera ensuite est le *droit des gens*, dans le sens le plus propre et le plus restreint de ce mot. 47

VI. Je finirai par une partie que je regarde comme le complément du système pratique de notre droit des gens moderne, ou plutôt comme une portion essentielle de ce droit : je veux parler du *droit diplomatique et conventionnel de l'Europe*. 49

Lettre de l'éditeur (d'Amsterdam) à Monsieur *** (au sujet de l'édition de 1774, du *Droit des gens*, de Vattel). 53

Abrégé de la vie de Vattel. 65

Préface (de Vattel). 69

PRÉLIMINAIRES.

Idée et principes généraux du Droit des Gens.

§ 1. Ce que c'est qu'une Nation ou un État. 85
2. Elle est une personne morale. ib.

§ 3. Définition du droit des gens.	85
4. Comment on y considère les Nations ou États.	86
5. A quelles lois les Nations sont soumises.	ib.
6. En quoi consiste orginairement le droit des gens.	87
7. Définition du droit des gens nécessaire.	88
8. Il est immuable.	89
9. Les Nations n'y peuvent rien changer, ni se dispenser de l'obligation qu'il leur impose.	ib.
10. De la société établie par la nature entre tous les hommes.	90
11. Et entre les Nations.	91
12. Quel est le but de cette société des Nations.	92
13. Obligation générale qu'elle impose.	93
14. Explication de cette obligation.	ib.
15. Liberté et indépendance des Nations : deuxième loi générale.	ib.
16. Effet de cette liberté.	94
17. Distinctions de l'obligation et du droit interne et externe, parfait et imparfait.	ib.
18. Égalité des Nations.	95
19. Effet de cette égalité.	ib.
20. Chacune est maîtresse de ses actions, quand elles n'intéressent pas le droit parfait des autres.	96
21. Fondement du droit des gens volontaire.	ib.
22. Droit des Nations contre les infracteurs du droit des gens.	97
23. Règle de ce droit.	ib.
24. Droit des gens conventionnel, ou droit des traités.	98
25. Droit des gens coutumier.	ib.
26. Règle générale sur ce droit.	ib.
27. Droit des gens positif.	99
28. Maxime générale sur l'usage du droit nécessaire et du droit volontaire.	100

LIVRE Ier.

De la Nation, considérée en elle-même.

CHAPITRE Ier.

Des Nations ou États souverains.

§ 1. De l'État et de la souveraineté.	101
2. Droit du corps sur les membres.	ib.
3. Diverses espèces de gouvernements.	ib.

TABLE DU LIVRE PREMIER.

	Pages.
§ 4. Quels sont les Etats souverains.	103
5. Des Etats liés par des alliances inégales.	ib.
6. Ou par des traités de protection.	ib.
7. Des Etats tributaires.	104
8. Des Etats feudataires.	ib.
9. De deux Etats soumis au même prince.	ib.
10. Des Etats formant une république fédérative.	105
11. D'un Etat qui a passé sous la domination d'un autre.	ib.
12. Objets de ce Traité.	106

CHAPITRE II.

Principes généraux des devoirs d'une Nation envers elle-même.

13. Une Nation doit agir convenablement à sa nature.	106
14. De la conservation et de la perfection d'une Nation.	107
15. Quel est le but de la société civile.	ib.
16. Une Nation est obligée de se conserver.	108
17. Et de conserver ses membres.	109
18. Une Nation a droit à tout ce qui est nécessaire à sa conservation.	ib.
19. Elle doit éviter tout ce qui pourrait causer sa destruction.	110
20. De son droit à tout ce qui peut servir à cette fin.	ib.
21. Une Nation doit se perfectionner elle et son Etat.	ib.
22. Et éviter tout ce qui est contraire à sa perfection.	111
23. Des droits que ces obligations lui donnent.	ib.
24. Exemples.	ib.
25. Une Nation doit se connaître elle-même.	115

CHAPITRE III.

De la constitution de l'État, des devoirs et des droits de la Nation à cet égard.

26. De l'autorité publique.	116
27. Ce que c'est que la constitution de l'Etat.	ib.
28. La Nation doit choisir la meilleure.	ib.
29. Des lois politiques, fondamentales et civiles.	117
30. Du maintien de la constitution, et de l'obéissance aux lois.	118
31. Droits de la Nation à l'égard de sa constitution et de son gouvernement.	119
32. Elle peut réformer le gouvernement.	ib.
33. Et changer la constitution.	ib.
34. De la puissance législative, et si elle peut changer la constitution.	120
35. La Nation ne doit s'y porter qu'avec réserve.	122

	Pages.
§ 36. Elle est juge de toutes les contestations sur le gouvernement.	122
37. Aucune puissance étrangère n'est en droit de s'en mêler.	ib.

CHAPITRE IV.

Du souverain, de ses obligations et de ses droits.

38. Du souverain.	123
39. Il n'est établi que pour le salut et l'avantage de la société.	ib.
40. De son caractère représentatif.	125
41. Il est chargé des obligations de la Nation et revêtu de ses droits.	126
42. Son devoir à l'égard de la conservation et de la perfection de la Nation.	ib.
43. Ses droits à cet égard.	127
44. Il doit connaître sa Nation.	ib.
45. Etendue de son pouvoir; droits de majesté.	ib.
46. Le prince doit respecter et maintenir les lois fondamentales.	128
47. S'il peut changer les lois non fondamentales.	129
48. Il doit maintenir et observer celles qui subsistent.	ib.
49. En quel sens il est soumis aux lois.	ib.
50. Sa personne est sacrée et inviolable.	130
51. Cependant la Nation peut réprimer un tyran, et se soustraire à son obéissance.	131
52. Compromis entre le prince et ses sujets.	136
53. Obéissance que les sujets doivent au souverain.	137
54. En quels cas on peut lui résister.	138
55. Des ministres.	140

CHAPITRE V.

Des États électifs, successifs, ou héréditaires, et de ceux qu'on appelle patrimoniaux.

56. Des Etats électifs.	141
57. Si les rois électifs sont de véritables souverains.	ib.
58. Des Etats successifs et héréditaires; origine du droit de succession.	142
59. Autre origine, qui revient au même.	ib.
60. Autres sources, qui reviennent encore au même.	ib.
61. La Nation peut changer l'ordre de succession.	143
62. Des renonciations.	144
63. L'ordre de succession doit ordinairement être gardé.	145
64. Des régents.	146
65. Indivisibilité des souverainetés.	ib.

TABLE DU LIVRE PREMIER.

§ 66. A qui appartient le jugement des contestations sur la succession à une souveraineté. — 147
67. Que le droit à la succession ne doit point dépendre du jugement d'une puissance étrangère. — 150
68. Des Etats appelés patrimoniaux. — 152
69. Toute véritable souveraineté est inaliénable. — 153
70. Devoir du prince qui peut nommer son successeur. — 155
71. La ratification, au moins tacite, de l'Etat y est nécessaire. — 156

CHAPITRE VI.

Principaux objets d'un bon gouvernement : 1° Pourvoir aux besoins de la Nation.

72. Le but de la société marque au souverain ses devoirs. Il doit procurer l'abondance. — 156
73. Prendre soin qu'il y ait un nombre suffisant d'ouvriers. — 157
74. Empêcher la sortie de ceux qui sont utiles. — ib.
75. Des émissaires qui les débauchent. — 158
76. On doit encourager le travail et l'industrie. — ib.

CHAPITRE VII.

De la culture des terres.

77. Utilité du labourage. — 159
78. Police nécessaire à cet égard, pour la distribution des terres. — ib.
79. Pour la protection des laboureurs. — 160
80. On doit mettre en honneur le labourage. — ib.
81. Obligation naturelle de cultiver la terre. — 161
82. Des greniers publics. — 162

CHAPITRE VIII.

Du commerce.

83. Du commerce intérieur et extérieur. — 163
84. Utilité du commerce intérieur. — ib.
85. Utilité du commerce extérieur. — ib.
86. Obligation de cultiver le commerce intérieur. — 164
87. Obligation de cultiver le commerce extérieur. — ib.
88. Fondement du droit de commerce. Du droit d'acheter. — 165
89. Du droit de vendre. — 166
90. Prohibition des marchandises étrangères. — ib.
91. Nature du droit d'acheter. — ib.
92. C'est à chaque Nation de voir comment elle veut exercer le commerce. — 167

	Pages.
§ 93. Comment on acquiert un droit parfait à un commerce étranger.	168
94. De la simple permission du commerce.	ib.
95. Si les droits touchant le commerce sont sujets à la prescription.	169
96. Imprescriptibilité de ceux qui sont fondés sur un traité.	171
97. Du monopole et des compagnies de commerce exclusif.	172
98. Balance du commerce; attention du gouvernement à cet égard.	173
99. Des droits d'entrée.	ib.

CHAPITRE IX.

Du soin des chemins publics, et des droits de péage.

100. Utilité des grands chemins, des canaux, etc.	174
101. Devoirs du gouvernement à cet égard.	ib.
102. De ses droits à ce même égard.	ib.
103. Fondement du droit de péage.	175
104. Abus de ce droit.	ib.

CHAPITRE X.

De la monnaie et du change.

105. Etablissement de la monnaie.	176
106. Devoirs de la Nation, ou du prince, à l'égard de la monnaie.	177
107. De ses droits à cet égard.	178
108. Injure qu'une Nation peut faire à l'autre au sujet de la monnaie.	180
109. Du change, et des lois du commerce.	ib.

CHAPITRE XI.

Second objet d'un bon gouvernement : procurer la vraie félicité de la Nation.

110. Une Nation doit travailler à sa propre félicité.	180
111. Instruction.	181
112. Education de la jeunesse.	ib.
113. Des sciences et des arts.	182
114. De la liberté de philosopher.	183
115. On doit inspirer l'amour de la vertu et l'horreur du vice.	187
116. La Nation connaîtra en cela l'intention de ceux qui la gouvernent.	188
117. L'Etat ou la personne publique doit en particulier perfectionner son entendement et sa volonté.	189

§ 118.	Et diriger au bien de la société les lumières et les vertus des citoyens.	190
119.	Amour de la patrie.	ib.
120.	Dans les particuliers.	191
121.	Dans la Nation ou l'Etat lui-même, et dans le souverain.	ib.
122.	Définition du mot *patrie*.	192
123.	Combien il est honteux et criminel de nuire à sa patrie.	ib.
124.	Gloire des bons citoyens; exemples.	193

CHAPITRE XII.
De la piété et de la religion.

125.	De la piété.	194
126.	Elle doit être éclairée.	195
127.	De la religion, intérieure, extérieure.	ib.
128.	Droits des particuliers; liberté des consciences.	196
129.	Etablissement public de la religion; devoirs et droits de la Nation.	ib.
130.	Lorsqu'il n'y a point encore de religion autorisée.	197
131.	Lorsqu'il y en a une établie par les lois.	198
132.	Des devoirs et des droit du souverain à l'égard de la religion.	199
133.	Dans le cas où il y a une religion établie par les lois.	200
134.	Objet de ses soins, et moyens qu'il doit employer.	202
135.	De la tolérance.	203
136.	Ce que doit faire le prince, quand la Nation veut changer la religion.	204
137.	La différence de la religion ne dépouille point le prince de sa couronne.	ib.
138.	Conciliation des droits et des devoirs du souverain avec ceux des sujets.	205
139.	Le souverain doit avoir inspection sur les affaires de la religion, et autorité sur ceux qui l'enseignent.	206
140.	Il doit empêcher que l'on n'abuse de la religion reçue.	208
141.	Autorité du souverain sur les ministres de la religion.	ib.
142.	Nature de cette autorité.	209
143.	Règle à observer à l'égard des ecclésiastiques.	ib.
144.	Récapitulation des raisons qui établissent les droits du souverain en fait de religion; avec des autorités et des exemples.	210
145.	Pernicieuses conséquences du sentiment contraire.	212

§ 146. Détail des abus. 1° La puissance des papes. 213
147. 2° Des emplois importants, conférés par une puissance étrangère. 216
148. 3° Sujets puissants, dépendants d'une cour étrangère. ib.
149. 4° Célibat des prêtres, couvents. 217
150. 5° Prétentions énormes du clergé, prééminence. 219
151. 6° Indépendance, immunités. 220
152. 7° Immunités des biens d'église. 222
153. 8° Excommunication des gens en place. 223
154. 9° Et des souverains eux-mêmes. 224
155. 10° Le clergé tirant tout à lui, et troublant l'ordre de la justice. 227
156. 11° Argent attiré à Rome. 228
157. 12° Lois et pratiques contraires au bien de l'État. ib.

CHAPITRE XIII.

De la justice et de la police.

158. Une Nation doit faire régner la justice. 229
159. Etablir de bonnes lois. 230
160. Les faire observer. ib.
161. Fonctions et devoirs du prince en cette matière. 231
162. Comment il doit rendre la justice. ib.
163. Il doit établir des juges intègres et éclairés. 232
164. Les tribunaux ordinaires doivent juger des causes du fisc. ib.
165. On doit établir des tribunaux souverains qui jugent définitivement. 233
166. Le prince doit garder les formes de la justice. 234
167. Le prince doit maintenir l'autorité des juges, et faire exécuter leurs sentences. ib.
168. De la justice attributive; distribution des emplois et des récompenses. 235
169. Punition des coupables; fondement du droit de punir. 236
170. Des lois criminelles. 237
171. De la mesure des peines. 238
172. De l'exécution des lois. 241
173. Du droit de faire grâce. 242
174. De la police. ib.
175. Du duel, ou des combats singuliers. ib.
176. Moyens d'arrêter ce désordre. 243

CHAPITRE XIV.

Troisième objet d'un bon gouvernement : se fortifier contre les attaques du dehors.

	Pages.
§ 177. Une Nation doit se fortifier contre les attaques du dehors.	247
178. De la puissance d'une Nation.	ib.
179. Multiplication des citoyens.	ib.
180. De la valeur.	249
181. Des autres vertus militaires.	250
182. Des richesses.	251
183. Revenus de l'Etat et impôts.	252
184. La Nation ne doit pas augmenter sa puissance par des moyens illicites.	ib.
185. La puissance est relative à celle d'autrui.	ib.

CHAPITRE XV.

De la gloire d'une Nation.

186. Combien la gloire est avantageuse.	253
187. Devoir de la Nation : comment la véritable gloire s'acquiert.	ib.
188. Devoir du prince.	254
189. Devoir des citoyens.	255
190. Exemple des Suisses.	256
191. Attaquer la gloire d'une Nation, c'est lui faire injure.	257

CHAPITRE XVI.

De la protection recherchée par une Nation, et de sa soumission volontaire à une puissance étrangère.

192. De la protection.	257
193. Soumission volontaire d'une Nation à une autre.	258
194. Diverses espèces de soumissions.	ib.
195. Droit des citoyens, quand la Nation se soumet à une puissance étrangère.	259
196. Ces pactes annulés par le défaut de protection.	ib.
197. Ou par l'infidélité du protégé.	260
198. Et par les entreprises du protecteur.	ib.
199. Comment le droit de la Nation protégée se perd par son silence.	261

CHAPITRE XVII.

Comment un peuple peut se séparer de l'Etat dont il est membre, ou renoncer à l'obéissance de son souverain, quand il n'en est pas protégé.

Pages.
§ 200. Différence entre le cas présent et ceux du chapitre précédent. 262
201. Devoir des membres d'un Etat, ou des sujets d'un prince qui sont en danger. 263
202. Leur droit, quand ils sont abandonnés. ib.

CHAPITRE XVIII.

De l'établissement d'une Nation dans un pays.

203. Occupation d'un pays par la Nation. 264
204. Ses droits sur le pays qu'elle occupe. 265
205. Occupation de l'empire dans un pays vacant. ib.
206. Autre manière d'occuper l'empire dans un pays libre. 266
207. Comment une Nation s'approprie un pays désert. ib.
208. Question à ce sujet. ib.
209. S'il est permis d'occuper une partie d'un pays dans lequel il ne se trouve que des peuples errants et en petit nombre. 268
210. Des colonies. 269

CHAPITRE XIX.

De la Patrie, et des diverses matières qui y ont rapport.

211. Ce que c'est que la patrie. 269
212. Des citoyens et des naturels. 270
213. Des habitants. ib.
214. Naturalisation. 271
215. Des enfants de citoyens nés en pays étranger. ib.
216. Des enfants nés sur mer. 272
217. Des enfants nés dans les armées de l'Etat, ou dans la maison de son ministre auprès d'une cour étrangère. ib.
218. Du domicile. 273
219. Des vagabonds. ib.
220. Si l'on peut quitter sa patrie. ib.
221. Comment on peut s'en absenter pour un temps. 275
222. Variation des lois politiques à cet égard. Il faut leur obéir. 276
223. Des cas où un citoyen est en droit de quitter sa patrie. ib.
224. Des émigrants. 278

§ 225. Sources de leur droit. 278
226. Si le souverain viole leur droit, il leur fait injure. 279
227. Des suppliants. ib.
228. De l'exil et du bannissement. ib.
229. Les exilés et les bannis ont droit d'habiter quelque part. 280
230. Nature de ce droit. 281
231. Devoir des Nations envers eux. ib.
232. Une Nation ne peut les punir pour des fautes commises hors de son territoire. 282
233. Si ce n'est pour celles qui intéressent la sûreté du genre humain. ib.

CHAPITRE XX.

Des biens publics, communs et particuliers.

234. De ce que les Romains appelaient *res communes*. 283
235. Totalité des biens de la Nation, et leur division. 284
236. Deux manières d'acquérir des biens publics. ib.
237. Les revenus des biens publics sont naturellement à la disposition du souverain. ib.
238. La Nation peut lui céder l'usage et la propriété des biens communs. 285
239. Elle peut lui en attribuer le domaine, et s'en réserver l'usage. ib.
240. Des impôts. 286
241. La Nation peut se réserver le droit de les établir. ib.
242. Du souverain qui a ce pouvoir. ib.
243. Devoir du prince à l'égard des impôts. 287
244. Du *domaine éminent* attaché à la souveraineté. ib.
245. De l'empire sur les choses publiques. 288
246. Le supérieur peut faire des lois sur l'usage des biens communs. 289
247. De l'aliénation des biens de communauté. ib.
248. De l'usage des biens communs. 290
249. Manière dont chacun doit en jouir. 291
250. Du droit de prévention dans leur usage. ib.
251. Du même droit, dans un autre cas. ib.
252. De la conservation et de la réparation des biens communs. 292
253. Devoir et droit du souverain à cet égard. ib.
254. Des biens particuliers. 293
255. Le souverain peut les soumettre à une police. ib.
256. Des héritages. 294

CHAPITRE XXI.

De l'aliénation des biens publics, ou du domaine, et de celle d'une partie de l'Etat.

	Pages.
§ 257. La Nation peut aliéner ses biens publics.	294
258. Devoirs d'une Nation à cet égard.	295
259. Ceux du prince.	ib.
260. Il ne peut aliéner les biens publics.	ib.
261. La Nation peut lui en donner le droit.	296
262. Règles à ce sujet, pour les traités de Nation à Nation.	ib.
263. De l'aliénation d'une partie de l'Etat.	297
264. Droit de ceux qu'on veut démembrer.	298
265. Si le prince a le pouvoir de démembrer l'Etat.	299

CHAPITRE XXII.

Des fleuves, des rivières, et des lacs.

266. D'un fleuve qui sépare deux territoires.	300
267. Du lit d'une rivière qui tarit, ou qui prend son cours ailleurs.	302
268. Du droit d'alluvion.	ib
269. Si l'alluvion apporte quelque changement aux droits sur le fleuve.	303
270. De ce qui arrive quand le fleuve change son cours.	ib.
271. Des ouvrages tendants à détourner le courant.	304
272. Ou en général préjudiciables aux droits d'autrui.	ib.
273. Règles au sujet de deux droits qui sont en contradiction.	ib.
274. Des lacs.	306
275. Des accroissements d'un lac.	ib.
276. Des attérissements formés sur les bords d'un lac.	308
277. Du lit d'un lac desséché.	ib.
278. De la juridiction sur les lacs et les rivières.	ib.

CHAPITRE XXIII.

De la mer.

279. De la mer et de son usage.	309
280. Si la mer peut être occupée et soumise à la domination.	ib.
281. Personne n'est en droit de s'approprier l'usage de la pleine mer.	ib.
282. La Nation qui veut en exclure une autre, lui fait injure.	310
283. Elle fait même injure à toutes les Nations.	311

§ 284. Elle peut acquérir un droit exclusif par des traités. 311
285. Mais non par prescription et par un long usage. ib.
286. Si ce n'est en vertu d'un pacte tacite. 312
287. La mer près des côtes peut être soumise à la propriété. ib.
288. Autre raison de s'approprier la mer voisine des côtes. 313
289. Jusqu'où cette possession peut s'étendre. 314
290. Des rivages et des ports. 316
291. Des baies et des détroits. ib.
292. Des détroits en particulier. ib.
293. Du droit de naufrage. 317
294. D'une mer enclavée dans les terres d'une Nation. ib.
295. Les parties de la mer occupées par une puissance sont de sa juridiction. 318

LIVRE II.

De la Nation considérée dans ses relations avec les autres.

CHAPITRE Ier.

Des devoirs communs d'une Nation envers les autres, ou des offices de l'humanité entre les Nations.

§ 1. Fondement des devoirs communs et mutuels des Nations. 320
2. Offices d'humanité, et leur fondement. 322
3. Principe général de tous les devoirs mutuels des Nations. ib.
4. Devoir d'une Nation pour la conservation des autres. 323
5. Elle doit assister un peuple désolé par la famine et par d'autres calamités. 324
6. Contribuer à la perfection des autres. 325
7. Mais non point par force. 326
8. Du droit de demander les offices d'humanité. 327
9. Du droit de juger si on peut les accorder. 328
10. Une Nation n'en peut contraindre une autre à lui rendre ces offices, dont le refus n'est pas une injure. ib.
11. De l'amour mutuel des Nations. 329
12. Chacune doit cultiver l'amitié des autres. ib.

§ 13. Se perfectionner en vue de l'utilité des autres, et leur donner de bons exemples. 329
14. Prendre soin de leur gloire. 330
15. La différence de religion ne doit pas empêcher de rendre les offices d'humanité. ib.
16. Règle et mesure des offices d'humanité. 331
17. Limitation particulière à l'égard du prince. 333
18. Aucune Nation ne doit léser les autres. 334
19. Des offenses. 335
20. Mauvaise coutume des anciens. 336

CHAPITRE II.
Du commerce mutuel des Nations.

21. Obligation générale des Nations de commercer ensemble. 336
22. Elles doivent favoriser le commerce. 337
23. De la liberté du commerce. 338
24. Du droit de commercer qui appartient aux Nations. ib.
25. C'est à chacune de juger si elle est dans le cas d'exercer le commerce. ib.
26. Nécessité des traités de commerce. 339
27. Règle générale sur ces traités. 340
28. Devoir des Nations qui font ces traités. ib.
29. Traités perpétuels, ou à temps, ou révocables à volonté. ib.
30. On ne peut rien accorder à un tiers contre la teneur d'un traité. 341
31. Comment il est permis de s'ôter par un traité la liberté de commercer avec d'autres peuples, ib.
32. Une Nation peut restreindre son commerce en faveur d'une autre. 342
33. Elle peut s'approprier un commerce. ib.
34. Des consuls. 343

CHAPITRE III.
De la dignité et de l'égalité des Nations, de leurs titres et autres marques d'honneur.

35. De la dignité des Nations, ou Etats souverains. 346
36. De leur égalité. ib.
37. De la préséance. ib.
38. La forme de gouvernement n'y fait rien. 347
39. Un Etat doit garder son rang, malgré le changement dans la forme du gouvernement. ib.
40. Il faut observer à cet égard les traités et l'usage établi. 348
41. Du nom et des honneurs attribués par la Nation à son conducteur. 349

§ 42. Si le souverain peut s'attribuer le titre et les honneurs qu'il veut. 350
43. Du droit des autres Nations à cet égard. 351
44. De leur devoir. ib.
45. Comment on peut s'assurer les titres et les honneurs. 352
46. On doit se conformer à l'usage général. 353
47. Des égards mutuels que les souverains se doivent. ib.
48. Comment un souverain doit maintenir sa dignité. 354

CHAPITRE IV.

Du droit de sûreté, et des effets de la souveraineté et de l'indépendance des Nations.

49. Du droit de sûreté. 354
50. Il produit le droit de résister. 355
51. Et celui de poursuivre la réparation. ib.
52. Et le droit de punir. ib.
53. Droit de tous les peuples contre une Nation malfaisante. 356
54. Aucune Nation n'est en droit de se mêler du gouvernement d'une autre. ib.
55. Un souverain ne peut s'ériger en juge de la conduite d'un autre. 357
56. Comment il est permis d'entrer dans la querelle d'un souverain avec son peuple. ib.
57. Droit de ne pas souffrir que des puissances étrangères se mêlent des affaires du gouvernement. 359
58. De ces mêmes droits, à l'égard de la religion. ib.
59. Aucune Nation ne peut être contrainte à l'égard de la religion. 361
60. Des offices d'humanité en cette matière; des missionnaires. ib.
61. Circonspection dont on doit user. 362
62. Ce que peut faire un souverain en faveur de ceux qui professent sa religion dans un autre État. 363

CHAPITRE V.

De l'observation de la justice entre les Nations.

63. Nécessité de l'observation de la justice dans la société humaine. 364
64. Obligation de toutes les Nations de cultiver et d'observer la justice. ib.
65. Droit de ne pas souffrir l'injustice. 365
66. Ce droit est parfait. ib.
67. Il produit, 1° le droit de défense. ib.

§ 68. 2° Celui de se faire rendre justice. 365
69. Droit de punir une injustice. 366
70. Droit de toutes les Nations contre celle qui méprise ouvertement la justice. ib.

CHAPITRE VI.

De la part que la Nation peut avoir aux actions de ses citoyens.

71. Le souverain doit venger les injures de l'Etat, et protéger les citoyens. 367
72. Il ne doit point souffrir que ses sujets offensent les autres Nations ou leurs citoyens. 368
73. On ne peut imputer à la Nation les actions des particuliers. 369
74. A moins qu'elle ne les approuve, ou qu'elle ne les ratifie. ib.
75. Conduite que doit tenir l'offensé. ib.
76. Devoir du souverain de l'agresseur. ib.
77. S'il refuse justice, il prend part à la faute et à l'offense. 370
78. Autre cas où la Nation est tenue des faits des citoyens. 371

CHAPITRE VII.

Des effets du domaine entre les Nations.

79. Effet général du domaine. 372
80. De ce qui est compris dans le domaine d'une Nation. ib.
81. Les biens des citoyens sont biens de la Nation, à l'égard des Nations étrangères. 373
82. Conséquence de ce principe. ib.
83. Connexion du domaine de la Nation avec l'empire. ib.
84. Juridiction. 374
85. Effets de la juridiction pour les pays étrangers. 375
86. Des lieux déserts et incultes. 376
87. Devoir de la Nation à cet égard. 377
88. Du droit d'occuper les choses qui n'appartiennent à personne. 378
89. Droits accordés à une autre Nation. ib.
90. Il n'est pas permis de chasser une Nation du pays qu'elle habite. ib.
91. Ni d'étendre par la violence les bornes de son empire. 379
92. Il faut délimiter soigneusement les territoires. ib.
93. De la violation du territoire. 380
94. De la défense d'entrer dans le territoire. ib.

§ 95. D'une terre occupée en même temps par plusieurs Nations. 381
96. D'une terre occupée par un particulier. ib.
97. Familles indépendantes dans un pays. 382
98. Occupations de certains lieux seulement, ou de certains droits dans un pays vacant. 383

CHAPITRE VIII.

Règles à l'égard des étrangers.

99. Idée générale de la conduite que l'Etat doit tenir envers les étrangers. 383
100. De l'entrée dans le territoire. 384
101. Les étrangers sont soumis aux lois. 385
102. Et punissables suivant les lois. ib.
103. Quel est le juge de leurs différends. ib.
104. Protection due aux étrangers. 386
105. Leurs devoirs. ib.
106. A quelles charges ils sont sujets. 387
107. Les étrangers demeurent membres de leur Nation. ib.
108. L'Etat n'a aucun droit sur la personne d'un étranger. ib.
109. Ni sur ses biens. 388
110. Quels sont les héritiers d'un étranger. ib.
111. Du testament d'un étranger. 389
112. Du droit d'aubaine. 390
113. Du droit de traite-foraine. 392
114. Des immeubles possédés par un étranger. ib.
115. Mariages des étrangers. 393

CHAPITRE IX.

Des droits qui restent à toutes les Nations, après l'introduction du domaine et de la propriété.

116. Quels sont les droits dont les hommes ne peuvent être privés. 393
117. Du droit qui reste de la communion primitive. 394
118. Du droit qui reste à chaque Nation sur ce qui appartient aux autres. ib.
119. Du droit de nécessité. ib.
120. Du droit de se procurer des vivres par la force. 395
121. Du droit de se servir des choses appartenantes à autrui. ib.
122. Du droit d'enlever des femmes. ib.
123. Du droit de passage. 396
124. Et se procurer les choses dont on a besoin. 397
125. Du droit d'habiter un pays étranger. ib.

§ 126. Des choses d'un usage inépuisable. 298
127. Du droit d'usage innocent. 399
128. De la nature de ce droit en général. 400
129. Et dans les cas non douteux. ib.
130. De l'exercice de ce droit entre les Nations. 401

CHAPITRE X.

Comment une Nation doit user de son droit de domaine, pour s'acquitter de ses devoirs envers les autres, à l'égard de l'utilité innocente.

131. Devoir général du propriétaire 401
132. Du passage innocent. 402
133. Des sûretés que l'on peut exiger. 403
134. Du passage des marchandises. ib.
135. Du séjour dans le pays. ib.
136. Comment on doit agir envers les étrangers qui demandent une habitation perpétuelle. 404
137. Du droit provenant d'une permission générale. 405
138. Du droit accordé en forme de bienfait. 406
139. La Nation doit être officieuse. ib.

CHAPITRE XI.

De l'usucapion et de la prescription entre les Nations.

140. Définition de l'usucapion et de la prescription. 407
141. Que l'usucapion et la prescription sont de droit naturel. 408
142. De ce qui est requis pour fonder la prescription ordinaire. 410
143. De la prescription immémoriale. 411
144. De celui qui allègue les raisons de son silence. 412
145. De celui qui témoigne suffisamment qu'il ne veut pas abandonner son droit. ib.
146. Prescription fondée sur les actions du propriétaire. ib.
147. L'usucapion et la prescription ont lieu entre Nations. ib.
148. Il est plus difficile de les fonder entre Nations sur un abandonnement présumé. 413
149. Autres principes qui en font la force. 414
150. Effet du droit des gens volontaire en cette matière. ib.
151. Du droit des traités, ou de la coutume en cette matière. ib.

TABLE DU LIVRE SECOND.

CHAPITRE XII.

Des traités d'alliance et autres traités publics.

	Pages
152. Ce que c'est qu'un traité.	416
153. Des pactions, accords, ou conventions.	ib.
154. Qui sont ceux qui font les traités.	ib.
155. Si un Etat protégé peut faire des traités.	417
156. Traités conclus par les mandataires ou plénipotentiaires des souverains.	418
157. De la validité des traités.	ib.
158. La lésion ne les rend pas nuls.	ib.
159. Devoir des Nations en cette matière.	419
160. Nullité des traités pernicieux à l'Etat.	ib.
161. Nullité des traités faits pour cause injuste ou déshonnête.	420
162. S'il est permis de faire alliance avec ceux qui ne professent pas la même religion.	ib.
163. Obligation d'observer les traités.	421
164. La violation d'un traité est une injure.	422
165. On ne peut faire des traités contraires à ceux qui subsistent.	ib.
166. Comment on peut contracter avec plusieurs dans le même objet.	423
167. Le plus ancien allié doit être préféré.	ib.
168. On ne doit aucun secours pour une guerre injuste.	ib.
169. Division générale des traités. 1° De ceux qui concernent des choses déjà dues par le droit naturel.	424
170. De la collision de ces traités avec les devoirs envers soi-même.	425
171. Des traités où l'on promet simplement de ne point léser.	ib.
172. Traités concernant des choses qui ne sont pas dues naturellement. Des traités égaux.	426
173. Obligation de garder l'égalité dans les traités.	427
174. Différence des traités égaux et des alliances égales.	428
175. Des traités inégaux et des alliances inégales.	429
176. Comment une alliance avec diminution de souveraineté peut annuler des traités précédents.	432
177. On doit éviter autant qu'il se peut de faire de pareilles alliances.	433
178. Devoirs mutuels des Nations à l'égard des alliances inégales.	ib.
179. Dans celles qui sont inégales du côté le plus haut.	434
180. Comment l'inégalité des traités et des alliances peut se trouver conforme à la loi naturelle.	434

	Pages.
181. De l'inégalité imposée par forme de peine.	435
182. Autres espèces dont on a parlé ailleurs.	436
183. Des traités personnels et des traités réels.	ib.
184. Le nom des contractants inséré dans le traité ne le rend pas personnel.	ib.
185. Une alliance faite par une république est réelle.	437
186. Des traités conclus par des rois ou autres monarques.	ib.
187. Traités perpétuels, ou pour un temps certain.	438
188. Traités faits pour un roi et ses successeurs.	ib.
189. Traité fait pour le bien du royaume.	ib.
190. Comment se forme la présomption dans les cas douteux.	439
191. Que l'obligation et le droit résultant d'un traité réel passent aux successeurs.	441
192. Des traités accomplis une fois pour toutes, et consommés.	ib.
193. Des traités déjà accomplis d'une part.	442
194. L'alliance personnelle expire, si l'un des contractants cesse de régner.	444
195. Traités personnels de leur nature.	ib.
196. D'une alliance faite pour la défense du roi et de la famille royale.	445
197. A quoi oblige une alliance réelle, quand le roi allié est chassé du trône.	446

CHAPITRE XIII.

De la dissolution et du renouvellement des traités.

198. Extinction des alliances à terme.	448
199. Du renouvellement des traités.	ib.
200. Comment un traité se rompt, quand il est violé par l'un des contractants.	450
201. La violation d'un traité n'en rompt pas un autre.	ib.
202. Que la violation d'un traité dans un article peut en opérer la rupture dans tous.	451
203. Le traité périt avec l'un des contractants.	452
204. Des alliances d'un Etat qui a passé ensuite sous la protection d'un autre.	453
205. Traités rompus d'un commun accord.	454

CHAPITRE XIV.

Des autres conventions publiques, de celles qui sont faites par les puissances inférieures; en particulier de l'accord appelé en latin sponsio, *et des conventions du souverain avec les particuliers.*

	Pages.
206. Des conventions faites par les souverains.	455
207. De celles qui se font par des puissances subalternes.	ib.
208. Des traités faits par une personne publique, sans ordre du souverain, ou sans pouvoir suffisant.	456
209. De l'accord appelé *sponsio*.	457
210. L'Etat n'est point lié par un semblable accord.	458
211. A quoi est tenu le promettant, quand il est désavoué.	459
212. A quoi est tenu le souverain.	463
213. Des contrats privés du souverain.	467
214. De ceux qu'il fait au nom de l'Etat avec des particuliers.	ib.
215. Ils obligent la Nation et les successeurs.	468
216. Des dettes du souverain et de l'Etat.	ib.
217. Des donations du souverain.	469

CHAPITRE XV.

De la foi des traités.

218. De ce qui est sacré parmi les Nations.	470
219. Les traités sont sacrés entre les Nations.	471
220. La foi des traités est sacré.	ib.
221. Celui qui viole ses traités viole le droit des gens.	ib.
222. Droit des Nations contre celui qui méprise la foi des traités.	472
223. Atteintes données par les papes au droit des gens.	ib.
224. Cet abus autorisé par les princes.	474
225. Usage du serment dans les traités. Il n'en constitue point l'obligation.	475
226. Il n'en change point la nature.	476
227. Il ne donne point de prérogative à un traité sur les autres.	ib.
228. Il ne peut donner force à un traité invalide.	477
229. Des assévérations.	ib.
230. La foi des traités ne dépend point de la différence de religion.	ib.
231. Précautions à prendre en dressant les traités.	478
232. Des subterfuges dans les traités.	ib.

TABLE DU LIVRE SECOND.

Pages.

§ 233. Combien une interprétation manifestement fausse est contraire à la foi des traités. 477
234. De la foi tacite. 479

CHAPITRE XVI.
Des sûretés données pour l'observation des traités.

235. De la garantie. 481
236. Elle ne donne aucun droit au garant d'intervenir dans l'exécution du traité sans en être requis. ib.
237. Nature de l'obligation qu'elle impose. 482
238. La garantie ne peut nuire au droit d'un tiers. 483
239. Durée de la garantie. ib.
240. Des traités de cautionnement. ib.
241. Des gages, des engagements, des hypothèques. 484
242. Des droits d'une Nation sur ce qu'elle tient en engagement. ib.
243. Comment elle est obligée de le restituer. 485
244. Comment elle peut se l'approprier. ib.
245. Des otages. 486
246. Quel droit on a sur les otages. ib.
247. La liberté seule des otages est engagée. ib.
248. Quand on doit les renvoyer. 487
249. S'ils peuvent être retenus pour un autre sujet. ib.
250. Ils peuvent l'être pour leurs propres faits. 488
251. De l'entretien des otages. 489
252. Un sujet ne peut refuser d'aller en otage. ib.
253. De la qualité des otages. 490
254. Ils ne doivent point s'enfuir. ib.
255. Si l'otage qui meurt doit être remplacé. ib.
256. De celui qui prend la place d'un otage. 491
257. D'un otage qui parvient à la couronne ib.
258. L'engagement de l'otage finit avec le traité. 492
259. La violation du traité fait injure aux otages. ib.
260. Sort de l'otage, quand celui qui l'a donné manque à ses engagements. ib.
261. Du droit fondé sur la coutume. 493

Fin de la table du tome premier.

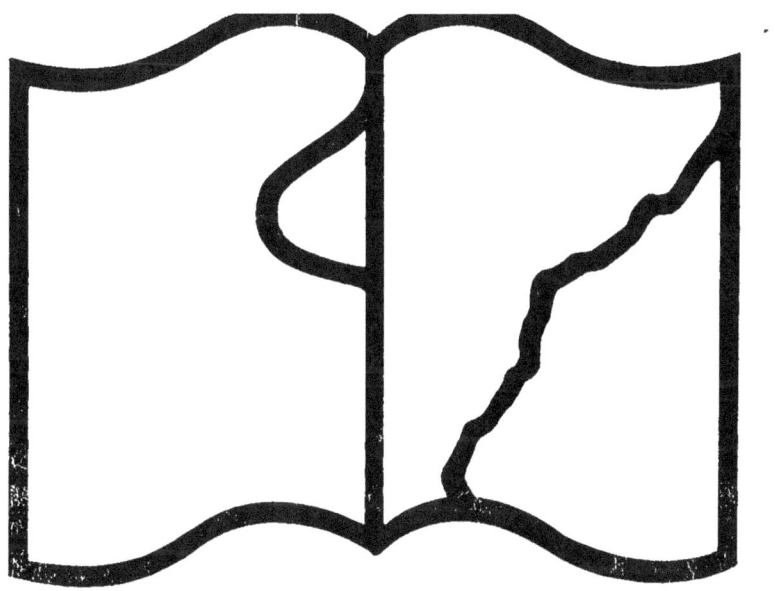

Texte détérioré — reliure défectueuse

Contraste insuffisant

NF Z 43-120-14

www.ingramcontent.com/pod-product-compliance
Lightning Source LLC
Chambersburg PA
CBHW070952240526
45469CB00016B/68